내러티브
& 넘버스

숫자에
가치를 더하는
이야기의 힘

내러티브 앤 넘버스

초판 1쇄 발행 2020년 5월 20일
초판 11쇄 발행 2025년 1월 27일

지은이 애스워드 다모다란 / **옮긴이** 조성숙 / **감수** 강병욱

펴낸이 조기흠
총괄 이수동 / **책임편집** 유소영 / **기획편집** 박의성, 최진, 유지윤, 이지은
마케팅 박태규, 임은희, 김예인, 김선영 / **제작** 박성우, 김정우
디자인 박정현

펴낸곳 한빛비즈(주) / **주소** 서울시 서대문구 연희로2길 62 4층
전화 02-325-5506 / **팩스** 02-326-1566
등록 2008년 1월 14일 제 25100-2017-000062호

ISBN 979-11-5784-376-3 03320

이 책에 대한 의견이나 오탈자 및 잘못된 내용은 출판사 홈페이지나 아래 이메일로 알려주십시오.
파본은 구매처에서 교환하실 수 있습니다. 책값은 뒤표지에 표시되어 있습니다.

⌂ hanbitbiz.com ✉ hanbitbiz@hanbit.co.kr 🅵 facebook.com/hanbitbiz
🅽 post.naver.com/hanbit_biz ▶ youtube.com/한빛비즈 🅾 instagram.com/hanbitbiz

지금 하지 않으면 할 수 없는 일이 있습니다.
책으로 펴내고 싶은 아이디어나 원고를 메일(**hanbitbiz@hanbit.co.kr**)로 보내주세요.
한빛비즈는 여러분의 소중한 경험과 지식을 기다리고 있습니다.

내러티브 & 넘버스

숫자에 가치를 더하는 이야기의 힘

애스워드 다모다란 **지음** | 조성숙 **옮김**

들어가는 글

중학생 즈음이 되면 세상은 우리를 스토리텔러storyteller(이야기하는 사람)와 넘버크런처number cruncher(수치를 계산하는 사람, 회계사, 통계학자, 증권 분석가 등) 부족으로 나눈다. 자신이 좋아하는 서식지를 선택한 우리는 쭉 그곳에 머문다. 숫자 위주로 생각하는 넘버크런처 부족은 숫자가 많이 나오는 수업에 관심을 갖고 대학에서도 숫자 관련 학문(공학이나 물리학, 회계학 등)을 전공하면서 점점 스토리텔링 능력을 잃는다. 반대로 스토리텔러 부족은 사회과학 과목에 상주하며 역사, 문학, 철학, 심리학 등을 전공하면서 스토리텔링 능력을 갈고닦는다. 두 집단 모두 상대를 두려워하며 의심의 눈길로 바라본다. 그리고 MBA 학생이 되어 나의 가치평가 강의를 들을 나이가 됐을 즈음에는 의심의 골은 메우기 힘들 정도로 깊어진다. 두 부족은 자신의 부족 고유 언어로 말하면서 자신들의 부족만이 진실을 알고 있고, 상대 부족은 틀렸다고 확신한다.

나는 스토리텔러가 아니라 넘버크런처 부족이었다. 그래서 처음 가치평가 수업을 시작했을 때에는 거의 전적으로 나와 같은 부족 사람들의 관심사만 채워주었다. 가치평가 문제와 씨름하면서 나는 아주 중요한 교훈을 얻었다. 스토리가 뒤를 받쳐주지 않는 가치평가는 영혼과 신뢰성이 없으며, 스프레드시트보다는 스토리가 기억에 더 잘 남는다는 것이다. 처음에는 어색했지만 나는 가치평가 작업에 스토리로 생명을 불어넣기 시작했다. 그리고 중학교 시절부터 억눌러왔던 스토리텔링의 기질을 다시 발견하게 되었다. 나는 여전히 본능적으로는 좌뇌형 인간이지만, 우뇌의 능력도 어느 정도 재발견했다. 이렇게 스토리를 숫자로, 또는 숫자를 스토리로 바꾸기 위해 노력한 경험이 이 책을 쓰게 된 배경이다.

덧붙이자면 나는 처음으로 일인칭 단수 시점에서 이 책을 썼다. 반복적으로 사용된 '나'라는 표현이 정나미를 떨어지게 할 수도 있다. 어쩌면 자의식 과잉이라는 생각이 들게 할지도 모른다. 그러나 기업들의 가치를 평가하면서 나는 한 회사에 대해 스토리를 말한다면 그 스토리는 나의 스토리이기도 하다는 것을 깨달았다. 그리고 거기에는 그 회사와 회사 경영진에 대한 내 생각뿐만이 아니라, 그동안 그 회사에 대해 알게 된 전반 배경도 반영된다는 사실을 알게 되었다. 따라서 이제 할 이야기에는 2013년 알리바바에 대한 스토리텔링, 2014년의 아마존과 우버^{Uber}에 대한 스토리텔링, 2015년의 페라리에 대한 스토리텔링과 함께 이런 스토리를 가치평가로 전환하기 위해 어떤 노력을 했는지가 등장한다. 나는 정석대로 '우리'라는 표현을 사용해 독자 여러분에게 내 스토리를 억지로 강요하는 것보다는, 내 스토리를 여러분 뜻대로 알아서 선택하게 하는 편이 훨씬 정직한 (그리고 재미있는) 방법일 것이라고 생각했다.

여러분이 이 책을 가장 효과적으로 사용하는 방법은 책에 나온 내 스토리 하나를 (예를 들어 우버 스토리를) 고르고, 그 스토리 중 마음에 들지 않는 부분을 가려낸다. 그리고 직접 스토리를 생각하고, 마지막으로 스토리에 근거해 그 회사의 가치를 평가하는 것이다. 내가 만든 비즈니스 내러티브가 낱낱이 발가벗겨지는 순간 현실 세계가 깜짝 반전을 선사하는 위험한 사태가 올 수도 있다. 하면 할수록 내가 세운 내러티브가 하나도 맞지 않을 수 있고, 심지어 불쾌한 기분까지 들게 할 수 있다. 그럴 가능성이 있더라도 나는 무서워하지 않으며 오히려 반긴다. 내 스토리를 다시 들여다보고 개선해 더욱 풍요롭게 만들 수 있기 때문이다.

이 책에서 나는 일인다역을 시도한다. 물론 외부 투자자 입장에서 기업가치를 평가하는 역할이 가장 자주 등장한다. 반면에 어떤 때는 기업가나 창업자로서 투자자나 고객, 혹은 잠재 직원에게 새 사업의 가치와 실행 가능성을 납득시키는 역할도 한다. 수십억 달러짜리 회사를 세우거나 키운 경험이 전혀 없는 나라는 사람이 하는 말이기 때문에 설득력이 없을 수 있다. 하지만 그래도 약간 귀담아 들을 만한 부분이 있을 것이다. 마지막 몇 장에서는 상장기업 최고경영자의 눈으로 스토리텔링과 넘버크런칭의 관계를 살펴볼 것이다. 내가 기업 CEO를 했던 적은 한 번도 없다는 점에는 미리 양해를 구한다.

내 목표가 제대로 이뤄진다면 이 책을 읽은 후 넘버크런처는 내가 제시한 틀을 이용해 가치평가를 뒷받침할 내러티브를 만들 수 있게 될 것이다. 그리고 스토리텔러는 창의적인 스토리를 어렵지 않게 숫자로 전환하는 능력을 얻을 것이다. 더 큰 포부를 말하자면 나는 이 책이 두 부족(스토리텔러와 넘버크런처)을 잇는 다리가 되고, 그들의 공용어가 되어 상대의 일을 보다 수월히 이해하도록 하는 계기가 되기를 바란다.

차례

1장

두 부족 이야기

스토리텔링과 넘버크런칭, 당신은 어느 쪽이 더 자연스럽게 여겨지는 가? 가치평가 수업 첫 시간에 이 질문을 던지면, 대부분은 어렵지 않게 답을 떠올린다. 전문화의 시대에 우리는 어렸을 때부터 스토리를 말하는 것과 숫자 작업 중 하나를 선택하도록 강요받는다. 그리고 선택한 다음에는 그 영역에서 능력을 갈고닦는 데 오랜 시간을 보내고 다른 쪽은 무시하게 된다. 좌뇌는 논리와 숫자를 관장하고 우뇌는 직관과 상상, 창의성을 전담한다는 흔한 통념에 사로잡혀 있다면 우리는 일상생활에서 뇌의 반쪽만을 사용하게 될 것이다. 그러나 우리는 뇌를 더 잘 사용할 수 있다. 단, 여기에는 오랫동안 잠자도록 방치해두었던 반대쪽 뇌를 사용하는 연습을 해야 한다는 조건이 붙는다.

간단 테스트

벌써부터 가치평가 작업을 하기에는 이른 감이 있지만 이렇게 가정해보자. 내가 누구나 선망하는 고급 자동차 회사인 페라리의 가치평가를 보여주었다고 하자. 이 회사는 지금 기업공개IPO를 하려고 한다. 스프레드시트에는 예상 매출액과 영업이익, 현금흐름이 숫자로 제시돼 있다. 나는 이렇게 설명한다. 일단 내 예상에 페라리 매출은 향후 5년 동안 연간 4퍼센트씩 성장하다가 떨어져 전반적인 경제 성장 수준과 같아질 것이다. 그리고 세전 영업이익률은 18.2퍼센트가 될 것이고, 페라리가 1유로를 투자해서 창출하는 매출은 1.42유로가 될 것으로 보인다. 스토리텔러 부족은 이쯤 되면 머리가 어질해질 것이고, 넘버크런처 부족도 이 숫자를 오래 기억하기는 힘들 것이다.

그렇다면 다른 식으로 생각해보자. 나는 페라리가 눈이 튀어나올 만큼 값비싼 고급 자동차를 생산하면서 제품의 희소성을 유지하고, 슈퍼리치들만의 전유물로 높은 순이익을 얻는다고 설명한다. 이 스토리는 기억에는 오래 남을지 몰라도 구체적인 설명은 하지 않기 때문에 페라리의 주식가치를 어느 정도로 매겨야 할지에 대해서는 거의 아무것도 알려주지 못한다.

세 번째 방법이 있다. 나는 페라리가 4%라는 낮은 매출성장률을 기록하고 있는 것은 극도의 고급화를 유지하기 때문이라 본다. 이 회사가 막대한 수익률을 거두고 장기적으로 안정적인 수익률을 유지하는 것은 고급화 전략 때문이라고 설명한다. 다른 자동차 회사는 몰라도 페라리 구매자들은 매우 부유하기 때문에 경제 부침에 영향을 받지 않는다는 말도 덧붙인다. 이 설명은 기업의 숫자와 스토리를 한데 묶음으로써 내가 제시한 숫자에 타당성을 더한다. 그리고 여러분에게는 평가에 귀속시킬 추정 수치도 다르고, 가치평가 결과도 다르게 나올 자신만의 페라리 스토리를 만들기 위한 토론의 바탕이 된다. 결론적으로 말하면 여러분만의 스토리를 만들게 하는 것이 이 책의 최종 목표다.

스토리텔링의 매력

수 세기 동안 지식은 세대에서 세대로 스토리를 통해 구전되었으며, 한 번씩 스토리가 전해질 때마다 새롭게 살이 붙거나 왜곡되었다. 스토리의 장악력이 큰 데에는 이유가 있다. 스토리는 우리가 타인과 관계를 맺도록 도울 뿐 아니라, 연구에서도 드러나듯 숫자보다는 훨씬 잘 기억된다. 그 이유는 아마도 스토리는 숫자가 하지 못하는 화학반응과 전기자극을 유발하기 때문일 것이다.

우리는 스토리를 사랑하지만 스토리의 약점은 대부분 인식하지 못한다. 스토리텔러는 어느샌가 좋은 스토리인지 동화인지 모를 경계선이 모호한 공상의 세계를 배회하기 십상이다. 소설가에게 이것은 문제가 되지 않지만, 사업을 구축하는 사람에게는 재앙의 지름길이 될 수 있다. 스토리 청자 입장에서는 다른 문제가 발생한다. 이런 공상 스토리는 이성보다는 감성에 호소한다. 그래서 우리의 비합리성을 건드려 비이성적이지만 적어도 결정을 내리는 순간만큼은 기분을 좋게 만들기도 한다. 사실 예나 지금이나 사기꾼들은 좋은 스토리야말로 가장 좋은 장사수단이라는 것을 잘 알고 있다.

스토리의 매력을 살펴보고 좋은 쪽으로든 나쁜 쪽으로든 스토리가 어떤 식으로 이용되는지 관찰할 때 우리는 많은 교훈을 얻을 수 있다. 스토리텔링의 방식은 굉장히 다양하지만 놀랍게도 스토리에는 어느 정도 패턴이 있다. 위대한 스토리들에도 공통성이 존재한다. 스토리텔링을 잘 하는 사람도 있고 못 하는 사람도 있지만, 스토리텔링 방법은 가르치고 배울 수 있다.

스토리텔링의 연구는 유서가 깊다. 이런 역사를 살펴보면서 나는 초보 스토리텔러가 유념해야 할 세 가지를 알게 되었다. 첫 번째이자 가장 겸허하게 받아들여야 할 부분은 훌륭한 비즈니스 스토리텔링이라고 여겨지는 관행의 상당수가 이미 수 세기 전부터, 어쩌면 원시시대부터 잘 알려진 관행이었다는 사실이다. 둘째, 좋은 스토리텔링은 사업 성공에 큰 차이를 만들 수 있다. 특히 사업 초창기일수록 그 차이는 더 커질 수 있다. 사업을 성공시키려면 당연히 더 좋은 쥐덫을 만들어야겠지만, 그 쥐덫이 왜 업계를 평정할 것인지에 대한 이유를 투자자에게(자본 조달을 위해), 고객에게(구매 유도를 위해), 직원에게(열심히 일하게 하기 위해) 매력적인 스토리로 들려줘야 한다. 셋째, 비즈니스 스토리텔링은 소설의 스토리텔링과는 달리 제약이 많다. 비즈니스 스토리텔링의 성공 여부를 재는 척도는 창의성이 아니라, 약속 전달과 이행 능력이기 때문이다. 실제 세계는 비즈니스 스토리에서 큰 축을 차지하지만, 아무리 실제 세계를 통제하고 싶어도 그것은 불가능하다.

숫자의 힘

역사적으로 봐도 숫자 사용은 두 가지 요소에서 제한을 많이 받았다. 첫 번째, 대량의 데이터 수집과 저장은 노동집약적 작업이라는 것이다. 두 번째, 분석은 어렵고 돈이 많이 드는 작업이라는 것이다. 전산화된 데이터베이스와 연산 도구가 대중에게 보급되면서 데이터 세상은 더 '평평'해지고, 더 민주적이 되었다. 그리고 20~30년 전만 해도 시도할 엄두조차 내지 못했던 넘버크런칭 게임을 펼치는 것이 가능해졌다.

숫자를 사이버 공간에 모으고, 모두가 그 숫자에 접근해 분석할 수 있는 시대가 오면서 예상치 못한 장소에서 숫자가 스토리텔링을 대신하고 있는 것이 목격되고 있다. 가장 무미건조한 비즈니스 스토리에 기가 막히게 활기를 불어넣은 스토리텔링의 대가 마이클 루이스Michael Lewis는 《머니볼Moneyball》에서 프로야구팀인 오클랜드 애슬레틱스의 빌리 빈Billy Beane 단장에 대한 이야기를 들려준다.[1]

빈 단장은 전통과 다르게 행동했다. 그는 어떤 타자와 투수가 가장 장래가 촉망한지에 대해 야구 스카우터들이 하는 말에 귀 기울이지 않았다. 대신에 스토리가 아니라 경기 기록을 토대로 작성된 통계 수치를 사용했다. 야구를 통계학적으로 분석하는 세이버메트릭스sabermetrics라는 새로운 학문까지 생겨나면서 그의 성공은 다른 분야에까지 영향을 미치게 되었다. 그리고 거의 모든 스포츠 분야에서 이 숫자 중심의 스포츠 관리 학문을 지지하는 사람들이 생겨났다.

그렇다면 우리는 왜 숫자에 이끌릴까? 불확실성의 세상에서 숫자는 우리에게 정밀하고 객관적이라는 느낌을 준다. 그리고 스토리텔링에 과도하게 쏠리지 않게 하는 균형추가 된다. 하지만 이런 정밀성은 대개 허상인 데다, 숫자가 개입하는 편향의 여지도 크다. 여러 제약에도 불구하고 다른 많은 분야가 그렇듯이 투자와 금융 부문의 넘버크런처들, 다시 말해 '퀀트quant(수학이나 공학, 컴퓨터 공학 등에 재능을 갖춘 사람으로 이들 기술을 증권업에 응용하는 사람)'들은 정보를 줄 때에도 위협을 할 때에도 기본적으로 숫자의 힘을 사용한다. 2008년 금융위기는 복잡한 수학 모델이 상식을 압도하도록 방치한 사람들에게 던진 경고장이었다.

즉시 접근할 수 있는 방대한 데이터베이스와 이 데이터로 작업하는 강력한 도구는 거의 모든 분야에서 노력의 균형을 한쪽으로 기울게 한다. 특히 금융 시장에서는 숫자 쪽으로 확 기울어 있다. 상황이 이렇게 전개되면 대가가 따른다. 투자를 하면서 당장 부딪히는 문제는 데이터가 충분하지 않다는 것이 아니라, 데이터가 너무 많아 어느 방향으로 가야 할지 갈피를 잡기 힘들다는 것이다. 이런 데이터 과부하로 아이러니한 결과가 생겼다. 행동경제학자들이 단정 지어 하는 말처럼, 모든 데이터를 마음대로 사용할 수 있게 되면서 의사결정의 단순성과 비합리성이 훨씬 높아진 것이다. 또 다른 모순된 결과는 더러 사업 논의를 숫자가 지배하고 있음에도 사람들이 숫자를 믿기는커녕 점점 불신하면서 스토리에 더 의존하게 되었다는 사실이다.

의사결정에 숫자를 잘 사용하려면 데이터를 잘 관리해야 한다. 그리고 데이터를 관리하는 데는 세 가지 성격이 있다. 첫째, 보통 데이터를 수집할 때에는 간단한 규칙에 따라 데이터 수집량과 수집 기간을 정하고 데이터 수집에 방해가 될 만한 편향을 피하거나 최소화하려고 노력한다. 둘째, 기초 통계학을 이용해 서로 충돌하는 대규모 데이터를 이해하고 통계적 도구로 데이터 과부하를 막으려 한다. 대학교 통계학 수업이 기억에 재미있게 남아 있고 많은 숫자를 만났을 때 통계학을 쓸모 있게 사용하는 사람이 있을 수 있다. 그 사람이 유별난 것이다. 슬프게도 대부분 사람에게 통계학은 숫자 조작에 쉽게 넘어가게 만드는, 기억에서 사라진 학문이다. 셋째, 통계학의 미묘한 뉘앙스를 이해하지 못하는 사람도 쉽게 이해할 수 있도록 그들에게 흥미롭고 혁신적인 방법으로 데이터를 제시할 방법을 고민해야 한다. 스토리텔링 부족에 속한 사람들에게 이것은 넘어야 할 산이지만, 그만큼 보람을 주는 일이다.

　아마존이나 넷플릭스Netflix, 구글 같은 회사들은 누적된 고객 정보를 활용해 마케팅을 세세히 조정하고 상품 구성도 적절히 변경한다. 짐작하다시피 이럴 때 이 회사들은 빅데이터를 끌어다 쓴다는 사실을 잊어서는 안 된다. 또한 우리는 데이터 위주의 분석이 지닌 한계와 위험성도 잊으면 안 된다. 층층이 쌓인 숫자 뒤에는 편향이 숨어 있고, 정밀해 보이는 추정치의 가면 아래에는 비정밀이 도사리고 있다. 또 의사결정자는 모형에 의지해 무엇을 언제 어떻게 할 것인지를 결정한다.

숫자와 스토리를 잇는 다리, 가치평가

지금 우리의 위치를 바라보자. 숫자보다는 스토리가 설명하기도 쉽고 기억도 잘 되지만, 스토리텔링은 어느 순간 우리를 공상의 나라로 이끌 수 있다. 이것은 투자에서는 큰 문제이다. 숫자는 체계적인 평가를 가능하게 해주지만, 스토리가 받쳐주지 않는 숫자는 원칙과 체계가 아니라 위협과 편향의 무기가 된다. 해결책은 간단하다. 투자를 할 때건 사업을 할 때건 스토리와 숫자를 모두 이용하는 것이다. 〈그림 1.1〉에서 보듯이 숫자와 스토리를 연결하는 다리가 가치평가이다.

실제로 가치평가는 양쪽을 서로 연결하기 때문에, 스토리텔러는 스토리에서 개연성이나 타당성이 없는 부분을 확인해 고치게 된다. 그리고 넘버크런처는 숫자에서 만들어낸 스토리가 말이 안 되거나 신빙성이 떨어지는 순간을 인식하게 된다.

그림 1.1 가치평가는 숫자와 스토리를 연결하는 다리

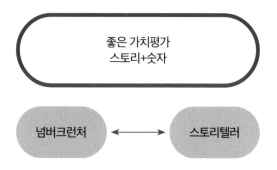

사업의 가치를 평가하고 투자결정을 내려야 하는 상황에서 스토리 텔링을 조정하고 통제하려면 어떻게 해야 할까? 일단 시작은 평가하려는 기업을 이해하고, 그 회사의 역사와 해당 사업, 현재와 잠재 경쟁자를 관찰하는 것이다. 그런 다음 스토리를 3P 시험으로 평가함으로써, 스토리텔링에 원칙과 체계를 마련해야 한다. 3P 시험의 1단계는 가능성 possible 여부에 대한 시험으로, 이것은 대다수 스토리가 통과해야 할 최소한의 시험대이다. 여기서 통과한 스토리는 그다음으로 좀 더 어려운 시험인 타당성plausible 여부를 통과해야 한다. 그리고 마지막 3단계로 가장 깐깐한 시험인 개연성probable 여부를 통과해야 한다. 가능성 여부를 통과한 스토리라고 해서 모두 타당성을 가지는 것은 아니다. 또한 타당한 스토리 중에서도 개연성을 가진 것은 몇 개 되지 않는다.

이 시점까지 당신은 주로 스토리텔러 부족에 머무르게 된다. 하지만 지금부터는 시험을 통과한 스토리를 가치에, 즉 기업의 가치 요인을 결정하는 숫자에 확실하게 연결시키는 식으로 다음 작업 과정을 밟아야 한다. 기업 문화, 경영진의 자질, 브랜드 네임, 전략적 필요를 가장 정성適定性的으로 설명하는 스토리일지라도 가치평가의 투입변수와 연관시킬 수 있다. 그리고 그럴 수 있어야 한다. 모델과 스프레드시트에 숫자로 기재되는 이런 투입변수는 투자결정의 바탕이 되는 가치를 산정해준다. 그리고 마지막으로 대다수가 매우 어려워하는 단계를 거쳐야 한다.

우리는 좋은 스토리를 생각해내면 그 스토리에 대한 애착이 커져서 거기에 의문을 품는 것을 모욕이라고 생각한다. 문제 제기로부터 스토리를 보호하는 것은 나쁘지 않지만, 피드백 고리를 언제나 열어두고 의견

그림 1.2 스토리를 숫자로 바꾸는 프로세스

1단계: 가치평가를 위한 비즈니스 스토리 만들기

이 단계에서 만들어내는 스토리에는 회사가 장차
어떻게 진화할 것인지에 대한 자신의 의견이 담겨 있다.

2단계: 스토리의 가능성, 타당성, 개연성 시험하기

가능성 있는 스토리는 많지만, 가능성 있는 스토리가 전부 타당성이
있는 것은 아니다. 그중에서도 개연성을 가진 것은 몇 가지에 불과하다.

3단계: 스토리를 가치 요인으로 전환하기

스토리를 분해한 다음 이것을 시장 규모나 현금흐름, 위험 등 가치평가를
위한 투입변수로 전환할 방법을 관찰한다. 이 작업이 끝나면 스토리의
각 요소가 숫자로 표현되어야 하며, 반대로 각 숫자들 역시 스토리의
요소요소로 되돌아갈 수 있어야 한다.

4단계: 가치 요인과 가치평가 연결하기

투입변수를 기업의 최종가치와 연결하는 내재가치평가 모델을 만든다.

5단계: 피드백 고리 열어두기

그 회사를 더 잘 아는 사람의 말에 귀를 기울이고, 그들의 조언을 활용해
스토리를 세세하게 다듬고 필요하면 수정도 한다. 스토리를 다르게 했을 때
기업의 가치평가가 어떻게 달라지는지 계산해본다.

이나 문제 제기, 비평에 귀를 기울이면서 스토리를 알맞게 수정하고 조정하고 바꿔야 한다. 자신의 생각이 틀렸다는 말을 들으면 마음은 불편하지만 가장 크게 반대하는 사람에게 귀를 기울일수록 스토리는 더욱 강하고 훌륭하게 다듬어진다. 이 순서를 정리하면 〈그림 1.2〉와 같다.

체계적 프로세스이기는 하지만 넘버크런처인 나의 직선적 사고와 타고난 본능을 그대로 반영한 것일 수도 있다. 하지만 나에게는 성공적인 방법이었다. 나는 우버 같은 젊은 성장 기업을 평가하는 여정에서도, 발레^{Vale} 같은 성숙 시장에 속한 기업을 평가할 때도 이 프로세스를 지침으로 여러분을 이끌 것이다. 본인의 천성이 스토리텔러 부족에 속한다면 이 프로세스가 딱딱할 뿐 아니라 창의성에도 걸림돌이 된다고 생각할 수 있다. 그렇기 때문에 스토리를 숫자로 바꾸기 위한 여러분만의 독창적인 프로세스를 개발하기를 강력하게 권고한다.

변화는 상수이다

모든 가치평가의 시작은 기업에 대한 스토리이고, 평가의 시발점이 되는 수치들은 그 스토리에서 흘러나온다. 하지만 시간이 흐르면 스토리 자체가 변하게 된다. 스토리가 변하는 원인은 금리나 인플레이션, 새로운 경제 지도의 탄생 등 거시경제의 변화 때문일 수 있다. 또는 새로운 경쟁자의 진입, 기존 경쟁자의 전략 수정, 일부 경쟁자의 시장 퇴출처럼 경쟁 역학이 바뀐 것이 원인일 수도 있다. 어떤 스토리의 변화는 경영진의 구성원이나 경영 전술이 바뀐 데서 비롯될 수 있다. 결론을 말하면, 스토리텔링에서는 (그리고 이것을 바탕으로 하는 넘버크런칭도) 한번 정해진 스토리는 실제 세계에 완벽한 면역력을 유지할 것이라는 생각은 오산이라는 것이다.

나는 내러티브의 변경을 다음 세 가지로 분류한다. 굉장히 중요한 사건이 일어나 스토리가 끝나버리거나 효력이 크게 줄어드는 내러티브 고장narrative break과 행동이나 결과로 인해 스토리가 근본적으로 바뀌는 내러티브 변화narrative change, 현실적인 이유로 인해 스토리가 기본 내용은 아니더라도 좋건 나쁘건 세부적인 부분이 바뀌는 내러티브 조정narrative shift이다.

그렇다면 내러티브 변경의 원인은 무엇일까? 첫째는 기업에 대한 뉴스 보도이다. 어떤 뉴스는 기업이 직접 발표하고, 어떤 뉴스는 그 회사를 추적하는 외부(감독기관, 분석가, 기자)에서 작성한다. 따라서 나에게 있어 한 기업의 실적 보고서는 그 회사의 스토리를 재점검하고 내용에 따라 약간 수정하거나 대대적으로 바꿀 수 있는 기회이다. 경영자 은퇴(자의건 타의건), 기업 추문, 주식을 매수한 행동주의 투자자에 대한 정보는 모두 내러티브 재평가로 이어질 수 있다. 인수합병 발표, 자사주 매입, 배당 증가나 중단도 기업을 보는 방식을 바꿀 수 있다. 둘째 원인은 거시경제 스토리의 변화이다. 금리, 인플레이션, 원자재 가격, 정치적 격변 같은 사건들은 개별 기업에 대한 전망과 가치를 평가하는 시각에 변화를 일으킬 수 있다.

안정적인 스토리(그리고 가치)를 좋아하는 투자자라면 현실 세계의 강요에 못 이겨 스토리를 바꾼다는 것이 내키지 않을지도 모른다. 이런 투자자들이 보이는 반응은 다음 두 가지 중 하나이다. 첫 번째는 시장이 안정돼 있고 사업 모델도 탄탄한 기업에만 투자하는 것이다. 이런 기업의 스토리는 오랫동안 변하지 않는다. 그리고 많은 구세대 가치투자자가 이 방법을 택했다는 사실은 이 길을 걸었던 사람들이 누린 성공적인 투자 역사를 방증하는 것이다. 두 번째는 변화의 불편함과 동거하는 방법을 배우고, 변화는 피할 수 없으며 변화가 가장 클 것 같은 곳에 가장 위대한 사업 기회와 투자 기회가 존재한다는 사실을 받아들이는 것이다.

내가 가치평가에서 스토리텔링의 중요성에 집착하는 이유는 두 번째 길을 선택했기 때문이다. 그 길을 걸으면서 나는 방정식과 모델만으로는 언제 바뀔지 모르는 기업을 평가할 수 없다는 사실을 배웠다. 숫자가 휙휙 바뀌더라도 언제든 돌아가 지침으로 삼을 내러티브 하나 정도는 마련해둬야 한다.

기업의 라이프사이클

나에게는 기업의 라이프사이클을 이해하는 것이 그 사업을 이해하는 데에도 도움이 되었다. 사람처럼 사업도 늙지만, 노화 속도는 기업마다 크게 다르다. 기업의 라이프사이클에 대한 내 생각을 정리하면 〈그림 1.3〉과 같다. 기업의 라이프사이클은 스토리와 숫자와 무슨 연관이 있는가이다. 사업이 초기단계이고 충분히 성장하지 않았으며, 역사도 거

그림 1.3 기업의 라이프사이클

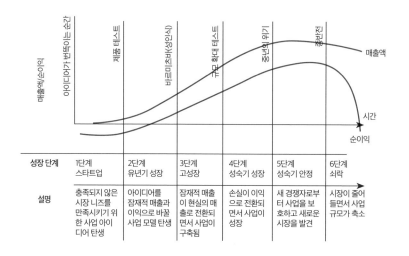

성장 단계	1단계 스타트업	2단계 유년기 성장	3단계 고성장	4단계 성숙기 성장	5단계 성숙기 안정	6단계 쇠락
설명	충족되지 않은 시장 니즈를 만족시키기 위한 사업 아이디어 탄생	아이디어를 잠재적 매출과 이익으로 바꿀 사업 모델 탄생	잠재적 매출이 현실의 매출로 전환되면서 사업이 구축됨	손실이 이익으로 전환되면서 사업이 성장	새 경쟁자로부터 사업을 보호하고 새로운 시장을 발견	시장이 줄어들면서 사업 규모가 축소

의 없는 라이프사이클 초기에 사업가치를 이끄는 주요 요인은 내러티브이다. 비즈니스에 대한 내러티브는 투자자마다 다르고, 시간이 지나면서 변화한다. 기업이 나이가 들고 역사가 생기게 되면 가치평가에서 숫자가 차지하는 역할이 더 커진다. 그리고 투자자들과 시간 흐름에 따른 내러티브의 차이도 좁혀진다. 나는 스토리와 숫자라는 틀을 이용해서 스타트업에서 기업 청산까지의 과정이 진행되는 동안 내러티브가 어떻게 달라지는지를 관찰한다.

이 책의 큰 틀은 투자와 가치평가이지만, 스토리와 숫자의 관계는 내러티브 변화의 정반대 스펙트럼에 서있는 창업자와 경영자들에 못지않게 중요하다. 사업의 어떤 단계에서는 왜 스토리가 더 중요하고, 어떤 단계에서는 왜 숫자가 더 중요한지를 이해하는 것은 투자자 유치나 기업 경영을 위해서도 꼭 필요하다. 이렇게 얻은 통찰로 최고경영진이 라이프사이클의 각 단계에 맞는 능력을 가지고 있는지 살펴보는 데 도움이 되기를, 그리고 어떤 단계에서는 위대한 능력을 발휘한 경영자가 왜 다음 단계로 넘어가면 역량 부족에 시달리게 되는지를 이해하는 데 도움이 되기를 바란다.

결론

가벼운 마음으로 볼 수 있는 책이라고 생각할 수도 있지만, 사실 이 책은 본질적으로 완수하기 불가능한 약속을 하고 있다. 앞에서도 언급했듯이 시인도 퀸트도 이 책을 읽게 만드는 것이 내 목표이다. 시인은 숫자를 스토리텔링으로 바꿀 방법을 찾아내고, 퀸트는 그들의 숫자를 뒷받침할 만한 스토리텔링 기법을 찾아내기를 희망한다. 두 부족 모두에게 이 책의 절반은 자신들이 잘 알고 잘하는 분야여서 쉬울 것이고, 다른 절반은 약한 쪽 뇌에 도전하는 내용이어서 머리가 지끈거릴 것이다. 부디 힘들더라도 인내심을 가지고 끝까지 읽어주기를 바란다. 사실 내가 보여줄 수 있는 안내지침이라고는 내 경험밖에 없다.

나는 타고난 넘버크런처이기 때문에 내 평생에 스토리텔링이 쉬웠던 적은 한 번도 없었다. 나는 젊은 시절부터 직접 가치평가를 해보고 가르치기도 했다. 하지만 대부분은 스토리텔링을 건너뛰고 곧장 가치평가 모델 구축으로 넘어갔다. 처음에 스토리텔링을 가치평가에 결합해 나온 결과물은 (심지어 내가 보기에도) 부자연스럽고 납득도 되지 않았다. 그래도 나는 억지로 힘을 내며 꿋꿋이 스토리텔링 기술을 연마했다. 내가 제2의 가브리엘 가르시아 마르케스나 찰스 디킨스가 되는 날은 절대 오지 않을 것이다. 하지만 기업에 대한 스토리를 만들고 그것을 가치평가에 연결하기는 한결 익숙하고 편해졌다. 내가 얼마나 익숙해졌는지는 이 책을 읽으면서 여러분이 직접 심사할 수 있을 것이다!

2장

스토리를 말해봐

우리는 스토리를 사랑한다. 우리는 스토리로 말하고, 스토리로 기억한다. 역사가 기록되기 시작한 때부터 스토리는 정보를 알리고 설득하고 개종하고 물건을 파는 데 두루 사용되었다. 그러니 기업들이 스토리텔링에 집착하는 것도 전혀 놀랄 일이 아니다. 이번 장에서 나는 스토리텔링이 어떻게 학습의 중심이 되었는지, 왜 스토리가 계속해서 우리에게 그토록 강력한 힘을 발휘하는지, 왜 정보시대에도 스토리텔링에 대한 욕구가 늘어나고 있는지를 살펴볼 것이다. 이번 장의 전반부는 스토리텔링의 장점에 대해, 그리고 후반부에서는 선을 넘은 스토리텔링의 위험성과 함께 감정에 호소하는 스토리가 어떻게 잘못된 결정을 이끌 수 있는지에 대해 설명할 것이다.

역사 속 스토리텔링

스토리는 태초부터 우리와 함께했다. 1940년 프랑스에서 어린아이들이 동물과 사람을 묘사한 동굴 벽화를 우연히 발견했다. 벽화는 3만 3,000년도 더 된(기원전 1만 5,000~기원전 1만 3,000년 사이) 것이었다. 수메르의 길가메시 왕에 대한 서사시가 글로 적힌 최초의 스토리로 알려져 있지만, 이집트인들은 이미 3,500년 전에 파피루스에 스토리를 적었다는 증거도 존재한다. 스토리텔링의 증거는 모든 고대 문명에서 발견된다.

호메로스의 《오디세이》와 이솝의 《이솝 우화》라는 두 고전은 고대 이야기의 지속력을 잘 보여주는 사례이다. 호메로스는 기원전 1,200년경의 오래 전 이야기를 풀어냈다고 알려져 있는데, 이는 이오니아 그리스어(이오니아 방언)가 만들어진 시기보다 500년은 앞선다. 호메로스의 이야기들이 글로 옮겨진 것은 그가 죽고 거의 200년이 흐른 뒤였다. 고대의 종교들은 《성경》이나 《코란》, 혹은 《바가바드 기타》(고대 시편의 하나로 오늘날 힌두교도에게는 성전처럼 숭배되는 서사시–옮긴이)와 같은 이야기를 통해 종교적 메시지를 전파했다. 고대의 이야기는 세대에서 세대로 구전되었고, 핵심 내용이 놀랍도록 고스란히 이어졌다는 것은 스토리의 지속력을 입증한다고 말할 수 있다.

인쇄기가 발명되면서 지속력이 더욱 커진 스토리는 책이라는 형태가 되어 세상 곳곳을 돌아다녔다. 그 결과 대학과 공식 교육기관이 탄생하고 지식인들이 육성되었다. 하지만 글을 읽고 쓸 줄 아는 사람의 비율은 여전히 낮았다. 이 '배운' 사람들이 글자를 모르는 사람들에게 스토리를 전달할 때는 여전히 말의 힘을 사용했다. 전 세계 문학도들은 셰익스피어를 '읽지만', 그가 희곡을 쓴 이유는 글로브 극장에서 공연하기 위해서였다는 사실을 기억해야 한다. 결론은 이렇다. 인류의 역사와 스토리텔링의 역사는 서로 뒤엉켜 있다. 그리고 스토리텔링을 통해 시대에서 시대로 스토리가 전해지지 않았다면 우리는 역사를 몰랐을 것이다.

스토리의 힘

그렇다면 스토리의 지속력은 어디에서 나오는가? 학자들은 이 질문에 대한 답을 알아내려고 노력했다. 그 답을 알아야 스토리의 매력이 무엇인지 이해할 수 있고, 사람들의 기억에 더 오래 남고, 재미있는 스토리를 만들어내는 데 도움을 줄 수 있기 때문이다.

스토리는 관계를 만든다

탄탄한 스토리는 숫자가 결코 하지 못하는 방식으로 청자들과 관계를 맺는다. 스토리에 따라 청자와 맺어지는 관계의 이유가 다르고, 관계의 강도 역시 그때그때 달라질 수 있다. 최근 몇 년 동안 과학자들은 그 이유를 찾아내는 데 관심을 쏟았다. 그리고 어쩌면 우리의 뇌에는 스토리와의 관계가 전기와 화학 자극으로 정교하게 설계돼 있을지도 모른다는 연구 결과가 나왔다.

스토리와 맺는 관계가 화학적 자극이라는 설명부터 살펴보자. 클레어몬트대학원의 신경경제학자인 폴 잭Paul Zak 교수는 인간 뇌의 시상하부에 존재하는 옥시토신oxytocin이라는 물질을 찾아냈다.[1] 잭 교수는 옥시토신의 합성과 분비가 신뢰 및 보살핌과 관련이 있고, 강력한 스토리(또는 내러티브)를 들을 때 옥시토신이 분비되는데 이 물질이 스토리를 들은 사람의 행동에 변화를 가져올 수 있다고 주장한다. 게다가 시련이 최고조에 달하게 되면 듣는 사람의 뇌에서는 코르티솔cortisol이 분비돼 더 몰입해서 스토리를 듣게 만든다. 다른 연구 역시 해피엔딩이 뇌의 보상중추인 변연계를 자극해 희망과 낙천적 생각의 촉발제인 도파민 분비를 자극한다는 사실을 발견했다.

그레그 스티븐스Greg Stephens, 로렌 실버트Lauren Silbert, 유리 해슨Uri Hasson은 뇌의 전기 자극이 스토리텔링에 어떤 식으로 반응하는지에 대한 매혹적 연구 결과를 '뉴럴 커플링neural coupling'이라는 말로 설명한다.[2] 연구진은 젊은 여성이 12명의 피험자에게 스토리를 말하는 동안 스토리텔러와 듣는 사람 양쪽 모두의 뇌파를 기록했다. 연구진은 스토리가 설명되는 순간 발생하는 두 가지 현상에 주목했다. 첫 번째 현상으로 스토리텔러와 청자는 뇌의 같은 부분이 활성화되는 반응을 보였다. 그러나 (스토리의 진행으로 인해) 청자의 뇌는 약간의 시차를 두고 반응했다. 이런 시차의 원인이 스토리 자체에 있는 것인지 알아보기 위해 러시아어로 스토리를 말했더니(피험자인 청자들 중 러시아어를 아는 사람은 하나도 없었다.) 뇌파 활동이 멈췄다. 이 결과는 관계를 만드는 것이 스토리임을 (그리고 스토리에 대한 이해임을) 입증한다.

두 번째 현상으로 더 흥미로운 결과는 스토리의 어떤 부분에서 스토리 텔러보다 청자의 뇌 자극이 더 먼저 일어났다. 아마도 청자가 스토리에 흠뻑 몰입해서 다음 스토리를 짐작했기 때문일 것이다. 전체적으로 스토리텔러와 청자의 뇌파가 동시에 움직일 때가 많을수록 양쪽의 의사소통 효과는 더욱 높아지게 된다.

스토리텔링에서 절대 간과해서는 안 되는 부분이 또 있다. 피터 구버 Peter Guber는 《성공하는 사람은 스토리로 말한다Tell to Win》에서 스토리에 몰입하는 청자일수록 맹목적으로 스토리를 받아들이는 성향도 높아진다고 말한다.[3] 심리학자인 멜라니 그린Melanie Green과 팀 브록Tim Brock의 주장에 따르면 소설 속 세상에서 청자는 정보 처리 방식을 바꿀 뿐 아니라, 스토리에 몰입한 청자는 그렇지 않은 청자에 비해 스토리 속의 부정확함과 모순을 간파하지 못한다.[4] 이런 허구의 세상에서 스토리텔러는 비난받을 걱정 없이 마음껏 스토리를 펼쳐도 되는 면허를 가지고 있다고 말할 수 있다. 그러나 이번 장의 후반부에서 보듯이 비즈니스 스토리텔링에서 이런 면허는 축복이자, 저주이다. 사기꾼과 거짓말쟁이가 그 면허를 남용하기 때문이다.

결론적으로 말해서, 스토리텔링은 청자를 끌어들이고 그들의 행동을 이끌어낼 수 있다. 하지만 사실만을 무미건조하게 전달할 때는 불가능하다. 스토리텔링이 선사하는 보너스는 또 있다. 스토리에 흠뻑 몰입된 청자들은 스토리텔러가 말하는 가정과 관점 그리고 결론을 더 기꺼이 수용한다는 것이다.

스토리는 기억에 남는다

나는 30년이 넘게 강단에 서 왔고, 운이 좋아서인지 몇십 년 전 들은 내 수업을 (적어도 내 앞에서는) 좋게 기억해주는 학생들을 우연히 만나곤 한다. 놀랍게도 그들은 내가 했던 자세한 수업 내용이나 숫자에 대해서는 기억의 안개 속에 파묻혀 기억하지 못했지만, 수업 시간에 드문드문 들려준 사소한 일화나 스토리는 아주 자세하게 기억했다.

이런 경험을 하는 사람은 나만이 아니다. 여러 연구에서 스토리에 지속력이 있다는 것을 증명하고 있다. 스토리는 숫자보다 훨씬 오랫동안 기억에 잘 남는다. 한 연구에서 피험자들은 스토리와 설명문을 읽고 난 후에 기억력 테스트를 받았다.[5] 두 글의 내용은 똑같았지만, 스토리로 내용을 읽은 피험자는 설명문을 읽은 피험자보다 내용을 50퍼센트 더 잘 기억했다.

스토리가 다른 형식의 글보다 더 잘 기억되는 이유를 알아내기 위해 학자들을 다음과 같은 가설을 세웠다. '스토리 안의 인과관계가 스토리를 더 잘 기억되도록 돕는다.' 그리고 피험자가 추론하고 연결관계를 찾아야 하는 글일수록 더 많이 도움이 된다. 바꿔 말해 피험자가 내용은 같지만 형태가 다른 글을 읽을 경우 그들은 인과관계가 지나치게 뚜렷하거나 아주 약한 글은 잘 기억하지 못한다. 반대로 인과성이 함축적으로 설명돼 있어서 피험자가 추론해서 인과관계를 밝혀야 하는 글은 더 잘 기억된다.

이런 스토리텔링 연구에서 나는 한 가지 교훈을 얻었다. 청자의 참여를 유도하는 것을 넘어 그들에게 직접 생각하고 관계를 맺게 하는 스토리가 가장 좋은 성과를 낸다는 것이다. 물론 스토리의 첫째 목표는 당연히 청자와 관계를 맺는 것이다. 그러나 청자가 관계를 주입받는 것이 아니라 직접 그런 관계를 만든다면 스토리의 효과는 훨씬 커지고 더 잘 기억된다. 인생의 여러 부분이 그렇듯 스토리텔링에 있어서도 적은 것이 더 많은 것이다.

스토리는 행동을 자극한다

스토리는 화자와 청자 사이에 감정적 관계를 만들어 더 오래 생생히 기억되게 하며, 청자의 행동을 이끌어낸다. 스토리텔링에 대한 연구를 통해 폴 잭은 옥시토신의 증가가 스토리가 다 끝난 후의 행동과 관련이 있는지 여부를 관찰했다. 앞에서도 나왔듯 옥시토신은 스토리를 듣는 동안 분비되는 신경화학 물질이다. 한 실험에서 피험자들에게 영국 정부가 제작한 공익방송 영상을 시청하게 한 후 옥시토신의 분비량 증가 여부를 측정했다. 옥시토신 분비가 높아진 때는 영상에서 자선기관에 내는 기부금 액수가 좀 더 많아졌다는 부분에서였다.

다른 연구들에서도 어떤 스토리는 다른 스토리보다 신경화학 물질의 분비를 촉진해 행동을 더 많이 자극한다는 사실이 밝혀졌다. 독자가 소설 속 등장인물에 흠뻑 빠지는 것과 마찬가지로, 극적 전개가 강한 내러티브일수록 담담한 글보다 청자의 반응을 더 크게 이끌어냈다.

비즈니스 스토리의 특별 케이스

스토리가 강한 관계를 가능하게 하고 더 오래 기억에 남고 행동을 자극한다면, 기업들이 여러 다양한 집단과의 이해관계를 발전시키기 위해 스토리텔링을 이용하는 것은 당연하다. 잠재 투자자를 겨냥한 스토리텔링은 투자자가 기업에 높은 가치를 매겨 자본을 투자하도록 만드는 것이 목표다. 직원을 겨냥한 비즈니스 스토리텔링은 직원들이 열정적으로 일하게 만드는 것이 목표다. 고객을 겨냥한 스토리텔링은 그들로 하여금 제품과 서비스를 사도록, 그것도 가능하면 높은 가격에 사도록 만드는 것이 목표다. 대상 집단마다 스토리는 달라질 수 있다. 그렇기는 해도 일관성을 유지하지 못하는 스토리는 뒤에서도 보겠지만 나중에 큰 문제를 야기할 수 있다.

비즈니스 스토리텔링이 가장 뚜렷하게 사용되는 분야는 판매와 광고다. 최고의 세일즈맨들은 유능한 스토리텔러이며, 광고는 제품과 서비스에 대한 고객의 구매욕구를 창출하고 브랜드네임을 뇌리에 새겨줄 (그리고 소중히 여기게 만들) 스토리텔링을 바탕으로 만들어진다.

경영학 교육에서 스토리텔링은 모든 강습의 핵심이며, 사례 연구 접근법이라는 공식화된 방법으로 널리 사용되고 있다. 훌륭한 사업 사례들은 핵심 개념을 설명하는 데 그치지 않고, 모든 경영학도의 기억에 오랫동안 남기 위해 만들어진 내러티브나 스토리다. 좋은 스토리가 그렇듯이 기업 사례 연구는 교수가 정답이라고 생각하는 쪽으로 학생들을 은근슬쩍 밀어붙인다. 그리고 잘 만들어진 스토리라도 이런 은근한 밀어붙이기가 오남용되면 조종으로 변질될 수 있다.

투자에서 스토리텔링은 투자 철학과 종목 추천에서 꼭 필요한 부분이다. 숫자와 데이터를 멀리 하고 스토리를 말하는 주식에, 다시 말해 매력적인 내러티브를 가진 주식에 투자하는 투자자가 많다. 심지어 숫자를 관찰하는 분석가와 투자자들조차도 자신들이 살펴본 숫자 체계에 스토리를 부여하려 노력하곤 한다. 예를 들어 셀사이드sell-side(주식 매수를 권하고 자신들을 통해 그 주식을 사도록 영업하는 증권사를 지칭−옮긴이)의 리서치에서는 산업과 그 산업 세계 내에 존재하는 기업에 가장 매력적인 스토리를 만드는 분석가가 가장 높은 가치를 인정받는다.

전설적인 투자 업적들과 관련해서 우리가 더 잘 기억하는 것은 놀랍게도 숫자가 아니라 스토리다. 예를 들어 워런 버핏의 투자에서 가장 자주 회자되는 스토리 중 하나는 1964년 아메리칸 익스프레스에 대한 투자다. 아메리칸 익스프레스는 변질된 샐러드유를 담보로 제공한 상품 트레이더 티노 드앤젤리스Tino DeAngelis에게 돈을 빌려주었다가 기업 추문에 휩싸였다. 사기 행각이 발각되면서 아메리칸 익스프레스의 주식가치는 폭락했다.

버핏은 이번 추문이 회사의 신용카드 사업에 아무 영향도 미치지 못하며, 이 회사의 주식은 현재 거래가보다 몇 배는 더 가치가 있다고 판단했다. 그래서 그는 자신의 투자 파트너십이 가진 자금의 40퍼센트를 아메리칸 익스프레스 주식에 투자했고, 주가가 반등하면서 높은 차익을 거두었다. 버핏이 아메리칸 익스프레스 투자로 거둔 차익은 거의 3,300만 달러였지만, 그의 다른 투자에 비하면 적은 액수였다. 그러나 그의 아메리칸 익스프레스 투자는 리서치가 어떻게 큰 성공을 가져다주는지를 입증하는 증거로서, 가치투자자들 사이에 두고두고 회자되고 있다.

케이스 스터디 2.1_ 스토리텔링의 대가, 스티브 잡스

오랫동안 애플을 사용한 사람으로서 나는 스티브 잡스가 애플이라는 기업만이 아니라 음악과 엔터테인먼트 산업의 지평을 바꾸는 데 성공하면서 신화적 위상으로까지 부상하는 것을 유심히 지켜봤다. 스티브 잡스의 전설적 평판에는 우리가 주목할 부분이 많다. 스티브 잡스에 대해서는 좋은 평판도 있고, 나쁜 평판도 있다. 하지만 가장 손꼽히는 능력은 뭐니 뭐니 해도 스토리텔링이었다. 이 능력이 세상에 알려진 것은 그의 유명한 연례 프레젠테이션을 통해서였다. 이 자리에서 스티브 잡스는 그의 상징이 되다시피 한 검은 터틀넥 스웨터를 입고 연단에 올라 최신 애플 제품을 사용해 회사에 대한 내러티브를 전개했다. 특히 1984년 (매킨토시를 소개하는) 기조연설과 1997년 (아이맥의 베일을 벗기는) 프레젠테이션은 그의 스토리텔링 능력을 유감없이 보여주었다.

1984년의 컴퓨터는 컴퓨터광들의 영역이었다. 악명 높은 마이크로소프트 명령어로 인해 IT를 잘 아는 소수와 그렇지 못한 다수가 분명히 구분되었다. 스티브 잡스는 명령어를 배울 의지도, 의향도 없지만 컴퓨터를 꼭 사용해야 하는 사람들에게 컴퓨터 산업의 미래가 있다고 생각했다. 일반적인 책상과 서류철을 예로 든 그의 내러티브에서 컴퓨터는 마치 책상 위에서 서류를 옮기듯 누구라도 쉽게 사용할 수 있는 도구로 묘사되었다.

1997년의 세계는 컴퓨터가 문서와 스프레드시트를 타자기보다 훨씬 효율적으로 대량으로 찍어내는 데 매우 유용한 핵심 비즈니스 툴이라는 생각에 흠뻑 빠져들었다. 이번에도 스티브 잡스는 독특한 모양과 컬러를 갖춘 아이맥을 선보이며, 음악과 엔터테인먼트를 집에서 즐기게 해주는 장치로서 컴퓨터에 대한 스토리텔링을 펼쳤다. 이후 10년 동안 애플이 승승장구하게 되는 토대가 만들어진 자리였다.

스티브 잡스의 두 프레젠테이션은 비즈니스 스토리텔링에 대한 또 하나 중요한 진실을 보여준다. 스티브 잡스가 두 프레젠테이션에서 말한 스토리는 매혹적이고 미래 지향적이었지만, 그가 (그리고 애플도) 1984년의 스토리 리셋에서 누린 이득은 없었다. 실제로 매킨토시는 디자인과 소프트웨어 제한의 부담에 허우적댔다. 게다가 문제 일부는 스티브 잡스 본인의 약점 때문에 생긴 것이기도 했다. 오히려 컴퓨터에 대한 스토리 리셋으로 교훈을 얻은 곳은 마이크로소프트로, 그들은 윈도를 재설계하면서 애플을 거의 유명무실한 존재로 만들었다.

1997년에 아이맥 컴퓨터를 출시했을 때에도 애플은 5~6년이라는 긴 시간이 흐른 후에야 조금이나마 결실을 보기 시작했다. 좋은 스토리텔링은 사업 구축에 없어서는 안 될 요소이지만, 아무리 매력적인 스토리일지라도 부와 보상을 보장해주지 않는다는 교훈을 알려주는 사례다.

기술과 데이터 시대의 스토리텔링

무한대의 데이터(빅데이터)에 어느 때보다 많이 접근할 수 있고, 데이터 분석 도구와 기계의 성능이 개선된 오늘날은 숫자의 황금기라고 할 만하다. 다음 3장에서 보겠지만, 이것을 보여주는 징후가 여러 군데에서 존재한다. 그런데 아이러니하게도, 무더기로 몰려드는 숫자의 대항마로 삼기 위해 좋은 스토리텔링에 대한 수요가 늘어나게 된 것도 이렇게 폭증한 넘버크런칭과 연산 능력이 원인이었다.

접근 가능한 정보가 늘어나면 정보 유지가 더 어려워진다는 부작용이 발생한다. 데이터 과부하의 공격에 시달린 우리의 뇌는 데이터 처리를 멈춘다. 그리고 〈사이언티픽 아메리칸〉(미국의 월간 과학잡지)의 논문에서도 지적하듯이 우리는 점점 더 인터넷을 기억 저장용 하드드라이버로 사용하고 있다.[6] 〈뉴욕타임스〉 기고문에서 존 휴스John Huth는 기술 의존으로 인해 지식이 조각나고 큰 그림을 보지 못하게 되면서 스토리텔링이 비집고 들어설 공간이 만들어진 것일지도 모른다고 주장한다.[7] 이런 설명이 맞는지 틀린지는 알지 못한다. 그러나 금융 시장만 놓고 보면 접근 가능한 정보가 늘어났음에도 투자자들은 안심하기는커녕 전보다 더 불안에 떨면서 판단해야 하는 처지가 되었다. 정보 증가가 투자결정에 전혀 도움이 되지 않는 문제 행동을 더욱 악화시킨 것은 분명하다. 그 결과 투자자들은 과거 세대보다 더더욱 좋은 스토리텔링에 이끌리는 모습을 보인다.

또한 우리의 집중을 흩뜨리는 것도 예전보다 늘어났다. 그것이 디지털 기기이든 아니든 우리가 주위 상황을 인식하는 데 쏟아야 할 관심을 제대로 쏟지 못하게 만든다. 실제로 온종일 여러 일을 한꺼번에 하는 날이 늘어나면서 우리는 주위 상황을 무심코 지나치게 되었다. 뿐만 아니라 그것과 관련해 만든 기억은 튼튼하지 못하기 때문에 되살려내기도 더 어려워졌다. 여기서도 우리의 관심과 기억을 이끄는 것은 스토리텔링일 수 있다.

마지막으로 소셜미디어의 성장은 스토리텔링의 지평을 넓혔다. 우리의 스토리를 들어줄 청중이 훨씬 늘어났고(페이스북 친구들을 생각해보자.), 언제라도 스토리 한두 개가 눈 깜짝할 사이에 입소문을 타고 세계 구석구석으로 퍼져나가는 것도 가능해졌다. 기업들도 이런 추세를 놓칠세라 재빨리 올라타 스토리를 소셜미디어에 올려 입소문을 퍼뜨리려고 노력한다. 내 동료 스콧 갤러웨이Scott Galloway는 기업들이 디지털 공간에서 얼마나 잘해나가고 있는지를 디지털 IQ 지수로 측정하였는데, 뒤처진 기업일수록 다른 기업을 따라잡으려면 몇 배는 더 노력해야 한다는 (그리고 돈도 더 많이 써야 한다는) 분명한 결과가 나왔다.

스토리텔링의 위험

앞에서도 말했듯이 스토리의 힘이 강한 이유는 사람들의 감정과 관계를 맺고, 쉽게 기억되고, 청자의 행동을 이끌어내기 때문이다. 바로 이런 이유 때문에 스토리는 청자만이 아니라, 스토리텔러들에게도 대단히 위험할 수 있다. 지금부터의 내용은 스토리를 말하는 입장과 듣는 입장 모두에 해당하며, 스토리에만 의사결정을 맡길 때의 위험성을 알리는 경고문이라고 할 수 있다.

감정의 후유증

우리가 스토리텔링의 대가들이 창조한 허구의 세상으로 이끌려갈 때에는 회의주의를 내던져도 별로 위험하지 않다. 나는 J. R. R. 톨킨의 중간계나 J. K. 롤링의 호그와트에서 주말을 보내고 나와도 변함없이 내 일에 몰두할 수 있다. 어떤 때는 이 작가들의 창의성에서 영감을 얻기도 한다. 그러나 비즈니스 세계에서의 스토리텔링은 다르다. 우리는 투자를 하고, 고용 제안을 받고, 제품을 구매해야 하기 때문이다. 만약 스토리만 듣고 투자나 구매결정을 내린다면 위험이 매우 커질 수 있다.

행동경제학은 경제학과 심리학의 교차점에서 최근에 생겨난 학문이다. 간단히 말해 행동경제학은 감정이나 본능, 직감에 따라 우리가 잘못된 결정을 내리게 만드는 모든 기이한 인간 본성을 낱낱이 파헤친다. 행동경제학의 아버지인 대니얼 카너먼Daniel Kahnemann은 《생각에 관한 생각 Thinking, Fast and Slow》에서 인간의 비합리성이 가득 펼쳐지는 격전지로 우리를 안내하면서, 의사결정 과정을 지배하고 스토리에 쉽게 악용당할 수 있는 몇 가지의 인지편향을 언급한다.[8]

감정에 휘말려 사실을 회피하는 위험에 빠지는 쪽은 청자만이 아니다. 스토리텔러들도 똑같은 문제에 빠진다. 그들도 자신들의 스토리를 사실이라고 믿고 행동할 수 있다. 실제로 스토리는 우리 안의 편향에 자양분을 주고 강화하거나 악화시킨다. 타일러 코웬^{Tyler Cowen}은 테드^{TED} 강연에서 본능을 믿으라고 말하는 대중 심리서의 물결에 대해 이렇게 비판했다.

> "우리는 스토리를 너무 많이 말하거나 스토리에 너무 쉽게 유혹당한다. 이것이 우리가 일을 망치는 유일하고 지배적이며 가장 중요한 방식이다. 그런데 왜 이런 책(대중 심리서)들은 그 사실을 말해주지 않는가? 그 책들은 스토리를 최고로 여기기 때문이다. 이런 책들을 읽으면 우리 안의 편향에 대해서는 많은 것을 배울 수 있다. 하지만 어떤 편향은 더욱 심해질 수 있다. 결국 이런 책들 자체가 우리의 인지편향 일부가 된다.⁹"

2장 앞부분에서 나는 청자가 스토리에 몰입할수록 불신을 뒤로 미루고 의심쩍은 주장과 가정에 문제를 제기하지 않게 된다는 것이 스토리텔링의 장점 중 하나라고 언급했다. 이런 장점은 스토리텔러에게 당연히 큰 도움이 되지만, 스토리텔링의 대가인 사기꾼과 거짓말쟁이들은 이런 장점을 악용해 거짓투성이의 일확천금 이야기를 만들어 청자로부터 돈을 뜯어낸다. 《스토리텔링 애니멀^{The Storytelling Animal}》의 저자 조너선 갓셜^{Jonathan Gotschall}은 이렇게 말했다. "스토리텔링의 대가들은 우리가 감정에 취하기를 원한다. 그래야 우리가 이성적 사고의 흐름을 잃고,

그들의 의도에 굴복할 것이기 때문이다." 영화 제작자라면 모를까, 비즈니스 스토리텔링에서는 별로 권할 만한 장점이 아니다.[10]

기억의 변덕

대부분의 스토리텔러는 개인적인 기억을 끌어와 스토리를 구상한다. 그리고 그들이 만든 성공적인 스토리는 오래 기억에 남는다. 연구자들의 발견에 따르면 인간의 기억은 연약하고 조작되기 쉽다. 한 연구의 연구진은 피험자의 70퍼센트에게 그들이 청소년 시절 저지른 범법 행위로 경찰까지 오는 사태가 벌어진 적이 있다는 것을 믿게 했다. 하지만 실제로는 전혀 사실이 아니었다.[11] 다른 실험에서 연구진은 피험자들에게 어린 시절 쇼핑몰에서 길을 잃은 적이 있다는 (거짓) 기억을 심어주었다. 물론 이것도 사실이 아니었다.[12]

비즈니스 스토리는 스토리텔러의 경험을 토대로 할 때가 많기 때문에 실제와 상상의 경계를 넘기도 그만큼 쉽다. 가난을 딛고 불가능하다 싶은 성공을 일궈낸 스토리를 만든 창업자들, 선구안을 가지고 시장 붕괴에서 남들보다 한 발 먼저 빠져나왔다고 주장하는 포트폴리오 매니저들 그리고 눈에 보이지 않은 사업적 도전에 맞서 고군분투했다는 스토리를 펼치는 CEO들은 자신들의 스토리를 거듭 말하다 어느 순간 그것을 진짜라고 믿게 된다. 모든 스토리가 다 조작된 것이고 거짓투성이라는 의미는 아니다. 그보다는 좋은 의도를 가진 스토리텔러일지라도 가끔은

자신들의 기억을 재창조하며, 청자 역시 스토리를 그대로 기억하는 것
이 아닐 수도 있다는 뜻이다.

스토리의 해독약 : 숫자

순수한 오락용 스토리와 비즈니스 스토리에는 핵심적 차이가 있다.
후자는 현실이라는 장벽에 막혀 있고, 비즈니스 스토리텔러가 높은 창
의성을 보인다고 해도 실제 세계에서 보상을 얻는 것도 아니다. 솔직히
결정을 스토리텔링에 맡긴다면 선을 넘어 공상의 세계를 헤매게 될 수
있다는 위험이 있다. 비즈니스 스토리텔링에서 이런 위험은 다음과 같
은 역기능적 형태로 표현되기도 한다.

- **동화**: 동화의 형태를 띤 비즈니스 스토리는 대부분 일반적 각본을
  따른다. 하지만 어느 순간이 되면 서사자narrator는 기대가 아닌 희
  망을 말하면서 창의력을 마구 발산한다. 물론 서사자는 성공한 기
  업이라는 포상금을 거머쥔 승자를 등장시키면서 스토리는 해피엔
  딩으로 끝난다.
- **허황된 이야기**: 동화의 사촌쯤 되는 이 스토리는 듣기에 아주 달콤
  하다. 그리고 주인공도 매우 좋은 사람이기 때문에 청자들은 이 스
  토리가 진짜라고 믿고 싶은 마음에 내용상의 커다란 구멍이나 논
  리 결여를 알아채지 못한다.

결론적으로 말해서 현실적 제약을 고려하지 않는 스토리텔링은 쉽게 초점을 흩뜨린다. 그리고 이렇게 탄생한 비즈니스 스토리는 관련자 모두를 위험에 빠뜨릴 수 있다.

스토리가 감정을 건드리고 과거의 경험이 가끔씩 거짓 기억으로 조작되는 것을 방지하기 위해서 숫자를 은근슬쩍 끼워넣는 것이 도움이 된다. 스토리텔러가 공상의 세계를 헤매고 있을 때 공상 세계로의 여행이 가능성이나 개연성도 전혀 없음을 보여주는 데이터를 제시하는 것이 그를 지상으로 끌어내리는 가장 쉬운 방법이다. 마찬가지로 청자를 압도할 정도로 스토리의 힘이 강력하다면, 약속된 결과를 달성하는 데 어떤 조건이 필요한지를 묻는 것이 좋은 방법이다. 그러면 청자가 제정신을 차리는 데 도움이 될 수 있다.

케이스 스터디 2.2_ 신용사기: 비극적 반전으로 끝나는 스토리텔링

신용사기는 인류의 역사만큼 오래되었다. 그렇다면 신용사기가 계속해서 등장하는 이유는 무엇인가? 그리고 어떤 신용사기는 다른 신용사기보다 왜 훨씬 교묘한 것인가? 답은 여러 가지이지만, 사기꾼들의 한 가지 공통점은 그들 모두가 스토리텔링의 대가라는 사실이다. 그들은 청자의 감정적 갑옷에서 가장 약한 부분을 간파할 수 있으며, 스토리텔링의 힘을 발휘해 피해자를 스토리에 홀딱 넘어가도록 만들 수 있다.

찰스 맥케이Charles Mackay는 시장 거품을 다룬 자신의 고전(《대중의 미망과 광기Extraordinary Delusions and the madness of crowds》》)에서 튤립 구근부터 정체도 확실하지 않은 회사에 이르기까지 매도자들이 모든 것의 가격을 부풀리고 끌어올리기 위해 어떤 식으로 스토리를 활용하는지 그리고 투자자들이 이런 매도자들의 사기에 계속해서 속는 이유가 무엇인지 자세히 설명한다.[13] 금융 시장의 부상과 미디어의 성장으로 스토리텔러들의 청중이 확대되었고, 더불어 그들이 입힐 수 있는 피해의 잠재 규모도 그만큼 커졌다.

좀 더 최근의 예로는 버니 메이도프Bernie Madoff의 투자 사기극을 들 수 있다. 투자자를 모집하기 위해 메이도프는 시가총액 100대 기업 중 50개 기업을 매수할 수 있다고 주장했다. 그의 설명인즉, '기회를 노려' 매수 타이밍을 잘 잡고(투자자들은 그가 적절한 시장 진입 타이밍을 잡아낼 방법을 발견했다고 생각했다.) 풋옵션을 걸면 잠재 손실을 제한할 수 있다는 것이었다. 그의 사기 기법의 핵심은 다음 세 가지였다. 첫 번째, 전략이 '너무 복잡해서 외부인이 이해하기 힘들고' 자신들이 고안한 투자기법으로 자세히 설명하기 어렵다는 것이었다. 두 번째, 투자 전략이 완벽하게 설계돼 있기 때문에 증시 불황이 몇 달간 지속되더라도 절대로 손실이 나지 않는다고 했다. 세 번째이자 가장 교묘한 수법은 이 투자 전략이 최고 수익률이 아니라 중간 수익률을 내세웠다는 점이다. 메이도프는 위험 회피 성향이 강한 개인과 재단을 목표로 삼았고, 그들 대부분은 메이도프처럼 유대인이었다. 여기에 더해 메이도프가 약속한 수익률은 '합리적'인 중간 수준이었고, 고객 모집도 '배타성'을 유지했기 때문에 거의 20년 동안 그는 별다른 의심을 받지 않았다.

케이스 스터디 2.3_ 테라노스: 무조건 사실이라고 믿고 싶은 스토리

테라노스Theranos 스토리는 2004년 3월 스탠퍼드대학교 2학년에 재학 중이던 엘리자베스 홈즈Elizabeth Holmes가 학교를 중퇴하고 회사를 창업하면서 시작되었다. 그녀가 차린 회사는 실리콘밸리의 스타트업이었지만 사업은 실리콘밸리와는 전혀 상관이 없었다. 이 회사의 사업은 모두가 거쳐야 하는 의료검사 과정이지만, 누구나 싫어하는 혈액검사와 관련이 있었다. 홈즈는 스탠퍼드대학교 실험실에서 사스SARS 바이러스 연구를 위해 혈액검사를 했던 경험에서, 기술을 잘만 이용하면 전통적인 검사 방식보다 훨씬 소량의 혈액으로 여러 검사를 진행하는 것이 가능할지도 모른다고 생각했다. 또한 검사 결과도 더 빠르고 효율적으로 (의사와 환자 모두에게) 도출할 수 있다는 결론을 내렸다. 이런 결론에 본인 역시 전통적 혈액검사에 사용되는 주삿바늘을 싫어한다는 성향이 더해져 나노테이너Nanotainer라는 아이디어가 탄생했다. 혈액 몇 방울을 담은 0.5인치(약 1.27센티미터)의 튜브인 나노테이너 하나면 전통적 실험실에서 사용되는 여러 개의 혈액 용기를 대체할 수 있다는 아이디어였다.

이것은 거부하기 힘든 매력적인 스토리였다. 홈즈의 스탠퍼드대학 지도교수는 창업을 독려했고, 벤처캐피털리스트들은 수억 달러의 투자 자본을 싸들고 와서 길게 줄을 섰다. 의료 부문 회사들은 건강검진의 가장 중요한 부분에서 고통이 줄고 비용도 낮아질 획기적인 변화가 이루어질 것이라고 기대했다. 의료 스펙트럼의 양끝에 위치한 클리블랜드클리닉과 약국 체인인 월그린Walgreens도 나노테이너 기술을 충분히 매력적이라고 보는 듯했다. 기자들에게도 저항할 수 없는 스토리였기 때문에, 홈즈는 순식간에 상징적 인물이 되었다. 〈포브스〉는 그녀를 '세계에서 가장 젊고 자수성가한 여성 억만장자'라고 칭했고, 홈즈는 2015년 탁월한 기업인에게 수여되는 호레이쇼 앨저Horatio Alger 상의 최연소 수상자가 되었다.

혈액검사 방법을 완전히 뒤엎을 수 있는 테라노스의 길은 순탄해 보였다. 회사는 나노테이너에 담긴 혈액 몇 방울이면 30개의 검사를 진행할 수 있고, 의사들에게도 효율적으로 검사 결과를 알릴 수 있으며, 웹사이트에서 검색된 각 검사 비용을 비교해봐도 혈액검사 비용을 극적으로(최대 90퍼센트) 줄일 수 있다고 홍보했다. 테라노스는 추정가치가 90억 달러를 넘으면서 벤처캐피털 랭킹에서 가장 가치 있는 비상장기업의 자리를 꾸준히 유지했다. 그리고 홈즈는 세계에서 가장 부유한 여성 중 한 명이 되었다. 세상이 그녀의 발밑에 무릎 꿇고 엎드리고 있었다. 테라노스에 대한 기사를 본 사람은 누구라도 혈액검사의 신세계가 임박했다고 생각했다.

그러나 2015년 10월 16일 테라노스 스토리에 금이 가기 시작했다. 〈월스트리트저널〉에서 테라노스가 나노테이너의 잠재력을 과장하고 있으며, 이 회사가 운영하는 실험실의 혈액검사 대부분이 나노테이너를 사용하지 않고 있다는 기사가 보도된 것이다.[14] 기사에서 더 논란이 된 부분은 테라노스의 선임연구원들이 나노테이너의 혈액검사 결과를 믿지 못하고 있으며, 제품의 과학적 성과에도 의문을 던지고 있다고 주장한 내용이었다. 이후 며칠 동안 테라노스에 대한 논란은 더욱 가열되었다. 미국 식품의약국FDA이 테라노스를 조사한 후 제출된 데이터와 제품의 신뢰성을 우려하면서 포진을 제외한 모든 혈액검사에 나노테이너 사용을 중단하라고 이 회사에 요청했다고 보도되었다. 테라노스의 나노테이너를 사용한다고 말하던 글락소스미스클라인GlaxoSmithKlein은 이미 2년 전부터 이 신생 회사와 거래하지 않았다고 강력하게 말했으며, 클리블랜드클리닉도 나노테이너 선택에서 발을 뺐다.

테라노스는 처음에는 방어 태세를 취하면서 의문점들을 해소하기보다는 쏟아지는 언론의 뭇매에 반박하기 바빴다. 2015년 10월 27일이 되어서야 홈즈는 나노테이너가 신뢰성 있는 혈액검사 기기임을 입증해줄 데이터를 제공하는 것이 '가장 강력한 조치'가 될 수 있다는 데 동의했다. 하지만 그 후 몇 달 동안 사내 실험실과 혈액검사 기술에 문제가 있다는 증거가 계속 불거지면서 어려움은 가시지 않았다. 2016년 7월에는 FDA가 홈즈에게 실험실 운영 금지를 제안하였고, 월그린을 비롯한 사업 파트너들이 등을 돌리면서 테라노스의 미래는 암울해졌다.

할리우드 각본가가 신생 회사에 대한 영화를 쓴다고 해도 테라노스처럼 마음을 사로잡는 스토리를 떠올리기는 쉽지 않을 것이다. 19세의 젊은 여성(여기서부터 전형적인 스타트업 창업자와는 차별된다.)이 스탠퍼드(새로운 하버드나 다름없는)를 중퇴하고 모든 사람이 싫어하지만 누구나 거치는 의료검사 과정을 획기적으로 바꾸는 회사를 차린다. 혈액검사를 위해 몇 시간이나 검사실에 앉아 있다가, 여러 개의 바늘을 몸에 꽂고서 검사 담당자가 자신의 혈액을 큼지막한 유리병에 담는 모습을 지켜보고, 검사 결과가 나오기까지 며칠을 기다린다. 그리고 검사비로 1,500달러를 청구받고는 손이 부들부들 떨리는 경험을 해보지 않은 사람이 몇 명이나 되겠는가?

이 스토리의 매혹은 여기서 끝이 아니다. 테라노스 스토리는 현재의 값비싼 검사비용을 지불할 능력이 없는 많은 사람에게 값싸고 신속한 혈액검사 방법을 소개함으로써 전 세계 의료검사를 획기적으로 바꿔줄 신제품을 선보였다는 선교사적인 메시지도 담겨 있었다. 테라노스에 힘을 불어넣은 패기와 열정, 선교사적 열의는 홈즈의 강연과 인터뷰에서 그대로 배어나왔다.[15] 이렇게 좋은 스토리와 호감 가는 영웅을 앞에 두고 투덜이가 되어 제품의 실제 효과를 의심하는, 김빠지는 질문을 던지고 싶은 사람이 과연 얼마나 될까?

결론

사업 활동에서 스토리는 매우 중요하다. 스토리를 이용하면 기업은 투자자, 고객, 직원들과 순수한 사실이나 숫자만 가지고는 절대로 힘든 수준의 관계를 맺을 수 있으며, 행동을 유도할 수 있다. 그러나 스토리는, 특히 사실이 확인되지 않은 스토리는 부정적인 효과를 낼 수 있다. 스토리텔러는 현실을 망각하고 성공을 보장하는 가상의 세계를 날조해낸다. 스토리에 넘어간 청자들은 회의적 질문을 던지지도 않고, 의심도 하지 않은 채 해피엔딩만을 원하며 무작정 앞으로 나아간다. 독자 여러분에게 창의성을 기를 발판을 마련해주는 동시에, 체계와 원칙이 있는 과정을 마련함으로써 선을 넘는 헛된 소망을 기르지 않게 하는 것이 이 책의 사명이다. 만약 여러분이 비즈니스 스토리를 듣는 청자 입장이라면 희망을 기대로 착각하는 사태를 막는 데 이 책이 훌륭한 체크리스트 역할을 할 수 있을 것이다.

스토리텔링의 요소

스토리텔링이 예술인지 기교인지는 글쓰기 모임에서도 두고두고 논의가 되는 주제이다. 내 생각에는 둘 다이다. 스토리텔링에서 어떤 부분은 가르친다고 되는 것이 아니지만, 상당 부분은 가르칠 수 있고 연습을 통해 향상될 수 있기 때문이다.

이번 장에서는 좋은 스토리를 이루는 요소를 살펴보고, 이런 요소들을 비즈니스 스토리에 적용하려면 어떻게 수정해야 하는지 검토해볼 것이다. 스토리의 유형을 관찰하고, 장 후반부에서 나올 내러티브와 숫자를 연결하기 위한 토대를 닦을 것이다. 또 서사자가 청자로부터 더 강한 반응을 끌어내기 위해 사용할 수 있는 스토리의 어휘와 구조까지 모두 살펴볼 것이다.

스토리 구조

잘 만들어진 스토리에는 구조가 존재한다. 이번 장에서는 제일 먼저 스토리의 구조화에 대해 전체적으로 살펴보고, 다음으로는 '비즈니스' 스토리텔링의 관점에서 같은 주제를 설명할 것이다. 솔직히 인정하지만, 나는 문학을 검토하기 전에는 몇천 년 전으로 거슬러 올라가는 스토리 구조화에 대해 아는 것이 거의 없었다. 극작가나 소설가, 작가들이 더 흥미진진한 스토리를 만들기 위해 스토리 구조를 설정한다는 사실을 알고 나니 내 목표는 더욱 단순해졌다. 나는 비즈니스 스토리텔링에 차용할 만한 교훈을 과거에서 끌어내는 것을 목표로 삼았다.

아리스토텔레스는 《시학》에서 처음으로 스토리의 요건에 대해 구체적으로 설명했다.[1] 그는 그리스 연극의 관찰을 바탕으로 모든 스토리에는 도입부, 중간부, 결말부가 있어야 하며, 모든 사건이 원인과 결과로 연결돼 있을 때 스토리가 계속 진행될 수 있다고 설명한다. 스토리가 영향력을 발휘하려면 스토리 진행에 맞춰 주인공의 행복과 불행도 변해야 한다. 놀랍게도 이런 스토리 구조는 오랜 세월 유지돼왔다.

19세기 독일 소설가이며 극작가인 구스타프 프라이타크Gustav Freytag는 이런 스토리 구조에 살을 붙여 다섯 가지 요소로 이뤄진 새로운 스토리 구조를 만들어냈다.[2]

1. **발단이나 자극의 순간:** 스토리의 시작이 되는 사건이 벌어지고 해결해야 할 주요 갈등이 소개된다.

2. **심화나 상승**: 이 단계에서는 사건이 추가로 발생하면서 스토리의 긴
   장감이 고조된다. 비극의 심화 단계에서는 주인공에게 좋은 일이
   계속 일어나고, 희극에서는 고난이 이어진다.
3. **절정이나 전환점**: 사건의 방향이 전체적으로 뒤바뀐다. 비극은 좋은
   쪽에서 나쁜 쪽으로 변하고, 희극은 나쁜 일들이 사라지고 좋은 일
   들이 펼쳐진다.
4. **반전이나 하강**: 여기서는 앞의 3단계에서 시작된 변화의 영향이 드
   러나기 시작한다.
5. **대단원**: 비극이라면 스토리는 비참한 결말로 끝난다. 또는 주인공
   의 승리나 패배를 보여주면서 사건이 해결된다.

프라이타크의 스토리텔링 구조는 〈그림 3.1〉처럼 피라미드 형태로 설

그림 3.1 스토리텔링 구조를 설명한 프라이타크의 피라미드

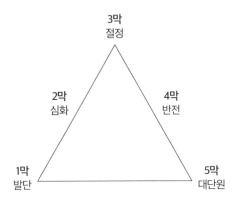

명할 수 있다. 프라이타크의 스토리텔링 구조에서 서사자는 무대의 주인으로서 환경을 통제한다. 그리고 누구에게 언제 놀라운 일이 일어나고, 어떤 결과가 생길지를 결정한다. 따라서 프라이타크의 스토리 구조를 비즈니스 스토리텔링에 사용하기에는 한계가 있다. 사건의 대부분이 통제가 불가능하고, 아무리 치밀하게 짠 이야기의 구성도 실제 세계에서 일어나는 돌발 사건에는 무용지물이 될 수 있으며, 결말도 마음대로 정할 수 있는 것이 아니기 때문이다.

유명한 신화학자인 조지프 캠벨Joseph Campbell은 여러 시대의 신화를 관찰한 후 모든 신화 속 영웅은 비참하게 시작하지만 끝에 가서는 찬란한 여정을 걷는다는 공통된 구조가 존재한다고 결론 내렸다.[3] 〈그림 3.2〉는 영웅 이야기를 도식화한 것이다.[4]

이것은 〈스타워즈〉 팬들에게는 낯설지 않은 구조이다. 조지 루카스도 영화 각본을 쓰던 당시에 이 구조에 영향을 받았다. 프라이타크의 스토리 구조는 기업 환경에 적용하기에는 지나치게 간명할 정도로 통제돼 있다. 하지만 유독 어떤 비즈니스 스토리가 더 뚜렷하게 기억에 남는 이유를 설명하기에는 충분하다.

스티브 잡스가 신화적 위상을 얻기까지 걸은 길을 생각해보자. 캠벨의 스토리 구조에 나오는 영웅처럼 스티브 잡스가 모험을 향한 소명을 받은 곳은 실리콘밸리의 차고였다. 그곳에서 스티브 잡스와 스티브 워즈니악Steve Wozniak은 최초의 애플 컴퓨터를 만들었다. 그리고 그가 애플을 성공적인 회사로 만드는 과정에서 계속해서 맞닥뜨렸던 도전과 유혹은 이미 잘 정리돼 하나의 연대기가 되었다. 그러나 그가 애플에서 추방

당했다가 다시 귀환한 것(죽음과 재탄생)은 기업 역사상 가장 위대한 2막이 열리는 무대를 만들었다.

스토리텔링에는 다른 구조도 얼마든지 사용할 수 있지만, 아리스토텔레스의 3단 구조부터 조지프 캠벨의 영웅의 여정에 이르기까지 흐름은 모든 시대의 스토리 구조를 압축해서 보여준다. 실제로도 각각의 스토리에는 생각보다도 공통점이 많으며, 대다수는 현대의 감각에 맞게 업데이트 정도만 필요할 뿐이다.

그림 3.2 도식화한 영웅의 여정

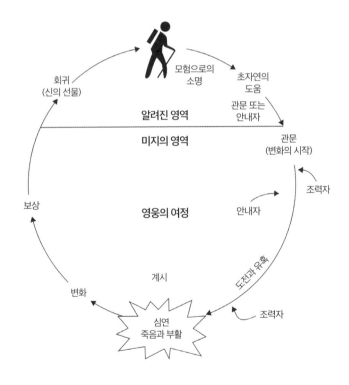

내가 아리스토텔레스나 프라이타크, 캠벨의 교훈을 되새기면서 우버, 페라리, 아마존의 가치평가에 생명력을 불어넣는 스토리를 구상했다는 거짓말은 하지 않겠다. 솔직히 최근에 들어서야 그들의 스토리 구조에 대해 조금이나마 알게 되었고, 비즈니스 스토리텔링에 차용할 부분이 많다는 것을 배울 수 있었다. 아리스토텔레스에게서는 스토리의 단순성을 유지하면서 도입부에서 중간부, 결말부까지 초점이 흐트러지지 않는 것이 중요하다는 교훈을 배웠다. 프라이타크를 통해서는 비즈니스 스토리에도 성공과 반전이 필요하며, 이 두 가지가 없는 내러티브는 단조롭고 따분하다는 사실을 이해할 수 있었다. 캠벨의 스토리 구조는 등장인물의 중요성과 핵심 서사자의 역경과 승리가 청중과 어떻게 관계를 맺는지를 보여주었다.

이 교훈은 적어도 신생기업의 스토리는 사업 못지않게 창업자나 회사 운영자도 중요하게 다뤄야 한다는 것을 알려주었다. 마지막으로 이런 형태의 스토리는 지극히 인간적인 충동을 불어넣기 때문에 청중과 관계를 형성한다는 사실도 깨달을 수 있었다.

소설의 스토리가 주로 재미를 위해 만들어진, 창의성에 제약이 없는 것에 반해 비즈니스 스토리는 많은 제약이 있다는 차이가 있다. 영화 각본이나 소설을 쓴다면 기괴하고 비현실적인 세상도 마음대로 만들 수 있고, 충분히 잘만 쓴다면 독자를 그런 세상으로 얼마든지 데려갈 수 있다. 그러나 비즈니스 스토리는 현실에 뿌리를 내리고 있어야 한다. 창의성만이 아니라 신뢰성 그리고 스토리에 담긴 약속을 이행하는 능력도 비즈니스 스토리의 좋고 나쁨을 판단하는 척도가 되기 때문이다. 그러므로 당연히 비즈니스 스토리텔링에 맞게 일반적인 스토리 구조를 고쳐야 할 필요가 있다.

스토리의 유형

스토리 구조에서 보듯이 우리가 읽거나 듣는 거의 모든 스토리는 오래 전부터 내려온 줄거리를 재창조한 것이다. 스토리 유형을 구분하는 연구는 대부분 일반적인 스토리텔링과 관련이 있지만, 비즈니스 세계에서도 유사한 점이 있다.

일반적인 스토리 유형

크리스토퍼 부커Christopher Booker는 자신이 쓴 스토리텔링에 대한 책에서 수백 년 동안 거듭 사용된 스토리의 기본 플롯은 결국 일곱 개에 불과하다고 주장한다.[5]

첫 번째 플롯인 '괴물 물리치기'의 주인공은 약자이다. 보잘것없고 약하게만 여겨졌던 주인공이 혹독한 시련을 이겨내는 이야기이다. 두 번째 플롯 '부활'은 재탄생에 대한 이야기로, 주인공은 다시 태어나 더 좋은 삶을 누리게 된다. 세 번째 플롯 '탐구'에서는 주인공이 자신과 심지어 세상까지 구원할 무언가를 찾아야 하는 소명을 수행한다. 《반지의 제

왕》이나 〈스타워즈〉 같은 신화적 스토리에 독자를 열광하게 만드는 것
도 이런 탐구의 플롯이다. 네 번째 플롯 '거지에서 부자가 되는' 스토리
는 가난하고 약했던 주인공이 부와 권력을 모두 가지게 되는 변화의 플
롯을 말한다. 다섯 번째 플롯인 '여행과 귀환'의 주인공은 자신의 의지
때문이건 우연한 사건 때문이건 발견을 위한 여행을 떠나게 된다. 그리
고 일반적으로는 더 현명하고 행복하고 부유한 사람이 되어 원래 자신
이 있던 장소로 돌아온다. 여섯 번째 플롯 '희극'은 여러 도전에 걸려 넘
어지는 주인공의 모습에 관객과 독자가 함께 웃거나 조롱을 던지게끔
만든다. 일곱 번째 플롯 '비극'은 반대로 독자와 관객을 울게 만드는 것
을 목표로 삼는다.

부커는 고차원적 문학이나 저속한 삼류 소설, 오페라나 통속극, 셰익
스피어의 희곡이나 제임스 본드 영화 시리즈도 모두 이 일곱 가지 플롯
중 하나를 사용한다고 설득력 있게 주장을 펼친다.

제품의 스토리

광고주들은 수십 년 동안 일반적인 스토리 유형을 사용해 제품에 맞는
광고 내러티브를 만들었다. 퍼스널컴퓨터 회사들(특히 IBM과 마이크로소
프트)을 악당으로 등장시킨 애플의 1984년 매킨토시 광고는 괴물을 물리
치는 플롯의 연장선이었다. 애플 '1984' 광고는 일요일 슈퍼볼에 딱 한 번
방송되었다. 광고가 스토리에 얼마나 의지하는지를 관찰하기에 슈퍼볼

만큼 좋은 기회도 없을 것이다. 광고주들은 아주 짧은 시간 안에 아주 많은 시청자에게 제품을 호소할 기회를 잡기 위해 슈퍼볼 광고에 많은 돈을 지불한다. 거의 연례행사처럼 진행되는 여론 조사에서 전문가와 시청자들은 어떤 광고가 뇌리에 가장 강하게 남았는지를 투표한다. 한 기업이나 광고대행사가 계속해서 독보적으로 1위를 차지하지는 않는다. 그러나 30~60초 사이에 매력적인 스토리를 들려주는 데 성공한 광고가 가장 크게 기억에 남는다는 일관된 조사 결과가 있다.

창업자 스토리

스타트업은 물론 대기업의 경우에도 비즈니스 스토리는 창업자의 스토리와 밀접한 관련이 있을 수 있다. 그리고 투자자를 회사로 끌어들이는 장치는 바로 창업자 스토리다. 창업자의 스토리는 다음 다섯 가지 유형 중 한 가지일 가능성이 있다.

1. **호레이쇼 앨저 스토리**: 전형적인 미국식 신분상승 성공신화 스토리로, 거지가 백만장자가 되는 스토리의 변형이다. 투자자들은 온갖 역경 속에서도 성공을 이뤄낸 창업자의 강인함을 보여주는 스토리에 이끌린다.

2. **카리스마 스토리**: 창업자의 직관적 통찰을 바탕으로 스토리가 전개된다. 통찰의 순간에 창업자는 사업 기회에 대한 비전을 얻고, 그

비전을 실현하기 위해 나아간다. 일론 머스크^{Elon Musk}는 스페이스엑스^{SpaceX}, 테슬라^{Tesla}, 솔라시티^{SolarCity}를 비롯해 여러 회사를 창업하거나 공동 창업했다. 그리고 그가 사업체를 세울 때마다 회사 자체만이 아니라, 카리스마를 가진 창업자인 머스크 자신도 투자자들을 끌어들이는 데 중요한 역할을 했다.

3. **관계의 스토리**: 어떤 사업에서는 인맥이 유리하게 작용하기도 한다. 친인척을 배경으로 두었건, 과거에 정계나 감독기관에서 일한 경력이 있건 간에 적절한 인맥이 있는 창업자들은 특별한 존중을 받기도 한다.

4. **유명인사 스토리**: 투자자들은 창업자가 유명인사라는 점에 끌리기도 하는데, 유명인사로서의 지위가 거래를 확보하고 가치를 창출하는 데 도움이 된다고 믿기 때문이다. 잭 니클라우스^{Jack Nicklaus}, 매직 존슨^{Magic Johnson}, 오프라 윈프리는 모두 유명인사로서의 지위를 잘 이용해 성공적으로 사업을 구축했다. 그리고 사업 내용만이 아니라 이 유명인사들의 이름값도 많은 투자자를 끌어들이는 데 일조했다.

5. **경험의 스토리**: 어떤 경우에는 창업자의 과거 경력이 투자자들을 끌어들이는 요소가 되기도 한다. 투자자들은 창업자들이 과거에도 사업을 훌륭하게 성공시켰으므로 새로운 사업에서도 성공할 것이라고 가정하면서 이 새로운 회사에 투자한다.

기업과 창업자를 구분하지 않고, 전적으로 창업자 위주로 비즈니스 스토리를 만들 때에는 다음 두 가지 위험을 조심해야 한다.

첫째, 창업자와 사업이 떼려야 뗄 수 없는 관계라면 창업자 개인의 실패가 기업의 추락으로 이어질 수 있다. 마사 스튜어트^{Martha Stewart}가 2003년 내부자거래로 유죄 판결을 받았을 때, 그녀의 이름을 그대로 회사명으로 사용하여 상장한 회사 역시 크게 휘청거렸다. 기소된 순간 이 회사의 주가는 거의 15퍼센트나 떨어졌다.

둘째, 창업자 개인에 대한 스토리가 언제나 청자의 귀를 솔깃하게 만든다면, 개인의 스토리는 사업 성공과 어떤 식으로든지 관련이 있어야 한다. 무수히 많은 유명인사가 창업의 길에 들어서지만 그 길을 성공적으로 끝마치는 사람이 드문 이유가 바로 여기에 있다.

케이스 스터디 3.1: 서사자 중심의 스토리인 언더아머와 케빈 플랭크 사례

언더아머^{Under Armour}는 출발은 초라했지만 도전을 극복하고 나이키 못지않은 거대 스포츠웨어 브랜드로 성장한 의류 업계의 대표적인 성공 스토리다. 언더아머의 스토리는 비즈니스 스토리인 동시에 창업자 케빈 플랭크^{Kevin Plank}에 대한 스토리이기도 하다.

다섯 형제 중 막내로 태어난 플랭크는 메릴랜드 주에서 자랐고, 메릴랜드대학교에서 미식축구팀의 주전 선수로 활약했다. 팀의 주장이 된 그는 자신과 동료들이 입는 운동복이 무거운 데다 연습이 끝나고 나면 땀으로 축축해진다는 사실에 주목했다. 그리고 여성용 속옷 원단을 사용해 가볍고, 땀이 많이 나도 보송보송함을 유지하는 셔츠를 개발해야겠다는 아이디어를 구상했다.

1996년에 학교를 졸업한 후 플랭크는 할머니 집의 지하실에 회사를 차렸고, 이후 10년 동안 성장을 거듭해 2015년에는 40억 달러의 매출을 달성하면서 나이키를 위협하는 경쟁사로 성장했다. 언더아머 스토리에서 가장 부각되는 부분은 물론 케빈 플랭크이고, 메릴랜드대학교 미식축구팀에서 같이 뛰었던 동료들을 광고에 출연시키기도 했다. 또한 그는 회사에 대한 지배권을 유지하기 위하여 다른 종류의 의결권 있는 주식들을 발행하기도 했다.

비즈니스 스토리

비즈니스 스토리의 범위는 무궁무진하며, 현재 사업이 라이프사이클의 어떤 단계이며, 지금은 어떤 경쟁 상황을 맞고 있는지에 따라 천차만별로 달라진다. 몇 가지 전형적인 비즈니스 스토리를 정리하면 〈표 3.1〉과 같다. 다만 이런 식으로 유형을 정리하는 것은 스토리를 과도하게 일반화하는 것이며, 스토리의 가능 범위를 전부 다루지는 못한다는 것을 미리 알아주기 바란다.

〈표 3.1〉은 모든 기업을 망라하지는 않지만 공모시장과 사모시장의 기업들 대부분이 여기에 해당한다. 두 가지를 덧붙이면, 첫째로 한 기업

표 3.1 비즈니스 스토리의 유형

비즈니스 스토리	사업 유형	투자 홍보의 예
골목대장	시장점유율이 높고, 브랜드 네임이 우수하며, 많은 자본에 접근할 수 있고, 거침없다는 평판을 가진 회사	경쟁을 일소하고 계속해서 매출과 이익 증대를 실현할 것이다.
언더독 (약자)	시장점유율에서 1위에 한참 뒤지는 2위이지만, 1위 회사보다 제품이 더 우수하고 저렴하다고 주장하는 회사	고객 만족을 위해 1위 회사보다 더 열심히 노력할 것이다. 1위에 비해서 친절하고 상냥한 회사라는 이미지를 가지고 있을 수 있다.
유레카 순간	정말로 우연하게 시장에서 충족되지 않은 니즈를 발견했으며, 이 니즈를 충족할 방법을 찾아냈다고 말하는 회사	충족되지 않은 니즈를 충족시킴으로써 성공적인 사업을 일굴 것이다.
개선된 쥐덫	기존 제품이나 서비스의 성능을 개선할 방법을 찾아냈으며, 이것이 시장의 니즈에도 더 바람직하고 적절하다고 주장하는 회사	기존 회사들의 시장점유율을 야금야금 빼앗을 것이다.
파괴자	제품이나 서비스를 근본부터 바꿈으로써 업종 전체의 운영 방식을 뒤집는 회사	현재 상태는 비효과적이고 비효율적이므로 파괴를 통해 사업 전체가 바뀌게 될 것이다(그리고 돈도 벌게 될 것이다).
저비용 회사	원가절감 방법을 찾아냈고, 판매량을 늘리기 위해 기꺼이 가격 인하를 단행할 수 있는 회사	판매량 증가는 낮아진 이익률을 만회하고도 남을 것이다.
선교사	단순히 돈을 버는 것보다 더 크고 숭고한 소명을 가지고 있다고 말하는 회사	(사회를 위해) 좋은 일을 하면서 돈도 벌 수 있다.

이 이중 내러티브를 펼치는 경우이다. 예를 들어 2015년 9월에 우버는 파괴 스토리(자동차 서비스 사업의 판도를 바꾸고 있다)와 지배 스토리(자동차 공유 시장에서 우버를 멈출 수 있는 것은 없다)를 동시에 보여준다. 둘째로 기업의 라이프사이클이 진행될수록 내러티브도 변하게 된다. 예를 들어 1998년 구글이 검색엔진 시장에 진입했을 때 기존 대기업들에 도전하는

언더독이었다. 하지만 2015년, 구글은 시장을 지배하는 기업으로 바뀌었다. 지금 이 회사는 골목대장이라는 평판이 어울린다.

스토리텔러가 밟아야 할 단계

이번 3장 대부분은 주로 청자의 관점에서, 다시 말해 창업자의 세일즈 홍보를 판단하고 기업에 투자할지를 결정해야 하는 투자자의 입장에서 스토리텔링을 살펴볼 것이다. 하지만 지금 막 사업을 시작한 스토리텔러의 입장에서 살펴볼 필요도 있다. 앞의 스토리 구조와 유형에서 얻은 내용을 교훈 삼아 몇 가지 단계를 밟는다면 더 나은 스토리를 만들 수 있을 것이다.

1. **자신의 사업을 이해하고 자기 자신을 이해하라:** 자신의 사업과 회사를 이해하지 못한다면 좋은 비즈니스 스토리를 만들기 힘들다. 무엇을 하는 사업이고, 어떻게 발전할 것인지에 대한 비전이 어설프고 혼란스럽다면, 비즈니스 스토리에도 그런 혼란은 고스란히 반영된다. 이것은 오랜 역사를 가진 대기업의 CEO가 기업분석가와 대화를 나눌 때이건, 아니면 스타트업의 창업자가 벤처캐피털의 투자를 받으려 할 때이건 마찬가지다. 스타트업의 창업자는 회사와 거의 한 몸이나 다름없기 때문에 창업자 스토리는 사업에 대한 스토리만큼 중요하다. 따라서 창업자는 이 스타트업에서 자신이 맡고

싶은 역할이 무엇인지 깊이 고심해야 한다.

2. **청중을 이해하라**: 같은 회사일지라도 듣는 대상에 따라(직원, 고객, 잠재적 투자자) 스토리를 조금씩 변형할 필요가 있다. 청자마다 스토리에 관심을 가지는 부분이 다르기 때문이다. 직원들이 사업을 성공시킬 것이라는 창업자의 열정을 공유할지라도 그들은 창업자가 어떻게 성공을 공유할 계획인지 그리고 실패했을 때 직원 개개인에게 따르는 위험은 없는지도 관심을 가질 것이다.

고객은 회사의 이익보다는 제품에 관심이 더 많다. 그래서 고객들은 이 회사의 제품이나 서비스가 어떻게 자신들의 니즈를 충족시켜줄 것이며, 거기에 지불해야 하는 대가가 얼마인지 자세히 알고 싶어한다.

투자자들도 스토리텔러가 말하는 제품과 서비스를 자세히 알고 싶어한다. 하지만 그들이 초점을 맞추는 부분은 사업 잠재력을 진짜 매출과 가치로 전환할 수 있는 계획이다. 투자자들 사이에서도 시간(단기 vs. 장기)과 기대하는 수익 창출의 형태(현금 수익 vs. 가치 성장)에 따라 관점이 크게 달라진다. 그렇기 때문에 어떤 투자자에게는 먹히는 스토리가 다른 투자자에게는 전혀 먹히지 않을 수 있다.

3. **사실대로 말하라**: 사실 훼손만큼 스토리의 격을 떨어뜨리는 것도 없다. 그러므로 회사와 경쟁사 그리고 확보하려는 시장을 철저히 공부하는 것은 스토리텔러로서 당연한 의무이다. 스토리를 말하기 전 사실 점검 단계에서 스토리텔러는 언론에서 활용하는 다음 5W를 응용해서 적용해야 한다.

- who: 회사의 고객은 누구이고, 경쟁사는 누구이며, 직원은 누구인가?
- what: 지금의 사업은 어떤 모습이고, 미래의 사업 모습에 대해서는 어떤 비전을 가지고 있는가?
- when: 언제가 되면 또는 얼마나 걸려야 회사의 사업이 비전에 부합하는 모습으로 발전하는가?
- where: (시장과 지리적 측면에서) 영업활동을 하려는 곳은 어디인가?
- why: 이 시장에서 승자가 될 것이라고 생각하는 이유는 무엇인가?

다음 장에서 이 다섯 가지 질문을 되새기면서 각 질문의 답을 구할 때 숫자를 사용하는 것이 얼마나 도움이 되는지 살펴볼 것이다.

4. **구체적으로 말하라**: 시장에서의 기회나 거시경제의 트렌드를 중심으로 비즈니스 스토리를 만든다면 이런 추이를 활용하기 위해 어떤 계획을 세웠는지를 구체적으로 말해야 한다. 예를 들어 소셜미디어 회사를 세운다고 가정해보자. 서로 교류하고, 뉴스를 얻고, 즐기기 위해 소셜미디어에 접속하는 사람들이 점차 늘어나고 있다는 주장만으로는 충분하지 않다. 스토리텔러는 이런 사람들을 끌어들이기 위해 회사가 어떤 제품이나 서비스를 제공할 계획인지 구체적으로 설명해줘야 한다.

5. **말하지 말고 보여줘라**: 스티브 잡스의 애플 기조연설이 큰 반향을 일으킨 이유는 무대에 오른 그의 모습에서 애플 신제품을 공유한다는 열정과 의지가 빛났기 때문이다. 그는 심지어 일부 기기가 기능

장애를 일으킬 수 있다는 위험마저도 감수했다. 마찬가지로 자사의 제품과 서비스가 어떤 성능을 가지고 있는지 보여줄 수 있다면 비즈니스 스토리는 더 쉽게 기억될 뿐만 아니라 영향력도 커진다.

6. **결말에 공을 들여라**: 아리스토텔레스의 조언을 가슴 깊이 새겨야 한다. 청중의 가슴을 뛰게 하고, 행동하게 하는 동시에 압축된 메시지를 전달하는 결말을 만들어야 한다.

나는 투자자나 직원, 고객에게 기업 홍보를 위한 프레젠테이션을 한 적이 없다. 때문에 내가 정리해서 내놓은 답변들을 무조건 옳다고 생각하지 말기 바란다. 그러나 나는 강단에 서는 사람이고, 좋은 강의에는 위의 6단계 중 하나는 반드시 필요하다고 믿는다.

좋은 스토리는 좋은 재료에서 나온다

마음을 더 잡아끄는 스토리를 만드는 데 필요한 재료는 무엇인가? 스토리마다 형태도 다르고, 등장인물도 다르고, 반전도 각양각색이다. 하지만 좋은 스토리에는 몇 가지 공통된 특징이 있다. 나는 좋은 비즈니스 스토리의 특징을 다음과 같이 정리하였다. 물론 여러분이 생각하기에 중요한 특징이 빠져 있을 수 있고, 중요하지 않은 특징이 포함돼 있을 수도 있다.

1. **좋은 스토리는 단순하다**: 좋은 비즈니스 스토리는 초점을 흐리지 않으며, 핵심 메시지를 잘 전달한다. 그리고 메시지 전달에 방해가 되는 복잡함과 난해함은 과감히 없앤다.

2. **좋은 스토리는 믿을 수 있다**: 좋은 비즈니스 스토리는 행동으로 옮길 수 있어야 하고, 약속 이행이 가능해야 한다. 결론적으로는 현실의 테스트를 통과할 수 있어야 한다. 다시 말해 당신이 주도한 게임에서 자신의 강점을 보여주는 동안에도 사업적 한계에 대해 솔직해야 한다.

3. **좋은 스토리는 진솔하다**: 진실성은 굉장히 많이 사용되는 말이지만 의미가 모호한 것도 사실이다. 그러나 한 개인으로서 당신이 어떤 사람이고, 당신의 사업이 무엇인지를 진솔하게 담아낸 스토리가 더 큰 공감을 얻을 수 있다는 것은 부인할 수 없다.

4. **좋은 스토리는 감성을 건드린다**: 감성을 건드려야 한다는 말은 스토리텔러가 무대에서 울먹이며 말해야 한다는 의미가 아니다. 가슴 깊은 곳에서부터 말해야 한다는 의미다. 스토리텔러 자신이 스토리에 어떤 열정도 가지지 못했는데 다른 사람이 열정을 가질 리가 없지 않겠는가?

해야 할 것과 하지 말아야 할 것을 장황하게 설명하는 대신에, 내가 가장 좋아하는 스토리텔러 중 하나인 픽사Pixar에서 교훈을 찾아보자. 나는 아이들과 〈토이스토리〉를 보면서 남녀노소를 가리지 않고 흠뻑 빠져들게 만드는 훌륭한 스토리텔링에 감탄했다. 픽사스튜디오의 스토리텔링에 감탄하는 마음은 시간이 지날수록 더욱 커졌다. 나는 픽사에서 일했던 엠마 코츠Emma Coats가 자신의 경험을 토대로 쓴 간단한 스토리텔링 매뉴얼인《감탄이 절로 나오는 스토리텔링의 22가지 법칙22 Rules to Phenomenal Storytelling》을 발견하고 무척 기뻤다. 이 책에 나온 22가지 규칙 모두를 비즈니스 스토리에 적용하기는 힘들지만, 상당수는 기업 환경에 맞게 응용이 가능하다.

픽사의 스토리 규칙을 비즈니스 스토리텔링에 응용한다면 청중의 구미에 맞게 스토리를 꾸미고, 스토리를 단순화해 초점을 유지하고, 스토리를 경제적으로 말할 수 있는 방법을 찾아낼 수 있다. 그리고 완벽을 추구하기보다 계속해서 스토리를 만들고 수정하는 작업을 지속하는 데 큰 도움이 될 것이다. 다양한 청중에게 스토리를 들려주는 것보다 스토리의 어느 부분이 효력이 있고, 어느 부분이 효력이 없는지 알아내는 것만큼 좋은 방법은 없다. 연습할수록 더 좋은 스토리가 만들어진다.

나는 〈샤크 탱크Shark Tank〉라는 텔레비전 쇼의 팬이다. 이 프로그램에서는 창업을 꿈꾸는 기업가들이 나와서 사업 아이디어를 말하고, 성공적인 벤처캐피털리스트들과 경영자들(상어들)로부터 창업 자금을 모집한다. 이 쇼에서 내가 특히 마음에 드는 부분은 기업가들이 쇼에 나와 비즈니스 스토리를 설명하는 것을 들으면서 어떤 스토리는 관계를 만드는데 다른 스토리는 그러지 못하는 이유가 무엇이며, 가끔이기는 해도 이런 관계가 어떻게 해서 투자 결심을 불러일으키게 만드는지 생각해볼 수 있다는 점이다.

결론

　좋은 스토리는 관계를 만들고, 행동을 유도하는 마법적 능력을 발휘한다. 3장에서 나는 이 마법 뒤에 숨은 기교를 관찰했다. 스토리의 구조를 짜는 방식은 지난 2000년 동안 놀랍게도 바뀐 점이 거의 없었다. 모든 스토리는 오랜 세월 똑같은 구조를 뼈대로 삼았다. 그것이 아리스토텔레스의 연극 중심의 구조이든, 모든 고난 신화의 중심에 있는 영웅의 여정을 발견한 조지프 캠벨의 구조이든 마찬가지였다. 다시 말해 소설 속 스토리이건 비즈니스 스토리이건 우리가 유심히 봐야 할 스토리의 기본 구조는 몇 개 되지 않는다.

　이번 장을 끝내면서 나는 좋은 비즈니스 스토리를 구성하고 말하는 데 필요한 단계들을 탐구했다. 좋은 비즈니스 스토리텔러가 되려면 스토리 구조와 유형을 참조하되 사업과 청중 그리고 자기 자신을 잘 이해해야 한다. 또한 환상이 아니라 현실을 반영한 단순한 스토리를 만들어야 한다. 탄탄한 비즈니스 스토리의 청자는 마음을 열고 들어야 하며, 스토리의 사실 여부 확인을 게을리해서는 안 된다. 또한 소설 속 스토리와 다르게 비즈니스 스토리는 가끔 청자의 입맛에 맞지 않는 결말로 끝날 수 있다는 사실도 받아들여야 한다.

4장

숫자의 힘

스토리가 관계를 만들고 기억에 쉽게 남게 한다면 숫자는 사람들을 설득한다. 숫자는 정교하지 않은 스토리도 정밀하도록 느끼게 만들며, 불확실성을 다뤄야 할 때에도 숫자를 보고 판단하면 마음이 놓이게 된다. 4장에서는 숫자의 역사를 살펴보고, 고대 문명부터 오늘날의 정량 모델에 이르기까지 숫자의 기원을 추적할 것이다. 그런 다음에는 숫자가 발휘하는 위력과 우리가 숫자를 이용하는 이유 그리고 과거 30년 동안의 기술 개발로 데이터 수집과 분석, 전파가 얼마나 쉬워졌는지를 확인할 것이다. 마지막 부분에서는 숫자를 맹신할 때의 위험과 전혀 실제가 아님에도 숫자로 인해 객관적으로 판단을 내리고, 상황을 통제한다고 착각에 빠지게 되는 이유를 살펴볼 것이다.

숫자의 역사

최초의 수 체계는 선사시대까지 거슬러 올라가며, 동굴벽화에 수 체계가 그림으로 표현되어 있다. 고대 문명은 나름의 수 체계를 가지고 있었는데, 마야 문명의 경우 20진법을 사용하였다. 오늘날 수학의 기초가 되는 10진법은 이집트에서 발명되었다고 여겨진다. 현재 사용하는 숫자는 아라비아 숫자이지만, 최초로 사용한 사람들은 인도인들이었다. 한편 아랍인들은 0의 마법적 특성을 발견했고, 중국인들은 음수의 개념을 탐구했다.

그러나 이러한 수 체계의 발전에도 불구하고 인간의 역사에서 숫자는 몇 가지 용도로만 제한적으로 사용되었다. 그 이유는 자료를 모으고 저장하기가 힘들고, 계산하는 데 시간이 많이 들고, 분석 도구가 제한돼 있기 때문이었다. 중세시대에는 보험업이 탄생하고 통계 이론이 비약적으로 발전하면서 상거래에서 숫자 활용이 크게 늘어났다. 그리고 19세기 금융 시장이 발달하면서 숫자의 활용도가 더욱 커지자 보험계리사, 회계사, 주식중개인 등 전문 직업으로서 넘버크런칭이 성장하게 되었다.

지난 세기 중반에 일어난 컴퓨터 발명은 게임의 판도를 바꾸었다. 기계가 사람의 노동을 대신함으로써 넘버크런칭의 규모도 확대되었다. 하지만 1970년대에 퍼스널컴퓨터가 발명되기 전까지는 대규모의 값비싼 컴퓨터 시스템에 접속 가능한 사람들(일반적으로는 대기업과 대학, 연구기관)이 그렇지 못한 사람들보다 결정적인 우위에 있었다. 퍼스널컴퓨터는 이전 세대에 선택된 소수만이 누렸던 것을 많은 수의 기업인, 투자자, 기자도 누리게 해주었다. 그러면서 데이터 접속만이 아니라 데이터 분석에 필요한 도구도 대중화시켰다.

숫자의 힘

기계의 힘이 기하급수적으로 확대되면서 의사결정에 숫자를 이용하려는 추세도 뚜렷하게 증가하고 있다. 기업들은 빅데이터를 이용해 어떤 제품을 생산해야 하고, 누구에게 그 제품을 얼마에 팔아야 하는지를 결정한다. 투자자들도 숫자 지향성이 강해졌는데, 퀀트투자자 같은 일부 부류는 데이터와 이를 분석하는 정교한 도구를 전적으로 신뢰한다. 이번 장에서는 숫자의 어떤 점이 사람들을 매료시키는지에 초점을 맞춰 논하려 한다.

숫자는 정밀하다

앞에서 나는 《머니볼》이라는 책을 언급했다. 이 책에서 집중적으로 다루는 사람은 오클랜드 애슬레틱스 프로야구팀의 빌리 빈 단장이다.[1] 야구는 미국에서 역사가 오래된 스포츠다. 이 스포츠 종목은 선수들에 대한 통계 수치가 해마다 산더미처럼 생겨난다. 하지만 아이러니하게도 야구의 스토리텔링에서 가장 중심을 이루는 것은 젊은 유망주 스카우트, 경기 동안 매 상황에 대응하는 감독의 능력, 그리고 선수들의 타격이나 투구 방법 등이다.

빌리 빈은 숫자의 힘을 이용해 야구라는 스포츠에 개혁을 일으켰다. 그는 경기에서 나온 무수한 통계 자료를 이용해 어떤 선수를 기용하고, 어떤 식으로 경기를 운영할지를 결정했다. 빌리 빈이 빈약한 예산으로 세계 수준의 팀을 만드는 데 성공하면서 그는 스타 단장이 되었고, 다른 구단들도 하나둘 그를 따라 하기 시작했다. 여러 면에서 책의 저자 마이클 루이스는 스토리텔링과 숫자 사이의 알력을 잘 포착하고 있다. 또한 전통 야구가 빌리 빈에게 맞선 행동을 '비과학적 문화가 과학적 방법에 어떻게 대응하는지, 또는 대응에 실패한 사례'로 묘사하면서 숫자의 입장에서 주장을 펼치고 있다.[2]

숫자는 과학적이고 스토리보다 더 정밀하다는 인식이 깊숙이 박혀 있기 때문에 빌리 빈이 야구계에 불러일으킨 혁명은 멀리 퍼져나갔다. 야구 통계학자이며 빌리 빈의 지적 멘토인 빌 제임스Bill James가 세이버메트릭스라고 명명한 이 학문은 오늘날 다른 스포츠 종목의 감독과 선수들도 사용하고 있다. 네이트 실버Nate Silver라는 미국의 유명 통계학자는 그가 뜬구름 잡기라고 여긴 정치 전문가들의 의견에 숫자로 반박함으로써 정치평론계에 파란을 일으키기도 했다. 당연한 말이지만, 데이터 혁명으로 인해 지각 변동이 가장 크게 일어난 곳은 기업계였다. 분석에 사용할 수 있는 데이터가 많다는 것이 한 이유였고, 그런 데이터를 이용해 얻을 수 있는 대가가 무궁무진하다는 것도 한 이유였다.

2장에서 나는 소셜미디어가 어떻게 스토리텔링의 플랫폼을 만드는지에 대해 설명했다. 하지만 더 흥미로운 부분은 소셜미디어를 통해 우리가 숫자에 얼마나 신경을 쓰고 있는지도 잘 드러난다는 사실이다. 우리는 '좋아요' 수를 가지고 페이스북 포스트의 내용에 점수를 매기고, 리트윗 수로 트윗의 파급력을 측정한다. 그리고 우리는 더 많은 사람을 끌어들이기 위해 소셜미디어에 올리는 글을 가끔씩 바꾸기도 한다.

숫자는 객관적이다

학교에 다니면서 우리는 과학적 방법이라는 것을 한두 번쯤은 배운다(그리고 잊어버린다). 고등학교 교실에서 들은 설명대로라면, 과학적 방법의 본질은 제일 먼저 가설을 세우고, 실험을 하거나 데이터를 수집하고, 다음으로 데이터에 근거해 가설의 수용 여부를 결정하는 것이다. 이런 설명에는 진정한 과학자라면 편향되지 않으며, 데이터가 질문에 대한 답을 알려준다는 메시지가 내포돼 있다.

2장에서 스토리텔링의 위험성을 설명하면서 나는 편향이 스토리에 어떤 식으로 스며드는지 그리고 스토리텔링 세상에 몰입한 청자가 거기에서 빠져나오기가 얼마나 힘든지도 말했다. 사람들이 그토록 숫자에 끌리는 이유는 숫자는 편견이 개입할 여지가 없고, 의도에도 휘말리지 않는다는 인식이 존재하기 때문이다. 이런 인식이 맞는다고 말하기는 힘들다. 그러나 다음에 나올 내용에서도 볼 수 있듯이, 스토리 위주가 아니라 숫자 위주로 사례를 말하는 사람은 청자와 관계 맺기가 약간 힘들수는 있어도 더 객관적이라는 인식을 심어줄 수 있다.

숫자는 통제를 나타낸다

《어린 왕자》에서 한 소행성을 방문한 어린 왕자는 별들의 숫자를 세는 남자를 만난다. 그 남자는 별들의 숫자를 다 세면 그 별들이 자신의 것이 될 거라고 주장한다. 《어린 왕자》의 이 이야기가 큰 공감을 사는 이유는 무언가를 측정하거나 숫자를 부여하면 그것을 통제하는 힘이 생겨난다고 생각하는 사람들이 많기 때문이다. 마찬가지로 체온계는 열이 있는지만을 알려주고 혈압계는 혈압을 측정해줄 뿐인데도 우리는 이런 것들을 측정하면 건강을 더 잘 관리하고 있다는 느낌에 사로잡힌다.

비즈니스 세계에는 "측정하지 못하는 것은 관리할 수도 없다."라는 유명한 격언이 있다. 이 격언은 측량기기를 생산하고 공급하고 지원하는 기업에는 달콤한 음악이나 다름없다. 어떤 산업 분야는 산출량과 진행도를 정확하게 측정할수록 더 큰 발전을 이룰 수 있다. 예를 들어 재고관리 분야에서는 실시간 재고 보유 현황을 정확하게 측정하면 기업은 재고를 크게 줄이는 동시에 고객 니즈를 정확하게 충족할 수 있다. 그러나 실제로 여러 산업 분야에서 이 슬로건은 조금 다르게 바뀌었다. "측정하고 있다면 이미 그것을 관리하고 있다." 다시 말해 많은 기업에서는 진지한 분석을 많은 숫자들로 대체해버렸다.

케이스 스터디 4.1_ 퀀트투자의 힘

투자 분야에서 숫자의 힘을 가장 뚜렷하게 보여주는 것은 퀀트투자의 성장이다. 퀀트투자 주창자들은 자신들은 오직 숫자를 통해서만 투자한다고 자랑스럽게 말한다. 실제로 그들은 서로 경쟁이라도 하듯 자신들의 투자 과정이 데이터와 데이터 분석 도구에 얼마나 많이 의존하고 있는지를 과시한다. 퀀트투자의 뿌리는 현대 가치투자의 아버지라고 불리는 벤저민 그레이엄Benjamin Graham이 명저 《증권분석》을 발표한 시대까지 거슬러 올라간다. 그레이엄은 저평가된 기업을 찾기 위해 여러 가지 스크리닝 기법을 정의했다. 이런 스크리닝 기법은 데이터를 일일이 수집하고 스크리닝도 수동으로 해야 했던 그레이엄의 시대에는 사용하기 힘들었다. 하지만 오늘날의 종목 스크리닝은 쉽고, 비용도 거의 들지 않는다.

현대 포트폴리오 이론을 탄생시킨 해리 마코위츠Harry Markowitz의 혁명은 퀀트투자에도 기여했다. 같은 위험에서 최고의 수익률을 내는 포트폴리오를 찾기 위해 1950년대에 해리 마코위츠가 발전시킨 효율적 포트폴리오 이론은 당시 수준에서는 데이터 접근과 분석에 한계가 있었기 때문에 계산하기 매우 어려웠다. 오늘날은 개인투자자도 퍼스널컴퓨터와 온라인 데이터만 갖추고 있다면 종목 표본에 대한 효율적 포트폴리오를 어렵지 않게 만들 수 있다. 20~30년 전만 해도 이런 작업을 하려면 몇 주 이상이 걸렸다.

1970년대 말, 입수할 수 있는 역사적 수익률 데이터와 회계 데이터가 늘어나면서 학계에는 과거 데이터에서 체계적 패턴을 찾아내는 새로운 연구가 등장했다. 소형주 종목들이 대형주 종목들보다 수익률이 높다는 것과 주가수익비율PER이 낮은 종목이 시장보다 높은 수익을 거둔다는 초기 연구 결과에 학계는 이례현상이라는 꼬리표를 붙였다. 이는 전형적인 위험—수익 모형 예측에는 들어맞지 않았기 때문이었다. 그러나 투자자와 포트폴리오 매니저에게 이런 이례현상은 시장의 비효율성을 활용해 더 높은 수익률을 올리기 위한 기회가 되었다.

지난 10년 동안 실시간 데이터 활용을 포함해 사용 가능한 데이터가 늘어나고, 컴퓨터의 연산 능력이 폭발적으로 증가하면서 퀀트투자는 새로우면서도 문제의 여지가 많은 투자 형태로 바뀌었다. 마이클 루이스는 최근작《플래시 보이스Flash Boys》에서 고빈도 트레이더라고 불리는 초단타 매매자의 투자 유형을 관찰했다. 이 초단타 매매자들은 고성능 컴퓨터를 이용해 실시간 주가 데이터를 스캔한 후 주가가 정상에서 벗어난 종목을 찾아내 트레이딩한다. 이런 초단타 매매의 온상이 되는 다크풀dark pool(장이 시작되기 전에 미리 매매 주문을 받은 후 매칭해주는 시스템으로 외부에는 주문 정보가 공개되지 않는다.—옮긴이) 거래는 전적으로 숫자를 기반으로 움직인다. 순수하게 숫자를 중심으로 하는 투자 과정에서 당연히 생겨날 만한 최종 산물이라고 볼 수 있다.

숫자의 위험

스토리텔링의 강점이 곧 약점이기도 하듯, 숫자의 강점 역시 넘버크런처가 자신들의 주장을 막무가내로 밀어붙이는 수단으로 악용한다면 순식간에 약점으로 변할 수 있다.

정밀성에 대한 착각

나도 예전에 한 수학자가 '정밀precise'과 '정확accurate'이 다른 척도로 사용된다는 것을 알려주기 전까지는 두 단어를 같은 의미로 번갈아 사용했다. 그 수학자는 다트 판을 이용해 두 단어의 의미 차이를 알려주었다. 모형의 정밀함은 결과 값들이 서로 가까이 붙어 있는 정도를 의미한다면, 정확성은 결과를 실제 다트 판의 숫자들과 비교해서 측정한 것을 의미한다.

정밀한 모형이지만 부정확할 수 있고, 반대로 정확한 모형인데도 정밀하지 않을 수 있다. 이런 차이를 잊지 말아야 한다. 왜냐하면 넘버크런칭 분야에서는 정확성보다 정밀성을 중시하는 실수를 자주 저지르기 때문이다(〈그림 4.1 참고〉).

수를 가지고 작업을 많이 하다 보면 숫자가 정밀해 보이거나 그렇게 보이도록 꾸밀 수는 있지만, 실제로는 전혀 정밀하지 않다는 것을 금세 깨닫게 된다. 특히 미래 예측과 관련해서는 더더욱 그러하다. 솔직히 통

그림 4.1 정확도와 정밀도

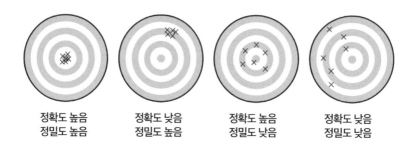

계학자들은 이런 비정밀이 추정 과정에서 분명하게 드러나도록 노력한다. 통계학에서는 추정할 때 '표준오차'로 추정의 잠재적 오차를 드러내야 한다고 가르친다. 실생활에서, 특히 비즈니스와 투자 세계에서는 이런 가르침을 무시하고 추정치를 마치 사실인 양 다루다가 재앙이나 다름없는 결과가 생기기도 한다.

숫자의 또 다른 특징도 비정밀성을 높인다. 행동경제학의 중요한 발견에 따르면, 인간은 숫자의 크기만이 아니라 숫자의 '틀frame'을 짜는 방식에 의해서도 수에 대한 반응이 달라진다. 소매상들이 한 상품에 '정가 2.50달러, 할인 20퍼센트'라고 써 붙이는 것도 이런 약점을 이용한 한 가지 예에 해당한다. 소비자들은 정가가 2달러인 비슷한 상품보다는 그 상품을 구매하는 데 더 마음이 솔깃해진다.

이런 틀짜기 편향framing bias을 보여주는 유명한 실험이 하나 있다. 실험에 참가한 피험자들은 치사율이 높은 질병에 걸린 환자 600명에 대한 두 가지 치료법의 결과를 〈표 4.1〉에 제시된 것처럼 다음 둘 중 하나를

표 4.1 틀짜기 효과

틀짜기	A 치료법	B 치료법
긍정적 틀짜기	200명이 살 수 있음	600명 모두가 살 가능성은 33.33퍼센트, 한 사람도 살지 못할 가능성은 66.67퍼센트
부정적 틀짜기	400명이 죽게 됨	한 사람도 죽지 않을 가능성은 33.33퍼센트, 모두가 죽을 가능성은 66.67퍼센트

선택하라는 요청을 받았다. 긍정적 틀짜기에서 두 치료법은 설명 방식이 다를 뿐 최종 결과는 같았지만, 피험자의 72퍼센트가 B 치료법이 아닌 A 치료법을 선택했다. 부정적 틀짜기도 마찬가지로 최종 결과는 같았지만, B 치료법이 아닌 A 치료법을 선택한 피험자는 22퍼센트에 불과했다. 비즈니스 환경에서라면 이 표현은 돈을 버는 것(긍정적)과 돈을 잃는 것(부정적), 사업 생존(긍정적)과 사업 실패(부정적)로 바꿀 수 있다. 이런 실험 결과는 같은 숫자도 틀짜기가 달라지면 반응도 달라질 수 있다는 것을 의미한다.

케이스 스터디 4.2_ '소음'이 심한 역사적 주식 위험 프리미엄

주식 위험 프리미엄equity risk premium이란 간단히 말해 투자자가 무위험 자산에 돈을 투자하는 대신에 주식(위험이 높은 투자군)에 투자할 때 요구하는 수익률이다. 투자자가 무위험 자산에 투자했을 때 확실하게 보장되는 수익이 연간 3퍼센트라면, 투자자는 주식투자에서 당연히 수익률이 3퍼센트를 넘을 것을 요구한다. 이렇게 상회하는 수익률이 바로 주식 위험 프리미엄이다. 다시 말해 주식 위험 프리미엄은 투자자의 위험 회피 성향과 투자군인 주식이 가진 것으로 여겨지는 위험 정도가 합쳐진 함수이다. 물론 투자자의 위험 회피 성향이 높을수록 프리미엄도 높아지며, 또한 높은 위험은 투자자가 인식하는 주식 위험 프리미엄을 동반 상승시킨다.

주식 위험 프리미엄이 기업 재무와 가치평가를 위한 핵심 투입변수라면, 이 프리미엄을 추정하는 방법은 무엇일까? 대다수 현직 전문가들은 역사로 눈을 돌려 과거 주식수익률을 무위험 투자에 비교한다. 미국에서 이 데이터베이스의 역사는 100년보다도 더 과거로 올라간다. 물론 그 기간 동안 증시가 엄청나게 커지고 성숙해지기는 했지만 말이다. 만약 미국 재무부가 채무불이행을 선언할 리 없고, 재무부가 발행하는 증권(미국 장·단기 국채)이 확실한 무위험 투자라고 가정한다면, 과거의 데이터를 가지고 역사적 주식 위험 프리미엄을 추정할 수 있다. 예를 들어 1928~2015년까지 미국 주식의 연평균수익률은 11.41퍼센트였고, 같은 기간 미국 장기 국채의 연평균수익률은 5.23퍼센트였다. 이 둘의 차이인 6.18퍼센트가 역사적 주식 위험 프리미엄으로서 현직 전문가들이 미래의 추정 값으로 사용하는 수치이다.

이 숫자를 좀 더 자세히 파고들기 전에 이 평균 수치는 주식수익률에서 나왔다는 사실에 유념해야 한다. 1933년에 주식의 연간 수익률은 거의 50퍼센트나 되었지만, 1931년에는 −44퍼센트였을 정도로 주식수익률은 상당히 들쑥날쑥했다. 〈그림 4.2〉는 이런 주식수익률의 변동성을 한눈에 보여준다.

그림 4.2 1928~2015년까지 미국 주식과 장기 국채의 연간 수익률

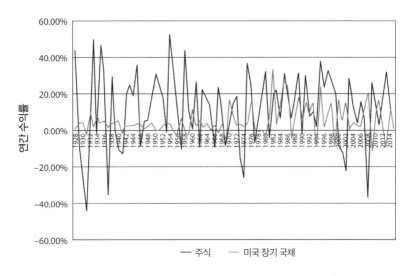

출처: Damodaran Online(http://pages.stern.nyu.edu/~adamodar)

따라서 주식 위험 프리미엄의 추정치인 6.18퍼센트에는 이제 표준오
차 2.30퍼센트라는 경고 문구가 따라붙는다. 그 의미는 무엇인가? 대
략적으로 말하자면 이 추정치는 어느 쪽으로건 최대 4.60퍼센트의 오
차가 발생할 수 있다는 뜻이다. 다시 말해 진짜 주식 위험 프리미엄은
1.58퍼센트로 낮아질 수도 있고 10.78퍼센트로 높아질 수도 있다는
의미이다. [3]

추정 방법 선택이 추정치에 영향을 미친다는 사실까지 감안하면 주식

표 4.2 추정 방법에 따른 연간 주식 위험 프리미엄 추정치 변화

	산술평균		기하평균	
	주식 - 미국 단기 국채	주식 - 미국 장기 국채	주식- 미국 단기 국채	주식 - 미국 장기 국채
1928~2015년	7.92%	6.18%	6.05%	4.54%
1966~2015년	6.05%	3.89%	4.69%	2.90%
2006~2015년	7.87%	3.88%	6.11%	2.53%

위험 프리미엄의 변동성은 더욱 커진다. 1928~2015년의 기간을 선택하는 대신에 기간을 더 짧게 하거나(10년이나 50년) 더 길게(일부 데이터베이스는 1871년부터 시작된다.) 할 수도 있다. 10년 만기 미국 장기 국채가 아니라 3개월 만기 미국 단기 국채나 30년 만기 국채를 선택할 수도 있다. 마지막으로, 수익률을 복리수익률의 산술평균이나 기하평균으로 사용할 수도 있다. 〈표 4.2〉가 보여주듯, 어느 쪽을 선택하는지에 따라 주식 위험 프리미엄 추정치는 다르게 나온다.

결국 기간 설정을 바꾸거나, 무위험 투자의 척도를 다르게 하거나, 수익률의 평균을 계산하는 방식을 다르게 할 때마다 주식 위험 프리미엄 추정치도 크게 달라질 수 있다. 주식 위험 프리미엄은 단정적으로 말해 추정치일 뿐 사실이 아니다.

객관성에 대한 착각

숫자의 틀짜기 방식에 따라 반응도 다르게 나온다는 사실은 자연스럽게 숫자에 대한 두 번째 착각을 야기한다. 바로 숫자는 객관적이고, 넘버크런처는 어떤 의도도 숨기지 않는다는 착각이다. 정말 그럴까? 다음 장에서 자세히 보겠지만 데이터를 수집하고 분석하고 보여주는 과정에는 편향이 개입될 틈은 무궁무진하게 존재한다. 게다가 노련한 넘버크런처는 이런 편향을 스토리보다 숫자에 훨씬 더 감쪽같이 감출 수 있다.

청자의 입장에서 볼 때도 여러 편향이 작용하는데, 어떤 식으로 숫자를 보고 초점을 맞출지는 전부터 가지고 있던 신념에 좌우되기 때문이다. 한 예로 나는 연초마다 내 웹사이트에 미국 상장기업들의 실효세율을 추정해서 올린다. 종합적인 통계 수치를 올린다는 목표로 나는 각 산업 섹터의 평균 세율을 계산할 때 세 가지 접근법을 활용한다. 한 섹터에 속한 모든 기업의 세율에 대한 단순평균, 섹터 전체 기업들의 세율에 대한 가중평균 그리고 그 섹터에서 이익을 낸 기업들만의 세율에 대한 가중평균이다.

매년 기자들, 정치가들, 업계 협회들은 대개 자신들의 입장을 뒷받침하려는 목적으로 내 세율 데이터를 이용한다. 업계 협회는 자신들이 공정하게 세금을 납부한다는 것을 보여줄 의도로 세금이 가장 많이 나오는 세율 척도를 선택해 입장을 강화하려 한다. 소비자보호단체는 미국 기업들이 정당한 세금을 납부하지 않는다고 믿기 때문에 똑같은 표를 보면서도 세금이 가장 적게 나올 만한 세율 척도를 사용해 자신들의 입장을 옹호한다. 양쪽 모두 진실이 (그리고 숫자가) 자신들의 편이며, 절대 편견에 치우치지 않는다고 주장한다.

케이스 스터디 4.3_ 주식 위험 프리미엄의 숫자와 편향

〈케이스 스터디 4.2〉에서는 추정 방법에 따라 주식 위험 프리미엄의 추정치가 크게 달라질 수 있다고 설명했다. 〈표 4.2〉에서 보듯이 추정치는 낮을 때는 2.53퍼센트(미국 장기 국채와 비교했을 때 주식의 기하평균 위험 프리미엄)이고, 높을 때는 7.92퍼센트(1928~2015년까지 미국 단기 국채와 비교했을 때의 주식의 산술평균 위험 프리미엄)까지 올라간다. 1928~2015년까지 추정한 역사적 주식 위험 프리미엄의 표준오차가 2.30퍼센트라는 것을 감안한다면 전혀 놀랄 일이 아니다.

어떤 주식 위험 프리미엄을 선택하는지가 중요한 영향을 미치기도 하는데, 미국 유틸리티 부문(전기, 수도 등)에 대한 규제도 영향을 크게 받는 큰 분야 중 하나이다. 미국의 유틸리티 회사들은 수십 년 동안 지역 독점권을 누려왔지만, 그 대가로 요금을 인상하려 할 때에는 감독위원회의 결정을 따라야 한다. 요금 인상을 결정할 때 감독위원회는 이 회사 투자자들에게 어느 정도가 적정 수익률인지를 살펴본 다음, 그 수익률을 제공할 수 있을 만큼만 요금 인상을 승인한다. 지난 20~30년 동안 적정 수익률 계산의 핵심 요소는 대개 주식 위험 프리미엄이었다. 따라서 주식 위험 프리미엄이 오르면 적정 수익률도 함께 올랐다.

당연한 말이지만 감독 대상인 유틸리티 회사와 감독기관은 〈표 4.2〉에서 어떤 측정값을 사용할 것인지를 두고 입장이 첨예하게 갈린다. 기업들은 가능하면 가장 높은 위험 프리미엄을 원할 것이다(7.92퍼센트). 위험 프리미엄이 높을수록 적정 수익률도 높아져 요금 인상폭도 훨씬 커질 것이기 때문이다. 반대로 감독위원회는 낮은 위험 프리미엄을 선호한다. 그래야만 유틸리티의 요금 인상에 제동을 걸고, 소비자 만족을 높일 수 있기 때문이다. 양쪽 모두 자신들이 추정한 위험 프리미엄이 사실이라고 주장한다. 결국 이러한 입장 차이를 줄이기 위해 법률검토위원회나 중재 집단에 문제가 자주 회부된다.

통제에 대한 착각

무언가를 측정한다고 해서 그것을 통제할 수 있는 것은 아니다. 체온계로는 몸에 열이 있다는 사실만 알 수 있을 뿐 열을 치료하지 못하듯이, 포트폴리오의 표준편차를 측정해봤자 위험 정도만 알 수 있을 뿐 위험으로부터 포트폴리오를 보호하지는 못한다. 다시 말해 어떤 것을 측정할 수 있으면 통제감이 늘어나고, 숫자에 파고드는 시간이 많아질수록 측정 도구를 버팀목으로 삼으려는 심정도 커지기 마련이다.

내 주요 관심 분야인 기업 재무와 가치평가에서도 이런 현상이 곳곳에서 발견된다. 첫째로는 '가정^{what if}(만약에~)'과 '민감도 분석^{sensitivity analysis}'을 가치평가나 프로젝트 분석의 부록인 것처럼 사용하는 것이다. 대부분은 결정이 모두 내려진 다음에 이런 분석을 한다. 나는 분석가들이 가정이나 민감도 분석에 왜 그렇게 많은 시간을 쏟는지 이유를 찾아봤다. 그렇게 하면 그들의 통제감이 강화된다는 것이 내가 찾아낸 유일한 이유였다. 두 번째로 분석가들은 사소하고 심지어 무관하기까지 한 세부사항에 집중한다. 여기에 빗대어 나는 가치평가를 할 때나 프로젝트 수익률 분석을 할 때나 의심스러우면 최종 숫자에 소수점을 추가한다는 농담 반 진담 반의 말을 한다.

정교한 측정 도구를 가졌기 때문에 통제하고 있다는 착각에 빠지면, 숫자가 상식을 몰아낼 수 있다. 뿐만 아니라 심지어 다가올 위험에 적절히 대비하지 못할 수도 있다. 불행하게도 2008년 금융위기 당시 세계 곳곳의 은행에서 이런 일이 벌어졌다. 금융위기가 일어나기 20년 전부터 은행들은 최악의 시나리오를 가정해 사업 손실을 구체적으로 수치화해서 예상하는 이른바 'VaR^{Value at Risk}(일정한 조건하에서 위험이 발생할 경우 잃을 수 있는 최대 손실 예상치를 추정한 금액)'이라는 위험 측정 도구를 개발했다. 그 20년 동안 위험관리 전문가들과 학계는 VaR의 효과를 높인다는 목적으로 더 강력하고 복잡한 도구가 되도록 가다듬었다.

은행 경영자들은 VaR을 믿는 마음이 커지면서 경계심이 느슨해졌다. 그리고 결국 계산 값으로 나온 VaR이 자신들이 정한 안전선 내에서만 유지된다면 위험 감수 수준도 충분히 통제할 만하다고 결론 내렸다. 하지만 2008년이 되면서 이런 착각은 와르르 무너졌다. VaR의 핵심 가정이 지닌 약점이 속속들이 드러났고, 파괴적 위험을 철저히 대비하고 있다고 생각했던 은행들은 실제로는 전혀 아니었다는 사실을 깨달아야만 했다.

케이스 스터디 4.4_ 롱텀 캐피털 매니지먼트의 슬픈 실화

숫자를 맹신하는 사람이라면 롱텀 캐피털 매니지먼트Long-Term Capital Management(이하 LTCM)의 사례를 반면교사로 삼아야 한다. 1990년대 초에 전직 살로먼 브라더스Salomon Brothers의 트레이더 존 메리웨더John Meriwether가 세운 LTCM은 금융 분야 최고의 두뇌들을 영입해 채권 시장에 존재하는 가격 설정 오류를 투자 기회로 이용할 것이라고 약속했다. 약속을 이행하기 위한 첫 단계로 메리웨더는 살로먼에서 최고의 채권 트레이더들을 영입했고 노벨 경제학상 수상자인 마이런 숄즈Myron Scholes와 로버트 머턴Robert Merton을 이사회에 앉혔다.

첫 몇 년 동안 LTCM은 월스트리트의 엘리트들에게 놀라운 수익률을 안겨주는 등 약속 이행의 2단계를 충실히 수행해나갔다. 그 기간 동안 LTCM은 저비용 부채로 자본을 증강하고, 대부분은 안전한 투자로 높은 수익률을 거두면서 월스트리트의 부러움을 한 몸에 받았다.

운용자산이 늘어나면서 LTCM은 탐색 범위를 넓혀 더 위험한 투자까지 시도했다. 물론 그런 투자를 찾아내기 위해 나름의 데이터 분석을 거치기는 했다. 여기까지는 크게 위험하다고 볼 수 없었다. 하지만 문제는 LTCM이 안전자산에 사용하던 것과 똑같은 수준의 레버리지를 위험도가 높은 투자에도 계속 사용했다는 점이었다. LTCM이 구축한 복잡한 모형에 따르면 역사적 데이터로 볼 때 개별 투자의 위험도가 높을지라도, 이 개별 투자들이 함께 연동해서 움직이지는 않을 것이므로 포트폴리오의 안전성이 유지될 것이라고 믿었다.

1997년 시장 한 곳(러시아)의 붕괴가 다른 시장의 붕괴로 퍼져나가면서 LTCM의 전략도 무너졌다. 포트폴리오 가치가 추락했고, LTCM에는 투자가치의 하락과 고레버리지 문제가 한꺼번에 들이닥쳤다. 대규모 포지션을 청산하려면 시장가격에 영향을 미칠 것이 분명했고, 결국 채권단의 압력에 직면한 LTCM은 파산하고 말았다. 그 여파로 시장의 다른 투자자들마저 무너질 것을 염려한 연방준비제도위원회는 은행 주도의 구제 금융을 꾀했다.

이 처참한 패배에서 우리가 배울 수 있는 교훈은 무엇인가? LTCM 사태에서 높은 자리에 친구가 있으면 여러모로 좋다는 냉소적인 교훈을 얻을 수 있다. 또 한편으로는 아무리 명석한 인재들이 포진하고 있고, 아무리 최신 데이터를 갖추고 최고의 투자나 사업 모델을 구축할지라도 그것이 성공을 의미하지는 않는다는 교훈도 얻게 된다.

위협 요인

기업 재무 분석가, 컨설턴트, 은행가가 회의적인 청중을 상대해야 할 때 그들을 조용하게 만드는 비결은 간단하다. 숫자가 빼곡하게 적힌 복잡한 스프레드시트를 펼치기만 하면 된다. 숫자를 편하게 여기지 않는 청중일수록 그 효과는 크다. 하지만 아무리 숫자에 능숙한 사람일지라도 한 페이지에 100개 이상의 숫자가 적혀 있으면 그것을 이해하기는 쉽지가 않다.

숫자가 위협감을 줄 수 있다는 사실은 넘버크런처에게도, 청중에게도 비밀이 아니다. 넘버크런처 입장에서 위협감은 토론을 중단시키거나, 숫자 속에 잠재되어 있는 치명적인 약점을 파헤칠 만한 날카로운 질문을 방지하는 효과가 있다. 청중 입장에서 숫자는 그들이 해야 할 숙제를 하지 않아도 된다는 변명거리가 된다. 2008년의 VaR이 그랬던 것처럼 모든 것이 무너지는 순간이 오면 넘버크런처도, 숫자를 사용한 사람도 실패의 원인을 모델 탓으로 돌린다.

나도 숫자를 사용해 나의 가치평가나 투자 판단에 동의하지 않는 사람들을 억지로라도 동의하게 만들 수는 있다. 내 투자 논제의 핵심을 파고들어 약점을 노출시키는 질문을 받을 때마다 나는 방정식 하나를 꺼내들어 질문을 피하거나, 질문의 본질 자체가 흐려지도록 만들고 싶은 마음이 굴뚝같다. 그러나 그렇게 하면 내 판단은 합리적인 것과는 더욱 멀어질 뿐이라는 사실도 아주 잘 알고 있다.

모방의 문제

일부 결벽증적인 넘버크런처들이 주장하듯이 숫자를 위주로 모든 결정을 내린다면 큰 문제에 빠질 수 있다. 이유는 두 가지이다. 첫째, 언제라도 아웃소싱에 밀려 보다 저렴한 다른 넘버크런처나 기계에게 자리를 내주는 신세가 된다. 기계처럼 객관적이고 오직 숫자 위주로만 결정을 내리는 것이 본인의 강점이라면 기계가 그 일을 훨씬 잘할 수 있을 것이기 때문이다. 당연한 말이지만 이것은 로보어드바이저^{Robo-advisor}(전문가 대신 컴퓨터가 알고리즘을 통해 자산을 운용하는 금융 서비스)를 제공하는 신생 금융 테크놀로지 회사들의 약속이기도 하다. 자동화된 알고리즘으로 투자 자문을 제공하는 로보어드바이저 회사들은 금융 자문가들과 마찬가지로 숫자(연령, 소득, 금융저축, 은퇴 계획 등)를 물어본다. 그러면 컴퓨터가 이런 숫자에 맞춰 고객에 맞는 투자 포트폴리오를 만들어준다.

만약 아웃소싱에 밀려날 처지에 대한 방비책이 남들보다 더 우수한 데이터와 더 강력한 컴퓨터를 갖추는 것이라면 두 번째 문제도 자연스럽게 등장한다. 순수한 숫자 위주의 투자결정 과정은 남들이 모방하기 쉽다는 문제이다. 따라서 만약 어떤 '퀀트 헤지펀드'가 정교한 정량 모델을 구축해 최적의 매매 종목을 찾아냈다면, 나는 그 헤지펀드의 매매 종목을 유심히 관찰하기만 하면 된다. 그리고 나한테도 그에 못지않게 충분히 강력한 컴퓨터가 있으면 그 헤지펀드의 전략을 쉽게 따라 할 수 있다.

집단 투신 - 레밍 문제

빅데이터 천국에 살고 있다고 가정해보자. 이 천국에서는 모두가 방대한 데이터베이스를 갖추고 있으며, 데이터 분석과 이해에 필요한 강력한 컴퓨터도 가지고 있다. 모두가 똑같은 데이터를 공유하고 어쩌면 분석 도구까지도 똑같다 보니 부각되는 투자 기회도 똑같을 것이다. 결국 모두가 이익을 보려고 동시에 같은 투자에 달려든다. 이런 과정에서 모두가 동시에 같은 종목을 사고파는 '군집herding' 현상이 발생한다.

그런 다음에는? 군집은 모멘텀을 만들고, 모멘텀은 적어도 단기적으로는 투자자의 투자결정을 강화해주는 효과가 있다. 그러나 만약 기본적 과정(사업, 시장 또는 경제 전반)에 구조적 변화가 발생하면 군집은 집단 전체의 실패를 이끄는 원인이 되기도 한다. 데이터라는 것은 어쨌든 과거의 데이터이고, 구조적 변화가 발생해 미래가 과거와 크게 달라진다면 데이터 기반의 미래 예측은 전혀 쓸모가 없어진다.

정신이 번쩍 드는 사실이 아닐 수 없다. 데이터 중심의 세상으로 한 걸음씩 나아가고, 데이터에 접속하는 사람들이 더 늘어날수록 과거보다 훨씬 자주 경기호황이나 붕괴가 올 것임을 짐작할 수 있기 때문이다. 시장의 거품은 유례가 없을 정도로 클 것이며, 당연하게 거품이 터지는 순간 펼쳐질 대학살극 역시 그 어느 때보다도 잔혹할 것이다.

스토리텔링: 숫자의 해독제

숫자가 위험한 이유가 통제와 정밀성, 객관성에 대한 착각을 불러오고 모방이 쉽기 때문이라면, 숫자에 스토리를 더한다면 그런 문제를 줄여줄 것인가? 첫째, 스토리는 본질적으로 모호하다는 특성이 있다. 그리고 그 특성은 숫자가 아무리 정밀해 보여도 스토리가 바뀌면 숫자 역시 바뀐다는 사실을 상기시킨다. 둘째, 이런 사실을 인식하면 예측해놓은 숫자를 어떤 식으로든 전달할 수 있다는 생각을 버리게 된다. 왜냐하면 통제 불가능한 요소가 스토리 자체를 바꿔버릴 수 있기 때문이다. 셋째, 숫자를 뒷받침하는 스토리를 공개하다 보면 본인의 편향이 세상 전체는 물론이고 자기 자신에게도 그대로 드러날 수밖에 없다. 나는 스토리와 숫자를 성공적으로 결합하는 능력은 타인이 모방하기 힘든 능력이라고 믿는다. 누구나 모방하기 쉬운 모델과 다르게 스토리텔링은 미묘하고 개인적이어서 복제하기 어렵다.

숫자에 스토리를 결합해도 군집의 문제는 해결하지 못한다. 적어도 단기적으로는 힘들다. 모두 똑같은 주식과 투자에 몰려들게 만드는 집단사고는 사람들이 서로의 스토리를 강화하도록 이끌기도 한다. 그러나 여기에 맞서는 주장을 하자면, 집단의 광기를 부수는 최고의 방법은 대안적인 (그리고 더 현실적인) 스토리를 결합하고, 숫자로 그 스토리의 신뢰성을 뒷받침하는 것이다.

케이스 스터디 4.5_ 퀀트투자의 몰락

나는 〈케이스 스터디 4.1〉에서 퀀트투자를 데이터 혁명의 긍정적인 정점으로 묘사했다. 금융 시장 버전의 《머니볼》이라고 할 수 있는 퀀트투자 세계에는 앞 시대의 거짓 손놀림과 스토리텔링이 차지하고 있던 자리에 넘버크런칭이 들어섰다. 이번 케이스 스터디는 거기에 대한 후속편이다. 여기서 나는 숫자의 위험(비정밀하고, 편향이 개입하는 수단이 되며, 통제에 대한 착각을 만들어내는)이 적어도 일부 퀀트투자의 몰락에 어떤 역할을 했는지에 대해 살펴보려 한다.

숫자의 비정밀성부터 짚고 넘어가자. 금융 시장의 머니볼러에게 희소식은 데이터가 어마어마하게 있다는 것이다. 기업의 재무보고에서 나오는 데이터도 일부 있지만, 대다수는 시장 자체에서 쏟아져 나온다(주가 변화, 거래량 등). 나쁜 소식은 이 데이터에는 잡음도 많이 뒤섞여 있다는 사실이다. 〈케이스 스터디 4.2〉에 나온 주식 위험 프리미엄의 표준오차 계산에서도 보듯이 심지어는 시장 차원에도 잡음이 존재한다. 퀀트 전략은 거의 모두 과거 데이터를 토대로 하며, 이 전략의 약속(일반적으로 초과수익인 알파로 표현되는)에는 과거는 미래의 예측 지표가 아니라는 것이다. 혹여 그럴지라도 결과의 불확실성이 대단히 크다는 선결 과제가 따라붙는다.

우리가 아무리 편향을 줄이려고 노력해도 숫자를 다루는 방식이나 데이터 조합 방식에 편향이 전혀 개입되지 않도록 막는 것은 불가능하다. 일단 퀀트 전략을 짜고 거기에 자신의 이름을 붙여 고객에게 팔기 시작하면 돌이킬 수 없는 편향의 길로 들어선 셈이다. 한번 그 길에 들어서면 벼랑 끝까지 내몰리는 순간에도 이 전략이 효과가 있다는 것만 확인하려고 한다.

마지막으로, 2008년 시장위기를 대가로 치르고 나서야 헤지펀드들의 투자 통제 능력이 얼마나 형편없는지가 드러났다. 선진시장이 최근 역사상 유례없던 왜곡을 겪으면서 역사적 데이터를 토대로 신중하게 구축해놓은 모델들은 무수히 많은 투자자에게 거짓 신호를 동시에 발산했다.

나는 아직은 퀀트투자를 잊어버릴 준비가 되지 않았다. 이 투자 전략을 선두에 올려놓은 힘이 여전히 사라지지 않고 있기 때문이다. 하지만 내가 생각하기에 퀀트투자의 성공과 실패는 숫자의 약속과 위험성을 동시에 보여준다. 퀀트투자로 성공과 번영을 누리려면 스토리텔링과 내러티브를 숫자에 결합시킬 방법을 찾아내야 한다. 그리고 그 방법을 찾아내는 순간 퀀트투자는 더 큰 성공은 물론이고, 모방하거나 아웃소싱하기 힘든 위치로 올라서게 될 것이다.

결론

나는 천성적으로 숫자 지향적인 사람이다. 그러나 숫자를 가지고 씨름하면 할수록 순수한 숫자 중심 주장을 회의적으로 바라보게 되는 모순에 빠지고 만다. 회계에 대한 것이건 시장에 대한 것이건 금융 데이터를 분석하면서 나는 금융 데이터에 온갖 잡음이 존재하고, 그 데이터로 미래를 예측하기 매우 힘들다는 사실을 알게 되었다. 나는 과학적 방법을 신봉하지만, 순수한 과학자가 얼마나 될지는 의심스럽다. 모든 연구에는 편향이 개입되기 마련이다. 단지 편향의 방향과 크기가 문제일 뿐이다. 따라서 나는 숫자 중심의 주장을 접할 때마다 그 주장을 펼치는 사람이 어떤 편향에 빠졌는지 알아보고, 그 편향에 맞게 숫자를 조정하려고 노력한다. 마지막으로, 만약 내가 숫자를 과정이나 변수에 대입했다는 이유만으로 그 숫자를 통제하거나 이해하게 되었다고 믿는다면 그것 역시 오만이라는 사실을 깨달았다. 내가 위험을 측정한 수십 가지의 수치는 말할 수 있고, 그것의 학문적 배경까지도 술술 설명할 수 있다. 하지만 그럴지라도 실제로 나는 위험이 정확히 무엇이고, 그것이 투자자에게 어떤 영향을 미치는지 이해하기 위해 매일 고군분투하고 있다.

5장

넘버크런칭 도구

숫자 부족에 속한 사람에게는 지금이 황금기다. 23년 전만 해도 몇 달이나 걸려야 했던 일을 오늘날은 기술의 도움으로 단 몇 초 만에 끝낼 수 있다. 숫자와 도구의 용이한 접근성은 모든 사람을 넘버크런처로 만들었다. 그리고 복합적인 결과도 이야기했는데, 앞장에서 언급했듯이 숫자는 오용되고 조작되고 오독될 수 있다.

5장에서 나는 넘버크런칭 과정을 세 단계로 나눌 것이다. 일단 데이터 수집 단계부터 시작하고, 다음으로는 데이터 분석, 마지막으로 타인에게 데이터를 제시하는 단계로 넘어간다. 각 단계마다 숫자 작업을 할 때 편향과 오차를 최소화하거나, 타인이 제시하는 숫자와 모델에 숨은 편향과 오차를 간파할 수 있는 방법이 무엇인지 살펴볼 것이다.

데이터에서 정보에 이르는 순서

오늘날은 데이터 시대인가, 정보 시대인가? 나도 잘 모르겠다. 데이터와 정보라는 단어는 완전히 다른 개념임을 의미함에도 같은 의미인 것처럼 혼용되기 때문이다. 데이터는 우리의 시작점이며 가공하지 않은 숫자로 정의된다. 우리는 이런 숫자들을 대량으로 모으고 저장하는 것이 가능한 데이터 시대에 살고 있다. 데이터가 정보가 되려면 가공과 분석 과정을 거쳐야 하며, 바로 이 부분에서 우리는 까다로운 문제에 직면한다. 데이터 양산은 가공해야 할 데이터가 훨씬 늘어났다는 의미인 동시에, 데이터끼리 모순된 신호를 발산하기 때문에 정보로 바꾸기가 훨씬 어려워졌다는 의미이다. 결국 우리가 직면한 문제는 정보 과부하가 아니라 데이터 과부하이다.

데이터를 정보로 가공하는 과정에는 3단계가 존재하고, 5장에서는 그 3단계를 집중적으로 논할 것이다. 각 단계마다 약속과 위험을 동시에 담고 있다는 점도 유념해야 한다.

- **데이터 수집**: 첫 단계는 데이터 수집이다. 어떤 때는 데이터 수집은 전산화된 데이터베이스에 접속하는 것만으로 간단히 끝날 수 있지만, 어떤 때는 실험이나 설문조사가 필요하다.
- **데이터 분석**: 데이터 수집을 끝낸 다음에는 데이터를 요약하고 기술해야 하며, 의사결정에 사용할 데이터들 사이의 관계도 탐구해야 한다. 통계 분석이 개입하는 것은 이 두 번째 단계에서다.

• 데이터 제시: 데이터를 분석한 다음에는 적절히 제시해야 한다. 그래야 다른 사람들도 그 데이터에서 도출된 정보를 이용할 수 있다. 또한 본인 역시 그 정보가 무엇을 의미하는지 이해할 수 있다.

각 단계마다 데이터 수집 방법을 논의하고 통계적 주장을 하며 막대그래프를 이용할지 원그래프를 이용할지를 논의하는 등 세부사항에 집착하다가는 길을 잃을 수 있다. 최종 목표는 정보를 이용해 더 나은 결정을 내리는 것이다. 따라서 결정을 내리는 데 도움이 되는 것은 모두 좋은 행동이다. 하지만 길을 엇나가게 하는 것은 전부 목표 달성을 막는 방해물이라는 사실을 잊지 말아야 한다.

데이터 수집

데이터를 정보로 가공하기 위한 첫 단계는 데이터 수집이다. 인류 역사상 데이터 수집은 대부분 시간도 많이 들고 일일이 손을 거쳐야 하는 과정이었다. 일반적으로 데이터는 조직화된 실체(정부, 증권거래소, 감독기관, 민간기업 등)가 보유하고 있는 기록이나 설문조사, 실험 등으로 수집할 수 있다. 전산 거래가 증가하고 대부분의 데이터가 온라인에 기록되면서 데이터베이스를 구축하고 유지하는 일은 한결 간편해졌다.

데이터 수집 방법의 선택

데이터를 사용할 때 가장 기본이 되는 질문은 얼마만큼이 충분한 양의 데이터인가이다. 간단하게 설명하면, 신중하게 수집하고 조직된 소규모 데이터 표본과 잡음이 섞여 있고 잠재적 오차도 큰 대규모 데이터 표본 사이에서 선택해야 한다. 둘 중 하나를 선택할 때는 보통 통계학의 기본 구성 요소 중 하나인 '대수의 법칙'에 이끌리게 된다. 대수의 법칙은 간단히 말해 표본 크기가 클수록 그 표본에서 얻어지는 통계량도 더 정밀해진다는 의미이다. 언뜻 이해되지 않을 수 있지만 직관적으로 생각하면 된다. 표본의 크기가 커질수록 개별 데이터 하나하나에 들어 있는 실수도 평균화된다는 뜻이다.

무언가를 이해하고 싶어서 표집 과정을 시작한다고 생각해보자. 먼저 무엇으로 표본을 구성할지부터 결정해야 한다. 예를 들어 금융 데이터를 수집한다면 다음과 같은 선택을 해야 한다.

1. **공개 기업 데이터 vs. 비공개 기업 데이터:** 상장되어 주식이 공개적으로 거래되는 기업들은 정보 공개의 의무에 따라 대중에게 재무제표를 공개해야 한다. 그렇기 때문에 공개 기업의 데이터는 비공개 기업의 데이터보다 접근하기가 훨씬 쉽다.

2. **회계 데이터 vs. 시장 데이터:** 공개 기업의 경우 재무제표 데이터만이 아니라 주가변동과 거래 데이터(매매호가 스프레드, 거래량 등) 같은 금융 시장에 나오는 데이터에도 접근할 수 있다.

3. **국내 데이터 vs. 글로벌 데이터**: 상당수 리서처들, 특히 미국의 리서처들은 주로 미국 내의 데이터에 집중하는 편이다. 더 신뢰할 수 있고 이해하기 쉽다는 이유뿐만 아니라, 대부분 접근하기도 더 쉽기 때문이다. 기업과 투자자가 세계화하는 추세에서는 국내 시장에만 초점을 맞추는 것은 적절하지 않을 수 있다. 특히 세계 시장을 염두에 두고 있다면 더더욱 그러하다.

4. **정량 데이터 vs. 정성 데이터**: 데이터베이스는 정량 데이터에 크게 치중돼 있는 편이다. 수집된 데이터의 양이 방대한 것은 물론, 정성 데이터보다는 저장과 검색이 훨씬 쉽다는 것도 한 이유이다. 예를 들어 공개 기업의 이사 수를 알려주는 데이터는 쉽게 확보할 수 있지만, 이사회 내의 알력이 얼마나 심한지 알려주는 데이터는 확보하기 어렵다. 소셜미디어 사이트가 급증하면서 정성 데이터를 읽고 분석하고 저장하기 위한 정교한 기법이 자연스럽게 발달하고 있다.

수집하는 데이터 유형에 따라 얻게 되는 결과도 달라질 수 있다. 데이터 유형을 선택하면서 은연중에 표집에 편향이 스며들기 때문이다.

데이터 수집에 영향을 미치는 편향

데이터가 객관적이라는 믿음을 고수하는 사람이라면 데이터 수집 과정을 살펴보는 것만으로도 그런 신념을 몰아내는 데 도움이 된다. 데이터 수집에서는 적어도 두 가지 편향을 조심해야 한다. 이 두 가지는 편향에 사로잡히지 않는 것이 목표인 사람은 조심해야 할 편향이지만, 특수한 목적에 따라 데이터를 수집하는 사람이라면 악용의 소지가 큰 편향이기도 하다.

첫째, 선택 편향selection bias

통계학에서는 될 수 있으면 큰 모집단에서 골라낸 표본으로 결론을 도출하는 것이 완벽하게 합리적이라고 생각한다. 단, 무작위 표본이어야 한다는 단서가 따른다. 간단한 방법으로 생각되지만, 사업이나 투자와 관련해서는 매우 어려울 수 있다.

- 어떤 경우에는 표본에 넣을 관찰 데이터를 고르고 선택하면서 원하는 결과를 얻기 위해 노골적으로 편향이 개입되기도 한다. 예를 들어 기업들의 투자 실적이 전반적으로 괜찮다는 것을 보여주려는 목적을 가진 리서처는 S&P500 기업들만을 표본에 집어넣는다는 결정을 내릴 수도 있다. S&P500 기업들은 미국에서 시가총액이 가장 큰 회사들이고, 거기까지 오른 데에는 과거의 성공이 큰 역할을 했다. 그러니 이 기업들의 투자 실적이 좋은 것은 당연하다. 하지만 그 결과를 시장의 나머지로 확대해 일반화해서는 안 된다.
- 어떤 경우에는 데이터 수집에 아무런 영향도 미치지 않을 것이라는 믿음으로 내린 선택에 자신도 모르게 편향이 개입될 수 있다.

예를 들어 표본을 공개 기업으로만 한정하기로 한 선택 자체가 악영향을 미칠 수 있는데, 데이터베이스는 공개 기업에 대한 데이터만을 포함하기 때문이다. 그러나 비공개 기업은 공개 기업보다 사업 규모도 작고 로컬 중심이기 때문에 이런 데이터에서 얻은 결과값을 모든 사업체로 일반화해 적용해서는 안 된다.

내가 생각하기에는 데이터를 수집하면서 표본에서 제외시킨 데이터도 함께 살펴보는 것이 편향을 경계하는 좋은 방법이다.

둘째, 생존자 편향 survivor bias

데이터 수집에서 문제가 되는 두 번째 편향은 생존자 편향이다. 이것은 이런저런 이유로 데이터에서 제외된 세상을 아예 무시함으로써 깃드는 편향이다. 생존자 편향을 보여주는 간단한 예로 뉴욕대학의 내 동료인 스티븐 브라운 Stephen Brown 교수가 헤지펀드 수익률을 조사하면서 했던 연구를 들 수 있다. 헤지펀드의 장기간 수익률을 관찰한 많은 연구는 헤지펀드가 (기대를 훨씬 뛰어넘는) '초과' 수익을 달성했다고 결론 내렸다. 그러나 브라운 교수는 많은 분석가가 현재 존재하는 헤지펀드들만을 가지고 과거 수익률을 추적하는 실수를 저질렀다고 지적한다. 그러다 보니 분석가들은 헤지펀드 산업의 잔인한 현실은 제대로 보지 못했다. 다시 말해 최악의 실적을 내서 폐업한 헤지펀드들의 수익률을 감안하지 않은 것이 표본의 수익률 평균을 끌어올리는 결과를 낳은 것이다.

브라운 교수가 내린 결론에 따르면, 생존자 편향은 헤지펀드의 평균

수익률을 2~3퍼센트가량 끌어올렸다. 전반적으로 생존자 편향은 실패율이 높은 집단일수록 더 심각한 영향을 미친다. 따라서 소비재 대기업 종목을 물색하는 투자자보다는 IT쪽 신생기업 종목을 물색하는 투자자에게 훨씬 큰 문제를 야기할 수 있다.

잡음과 오차

손으로 직접 데이터를 입력하는 시대에서 벗어나 컴퓨터 데이터 시대인 오늘날 데이터의 신뢰도는 높아졌다. 어쩌면 지나치게 높아졌을지도 모른다. 아무리 데이터베이스를 주의 깊게 관리하고 유지하더라도 '데이터 입력 오차'는 발생하기 마련이다. 심지어 연구의 결과 값을 바꿀 정도로 아주 큰 오차가 발생하기도 한다. 결국 오차가 큰 데이터를 1차에서 걸러내는 것은 리서처의 몫이다.

또 다른 문제는 특정 데이터를 얻지 못하거나 이 데이터가 데이터베이스에 포함되지 못해 발생하는 '결측치^{missing data}'이다. 이 문제를 해결하는 한 가지 방법은 결측치가 있는 관측치를 제거하는 것이다. 하지만 그러면 표본 크기가 줄어들 뿐 아니라, 모집단 내 특정 소집단이 다른 소집단보다 결측치가 더 많이 발생할 경우에는 편향이 개입될 수도 있다.

이것은 내가 미국 중심에서 글로벌 데이터로 옮겨가면서 자주 접하는 문제이기도 하다. 예를 들어 나는 기업의 부채 규모를 살펴볼 때는 리스 계약도 부채로 본다. 미국의 기업들은 리스 계약을 공개하는 것도 정보

공개 의무에 해당한다. 하지만 대다수 신흥시장에서는, 특히 아시아 시장에서는 리스 계약에 대한 정보를 공개하지 않아도 된다. 나는 둘 중 하나를 선택해야 한다. 첫 번째는 리스를 포함하지 않는 전통적 부채 정의로 돌아가는 것이다. 그러면 리스 계약을 보고하는 절반의 글로벌 표본에 사용하는 것보다 훨씬 형편없는 수준의 재무 레버리지 척도를 사용할 수밖에 없다. 두 번째 선택은 리스 계약을 보고하지 않는 회사는 재무 레버리지 데이터 수집에서 아예 제외하는 것이다. 이러면 표본의 절반이 사라지고 편향도 매우 커진다. 그래서 나는 중간을 선택한다. 미국 기업에 대해서는 리스 계약을 부채로 이용하고, 미국 외 기업들에 대해서는 당해의 리스 비용을 근거로 미래에 지불하게 될 대략적인 리스 비용을 추정하는 것이다.

데이터 분석

대학에서 들은 통계학 수업은 재미있기는 했지만, 추상적인 데다가 현실 세계와의 관련성은 거의 찾아볼 수 없었다. 매우 안타까운 일이다. 통계학이 데이터를 이해하는 데 얼마나 중요한지 그때 알았다면 조금은 더 신경을 써서 수업을 들었을 것이다.

데이터 분석 도구

데이터가 대규모일 때에는 데이터를 요약 통계량으로 바꾼 다음에 조금 더 복잡한 분석에 들어가야 한다. 제일 먼저 구해야 하는 두 가지 통계량은 평균값^{mean}과 표준편차^{standard deviation}이다. 평균값은 모든 데이터 측정값의 단순 평균을 의미하고, 표준편차는 평균을 중심으로 측정값의 변동성이 얼마나 되는지를 의미한다.

측정값들이 평균 주위로 고르게 분포돼 있지 않으면 평균은 표본을 대표하는 숫자가 될 수 없다. 이때는 표본에서 딱 50퍼센트 정중앙에 위치한 값인 중앙값^{median}이나 가장 자주 나타나는 값인 최빈값^{mode}을 구해야 한다. 표본 숫자들이 퍼진 정도, 즉 산포 정도를 보여주는 요약 통계량도 있다. 왜도^{skewness}는 평균을 중심으로 했을 때 표본 숫자들의 대칭성 정도를 나타내고, 첨도^{kurtosis}는 분포의 뾰족함 정도로서 평균값과 크게 다른 숫자들의 빈도를 보여준다.

데이터 시각화를 선호하는 사람들이 자주 접하게 되는 것은 숫자를 그래프로 나타내는 분포도이다. 데이터가 딱딱 떨어지는 이산형^{discrete}이라면, 다시 말해 측정값이 유한수로만 구성돼 있으면 그 값이 등장하는 횟수를 세서 도수분포표를 만든다. 그리고 그것을 이용해 도수분포도를 그릴 수 있다. 예를 들어 〈그림 5.1〉의 도수분포표와 도수분포도는 2016년 초 미국 기업들의 채권 등급을 보여준다(S&P 등급, 문자열 형태를 취하는 이산형 측정값).

데이터 측정값이 최댓값과 최솟값 사이의 값을 취하는 연속형^{continuous}

그림 5.1 미국 기업들의 S&P 채권 등급(2016년 1월)

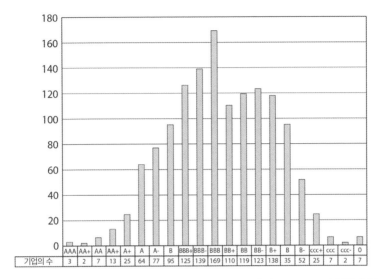

기업의 수	AAA	AA+	AA	AA+	A+	A	A-	B	BBB+	BBB-	BBB	BB+	BB	BB-	B+	B	B-	ccc+	ccc	ccc-	0
	3	2	7	13	25	64	77	95	125	139	169	110	119	123	138	35	52	25	7	2	7

출처: S&P Capital IQ(미가공 데이터)

이라면, 이 숫자들을 작은 구간으로 쪼개고 각 구간의 숫자를 센 다음 결과를 히스토그램으로 도식화할 수 있다. 히스토그램이 표준확률분포(정규분포, 로그정규분포, 지수분포)에 가까우면 이 표준분포의 특성을 그림으로 나타내 데이터에 대한 통계적 판단을 내릴 수 있다. 한 예로 나는 2015년 말에 계산한 PER(주가수익비율)을 토대로 미국 내 모든 기업의 PER 분포를 그래프로 그렸다(〈그림 5.2〉).

마지막으로 두 변수가 서로 어떻게 연동하는지를 측정하는 통계 척도와 도구도 있다. 가장 간단한 연동 척도는 상관계수correlation coefficient이

그림 5.2 미국 내 기업들의 PER(2016년 1월)

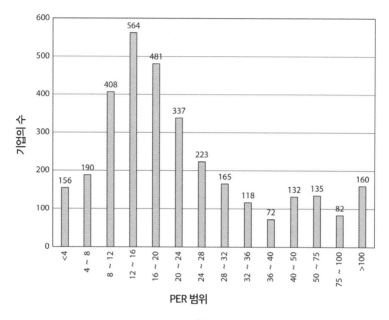

출처: Damodaran Online(http://www.damodaran.com)

다. 두 개의 변수가 같은 방향으로 완벽히 일치해서 연동한다면 상관계수는 +1이 되고, 두 개의 변수가 반대 방향으로 완벽하게 연동한다면 상관계수는 -1이 된다.

비슷하지만 다른 개념으로는 두 변수의 연동을 측정하지만 -1~+1의 범위에는 제한되지 않는 공분산covariance이 있다. 두 변수의 관계를 가장 간단하게 시각화하는 방법은 좌표계를 이용해 두 개 변수의 관계를 보여주는 점을 찍어 산포도scatter plot를 그리는 것이다. 나는 고성장 기업일수록 고 PER이라는 전통적 지혜가 정말로 맞는지 알아보기 위해 분석가

그림 5.3 미국 기업들의 차후 5년간 주당순이익(EPS) 기대 성장률 대비 PER(2016년 1월)

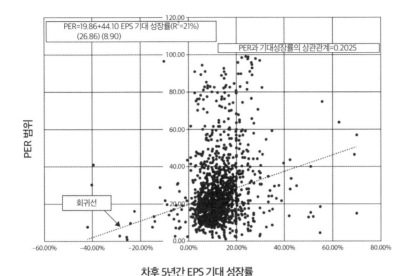

들이 추정한 미국 기업들의 순이익 기대 성장률과 기업들의 PER을 대비 시켜 점을 찍었다.

희소식이라면 총체적으로는 PER과 순이익 성장의 상관관계가 양(+) 이므로 전통적 지혜가 맞는다는 것이다. 그러나 나쁜 소식도 있다. 둘의 상관관계가 20퍼센트 정도로 별로 강하지 않다는 것이다. 만약 한 변수로 다른 변수를 예측하는 것이 목표라면 두 변수를 잇는 선을 찾는 회귀분석regression anaiysis의 방법이 가장 적합한 도구이다. 단순회귀simple regression는 산포도를 그래프상에 쉽게 표시할 수 있으며, 순이익 기대 성장률 대한 PER 회귀의 결과는 〈그림 5.3〉에 나타냈다. 회귀 구간 안에 있는 숫자들은 t 통계량 ^{statistic}으로 나타냈는데, t 통계량이 2를 넘으면 통계적으로 유의미하다는 뜻이다. 회귀분석을 근거로 했을 때 기대 성장률 1퍼센트 증가는 PER이 0.441 늘어난다는 의미이다. 따라서 회귀분석을 이용해 순이익 기대 성장률이 10퍼센트인 기업의 PER을 예상하면 다음과 같다.

$$\text{예상 PER} = 19.86 + 44.10(0.10) = 23.27$$

앞에서 구한 예상 PER이 넓다는 점에 주목하자. R^2이 21퍼센트라는 것에서도 나타나듯이 회귀의 예측력이 낮다는 소리이다(R^2, 다른 말로 결정계수는 회귀의 정확도를 나타내는 수치로, 0에 가까울수록 식의 설득력은 낮고 1에 가까울수록 설득력이 높다. ─옮긴이). 회귀의 가장 큰 장점은 이 선을 여러 변수로 연장해서 단일 종속변수(설명하려는 변수)를 여러 독립변수에 연결할 수 있다는 것이다. 따라서 어떤 기업의 PER이 위험, 성장, 수익성과 어떤 관계에 있는지 알아보고 싶을 때에는 성장, 위험, 수익성을 나타내는 수치들(독립변수)에 대한 PER(종속변수)의 다중회귀분석을 행하면 된다.

분석에 개입하는 편향

지금까지 설명한 내용은 물론이고 그 이상의 계산에도 사용할 수 있는 통계 도구가 갖춰졌다는 사실은 축복인 동시에 저주이다. 더도 덜도 아닌 '쓰레기가 들어가면 쓰레기가 나오는garbage in, garbage out' 분석으로 향하는 문이 열린 셈이기 때문이다. 기업계와 금융계의 데이터 분석을 관찰하면서 나는 다음과 같은 몇 가지 결론을 내렸다.

1. **우리는 평균을 지나치게 맹신한다**: 사용할 수 있는 데이터와 분석 도구가 넘쳐흐르는 지금의 현실에서 그런 생각은 전혀 해본 적이 없겠지만, 대부분 사업과 투자결정은 여전히 평균을 근거로 삼는다. 어떤 투자자와 분석가들은 한 회사의 주식이 산업평균보다 낮은 PER에 거래되고 있으므로 주가가 싼 편이라고 말한다. 또 이 회사는 시장평균보다 부채비율이 높으므로 부채가 지나치게 많은 편이라는 식의 주장을 펼치곤 한다. 평균은 비대칭 분포에서 어디에 초점을 맞춰야 할지를 정할 때 별로 훌륭한 대푯값이 되지 못한다. 뿐만 아니라 내가 보기에는 다른 측정값을 사용하지 않는 것도 바보짓이다. 1960년대의 분석가라면 모든 데이터를 다 사용하는 것은 시간만 많이 잡아먹고 불편할 뿐이라고 주장했을지도 모른다. 하지만 오늘날의 데이터 환경에서 같은 주장을 펼치는 것이 과연 설득력이 있을까?

2. **정규는 표준이 아니다**: 통계학 수업에는 부끄러운 전설이 하나 있다. 수업을 들은 대다수의 기억에 남는 분포는 정규분포밖에 없다는 것이다. 정규분포는 매우 우아하고 편리한 분포이다. 평균과 표준편차라는 딱 두 개의 요약 통계량만 있으면 정규분포의 모든 특

징을 다 설명할 수 있다. 그리고 "이 사건이 평균에서 벗어나는 표준편차는 3이므로 이 사건이 일어날 확률은 1퍼센트에 불과하다."라는 식의 확률적 설명도 가능하기 때문이다. 안타깝게도 현실 세계의 현상들은 정규분포 확률로 발생하지 않는다. 특히 사업과 금융 데이터는 정규분포와는 거리가 아주 멀다. 그런데도 분석가와 리서처들은 정규분포를 바탕으로 예측하고 모델을 구축하는 행동을 멈추지 않는다. 그러다가 예상 범위를 벗어나는 사건이 벌어질 때마다 번번이 놀란다.[1]

3. **이상치 문제:** 이상치outlier(관측된 데이터 범위에서 벗어난 아주 작은 값이나 큰 값으로 통계 분석의 결과 왜곡이나 적절성을 위협하는 요인이 된다.−옮긴이) 문제는 분석 결과의 유효성을 떨어뜨린다. 당연할 수도 있지만 리서처들이 이상치 문제에 대응하는 방식은 처음부터 문제의 근원에서 멀찌감치 떨어지는 것이다. 하지만 이상치를 제거하는 행동이 오히려 편향을 가중시키는 위험을 불러올 수 있다. 사전분포prior distribution에 해당하지 않는 이상치는 재빨리 제거하고, 사전분포에 해당하는 이상치는 그대로 유지하기 때문이다. 사업이나 투자 환경에서 벌어지는 위기에 대응하는 것이 본인의 주요 업무라고 여기는 사람이라면 가설에 말끔하게 들어맞는 데이터가 아니라 이상치에 가장 크게 관심을 두어야 한다고 주장할지도 모른다.

데이터 제시

직접 의사결정을 내리기 위해 데이터를 수집하고 분석했다면 그 분석을 토대로 최상의 판단을 내릴 준비가 끝난 셈이다. 하지만 의사결정자에게 제시할 목적으로 넘버크런칭을 하거나, 다른 사람들에게 자신의 결정을 설명해야 하는 입장이라면 데이터에 흥미도 없고 익숙하지도 않은 청중에 맞게 데이터를 제시할 방법을 찾아내야 한다.

제시 방법의 선택

데이터를 제시하는 첫 번째 방법은 표를 이용하는 것으로, 표의 유형은 크게 두 가지로 나눌 수 있다. 첫 번째 유형은 방대한 양의 데이터가 담겨 있어서 개별 세그먼트(부분)에 대한 구체적 데이터를 확인할 수 있는 참조표reference table이다. 내가 웹사이트에 올린 산업 섹터별 세율 데이터가 이런 참조표에 해당한다. 두 번째 유형은 데이터 세부 집단의 차이점(또는 그로 인한 결여)을 보여주는 것을 목표로 요약 내용을 제시하는 데모표demonstration table이다.

데이터를 보여주는 두 번째 방법은 그래프를 이용하는 것이다. 그래프의 형태는 매우 다양하지만 보통은 다음의 세 가지 형태가 가장 흔하게 사용된다.

그림 5.4 주식 위험 프리미엄과 미국 장기 국채 금리(1961~2015년)

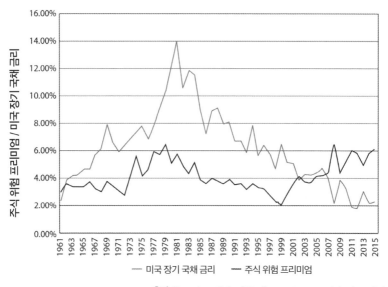

출처: Damodaran Online(http://pages.stern.nyu.edu/~adamodar)

1. **선그래프**: 선그래프는 해당 시간 전체 데이터의 추세선을 보여주고 다양한 시계열을 비교할 때 가장 적합하다.

   〈그림 5.4〉는 1960년부터 2015년까지 미국 주식들의 주식 위험 프리미엄과 미국 국채 금리를 연 단위로 나타낸 것이다. 이 그래프를 이용하면 주식 위험 프리미엄이 기간별로 얼마나 등락했는지는 물론이고, 무위험 수익률과 어떻게 연동했는지도 쉽게 보여줄 수 있다.

2. **막대그래프**: 막대그래프는 데이터의 일부 세부 집단의 통계량을 비교할 때 적합하다. 한 예로 5개 시장이나 5개 섹터에 속한 기업들의

PER을 비교하면 그중 한두 개가 이상치인지 아닌지 알아낼 수 있다.

3. **원그래프**: 전체를 구성 요소로 쪼갤 때 사용하면 좋은 그래프이다. 예를 들어 기업이 세계의 각 지역에서 얻는 매출을 보여주거나, 여러 사업을 벌이는 기업의 실적을 사업별로 보여줄 때 원그래프를 사용하면 좋다.

나는 데이터 제시 분야에서 비전을 보여준 정보 시각화의 대가 에드워드 터프티Edward Tufte의 팬이다. 그는 스프레드시트 프로그램의 재미없고 제한이 많은 경계를 넘어 데이터를 보다 훌륭하게 전달하기 위해서 스토리를 담아야 한다고 생각했고, 나도 전적으로 동의한다. 실제로도 창의적인 데이터 제시는 그 자체로 하나의 학문 분야가 되어 여러 연구와 새로운 시각화 도구(인포그래픽스), 그리고 이런 도구의 활용도를 높이기 위한 새로운 사업을 파생시켰다.

데이터 제시의 편향과 과실

이번 장에서는 편향이 은연중으로건 노골적으로건 간에 어떤 식으로 데이터 처리 과정에 스며드는지를 계속 언급했다. 데이터 수집 단계에서는 원하는 결과를 만들려는 목적에서 표본에 편향이 스며들고, 데이터 분석 단계에서는 이상치를 다루는 방법에 편향이 개입한다. 당연한 말이지만 편향은 데이터 제시 단계에도 크지는 않지만, 여전히 유의미한 방식으로 개입한다. 이를테면 축의 크기를 바꾸거나, 인포그래픽을 정보 전달이 아니라 정보 오도를 위해 설계하여 변화를 실제보다도 더 크게 보이게 만드는 식이다.

데이터 제시 단계에서는 모호한 내용을 담은 3차원 그래프로 의사결정자를 현혹하는 것이 아니라, 그들이 더 나은 결정을 내리도록 돕는 것을 목표로 삼아야 한다는 점을 잊지 말아야 한다. 따라서 두 수치를 텍스트로 설명해도 충분할 때는 표를 사용하지 말아야 하며, 표 하나로 충분할 때는 그래프를 덧붙이지 말아야 한다. 또한 2차원 그래프만으로도 충분하다면 3차원 그래프를 사용하지 말아야 한다. 솔직히 나도 이 규칙들을 모두 어긴 전적이 있었으며, 이 책에서도 그런 잘못을 저질렀을지 모른다. 만약 그렇다면 여러분이 나에게 그 잘못을 따끔하게 알려주기 바란다.

케이스 스터디 5.1_ 제약업의 R&D와 수익성의 상관관계(2015년 11월)

나는 미국의 의료비 지출이 급등 조짐을 보이기 시작한 1991년에 제약 산업을 이해하기 위해 분석 작업에 들어갔다. 그 당시 제약 회사들은 과거의 상당한 R&D(연구개발) 투자를 발판으로 엄청난 현금을 벌어들이고 있었다. R&D를 끝내고 미국 FDA(식품의약국)의 인허가 과정을 통과해 양산까지 성공한 약품들은 그전까지 들어간 R&D 총비용을 모두 보전한 것은 물론이고, 막대한 초과 이익도 창출했다. 이렇게 되기까지는 제약 회사들의 가격결정력, 단단하게 보호되는 특허권, 크게 올라간 의료비 지출, 분열돼 있는 건강보험 회사 그리고 (특허, 병원, 정부에 이르기까지) 모든 차원에서 비용에 대한 책임성이 결여돼 있다는 사실이 핵심으로 작용했다. 이런 상황에서 당연히 투자자들은 제약 회사들이 투입한 R&D 비용만큼(제약 회사들은 R&D 비용을 소비자에게 전액 전가할 수 있다고 확신했다.) 제품 파이프라인의 완전함과 균형에서 보상을 거두었다.

지난 10년간 이 스토리는 어떻게 변했을까? 의료비 증가율이 둔화되었고, 의료보건법이 바뀌는 등 여러 변화가 추진되면서 제약 회사들의 가격결정력이 약해졌다. 그 이유는 여러 가지이다. 첫째, 건강보험 회사들의 합병이 늘어나면서 이들이 제약 회사들과 약품가격을 협상할 때 교섭력이 잠재적으로 증가했다. 둘째, 정부는 메디케이드 Medicaid(65세 미만 저소득층과 장애인을 대상으로 하는 의료비 보조제도-옮긴이)의 구매력을 이용해 약품가격 협상을 유리하게 진행했고, 메디케어Medicare(65세 이상 노령자를 대상으로 하는 미국 의료보험제도-옮긴이)의 경우에는 여전히 보험 회사를 통하기는 해도 제약 회사에 압력을 가해 약품 단가를 낮출 수 있다. 셋째, 약품의 유통망 역할을 하는 약국들도 합병과 기업화가 진행되면서 가격결정 과정에서 목소리가 높아졌다. 이런 모든 변화로 인해 이제 R&D는 보상 여부가 더 불확실해졌으며, 다른 대규모 자본투자와 같은 평가를 받아야 한다. 다시 말해 사업에서 가치를 창출할 때에만 좋은 R&D 지출이라고 여겨야 한다.

그림 5.5 제약 회사의 여러 이익률

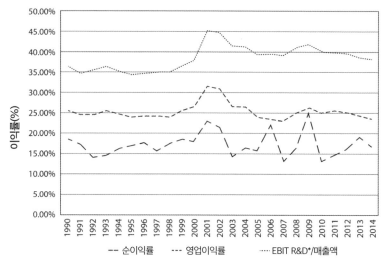

그림 5.5 제약 회사의 여러 이익률

* 이자, 법인세, 감가상각비, R&D 차감 전 순이익

제약 회사들은 1991년부터 2014년 동안 가격결정력을 잃었으며, R&D
가 더는 예전처럼 무조건 매출을 보장하지는 않는다는 가설을 검증
하기 위해 나는 다양한 이익 척도(순이익, 영업이익, 이자, 법인세, 감가
상각비, R&D 차감 전 순이익)를 사용해 제약 회사들의 연평균 이익률을
관찰했다.

〈그림 5.5〉는 이 기간 동안 제약 회사들의 가격결정력이 줄어들었다
는 가설을 확인해준 시사한다. 여러 이익률이 딱히 눈에 띌 정도로 크게
변하지는 않았기 때문이다.

나는 후속 작업으로 매출 성장에 비교했을 때 R&D 보상이 줄었는지

표 5.1 R&D에 성과에 따른 매출 성장

연도	R&D/매출액	매출 성장률	R&D 매출성장배율
1991	10.17%	49.30%	4.85
1992	10.64%	6.40%	0.60
1993	10.97%	3.58%	0.33
1994	10.30%	15.85%	1.54
1995	10.37%	17.32%	1.67
1996	10.44%	11.38%	1.09
1997	10.61%	13.20%	1.24
1998	11.15%	19.92%	1.79
1999	11.08%	15.66%	1.41
2000	11.41%	8.15%	0.71
2001	13.74%	-8.17%	-0.59
2002	13.95%	4.80%	0.34
2003	14.72%	16.26%	1.10
2004	14.79%	8.17%	0.55
2005	15.40%	1.49%	0.10
2006	16.08%	2.86%	0.18
2007	16.21%	8.57%	0.53
2008	15.94%	6.21%	0.39
2009	15.58%	-4.87%	-0.31
2010	15.17%	19.82%	1.31
2011	14.30%	3.77%	0.26
2012	14.48%	-2.99%	-0.21
2013	14.28%	2.34%	0.16
2014	14.36%	1.67%	0.12
1991-1995	10.49%	18.49%	1.80
1996-2000	10.94%	13.66%	1.25
2001-2005	14.52%	4.51%	0.30
2006-2010	15.80%	6.52%	0.42
2011-2014	14.36%	1.20%	0.08

를 확인했다. 〈표 5.1〉은 1991~2014년까지 매년 매출액 대비 R&D 지출 비율과 같은 기간의 매출 성장률을 보여준다.

R&D 비용을 지출하고 매출이 성장하기까지는 상당한 시차가 있다는 사실을 나는 잘 알고 있다. 하지만 여기서는 매출 성장률을 R&D 비율로 나눈 값을 그해의 R&D 보상을 측정하는 단순 척도를 삼았다.

R&D 매출성장배율 = 매출 성장률 / 매출액 중 R&D 비율

몇 가지 한계는 있지만 R&D 매출성장배율은 제약 회사가 R&D에서 거두는 보상이 감소하고 있으며, 심지어 2011~2014년에는 거의 0에 가까운 수준으로 떨어졌다는 것을 보여준다.

이 분석에서 어떤 교훈을 얻을 수 있을까? 첫째, 제약회사들은 미국 의료보건 산업의 큰 변화에도 불구하고 수익성을 유지하고 있다는 사실이다. 둘째, 미국 제약 회사들의 내부 R&D 지출은 일각에서 전하는 말과 다르게 크게 줄지 않았다. 셋째, 〈표 5.1〉에 따르면 제약 회사들은 R&D에서 거두는 매출 보상이 낮을수록 이 부문에 대한 지출을 늘리는 것이 아니라 줄여야 한다. 마지막으로 〈표 5.1〉은 몇몇 제약 회사가 인수합병 활동을 시작해 연구 파이프라인 단계의 제품에 맞는 젊은 중소 제약 회사들을 인수하는 데 집중하는 이유가 무엇인지에 대해 어느 정도 설명해준다.

케이스 스터디 5.2_ 엑슨모빌의 유가 노출(2009년 3월)

이 책의 13장에서는 2009년 3월의 엑슨모빌Exxon Mobil에 대한 가치평가를 다룰 것이다. 이 회사를 평가하면서 내가 가장 곤란했던 부분은 가치평가를 하기 6개월 전부터 유가가 크게 떨어졌지만(1배럴당 45달러), 엑슨모빌이 보고한 재무제표에 나온 데이터 대부분(매출액과 순이익 등)은 유가가 1배럴당 거의 80달러였던 전년도 수치를 반영하고 있다는 점이었다. 유가 하락을 감안했을 때 지난 12개월의 순이익이 너무 높다는 것은 한눈에 보기에도 분명했다. 따라서 엑슨모빌의 순이

그림 5.6 엑슨모빌의 영업이익과 평균 유가

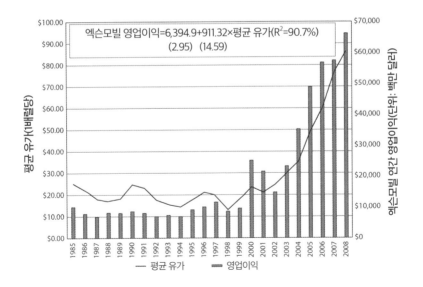

익을 떨어진 유가에 맞게 조정하는 문제가 있었다.

엑슨모빌의 순이익이 유가에 얼마나 민감한지 알아보기 위해 나는 이 회사의 1985~2008년까지 매년 영업이익과 평균 유가에 대한 역사적 데이터를 수집했다. 〈그림 5.6〉은 그 수치들을 보여준다.

또한 나는 매년 평균 유가와 엑슨모빌의 영업이익을 대비시켜 회귀분석도 진행했다. 이 회사의 영업이익은 거의 전적으로 유가에 의해 좌우되었으며(결정계수 R^2이 90퍼센트를 넘는다), 회귀분석을 사용하여 현재 1배럴당 45달러 유가 수준에 맞게 조정한 영업이익을 도출할 수 있다.

엑슨모빌의 유가 조정 영업이익 = -63억 9,490만 달러+

9억 1,132만 달러x45=346억 1,500만 달러

이 영업이익은 약 346억 달러로 지난 12개월 동안 보고된 수입보다 현저히 낮았지만, 이것이 내가 엑슨모빌의 평가에 사용한 영업이익이다.

케이스 스터디 5.3_ 가치 파괴의 그림: 페트로브라스

데이터 분석을 데이터 제시로 바꿔 스토리를 담는 일에는 나 역시도

그림 5.7 가치 파괴의 로드맵: 페트로브라스(2015년)

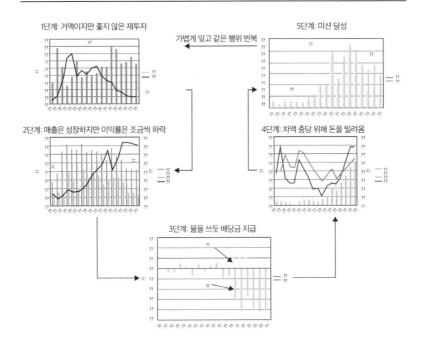

딱히 창의성을 발휘한다고 말하기 힘들다. 그렇지만 나는 2015년 5월 브라질 거대 석유 회사인 페트로브라스Petrobras가 어떤 식으로 가치 파괴의 악순환에 들어가 시가총액을 거의 1,000억 달러나 잃게 되었는지 분석한 작업은 꽤 창의적이었다고 자부한다(〈그림 5.7〉).

데이터 시각화 규칙을 여러 개나 위반했고, 하나의 그림에 너무 많은 스토리를 욱여넣은 것은 분명하다. 하지만 나는 가치 파괴의 길로 이끈 페트로브라스의 행동들을 종합하고 이런 행동 하나하나가 어떤 논리로 다음 행동으로 연결되었는지를 알려주려고 노력했다. 페트로

브라스는 높은 배당금 지급을 계속 유지하려 했다. 때문에 이익과 상관없이 거액을 새로운 비축유에 투자하기 위해서는 채권 신규 발행을 통한 자금 조달이 불가피했다. 결국 가치 파괴의 악순환이 되풀이되었고, 가치는 빠른 속도로 무너져내렸다.

결론

이번 장에서는 데이터 처리의 3단계인 데이터 수집, 데이터 분석 그리고 데이터 제시 방법을 살펴봤다. 각 단계마다 데이터를 편향에 끼워 맞추고 싶은 충동에 맞서 싸워야 한다. 만약 기꺼이 열린 마음으로 데이터에서 배우려는 자세를 유지한다면 스토리텔링 능력을 기르고 더 현명한 투자와 사업결정을 내릴 수 있게 될 것이다.

6장

내러티브 구축

지금까지 스토리텔링과 넘버크런칭에 대해 대략적으로 살펴보았다. 그럼 이제는 구체적인 부분으로 들어갈 차례이다. 이번 장에서는 제일 먼저 비즈니스 내러티브부터 시작해 비즈니스 스토리를 만들어내고 체계적으로 구축하는 과정을 살펴볼 것이다. 6장의 상당 부분은 스토리텔러 입장에 초점을 맞추고 있기 때문에 청자 입장에도 적용할 수 있는 내용인지 의심이 갈지 모른다. 어쨌거나 스토리텔러와 청자인 투자자의 이해는 가끔씩 어긋날 수 있다. 따라서 창업자와 경영자는 어떻게 해서든 사업가치가 더 높게 보이도록 강력하고 설득력 있는 내러티브를 만들어야 한다. 반대로 투자자는 돈이 걸린 문제이니 만큼 자신이 들은 내러티브의 신뢰성 여부를 꼼꼼히 점검해야 한다. 뿐만 아니라 그 회사에 대한 내러티브를 직접 만들어 창업자의 스토리와 다른 점은 없는지 확인해야 한다. 내가 보기에 좋은 비즈니스 스토리는 저력이 있고, 성공적으로 사업을 뒷받침하는 동시에 스토리텔러와 청자의 이해를 수렴한다. 만약 상장회사에 투자를 생각하는 잠재적 투자자라면 기업의 가치를 잘 포착한 내러티브를 만드는 스토리텔러가 되는 동시에, 그 스토리에서 가장 어설픈 부분을 집어내는 청자도 되어야 한다. 결론적으로 말하면 투자에서는 수동적 청자가 끼어들 여지가 없으며, 창업자이건 경영자이건 투자자이건 간에 최종적으로 스토리텔러가 되어야 한다.

좋은 내러티브의 정수

4장에서 좋은 스토리의 요소에 대해 설명했다. 여기서 얻은 교훈 몇 가지를 비즈니스와 투자에 대한 내러티브를 구축할 때 활용할 수 있다. 또한 비즈니스 내러티브에는 다음과 같은 요건이 반드시 필요하다.

1. **비즈니스 내러티브는 단순해야 한다**: 이해하기 쉽고 단순한 스토리는 관계를 만들기 어려운 복잡한 스토리보다 더 오랫동안 깊은 인상을 남긴다.
2. **비즈니스 내러티브에는 신뢰성이 담겨야 한다**: 투자자의 행동을 이끌어내려면 비즈니스 스토리는 신뢰할 수 있는 것이어야 한다. 말솜씨가 좋은 스토리텔러는 명확한 설명 없이 스토리를 지지부진하게 끝내도 당장은 괜찮을 것이다. 그러나 결국 이런 어설픈 끝맺음은 스토리 자체와 나아가서 사업의 가치도 손상시킨다.

3. **비즈니스 내러티브는 영감을 주어야 한다:** 한마디로 말해 비즈니스 스토리텔러는 창의성으로 상을 받게 할 스토리가 아니라, 청중(직원, 고객, 잠재적 투자자)이 영감을 받아 기꺼이 그 스토리를 구입할 마음이 들게 하는 스토리를 만들어야 한다.

4. **비즈니스 스토리는 행동으로 이어져야 한다:** 청중이 스토리를 구입했다면 그다음으로는 그들이 행동하도록 만들어야 한다. 직원에게는 회사에서 일할 마음이 들게 하고, 고객에게는 제품과 서비스를 사게 하고, 투자자에게는 돈을 투자하도록 해야 한다.

비즈니스 내러티브의 핵심을 한 문장으로 요약하면 구체적인 부분과 세부사항일수록 말을 아끼고, 큰 그림과 비전에 대해서는 많이 설명해야 한다.

내러티브 구축을 위한 사전 작업

비즈니스 스토리를 구축하기 전에 스토리텔러와 청자가 해야 할 숙제가 있다. 우선은 해당 사업의 역사를 검토해야 하고, 회사가 영업활동을 하게 될 시장을 이해해야 하며, 경쟁 양상을 가늠하기 위한 척도를 마련해야 한다.

기업

스토리의 핵심 소재가 되는 기업이야말로 내러티브 구축을 시작하기 위한 논리적 출발점이다. 회사가 오래전부터 영업활동을 하고 있었다면 회사의 역사를 거슬러 올라가 과거의 성장이나 수익성, 사업 방향을 이해하는 작업부터 시작한다. 미래에 대한 내러티브를 구축하는 것이기 때문에 과거에 구속될 필요는 없지만, 그래도 과거를 어느 정도 알아둘 필요는 있다.

신생기업이라면 과거를 살펴봐도 얻을 만한 교훈이 별로 없다. 젊은 스타트업의 과거 재무제표를 뚫어지게 관찰한다고 해도 대개는 최근 매출이 시원치 않았고, 손실이 났다는 결론이 나올 뿐이다. 신생기업의 내러티브를 구축할 때는 투자자 입장이 되는 것이 더 도움이 된다. 다시 말해 회사를 운영하는 창업자나 오너들, 그들의 과거 이력 그리고 동종 업계에 속한 다른 대기업들을 관찰해야 한다.

시장

두 번째 단계는 회사가 영업활동 중이거나 활동할 계획인 더 큰 시장을 관찰하는 것이다. 〈표 6.1〉은 답을 얻기 위한 몇 가지 질문에 대한 체크리스트다. 성숙 시장에서 안정적으로 활동 중인 회사에 대한 시장 분석은 비교적 간단한 편이다. 시장 특성을 관찰할 수 있고(시장의 성장, 수익성, 추세선), 어떤 경우에는 예측할 수도 있기 때문이다. 만약 시장이 진화 중이거나 변화 중이라면 시장 분석이 조금 어려워진다. 그리고 이런 변화는 성숙 시장에서 나오는 변화일 수도 있고, 소비자 행동의 변화일 수도 있다(한 예로 엔터테인먼트 콘텐츠 사업의 소비자들이 스트리밍으로 이동하는 것이 있다). 또 감독기관의 법규나 규제 조치의 변화일 수도 있고(규제 완화 이후의 이동통신 산업), 지리적 변화일 수도 있다. 이런 경우라면 업종의 현재 상태뿐만 아니라 시장이 앞으로 어떻게 전개될 것인지에 대해서도 판단해야 한다.

표 6.1 시장 분석

범주	질문	답변
성장	시장 전체는 얼마나 빠르게 성장하고 있는가? 시장에서 일부분이 다른 부분보다 더 빠르게 성장하고 있지는 않은가?	장기적인 평균 성장률도 봐야 하지만, 시장의 전체 제품라인과 모든 지리적 영역에서 발생하는 변화도 간파해야 한다.
수익성	이 사업 전체의 수익성은 얼마인가? 시간에 따라 수익성에 어떤 추세가 존재하지는 않는가?	이익률(총이익률, 영업이익률, 순이익률)과 장기적인 회계 이익률 추세를 관찰한다.
성장을 위한 투자	회사는 이 사업에서 성장하려면 어떤 자산에 투자해야 하는가? 성장을 위해 회사가 이 사업에 투자하는 총액은 얼마인가? 규모를 늘리기는 쉬운 편인가?	제조 부문의 투자는 일반적으로 공장과 시설, 조립라인이고, 테크놀로지와 제약 부문의 투자는 대개 R&D 형태로 이루어진다.
위험	매출액과 순이익은 시간에 따라 얼마나 달라지는가? 매출액과 순이익 등의 수치를 변화시키는 요인은 무엇인가? 이 업종에 속한 기업들이 대체적으로 유지하는 부채(또는 고정금리 채권) 수준은 얼마인가? 이 업종에 속한 기업들을 실패로 이끄는 위험은 무엇인가? 부도 원인이 되는 계기(채무 상환 의무나 현금 부족)는 무엇인가?	매출액/순이익의 변동성은 금리, 인플레이션, 원자재 가격, 정치적 위험과 같은 거시경제 변수가 원인이 되기도 하고, 기업 특유의 변수가 원인이 되기도 한다.

가장 어려운 시나리오는 진화 중이거나 변화 중인 시장에 속한 신생기업의 내러티브를 구축하는 일이다. 예를 들어 2013년 트위터에 대한 가치평가를 할 때 나는 트위터의 사업이 온라인 광고(2013년 주요 수익원이었다.)를 유지할 것인지, 아니면 이용자 기반을 활용해 소매 분야나 심지어 구독 중심 모델로 확장하게 될 것인지를 두고 내 나름대로 판단해야 했다. 트위터를 주시하는 투자자의 입장에서는 이 회사 경영자와 오너들에게 직접 물어보고 싶은 마음이 굴뚝같을 것이다. 그러나 그들도 확신하지 못하기는 투자자와 마찬가지고, 어쩌면 선입견은 투자자보다 더 심할지도 모른다.

평가하고 이해하기 쉬운 기업들이 있기는 하다. 일반적으로 말하면 과도기의 회사보다는 안정적인 회사가, 그리고 소규모의 비상장기업보다는 주식이 공개적으로 거래되는 상장기업이 평가하고 이해하기가 훨씬 쉽다. 그렇기는 해도 분석하기 수월한 기업보다는 어려운 기업을 제대로 평가하고 이해했을 때 거두는 보상이 더 크다.

경쟁

내러티브 구축의 마지막 사전 작업은 현재와 잠재적 경쟁을 분석하는 것이다. 전체 섹터나 업종의 성장, 수익성, 투자, 위험을 추정하고, 그렇게 추정한 수치가 시장에 속한 기업들 각각에서는 어떻게 달라지는지를 관찰해야 한다. 〈표 6.2〉의 질문은 이 사전 작업을 이해하는 데 도움이 될 것이다.

동종 업계의 기업들을 분석한 다음에 내러티브 구축자는 자신의 회사가 경쟁 상황에서 어느 정도나 적합한지 검토하고, 이익으로 향하는 길이 무엇인지를 고민해야 한다. 이런 고민을 할 때 나머지 세상은 가만히 있고, 자신의 회사만이 기회를 찾아 빠르게 이동하면서 새 길을 닦아 이익을 창출한다고 가정하면 속이 편할 것이다. 하지만 이것은 비현실적인 가정이다. 누군가의 눈에 드러난 커다란 시장 기회를 다른 기업들이 보지 못할 리가 없다. 그리고 그 시장 기회를 이용하기 위해 발걸음을 크게 내딛는 순간, 다른 기업들도 같은 방향으로 움직일 준비를 한다. 이

표 6.2 경쟁 분석

범주	질문	답변
성장	해당 산업에 속한 기업들의 성장에 큰 차이가 존재하는가? 편차가 크다면, 그런 차이를 결정하는 요인은 무엇인가?	해당 업종의 기업들이 성장률에 차이가 있으면 그런 차이가 규모, 지리, 시장 세그먼트와 관련이 있는지 여부를 확인해야 한다.
수익성	해당 산업에 속한 기업들의 수익성에 큰 차이가 존재하는가? 차이가 크다면 그런 수익성의 차이를 결정하는 요인은 무엇인가?	기업들의 이익률 차이가 크다면 어떤 유형의 기업이 가장 이익률이 높고, 어떤 기업이 가장 이익률이 낮은지를 관찰해야 한다.
성장을 위한 투자	시장의 모든 기업은 표준화된 투자 모델을 사용하고 있는가? 아니라면 모델에 따라 기업의 수익성과 성장에 차이가 발생하는가?	이 업종에 속한 기업들이 성장하고 있다면, 이 기업들은 투자를 줄여야 하는지(규모의 경제와 네트워크 효과), 늘여야 하는지(경쟁 심화에 따른)를 점검해봐야 한다.
위험	해당 산업에 속한 기업들 사이에도 위험(순이익의 변동성과 생존)의 차이가 큰가? 기업들마다 위험의 차이가 크다면, 그런 차이를 결정하는 요소는 무엇인가?	기업들 사이에 위험의 편차가 존재하는지 여부를 살펴보고, 만약 차이가 크다면 그런 편차의 원인이 무엇인지 알아봐야 한다.

와 관련해서는 경제학의 한 지류인 게임 이론에서 배울 점이 있다.

게임 이론은 게임에 참여하는 여러 참가자의 행동을 관찰해 게임이 펼쳐질 방향을 예측하는 이론으로, 단순히 한 참가자의 행동만이 아니라 다른 참가자들의 행동도 함수를 이루는 요소가 된다. 한 참가자만이 반드시 게임에서 가장 자본이 많고 똑똑하고 빠르게 움직이는 것은 아닐 수도 있다. 그렇기 때문에 스스로를 평가할 때는 (힘들어도) 솔직하게 평가해야 한다.

케이스 스터디 6.1_ 자동차 산업(2015년 10월)

앞으로 내가 가치를 평가할 자동차 회사는 두 곳이다. 내러티브에서 가치로 옮겨가는 순서를 보여주기 위한 예로써 나는 페라리를 언급할 것이다. 그리고 기업 추문이 어떻게 내러티브를 뒤집을 수 있는지 (혹은 아닌지) 보여주기 위한 예로써는 폭스바겐에 대해 언급할 것이다. 두 회사에 대한 이해를 돕기 위해 나는 자동차 산업의 지금 모습과 앞으로 다가올 변화에 대한 가정을 간략하게 조망할 것이다.

자동차 산업은 20세기 초까지 거슬러 올라갈 정도로 역사가 길다. 이 산업의 성장으로 제조업 경제가 구축되는 기반이 마련되었고, 자동차 회사들의 실적이 좋으면 미국 경기도 활황을 맞이하던 때도 있었다. 이러한 영광의 시절은 옛말이 되었고, 오늘날 자동차 산업은 이익의 총합이 자본비용보다 낮고 대다수 회사가 가치를 파괴 중인 나쁜 산업의 특징을 두루 갖게 되었다.

성급하고 지나친 일반화라고 생각할 수도 있다. 그러나 대형 자동차 회사인 피아트Fiat의 CEO인 세르지오 마르치오네Sergio Marchionne의 생각도 이와 같다. 그는 투자자의 언어로 말하는 데 거리낌이 없으며, 피아트만이 아니라 자동차 산업 전체가 직면한 문제를 솔직하게 인정한다. 마르치오네는 한동안 공석에서나 다른 자동차 회사 경영자들이 모인 자리에서 이렇게 말하고 다녔다. 그리고 한 분석가와의 화상회의에서는 이런 생각을 구체적으로 정리해 〈자본 중독자의 고백〉이라는 제목으로 발표하기도 했다.[1] 이 발표에서 그는 지난 10년 동안 자동차 산업이 벌어들인 이익 총합이 자본비용보다도 낮으며, 구조적 변화가 없는 한 이런 실적 부진은 계속될 것이라고 주장했다.

그렇다면 자동차 산업이 총체적으로 부진해진 이유는 무엇일까? 전체 자동차 산업의 특징을 세 가지로 정리하면 다음과 같다.

1. **저성장 산업이다**: 자동차 산업은 경기순환에 따라 부침이 심한 경기순환 업종이다. 그러나 자동차 산업은 경기순환 업종일 뿐만 아니라 성숙 업종이기도 하다. 이 사실은 〈표 6.3〉에 정리된 자동차 회사들의 매출 성장률에도 고스란히 나타난다.

   이 기간 동안(2005~2014년) 아시아와 라틴아메리카의 신흥시장 경제가 매출을 크게 견인하기는 했다. 그러나 이런 매출 증진에도 불구하고 2005~2014년 자동차 산업 전체 매출의 연평균성장률 compound annual growth rate, CAGR은 5.63퍼센트에 불과했다.

2. **영업이익률이 낮다**: 자동차 산업에 대한 마르치오네의 주장에서 가

표 6.3 자동차 회사들의 매출액과 성장률(2005~2014)

연도	총매출액(단위: 백만 달러)	성장률(%)
2005	$1,274,716.60	11.54
2006	$1,421,804.20	30.44
2007	$1,854,576.40	-1.94
2008	$1,818,533.00	-13.51
2009	$1,572,890.10	15.47
2010	$1,816,269.40	8.06
2011	$1,962,630.40	7.54
2012	$2,110,572.20	2.28
2013	$2,158,603.00	-3.36
2014	$2,086,124.80	5.63
복합 성장률: 2005~2014		

출처: S&P Capital IQ

그림 6.1 자동차 회사들의 영업이익률(2015년 10월)

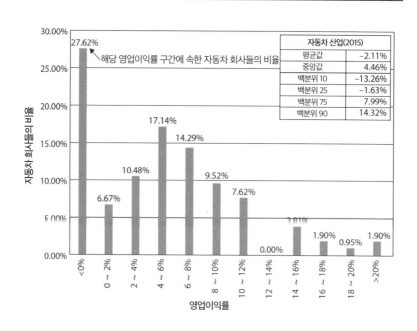

자동차 산업(2015)	
평균값	-2.11%
중앙값	4.46%
백분위 10	-13.26%
백분위 25	-1.63%
백분위 75	7.99%
백분위 90	14.32%

장 핵심은 원가구조를 감안한다고 해도 자동차 회사들의 영업이익률이 지나치게 낮다는 것이다. 이 사실을 입증하고 나의 페라리 가치평가를 뒷받침하기 위해 시가총액이 10억 달러가 넘는 전 세계 모든 상장 자동차 회사의 세전 영업이익률을 계산했다(〈그림 6.1 참고〉). 4분의 1에 해당하는 자동차 회사들이 손실을 보고 있으며, 세전 영업이익률의 중앙값은 4.46퍼센트밖에 되지 않는다.

3. **재투자의 필요가 높다:** 자동차 산업은 언제나 공장과 설비에 상당한 투자가 필요하며, 최근에는 자동차 관련 기술의 성장으로 R&D에도 많이 투자해야 한다. 이런 재투자 비용이 현금흐름을 얼마나 감소시키는지를 알려주는 한 가지 척도는 해당 산업 섹터 전체의 순자본지출(감가상각비를 초과하는 자본지출)과 R&D가 매출액에서 차지하는 비중이다(〈그림 6.2 참고〉).

2014년에 자동차 회사들은 매출액의 거의 5퍼센트를 사업에 재투자했으며 그중에서도 R&D가 상당 비중을 차지했다. 〈표 6.4〉에서 볼 수 있듯이 초라한 매출 성장, 빈약한 이익률 그리고 늘어나는 재투자가 모두 합쳐져 자동차 산업이 자본비용보다도 낮은 수익률을 거두는 원인이 되고 있다. 2004~2014년의 기간 동안 9년간은 자동차 회사들이 거둔 투하자본수익률return on invested capital, ROIC이 자본비용에도 못 미치는 수준이었다.

일부에서는 현재의 상황을 변명하기 위해 낮은 실적은 표본에 불과할 뿐 몇몇 자동차 회사는 높은 실적을 거두고 있다고 주장할 것이다.

그림 6.2 자동차 회사들의 매출액 대비 재투자 비율(2005~2014)

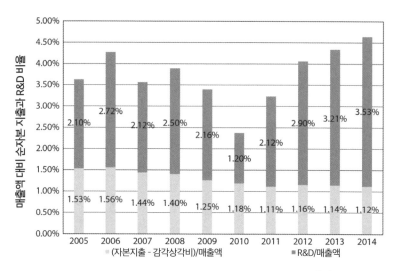

출처: S&P Capital IQ

표 6.4 투하자본수익률(ROIC)과 자본비용: 자동차 회사

연도	ROIC	자본비용	ROIC-자본비용
2004	6.82%	7.93%	-1.11%
2005	10.47%	7.02%	3.45%
2006	4.60%	7.97%	-3.37%
2007	7.62%	8.50%	-0.88%
2008	3.48%	8.03%	-4.55%
2009	-4.97%	8.58%	-13.55%
2010	5.16%	8.03%	-2.87%
2011	7.55%	8.15%	0.60%
2012	7.80%	8.55%	-0.75%
2013	7.83%	8.47%	-0.64%
2014	6.47%	7.53%	-1.06%

이런 주장이 맞는지 알아보기 위해 자동차 회사들을 시가총액, 지리, 시장 포커스(럭셔리 vs. 매스마켓) 관점에서 분석했고, 다음과 같은 결과를 얻었다.

1. **시가총액이 낮은 회사와 높은 회사:** 자동차 회사들을 시가총액에 따라 다섯 개 등급으로 분류했다(〈표 6.5〉). 시가총액이 큰 회사들은 작은 회사들보다는 평균 이익률이 더 높았지만, 투하자본수익률에 있어서는 전체보다 압도적으로 높지는 않았다.

2. **선진시장과 신흥시장:** 지난 10년 동안은 신흥시장이 자동차 판매 증가의 상당 부분을 견인했기 때문에 신흥시장에 속한 자동차 회사들이 선진시장의 자동차 회사들보다 실적이 더 좋을 가능성이 높았다. 〈표 6.6〉은 두 시장의 수익성을 비교한 것이다.
   이번에도 아주 인상적인 결과가 나오지는 않았다. 신흥시장 자동차 회사들의 영업이익률은 선진시장에 속한 회사들보다 낮았다. 또 순이익률과 투하자본수익률에 있어서도 신흥시장 자동차 회사

표 6.5 **시가총액별 자동차 회사의 수익성(2015년 10월)**

규모 등급	기업 수	영업이익률	순이익률	세전 ROIC
최대(>100억 달러)	31	6.31%	5.23%	6.63%
2	16	5.24%	5.57%	10.72%
3	14	2.43%	3.19%	3.40%
4	20	1.51%	-0.40%	2.02%
최소(<10억 달러)	26	2.46%	2.56%	2.74%

표 6.6 선진시장과 신흥시장의 자동차 회사들(2015년 10월)

분류	기업 수	영업이익률	순이익률	세전 ROIC
신흥시장	73	5.01%	6.13%	7.54%
선진시장	34	6.45%	4.91%	6.52%

들은 선진시장 자동차 회사들보다 아주 약간만 높은 수준이다.

3. **매스마켓과 럭셔리 시장**: 슈퍼럭셔리 자동차 회사들(페라리, 애스턴 마틴, 람보르기니, 부가티 등)은 어마어마한 가격표가 달린 자동차를 슈퍼리치들에게 판매한다. 그리고 10년 동안 동종 업종의 다른 회사들보다 매출은 훨씬 빠르게 성장했고 수익성도 훨씬 높았다. 앞으로의 성장은 대부분 신흥시장의 새로운 부자들, 특히 중국의 슈퍼리치들에게서 나올 것으로 기대된다.

뒤에 나올 페라리 가치평가는 위의 자동차 산업 분석에서 얻은 일반적 결과를 적용해서 내러티브를 구축할 것이다.

케이스 스터디 6.2_차량 공유 시장의 풍경(2014년 6월)

한 벤처캐피털 라운드에서 우버의 가치가 170억 달러라는 기사(2014년 6월 자)를 읽은 후 나는 이 회사에 관심이 생겼다. 2014년 6월에 내가 우버의 가치를 처음 평가한 글을 올렸을 당시에 나는 이 회사를 지역 기반(글로벌이 아닌)의 네트워킹 효과를 누리는 도심 차량 서비스 회사라고 생각했다. 그때 내가 처음으로 수행한 작업은 시장 크기와 구성을 평가하는 것이었다. 2014년 중반까지만 해도 차량 서비스는 지역 중심이었고, 도시마다 규칙과 체계가 달랐으며, 체계적인 정보도 거의 없었다. 그러다 보니 나로서는 차량 서비스 시장을 제대로 분석하는 것이 자동차 산업을 분석하는 것보다 훨씬 어려웠다.

1. **시장 규모**: 우선 나는 시장 규모를 대략적으로라도 추산하기 위해 세계 최대의 택시 시장들(도쿄, 런던, 뉴욕, 기타 몇몇 대도시)을 관찰하는 한편, 동종 업체들이 모인 사이트와 감독기관의 시장 규모 추산치도 확인했다. 예를 들어 뉴욕시의 경우 뉴욕시 택시리무진위원회의 옐로우캡 택시를 비롯해 사업 면허가 있는 다른 차량 서비스 회사들의 2013년 매출액 규모를 추산할 수 있는 척도를 마련할 수 있었다. 하지만 안타깝게도 이 정보는 신흥시장 도시에 적용하기에는 무리였다. 그러다 보니 도심 차량 서비스 시장 규모를 처음에 1,000억 달러로 추산하기는 했지만, 순전히 추측으로만 추산한 부분도 적지 않았다.

2. **시장 성장**: 여러 기록에 따르면 차량 서비스 시장의 성장률은 선진 시장은 약 2퍼센트, 신흥시장은 4~5퍼센트 수준으로 낮은 편이다. 이 정보 역시 감독기관이 택시 수익을 예의주시한 후 보고하는 시장에서만 얻은 수치이다.

3. **수익성**: 차량 서비스 시장에서 활동하는 민간 택시 회사들은 장부 공개를 꺼린다. 하지만 나는 두 가지 수치를 통해 이 시장이 적어도 차량 공유 사업이 등장하기 전까지는 비교적 수익성이 괜찮은 편이었다는 결론을 내렸다. 첫 번째 수치는 세계 각국의 얼마 되지 않는 상장 택시 회사들의 세전 영업이익률이었다. 그들이 보고한 세전 영업이익률은 대체로 15~20퍼센트 선이었다. 두 번째 수치는 택시 영업권의 시장가격으로, 일부 도시에서는 그 금액에 대한 정보가 공개돼 있다. 예를 들어 2013년 12월 뉴욕 공인 영업택시인 옐로우캡 면허증은 120만 달러에 거래되고 있었다. 이렇게 해서 연간 이익이 약 10만~12만 달러 정도일 것이라는 계산을 얻었다.

4. **투자**: 차량 서비스 사업의 전통적인 운영 방식은 투자자가 옐로우캡 면허증 권리를 산 다음(선행 투자) 택시를 구입하는 것이다. 투자자는 직접 택시를 운용할 생각이 아니라면 운전자(월급을 지불하든, 수익의 일정 부분을 나누는 조건이든)를 고용한다. 따라서 1차 투자는 택시 면허권을 구입하는 것이고, 2차 투자는 택시 차량을 구입하는 것이다. 만약 사업이 성장하려면 두 가지 모두에 투자해야 한다.

5. **위험**: 차량 서비스 사업 진입을 제한하는 감독기관의 규제 덕분에 전반적으로는 순이익과 현금흐름이 안정된 편이었다. 하지만 지역 경제 상황이 택시 수입에 여전히 큰 영향을 미칠 수 있다. 예를 들어 뉴욕시의 경제가 부진에 허덕인 2002년에는 택시 수입도 급

감했다. 그리고 좀 더 전체적으로 보면 뉴욕시 차량 서비스 사업의 매출에는 같은 기간 금융 서비스 사업의 건실함 여부가 반영돼 있었다. 일부 택시 회사가 다른 택시 회사보다 위험에 더 크게 노출된 이유는 차입금이 많거나 리스한 차량이 많기 때문에 나가는 돈은 그대로이지만, 매출액은 줄었기 때문이었다.

또한 2014년 6월 차량 서비스 사업은 규제가 강하고 시장마다 경쟁이 다르게 펼쳐지고 있었으며, 회사들 사이의 실적 격차가 큰 이유는 회사 고유의 특성 때문이 아니라 감독 규정 때문이었다.

스토리

해당 시장의 체계를 이해하고 나면 가치평가의 첫걸음을 떼고 기업에 대한 내러티브를 만들 준비가 끝난 셈이다. 한 번이 아니라 반복적으로 이뤄지는 과정이기 때문에 확신이 들지 않아도 일단은 스토리를 만들기 시작한다. 그리고 장애물이나 충돌하는 데이터를 만날 때마다 스토리를 다시 들여다볼 것을 권한다. 그 과정에서 스토리텔러는 선택해야 한다. 스토리를 크고 웅대하게 만들지, 아니면 하나에 초점을 맞춘 작은 스토리를 만들지에 따라 현상 유지의 스토리가 나오기도 하고, 기존 사업 방식에 도전하는 파괴의 스토리가 나오기도 한다. 또는 먼 훗날까지 내다보는 계속기업으로서의 비즈니스 스토리가 나오기도 하고, 사업 수명이 유한한 스토리가 나오기도 한다. 그리고 고성장부터 쇠락까지 성장 스펙트럼 전체를 아우르는 스토리가 탄생하기도 한다. 확실한 것은 스토리가 회사에 부합해야 한다는 사실이다. 스토리의 부합 여부를 시험하는 방법에 대해서는 다음 장에서 살펴볼 것이다.

큰 스토리로 할 것인가, 작은 스토리로 할 것인가

큰 스토리는 방대한 비전으로 사업을 설명하며, 여러 사업과 여러 지리적 영역에서의 활동 계획을 담는다. 반면에 작은 스토리는 특정 사업과 구체적 지리 영역에 한정해서 기업에 대한 비전을 설명한다. 둘을 비교하는 것은 사실 말이 안 된다. 큰 스토리가 직원과 투자자에게 설렘과 흥분을 더 많이 불러일으키고, 사업에도 더 높은 가격표를 붙일 수 있기 때문이다. 특히 초기 단계일수록 그 정도는 더 커진다. 그러나 큰 스토리는 두 가지 대가를 각오해야 한다. 첫째, 초점을 분산시킬 여력이 없음에도 동시에 여러 사업을 벌이는 실수를 저지르다가 회사 자체를 무너뜨리는 결과를 불러올 수 있다. 둘째, 기대치를 계속 높이기만 하고 그 기대치를 충족시키지 못하면 혹독한 대가를 치르게 된다.

약간 섣불리 말하자면 나는 2015년 9월에 차량 공유 서비스 회사인 우버와 리프트Lyft에서 완전히 대조적인 결과가 펼쳐지는 것을 목격했다.

나는 2014년 6월에 처음으로 우버의 가치를 평가했을 때는 도심 차량 서비스 회사로서만 평가했다. 하지만 다음 해 이 회사가 하는 말과 행동을 보면서 내러티브를 글로벌 유통 회사로 수정했고, 잠재적 시장의 범위도 같이 확대했다. 같은 시기에 리프트는 스토리의 초점을 좁혔다. 처음에 리프트는 차량 공유 서비스 사업만 할 것이라고 단호히 주장하면서 사업 초점을 좁혔고, 다음에는 미국 시장에서의 성장만 꾀하기로 결정하면서 지리적 초점도 좁혔다. 두 회사의 대조적인 내러티브가 가치평가에 미친 영향에 대해서는 14장에서 다시 살펴볼 것이다.

기존 질서 유지의 스토리로 할 것인가, 파괴의 스토리로 할 것인가

기존 사업 모델에 따라 사업을 운영하면서 현상을 유지하는 회사에 대한 스토리를 만드는 것은 간단하다. 하지만 경쟁사와 차별화할 수 있는, 이를테면 더 낮은 원가구조나 가격 프리미엄을 붙이는 능력 등 특별한 사업의 영역을 찾아내야 한다. 이와 대조적으로 기존 사업 관행에 도전하는 회사는 파괴 모델을 따라야 한다. 물론 이때에도 어떤 스토리를 고를지는 평가 중인 회사와 사업에 따라 달라져야 한다.

현상 유지에 노력하는 회사에 대해서는 파괴의 스토리를 만들기가 매우 어렵다. 한 예로 테슬라를 파괴의 회사로 묘사하는 스토리를 만들기는 쉬운 편이지만, 폭스바겐을 기존 질서를 전복하는 회사로 묘사하는 스토리를 만들기는 매우 어렵다. 사실 파괴는 잃을 것이 거의 없는 회사에서 나온다는 클레이튼 크리스텐슨Clayton Christensen의 격언에 따른다면, 라이프사이클 초기 단계의 기업일수록 파괴의 스토리를 만들기가 훨씬 쉬워진다.

크리스텐슨의 주장 중 다른 부분에 대해서도 엄밀한 분석이 필요하다. 효율적으로 운영되는 업종은 파괴하기가 매우 힘들다. 기존의 안정된 회사들은 훨씬 유리한 위치에서 파괴를 막을 수 있을 뿐 아니라, 고객들도 쉽게 마음을 돌리지 않는다. 사업 운영 방식이 나쁘고, 시장 참여자들의 기존 제품과 서비스가 고객 니즈를 전혀 충족해주지 못하며, 수익성도 대단히 낮다면 모든 것을 파괴할 거대 폭풍을 만들어낼 수 있다. 그렇기 때문에 우버의 경우 파괴의 스토리가 훨씬 위력이 커지게 되는 것이다. 전통적인 택시 사업은 과도한 규제에 실적도 좋지 않고, 운영 상태도 엉망이어서 어느 누구(택시운전사, 고객, 감독기관)도 행복하지 않기 때문이다.

계속기업의 스토리로 할 것인가, 수명이 유한한 스토리로 할 것인가

상장기업에 대한 스토리텔링을 할 때 좋은 점 하나는 무한한 생명을 가지고 영속적으로 운영될 법적 실체를 가정할 수 있다는 것이다. 상장기업의 가치를 평가할 때는 대개 계속기업을 가정하기 마련이나, 하지만 가끔은 다른 비전이 더 좋을 수도 있다. 비상장 법무법인이나 의료법인 또는 상장 로열티트러스트(매장된 천연자원이 소진될 때까지 일정 지분을 갖는 투자—옮긴이)의 가치를 평가하는 경우에는 스토리의 수명이 유한해야 한다. 그리고 수명이 다 끝나는 시점에서 미진한 부분을 풀고(자산 청산) 스토리를 끝내게 된다.

일부 천연자원 회사(석유, 광산)에 대한 스토리를 짤 때는 미래 어느 순간에 매장량이 고갈될 것이므로, 스토리의 수명도 당연히 유한해야 한다고 주장한다. 따라서 석유 회사로서 엑슨모빌의 스토리를 말할 때는 유한한 수명이 스토리에 더 적합하다는 결론이 나올 수도 있다. 하지만 만약 석유가 고갈될 경우 다른 에너지원으로 옮겨갈 수 있는 에너지 회사로서 엑슨모빌에 대한 스토리를 만든다면, 이런 제약 조건이 사라지고 계속기업으로서 엑슨모빌을 말할 수 있게 된다.

성장 스펙트럼

마지막으로 성장 스펙트럼의 어디에 회사를 위치시킬 것인지를 선택해야 한다. 대규모 시장에서 스타트업 기업은 거의 무한대 성장을 가정해도 되지만, 회사가 쇠락 중이고 시장 규모도 축소 중이라면 당연히 시간이 지날수록 사업 규모가 줄어드는 내러티브를 말해야 한다. 다음 장에서 나올 기업 분석은 몇 개에 불과하지만, 분명 고성장 스토리는 테슬라나 우버에는 들어맞아도 폭스바겐에는 맞지 않는다.

아마존의 경우는 내러티브를 구축할 때 논란의 여지가 굉장히 많다. 아마존이 이미 커질 대로 커졌다고 생각하는 사람들은 앞으로 고성장은 힘들다는 판단하에 이 회사의 가치를 조금 낮춰 평가할 것이다. 그리고 아마존이 새로운 시장과 사업을 찾을 능력이 있다고 믿는 사람들은 이 회사가 앞으로도 두 자릿수 성장률을 유지할 수 있다고 확신할 것이다. 때문에 14장에서 나올 JC 페니JC Penny 내러티브 구축에서는 기반이 되는 시장이 계속 악화되고 있기 때문에 성장률을 얼마나 높게 잡을지가 아니라, 회사 규모가 얼마나 줄어들지를 문제로 삼아야 한다.

케이스 스터디 6.3_ 우버 내러티브(2014년 6월)

내가 처음 우버의 가치를 평가하려 했던 2014년 6월에는 이 회사의 제품과 사업 관행에 대해 잘 알지 못했다. 우버의 영업 방식을 조사하면서 나는 이 회사가 택시도 소유하지 않고, 택시운전사를 직원으로 고용하지도 않기 때문에 적어도 전통적 의미의 택시 업종에는 속하지 않는다는 결론을 내렸다. 우버는 승차를 원하고 서비스의 대가로 요금을 부담하는 고객과 운전자/차를 연결해주는 중개업자 역할을 하고 있었다. 승객이 이 회사에서 얻는 가치는 선별된 운전자와 자동차 (안전과 편안함을 동시 보장), 요금/결제 시스템(고객은 선택한 서비스 수준에 따라 요금을 할당받는다.) 그리고 편의성(승객은 자신을 태우러 오는 차가 어디쯤 있는지 스마트폰으로 경로를 추적할 수 있다.)에서 나온다.

〈그림 6.3〉은 내가 2014년 중반에 조사한 우버의 사업 모델 단계를 보여준다. 더불어 옆에는 우버가 각 단계마다 제공하는 서비스와 그 서비스가 독특한 것인지에 대한 해설을 달았다.

그림 6.3 우버의 사업 모델(2014년 6월)

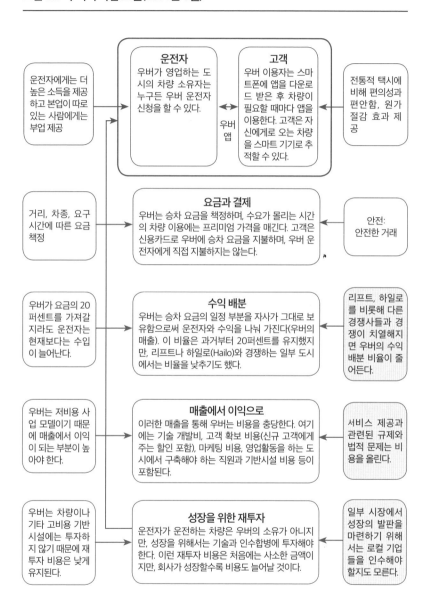

운전자
우버가 영업하는 도시의 차량 소유자는 누구든 우버 운전자 신청을 할 수 있다.

고객
우버 이용자는 스마트폰에 앱을 다운로드 받은 후 차량이 필요할 때마다 앱을 이용한다. 고객은 자신에게로 오는 차량을 스마트 기기로 추적할 수 있다.

운전자에게는 더 높은 소득을 제공하고 본업이 따로 있는 사람에게는 부업 제공

전통적 택시에 비해 편의성과 편안함, 원가 절감 효과 제공

우버 앱

요금과 결제
우버는 승차 요금을 책정하며, 수요가 몰리는 시간의 차량 이용에는 프리미엄 가격을 매긴다. 고객은 신용카드로 우버에 승차 요금을 지불하며, 우버 운전자에게 직접 지불하지는 않는다.

거리, 차종, 요구 시간에 따른 요금 책정

안전:
안전한 거래

수익 배분
우버는 승차 요금의 일정 부분을 자사가 그대로 보유함으로써 운전자와 수익을 나눠 가진다(우버의 매출). 이 비율은 과거부터 20퍼센트를 유지했지만, 리프트나 하일로(Hailo)와 경쟁하는 일부 도시에서는 비율을 낮추기도 했다.

우버가 요금의 20퍼센트를 가져갈지라도 운전자는 현재보다는 수입이 늘어난다.

리프트, 하일로를 비롯해 다른 경쟁사들과 경쟁이 치열해지면 우버의 수익 배분 비율이 줄어든다.

매출에서 이익으로
이러한 매출을 통해 우버는 비용을 충당한다. 여기에는 기술 개발비, 고객 확보 비용(신규 고객에게 주는 할인 포함), 마케팅 비용, 영업활동을 하는 도시에서 구축해야 하는 직원과 기반시설 비용 등이 포함된다.

우버는 저비용 사업 모델이기 때문에 매출에서 이익이 되는 부분이 높아야 한다.

서비스 제공과 관련된 규제와 법적 문제는 비용을 올린다.

성장을 위한 재투자
운전자가 운전하는 차량은 우버의 소유가 아니지만, 성장을 위해서는 기술과 인수합병에 투자해야 한다. 이런 재투자 비용은 처음에는 사소한 금액이지만, 회사가 성장할수록 비용도 늘어날 것이다.

우버는 차량이나 기타 고비용 기반시설에는 투자하지 않기 때문에 재투자 비용은 낮게 유지된다.

일부 시장에서 성장의 발판을 마련하기 위해서는 로컬 기업들을 인수해야 할지도 모른다.

CEO인 트래비스 캘러닉Travis Kalanick이 6개월마다 두 배씩 성장한다고 말할 정도로 우버는 2009년 창업한 이후 폭발적 성장을 거듭했다.

우버 스토리를 만들기 위해 나는 내러티브의 핵심 부분들을 계속해서 점검했다. 그리고 2014년 6월에 각 핵심 부분에 대해 다음과 같이 판단했다.

1. **사업**: 우버는 지금도, 그리고 앞으로도 도심 차량 공유 서비스 회사일 것이다. 교외 지역과 다른 부문으로 사업을 확장할 수는 있지만, 수요 증가는 약할 것이다. 그리고 사업 확장의 비용 대비 효율도 그다지 높지 않을 것이다.

2. **시장 성장**: 우버(그리고 다른 차량 공유 서비스 회사)는 기존의 대중교통과 개인 승용차 이용자들의 일부를 시장의 새 고객으로 끌어들일 것이다. 그러면서 도심 차량 공유 서비스 시장의 성장을 촉진하게 될 것이다.

3. **네트워킹 효과**: 우버의 네트워킹 효과는 지역적 성격이 강하다. 쉽게 말해 만약 A 도시에서 우버가 최대 사업자가 되면 그 도시에서만큼은 성장 방법을 찾기가 더 쉬울 것이다. 그러나 경쟁 중인 차량 공유 서비스 회사가 B 도시에서 최대 사업자고, 이미 그 지역에서 자체적으로 네트워크 효과를 구축하고 있다면 A 도시에서의 성공은 B 도시에서의 성공에 별로 도움이 되지 않을 것이다.

4. **경쟁우위**: 택시 요금의 80퍼센트는 운전자가 가지고 20퍼센트는 차량 공유 서비스 회사가 가지는 것은 임의적인 수익 배분 결정이

다. 하지만 적어도 현재 미국에서는 표준으로 받아들여지고 있다. 우버의 경쟁 위치는 충분히 강하기 때문에 이런 수익 배분 계약과 가격결정력을 유지할 수 있을 것이다.

5. **사업 모델**: 우버의 사업 모델은 서비스 차량을 직접 소유하지 않고 사업을 확장하게 될 도시에 대한 기반시설에 대해서는 최소한도의 투자만 하는 저(低) 자본집약 모델이다. 지속 가능하다고 생각되는 사업 모델로, 우버는 이 모델을 계속해서 유지할 것으로 보인다.

6. **위험**: 우버는 신생 회사로 아직은 손실이 나고 있으며, 새로운 자본도 계속 필요하다. 성장을 완수하고 건전한 사모자본 시장에 접근하는 데 성공한다면 회사의 자금이 바닥날 가능성은 낮을 것이다. 그렇기는 해도 우버의 사업은 아직은 영업 위험이 상당히 높은 편이다.

이 스토리가 틀릴 수도 있을까? 물론이다. 하지만 투자와 사업의 속성이 원래 그렇다. 위의 스토리에 부합하는 숫자들을 구축하는 작업은 다음 장에서 시작할 것이다.

케이스 스터디 6.4_ 페라리 내러티브(2015년 10월, 기업공개 이전)

페라리 스토리는 엔초 페라리Enzo Ferrari에서 시작한다. 경주용 차량 애호가인 엔초 페라리는 알파 로메오의 카레이싱 선수들을 지원하고 후원하기 위해 1929년 사업체를 설립했다. 엔초는 1940년에 자신의 첫 레이싱카인 티포 815Tipo 815를 제조했다. 하지만 정식 자동차 회사로서 페라리를 창업한 것은 1947년이었고, 생산시설이 세워진 곳은 이탈리아의 마라넬로였다. 창업 초기에는 페라리 가족이 주식을 보유한 비공개 회사였다. 전해지는 말에 의하면 엔초 페라리는 회사가 경주용 차량을 생산하는 회사이고 어쩌다 대중에게 자동차를 판매하게 되었을 뿐이라고 생각했다고 한다.

1960년대 중반에 재무 위기가 닥치면서 엔초 페라리는 지분의 50퍼센트를 피아트에 매도했다. 이후에도 계속 지분을 넘기면서 1988년에는 90퍼센트가 넘어갔다(나머지 10퍼센트는 페라리 가족이 계속 보유했다). 그때부터 페라리는 피아트(그리고 피아트 크라이슬러)의 작지만 수익성 높은 사업체 자리만 유지했다.

페라리 클럽의 배타성을 보여주기라도 하듯이, 2014년 페라리가 판매한 자동차는 7,255대에 불과했다. 그전 5년 동안 그 숫자를 넘긴 적은 거의 없었다.

페라리의 뿌리는 이탈리아이지만, 매출을 좌우하는 사람들은 전 세계 슈퍼리치 고객들이다. 이것을 입증하기 위해 나는 〈그림 6.4〉에 페라리의 2014년 지역별 판매 수량을 원그래프로 그렸다.

그림 6.4 페라리의 지역별 매출

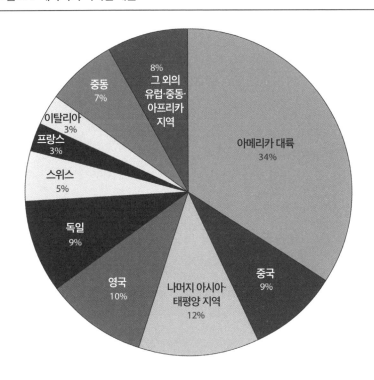

중동이 매출에 상당 부분을 기여하고 있으며, 다른 여러 글로벌 회사들처럼 페라리도 중국 시장이 성장을 좌우하는 추세가 점차 강해지고 있다. 배타성과 가격결정력의 부산물 중 하나는 높은 영업이익률인데, 페라리가 발표한 IPO(최초 주식공개) 직전 12개월 동안의 영업이익률은 18.2퍼센트였다. 이는 세계 자동차 산업 평균 영업이익률의 3배가 넘는 수치이다. 마지막으로 페라리는 10년 동안 이어진 시장위기도 훌륭하게 이겨내면서 판매량과 가격결정력, 이익률에서 거의 피해를 입지 않았다.

이런 데이터를 바탕으로 내가 2015년 페라리의 IPO 시점에 만든 스토리에 따르면 이 회사는 적은 생산량을 유지하고, 고가격 정책을 펼치고, 매우 고급스러운 자동차 회사로서의 포지션을 이어나갔다. 이 전략의 효과는 높은 영업이익률로 나타났는데, 고가 정책과 비싼 광고 캠페인이나 판촉 활동을 할 필요가 없다는 것도 한몫을 했다. 또한 페라리는 생산시설을 확충할 필요가 없기 때문에 재투자 요구도 최소한도로만 유지할 것이다. 하지만 경쟁력(속도와 스타일링) 보존을 위해서는 R&D 지출은 꾸준히 유지할 것이다.

또한 전 세계 극소수의 슈퍼리치에만 초점을 맞추고 있기 때문에 페라리는 다른 럭셔리 자동차 회사들에 비해 거시경제 요인의 영향을 작게 받을 수 있다.

다음 두 장에서는 이 스토리를 가치평가의 입력 자료로 바꿔서 본격적으로 가치평가를 할 것이다.

케이스 스터디 6.5_ 아마존: '꿈의 구장' 모델(2014년 10월)

아마존이야말로 엄청난 성공 스토리의 표본이다. 1990년대 온라인 서점으로 출발한 아마존은 10년 동안 이어진 닷컴 호황 후반부의 대표 주자였으며, 닷컴 붕괴에도 살아남는 인상적인 모습을 보였다.

2000년 1월 닷컴 호황이 정점을 향해가고 있을 때 나는 아마존의 기업가치를 평가했다. 나는 앞으로 15년 동안 이 회사의 매출이 40배 증가하고, 영업손실이 영업이익으로 전환될 것이라고 가정했다.[2] 〈표 6.7〉에 정리한 것처럼 그 후 몇 년 동안 아마존은 매출 성장 면에서 그 이상을 달성했다. 하지만 이익률은 내가 2000년에 정한 목표치를 한참 밑돌았다.

표 6.7 아마존의 매출액과 이익률: 예상 수치와 실제 수치

단위: 백만 달러

연도	매출액		영업이익		영업이익률	
	내 예상 2000년	실제	내 예상 2000년	실제	내 예상 2000년	실제
2000	$2,793	$2,762	-$373	-$664	-13.35%	-24.04%
2001	$5,585	$3,122	-$94	-$231	-1.68%	-7.40%
2002	$9,774	$3,932	$407	$106	4.16%	2.70%
2003	$14,661	$5,264	$1,038	$271	7.08%	5.15%
2004	$19,059	$6,921	$1,628	$440	8.54%	6.36%
2005	$23,862	$8,490	$2,212	$432	9.27%	5.09%
2006	$28,729	$10,711	$2,768	$389	9.63%	3.63%
2007	$33,211	$14,835	$3,261	$655	9.82%	4.42%
2008	$36,798	$19,166	$3,646	$842	9.91%	4.39%
2009	$39,006	$24,509	$3,883	$1,129	9.95%	4.61%
2010	$41,346	$34,204	$4,135	$1,406	10.00%	4.11%
2011	$43,827	$48,077	$4,383	$862	10.00%	1.79%
2012	$46,457	$61,093	$4,646	$676	10.00%	1.11%
2013	$49,244	$74,452	$4,925	$745	10.00%	1.00%
2014 (최근 12개월)	$51,460	$85,247	$5,146	$97	10.00%	0.11%

영업이익이 나지 않은 것은 아마존의 오판이나 나쁜 시장 환경 때문이 아니라, 이 회사가 이익을 희생하고 대신에 매출을 증대시키는 전략을 따랐기 때문이다. 이런 전략에 따라 아마존은 새 고객을 끌어들이고 기존 고객을 유지하기 위해 지속적으로 새로운 제품과 서비스(아마존 프라임, 킨들, 파이어 등)를 원가보다 낮은 가격에 제공했다.

2014년 10월에 내가 이 회사에 규정한 스토리는 영화 〈꿈의 구장Field of Dreams〉이었다. 주인공이 옥수수밭에 야구장을 짓자 과거 전설의 선수들이 나타나 야구를 하는 내용처럼 아마존은 투자자들에게 회사가 매출을 키우면 이익은 알아서 발생할 것이라고 장담했다. 내가 세운 내러티브에 따르면, 아마존은 매출의 비약적 성장을 달성하기 위한 길을 계속 걸으면서 당분간은 제품과 서비스를 원가나 원가보다 낮은 가격에 판매할 것이다. 하지만 언젠가는 자신들의 시장지배력을 이용해 이익을 내려고 할 것이다. 그러나 그런 시장지배력은 소매 시장의 새로운 참여자들에 의해 저지당하게 되었다.

케이스 스터디 6.6_ 알리바바: 중국 스토리(2014년 9월)

알리바바를 이해하려면 이 회사의 플래그십 오픈마켓인 타오바오Taobao를 살펴봐야 한다. 요란스러우면서도 다채로운 색깔의 이 허브에는 개인과 사업체가 중고나 신상품을 정가에 팔기도 하고, 가격을 흥정해서 팔기도 한다. 이베이eBay를 모델로 삼았지만 타오바오는 이베이와 다음 두 가지 점이 다르다. 첫째, 타오바오는 중고 상품을 파는 개인보다는 새 물건을 파는 중소 소매상 위주이다. 둘째, 이베이와 다르게 알리바바는 거래 수수료를 부과하지 않으며, 광고가 주 수익원이다.

2010년에 알리바바는 제법 규모가 큰 소매상들이 선별적으로 모인 오픈마켓인 티몰Tmall을 개장해 사업을 확대했다. 그리고 오가는 거래액 파이에서 더 큰 부분을 가져가기 위해 회사의 역할도 확대했다. 티몰의 소매상이 알리바바에 지불하는 돈은 세 가지로, 혹여 모조품을 받은 구매자들에게 대금을 변제하는 데 쓸 예탁금과 유지관리 고정비용을 충당하기 위한 기술 서비스 수수료, 그리고 거래가격에 따른 판매 수수료다.

또한 알리바바는 페이팔PayPal과 비슷한 제3자 온라인 결제 플랫폼인 알리페이Alipay를 개발했고, 지난 몇 년 동안 알리페이는 중국 온라인 결제 시장을 지배할 정도로 급성장했다. 하지만 알리바바의 IPO를 위해 이 회사의 가치를 평가한다면 투자자는 알리페이 지분은 얻지 못한다는 사실을 명심해야 한다. 알리페이는 알리바바에서 분리되었고, 앞으로는 독립적 실체로서 운영될 것이다.

알리바바는 온라인 소매상들이 중국에 교두보를 마련하도록 도와주었을 뿐 아니라, 그 과정에서 엄청난 이익을 거두는 데에도 성공했다. 2013년 알리바바의 매출액은 약 80억 달러였고, 영업이익은 거의 40억 달러였다. 〈그림 6.5〉는 작은 스타트업이 높은 이익을 내는 거

그림 6.5 알리바바 - 로켓 발사!

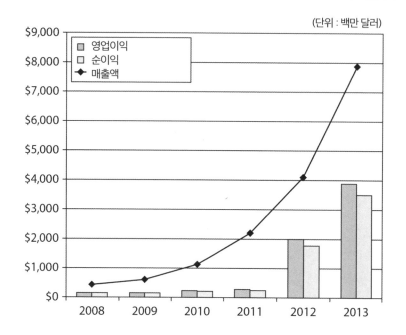

대 기업으로 빠르게 진화한 궤적을 보여준다.

내가 보기에 알리바바가 중국 최대 온라인 소매 회사가 되는 데 성공할 수 있었던 비결은 다음 네 가지였다.

1. **성장 시장에 일찍 진입하고, 그 점을 강점으로 십분 활용한다**: 알리바바가 창업한 당시 1999년의 중국 온라인 소매 시장은 아직 유아기였다. 최대 온라인 사업자들(아마존, 이베이 등)은 중국 시장을 무시하거나 잘못된 방식으로 접근했다. 하지만 알리바바는 중국 시장 조

건에 적응했으며, 중국이 세계 2위의 온라인 시장이 되기까지 전자상거래 시장의 진화와 성장에서 핵심 역할을 도맡았다. 중국 전자소매e-tailing 시장과 미국 온라인 소매의 가장 중요한 차이점이라면 중국 전자소매 시장은 (소매상 위주의 온라인 사이트들과는 정반대로) 역사적으로 온라인 오픈마켓에 훨씬 많이 의존했다는 점이다. 알리바바의 영향력이 커지게 된 결정적 이유였다.

2. **차별화하고 지배한다**: 알리바바가 이베이와 아마존을 어떻게 눌렀는지에 대한 스토리는 그 자체로도 전략적 스토리텔러에게 좋은 이야깃거리다. 하지만 핵심을 보면 알리바바의 압승(그리고 이베이의 완패)에는 세 가지 이유가 존재한다. 첫째, 경제적 부분이다. 처음에는 거래 수수료를 부과하지 않고, 전적으로 약간의 광고비만을 주 수익원으로 삼았다. 때문에 알리바바는 경쟁사를 제치고 소매상들과 계약을 맺을 수 있었다. 둘째, 알리바바는 중국 문화와 소비자 행동에 맞는 상품을 제공했다. 〈이코노미스트〉는 타오바오를 온라인 바자(장터)라고 묘사했는데 아주 적절한 표현이다. 이 사이트는 구매자와 판매자가 흥정을 벌일 수 있는 환경을 제공하기 때문이다. 셋째, 타오바오는 중국 소매 시장이 가닥가닥 쪼개져 있다는 점에도 적절히 대응한다. 가시성과 신뢰성, 결제 처리 기술이 부족한 수천 개에 이르는 중소 규모 소매상들에게 타오바오는 이 세 가지 모두를 제공해주었다. 타오바오의 트래픽은 가시성을, 판매자가 유료로 이용하는 알리바바의 독립적 인증 체계는 신뢰성을, 그리고 알리페이는 결제 처리 기술을 제공한다. 2013년에는 중

국 온라인 소매 거래의 약 75퍼센트가 알리바바의 사이트 중 한 곳을 통해 이뤄졌다.

3. **과욕을 부리지 않는다**: 중국의 온라인 소매 거래 대부분이 알리바바 사이트를 통하지만, 알리바바가 전체 거래액에서 가져가는 몫은 아주 작다. 특히 타오바오는 소매상들이 지급하는 광고비가 수익원의 전부이고, 이 금액은 전체 거래액 중에서 아주 작은 부분에 불과하다. 알리바바는 티몰에는 거래 수수료를 부과하기 때문에 가져가는 비중이 타오바오보다는 조금 높은 편이다. 하지만 그래 봤자 전체의 0.5~1.5퍼센트에 불과하다. 너무 배분비율이 작아서 별로 수익이 되지 않을 것 같지만 실제로는 알리바바의 경쟁우위 중 하나가 되었다. 경쟁사들로서는 알리바바보다 저가 정책을 취해 고객과 소매상에게 더 좋은 거래 조건을 제시하기가 힘들기 때문이다.

4. **가식을 피한다**: 알리바바는 크게 힘들이지 않고(그리고 별다른 마케팅 비용 없이) 매출을 창출하는 것으로 보인다. 그리고 이 회사는 기술 혁신자가 되겠다는 포부가 없기 때문에 연구개발비는 무시해도 좋을 정도로 낮다. 이러한 요인들이 합쳐져 알리바바는 아주 깜짝 놀랄 만한 수치를 달성했다. 2013년도에 이 회사의 세전 영업이익률은 거의 50퍼센트나 되었고, 순이익률은 40퍼센트에 육박했다. 어느 모로 보나 굉장한 숫자이다.

2014년 알리바바가 IPO를 하던 당시에 나는 스토리라인을 짜면서 이 회사가 앞으로도 지속적으로 중국 시장에서 지배적인 시장점유율과 높은 이익률을 달성할 것이라고 보았다. 그러나 나는 알리바바가 중국 시장에서 가지는 장점이 다른 시장에 진출을 시도할 때에는 오히려 잠재적으로 약점이 될 것이라고 생각한다. 그렇기 때문에 알리바바를 글로벌 사업자라기보다는 중국 온라인 소매 시장의 거인이라고 평가한다. 다음 7장에서는 알리바바를 글로벌 사업자로 여기면서 다른 식의 내러티브를 보여줄 것이다.

결론

좋은 비즈니스 스토리는 단순하고 믿을 수 있으며 설득력이 있다. 그러나 좋은 비즈니스 스토리를 말하려면 사업과 그 사업이 속한 시장을 이해해야 한다. 그러기 위해서는 사업과 시장에 대한 데이터를 수집해야 하고, 5장에 나온 여러 넘버크런칭 도구를 사용해 데이터를 정보로 전환해야 한다. 하지만 이 과정에서 가장 중요한 부분은 데이터는 스토리를 말해주지 않는다는 사실을 알고 있어야 한다는 점이다. 스토리텔러라면 어쨌거나 판단을 피해서는 안 되지만, 아무리 데이터와 정보를 토대로 삼는다고 해도 판단은 판단일 뿐이다. 스토리텔러는 언제라도 틀릴 수 있다. 그러나 그것은 스토리텔러의 약점이 반영됐기 때문이 아니라, 불확실성 때문에 생긴 결과이다.

만약 당신이 스토리를 듣는 입장이고 상대가 당신의 승인이나 돈을 원하고 있다면, 그때에는 스토리텔러가 했을 만한 과제(사업과 시장, 경쟁 이해)를 똑같이 해봐야 한다. 그리고 과제에서 얻은 지식을 동원해 스토리에서 이음새가 가장 약한 부분을 찾아내야 한다. 마지막으로 스토리를 듣고 사업에 투자하기로 결정한다면 스스로 직접 스토리를 만들어서 스토리텔러와 청자 사이에 맺어진 관계를 지워야 한다.

7장

내러티브의 시험 가동

스토리가 막무가내로 뻗어나가는 것을 막는 제동장치로 상상력이 전부인 소설 속 스토리텔링과 다르게, 비즈니스 스토리에서는 현실에 단단히 뿌리를 내리고 있어야 한다. 이번 장에서는 이 현실성을 지키는 과정부터 시작할 것이다. 다시 말해 스토리의 가능성과 타당성, 개연성을 순서대로 점검할 것이다. 일단은 가능성이 전혀 없는 스토리(동화)를 시작으로 해서 스토리가 어떤 식으로 현실과 완전히 동떨어지게 되고, 어떻게 그리고 왜 창업자와 투자자가 가끔씩 그런 허무맹랑한 스토리에 동조하게 되는지를 살펴볼 것이다. 그런 다음 타당성이 없는 스토리로 넘어가서 그런 스토리가 사람들을 끌어당기는 이유가 무엇인지에 대해 살펴본다. 마지막으로는 개연성이 없는 스토리가 실현되는 경우가 생기는 이유가 무엇인지 살펴볼 것이다.

가능성, 타당성, 개연성

기업에 대한 스토리를 구상한 다음에는 제일 먼저 그 스토리의 가능성 Possible 유무를 시험해야 한다. 이번 장의 뒷부분에서도 나오지만, 어떤 내러티브는 난이도 최하인 이 시험마저 통과하지 못해 비즈니스 동화책에나 실리게 되는 처지가 된다. 여기서 의문이 들 수 있다. 어떻게 가능성이 전혀 없는 스토리를 생각할 정도로 망상에 빠지는 것이 가능할까? 말도 안 되는 생각을 하는 사람들에게 둘러싸여 스토리텔링에 몰두하다 보면 그런 일은 얼마든지 생길 수 있다.

두 번째 시험은 타당성Plausible 시험으로, 가능성보다는 난이도가 조금 더 높다. 스토리가 타당성을 가지려면 그런 스토리가 현실에서 일어날 수 있다는 증거를 제시해야 한다. 일단은 비슷한 스토리를 성공시킨 다른 기업의 선례를 제시해야 한다. 그리고 스토리텔러의 역사에서도 그런 성공적인 기업들과 비슷한 선례가 있었다는 사실을 입증해야 한다.

세 번째이자 가장 어려운 시험은 스토리의 개연성Probable에 대한 시험이다. 개연성을 입증하기 위해서는 스토리를 정량화할 수 있어야 하며, 스토리를 숫자로 전개했을 때의 예상치를 최대한 정확하게 추산해서 제시해야 한다. 가능성이 있다고 타당성이 있는 것은 아니며, 타당성 시험을 통과한 스토리도 개연성 시험에서는 낙제점을 받는 경우가 허다하다.

이 시험에 관심을 가져야 하는 이유는 무엇일까? 대다수 전통적 가치 평가는 개연성을 중심으로 하고, 그런 개연성을 바탕으로 매출과 순이익, 현금흐름 등의 형태로 기댓값을 계산하기 때문이다. 타당성을 중심으로 삼으면 주로 미래 기대 성장률 측면에서 허점이 생긴다. 가능성만 따진다면 일어날 수는 있지만 확신할 수 없고, 어떤 모습으로 등장할지 전혀 모르기 때문에 전통적 가치평가가 맞지 않는다. 그래서 이른바 실물옵션모형real option model(리스크를 회피하기 위해 하나의 대안option이 아니라 여러 개의 대안에 소규모 투자를 함으로써 리스크를 회피하는 전략적 의사결정 방법 중 하나—옮긴이)을 적용해야 한다. 가능성과 타당성, 개연성의 차이점을 도식화하면 〈그림 7.1〉과 같다.

그림 7.1 스토리의 가능성, 타당성, 개연성에 대한 평가

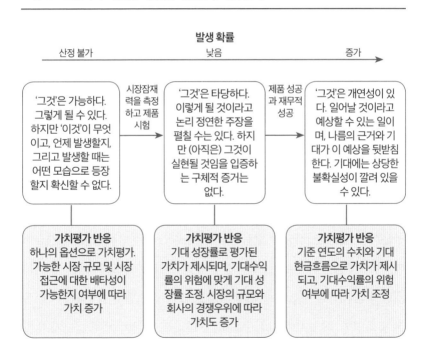

한 가지 예로 내가 우버를 도심 차량 공유 서비스 회사로 묘사한 2014년 6월의 스토리를 생각해보자. 우버는 당시에도 수십 개 도시에서 영업활동을 하고 있었기 때문에 차량 공유 서비스 회사로 정의한 것에 대해 가능성과 타당성 시험은 충분히 합격했다. 미래의 매출과 현금흐름을 예측하기 위해 나는 개연성 시험을 적용했을 때의 결과를 최대한 추산하려고 했다. 그러나 평가 시점에서 우버가 교외 시장에 진입해 렌트카 회사들과 경쟁하고 있다는 말이 들려왔다. 기존 사업 모델의 타당성이 확대되면서 나는 전체 시장 범위가 확대되고, 그 시장에서 더 높은 성장이 가능할 것이라고 생각했다.

마지막으로 몇몇은 우버로 인해 도심 시민들이 자동차를 사지 않게 되고, 교외의 가구가 추가 차량을 구매하지 않게 되면서 자동차 시장까지 잠식할 것이라고 주장했다. 가능성이 있는 주장이지만 2014년 6월에 나는 그런 일이 생길 것임을 보여주는 증거는 찾지 못했다. 그래서 처음의 가치 추정에는 그런 가능성을 반영하지 않았다. 그러면서도 한 가지 옵션가치를 추가하는 것을 고려하기로 했다. 〈그림 7.2〉는 우버 스토리의 세 가지 범주(가능성, 타당성, 개연성)를 요약한다.

가능성, 타당성, 개연성을 구분하는 것이 쉽지 않지만, 내가 괜찮다고 생각한 한 가지 방법은 '가능성 없음, 타당성 없음, 개연성 없음'으로 구분하는 것이다. 가능성 없음과 개연성 없음은 정량적 표현이 가능한데, 가능성 없음의 경우는 사건 발생 확률을 0으로 잡으면 된다. 그리고 개연성 없음에는 사건이 발생할 확률을 낮게 잡으면 된다. 타당성 없음은 불분명한 중간 지대이다. 스토리가 말하는 사건이 아예 벌어지지 않을 것이라고 입증하기란 현실적으로 힘들고, 여기에 어떤 확률적 판단을 매기기도 어렵다. 무슨 소리인지 알쏭달쏭하다는 것은 나도 잘 안다. 그러나 이 부분들은 스토리에서도 확연하게 맞아 떨어지지 않는 부분들

그림 7.2 우버 내러티브의 가능성, 타당성, 개연성(2014년 6월)

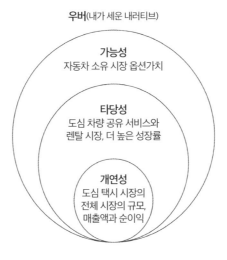

우버(내가 세운 내러티브)

가능성
자동차 소유 시장 옵션가치

타당성
도심 차량 공유 서비스와
렌탈 시장, 더 높은 성장률

개연성
도심 택시 시장의
전체 시장의 규모,
매출액과 순이익

그림 7.3 회의주의의 연속체

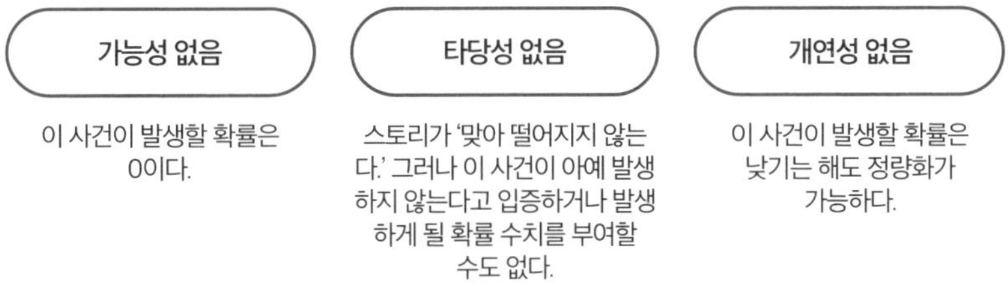

가능성 없음	타당성 없음	개연성 없음
이 사건이 발생할 확률은 0이다.	스토리가 '맞아 떨어지지 않는다.' 그러나 이 사건이 아예 발생하지 않는다고 입증하거나 발생하게 될 확률 수치를 부여할 수도 없다.	이 사건이 발생할 확률은 낮기는 해도 정량화가 가능하다.

이다. 이 설명을 도식화한 것이 〈그림 7.3〉의 소위 '회의주의의 연속체 continuum of skepticism'이다.

이런 스펙트럼으로 스토리를 분해하면 각각의 투자 스토리에 어떤 투자 철학이 적용되고, 더 나아가 어떤 식으로 투자가치를 바라보는지 전체적으로 조망할 수 있다. 구시대의 가치투자자들은 벤저민 그레이엄의 《증권분석Security Anaiysis》에 나온 배당 중심 가치평가 모델의 영향을 많이 받았다.[1] 그리고 이해할 수 있고 예측 가능한 종목에만 투자해야 한다는 격언을 입버릇처럼 달고 살았다. 그래서 그들은 '개연성이 아주 높은' 내러티브를 말하는 회사에 투자하지만, 그러면서도 그 기업이 전체적으로 확실하면 좋겠다는 불만을 토로한다. 어느 정도 공격적인 가치투자자는 개연성의 경로에서 조금 아래로 내려가 내러티브의 개연성이 낮아도 회사의 주가가 적정가격이라면 투자할 것이다. 성장투자자는 타당성이 있는 스토리에 과감하게 투자하면서 그 스토리를 바탕으로 성장 예측을 할 것이다. 그러면서 자신의 예상에는 위험이 크게 포진해 있다는 사실도 기꺼이 받아들일 것이다.

후기 단계 벤처캐피털리스트들이 몰려 있는 곳은 타당성 스펙트럼의 아래쪽으로, 그들은 유망성과 잠재력이 있는(타당성이 낮은 내러티브를 생각하는 또 다른 방식이다.) 기업에 투자한다. 초기 단계 벤처캐피털리스트들은 가능성을 보이는 내러티브에 운을 건다. 그들은 가능성 시험을 통과한 스토리의 일부만이 타당성 시험을 통과하고, 또 그중에서도 아주 일부만이 스펙트럼의 가장 마지막인 개연성에 도달하게 된다는 사실을 아주 잘 알고 있다.

그림 7.4 내러티브와 투자자 유형

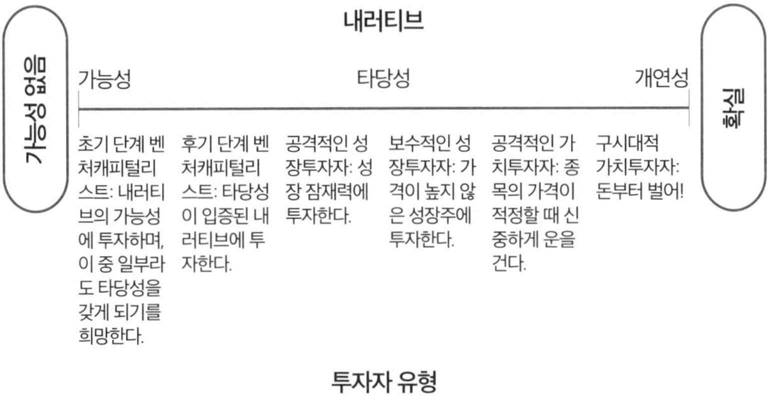

내러티브

가능성 없음	가능성	타당성	개연성	확실함

| 초기 단계 벤처캐피털리스트: 내러티브의 가능성에 투자하며, 이 중 일부라도 타당성을 갖게 되기를 희망한다. | 후기 단계 벤처캐피털리스트: 타당성이 입증된 내러티브에 투자한다. | 공격적인 성장투자자: 성장 잠재력에 투자한다. | 보수적인 성장투자자: 가격이 높지 않은 성장주에 투자한다. | 공격적인 가치투자자: 종목의 가격이 적정할 때 신중하게 운을 건다. | 구시대적 가치투자자: 돈부터 벌어! |

투자자 유형

〈그림 7.4〉는 여러 투자 철학과 이러한 철학이 각각 가능성–개연성에 이르는 스펙트럼에서 어느 위치에 해당하는지를 보여준다.

가능성–개연성의 스펙트럼을 무시하지 말아야 하는 이유는 무엇일까? 내러티브가 제대로 효과를 발휘하려면 맞는 청중을 찾아야 한다. 버크셔 해서웨이 연차총회에 참석하기 위해 오마하에 모인 가치투자자들 앞에서는 사업 모델의 틀이 잡히지 않은 젊은 테크 스타트업에 대해 아무리 훌륭한 프레젠테이션을 해도 실패할 것이 뻔하다. 마찬가지로 안정적으로 현금을 창출하는 저성장 사업에 대한 훌륭한 프레젠테이션은 실리콘밸리의 벤처캐피털리스트들에게는 환영받지 못한다.

가능성이 없는 스토리

스토리의 가능성이 없어지는 이유는 무엇일까? 기업의 스토리는 넘지 말아야 할 수학, 시장, 회계의 제한 조건을 어느 순간 넘어설 수 있다. 스토리텔러는 이 선을 넘었다는 사실조차도 깨닫지 못하는데, 자신도 모르게 은연중에 선을 넘게 만드는 가정을 세워두었기 때문이다. 가능성이 없는 스토리는 다음과 같다.

경제 전체보다도 더 커지는 기업

갈수록 기업이 커지는 성장 스토리를 만드는 것에는 전혀 문제가 없다. 그러나 모두가 동의하는 것처럼, 어떤 기업도 그 기업이 속한 경제보다도 더 크게 성장한다는 것은 말이 되지 않는다. 말할 필요조차 없는 사실이지만, 나는 가치평가에서 이런 수학적 제약 조건이 심심치 않게 위반되는 것을 보고 무척이나 놀라곤 한다.

회사의 내재가치를 평가할 때 가장 흔하게 사용되는 형태는 현금흐름 할인법discounted cash flow, DCF이며, 거의 모든 기업에서 가장 큰 현금흐름은 최종가치terminal value이다. 최종가치는 기업이 미래 어느 시점에 가지게 될 내재가치를 포착하게 되는데, 대개는 5년이나 10년의 미래를 추산한다. 진정한 내재가치평가에 있어서 최종가치를 추산하는 방법은 두 가지이다.

첫째, 청산가치liquidation value로 나타내는 것으로 사업의 수명이 유한한 회사가 끝나는 시점에 모든 자산을 청산할 계획일 때 사용한다. 둘째, 청산가치보다 더 자주 사용되는 방법으로 현금흐름이 항구적으로 계속 증가할 것이라는 계속기업 가정에 따라 최종가치를 추정한다. 계속기업 가정에서는 수학식이 무한정 이어지고, 특정 시점 이후 모든 현금흐름의 현재가치를 계산하기 위한 항구적 성장 등식이 만들어진다.

n년도의 최종가치 = n + 1년도의 기대 현금흐름/(할인율-기대 성장률)

전 세계 재무학 수업에서 가르치고 분석가들이 별 생각 없이 재생산하는 이 등식은 온갖 잘못된 이유로 가치평가에 대한 불안을 불러일으키는 원천이 되기도 한다.

예를 들어 분석가들이 이 등식에 자본비용 8퍼센트, 기대 성장률 9퍼센트를 대입해 사업을 평가하다가 음(-)의 최종가치가 나오는 순간 벌컥 화를 내는 경우가 있다. 그러나 이 등식에 대해 화를 내기 전에 분석가들은 모형에 적용한 기대 성장률은 항구적 성장률이고, (미 달러화로) 9퍼센트의 항구적 성장률을 가정하는 것은 가능성이 전혀 없는 내러티브라는 사실을 깨달아야 한다. 회사가 아주 오랫동안 9퍼센트 성장을 한다면 이 회사는 경제와 맞먹는 크기로 성장하게 되고, 아무리 세계화의 덕을 본다고 해도 어느 순간에는 더 이상 성장할 수 없는 상태에 이르게 된다. 간단히 말해 경제의 정상 성장률을 넘어서는 항구적 성장률은 불가능하다.

시장보다 큰 규모

　순이익과 현금흐름을 추정할 때는 대개 미래의 매출액 추산부터 시작한다. 기업이 고성장 잠재력을 가지고 있으면 매출이 오랫동안 지속적으로 성장할 것이 분명하다. 그러나 여기에는 함정이 하나 있다. '회사가 아무리 시장점유율을 성공적으로 높일지라도 최종적인 시장점유율은 절대로 100퍼센트를 넘지 못한다'는 사실이다.

　대다수 가치평가가 이 확실한 제약 조건을 위반하는데, 한 가지 이유는 우리가 믿는 것이 과거의 성장이기 때문이다. 기업에 대한 내러티브를 구축할 때는 자연스럽게 과거의 성장률을 보기 마련이다. 그리고 라이프사이클 초기의 기업이라면 출발점 자체가 아주 미미하기 때문에 과거의 성장률이 굉장히 빠를 수 있다. 이를 테면 매출액이 100만 달러에서 500만 달러로 늘어난 기업은 400퍼센트의 성장률을 보고하게 된다. 회사가 이런 고성장률을 오랫동안 유지할 수 있다는 가정을 전제로 스토리를 만들었다면 매출은 급성장하다 못해 시장 전체 규모와 맞먹고, 결국에는 넘어서게 될 것이다.

　이런 사실을 잊지 않기 위해서는 회사가 커질수록 매출 성장이 힘들어지고, 미래의 성장률이 과거의 성장률보다 낮을 수밖에 없다는 가정을 전제해야 한다. 상식적으로 점검해야 한다는 것을 잊지 말아야 한다. 다시 말해 목표로 삼은 전체 시장의 규모를 이해하고, 앞으로 회사가 차지하고 싶은 시장점유율이 얼마인지를 이해해야 한다.

이익률은 100퍼센트를 넘지 못한다

이익률은 회사의 순이익을 매출액으로 나눈 비율이다. 가격결정력을 가진 회사를 평가할 때에는 높은 이익률을 창출하는 가치 요인으로 내러티브를 만드는 것이 맞다. 하지만 회사의 가격결정력이 아무리 높아도 이익률은 100퍼센트를 넘지 못한다.

보통은 효율성의 스토리를 담은 내러티브가 가능성 제로의 규칙을 가장 자주 어긴다. 효율성을 골자로 하는 스토리는 (신 공정이나 새로운 경영 기법을 통해) 기업의 효율성이 늘어날 것이므로, 매출이 그대로거나 저성장하는 상황에서도 순이익은 장기적으로 크게 높아질 것이라고 주장한다. 이런 스토리는 단기 성장에서는 논리적일 수 있지만, 미래의 성장을 예상할 때는 판타지에 빠져들기 쉽다. 효율성을 증대해 비용을 줄인다면 이익률이 올라가기는 한다. 그러나 이익률 성장이 오랫동안 계속 이어질 것이라고 가정한다면 어느 순간 이익률이 100퍼센트를 넘더라도 놀라지 말기를 바란다.

무비용 자본

사업이 성장하려면 자본이 필요하고, 자본을 투자하는 사람들의 목적은 투자 수익을 내기 위해서이다. 부채에 대해서는 이자율이라는 형태로 요구수익률이 분명하게 정해져 있다. 하지만 자기자본비용cost of equity은 확실히 명기되지 않기 때문에 기업들은 헛된 생각에 빠져들 수 있다. 구체적으로 설명하면, 자기자본(주식) 투자자들이 원하는 수익은 두 가지 형태 중 하나이다. 하나는 주식을 보유하는 동안 배당을 받는 것이고, 다른 하나는 주가가 상승해서 매매 차익을 내는 것이다. 기업 입장에서 보면 배당은 명백한 현금흐름이지만, 주가 상승은 현금흐름이 아니다.

자기자본에서 얻는 수익이 이렇게 불분명하다 보니 일부 기업은 자기자본을 무비용 또는 무비용에 가까운 것이라고 착각한다. 나는 몇몇 CFO(재무담당 최고책임자)들이 배당률(배당금/주가)이 진짜 자기자본비용이며, 미국 기업의 60퍼센트는 배당금을 지급하지 않으므로 자기자본비용은 아주 낮거나 0이라고 말하는 것을 들은 적이 있다. 검토해볼 필요조차 없는 주장이다. 여기에는 주가 상승에 대한 기대가 자기자본 요구 수익률의 일부라는 사실이 전혀 반영되어 있지 않기 때문이다.

타당성 없는 스토리

많은 스토리가 타당성에서는 갈피를 잡지 못한다. 특히 경쟁사나 고객, 직원, 감독기관의 반응 방식을 비롯해 시장 역할을 가정할 때면 그 혼란은 더욱 심해진다.

시장 역학

경쟁이 아주 심한 섹터에 속한 기업에 대한 스토리텔링을 한다고 가정해보자. 스토리 속의 회사는 시장점유율이 높다. 여기까지는 스토리의 타당성에 문제가 없지만 만약 제품가격 인상과 순이익률 증대를 동시에 꾀할 수 있다고 주장한다면 이야기가 달라진다. 어쨌거나 경쟁이 심한 시장에서 가격을 올린다면 시장점유율은 당연히 떨어진다. 경쟁사가 어떤 식으로 대응할 것인지, 그리고 경쟁사의 행동에서 실적이 그대로 유지될 수 있을 것인지에 대한 고민이 내러티브 전반에 지속적으로 반영되어야 한다. 만약 직원 급여와 복리후생을 줄여 이익을 높이는 내러티브를 만든다면, 직원들이 줄어든 보상에도 계속 회사에 남아 있을 때에만 내러티브는 타당성을 잃지 않는다.

큰 시장 착각

가끔 보면 회사 차원에서는 타당성이 있는 스토리가 시장 전체에 접목했을 때에는 타당성이 없어지기도 한다. 한 가지 전형적인 예는 내가 '큰 시장 착각big market delusion'이라고 이름 붙인 경우이다. 큰 시장 착각에 빠진 기업들은 큰 시장(중국, 클라우드, 차량 공유, 온라인 광고 등)에 주목하고, 그런 시장이 주는 기회에 이끌린다. (거의) 이성적이고 (대부분) 똑똑한 개인들이 어떻게 큰 시장의 잠재력에 속아 넘어가 집단 전체가 비이성적

그림 7.5 기업가의 큰 시장 포착

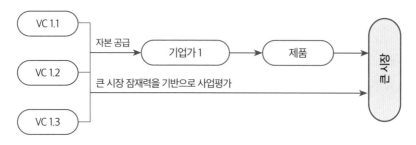

* VC: 벤처캐피털리스트

인 행동을 하게 되는지 이해하려면 이렇게 가정하면 된다. 여기 잠재력이 큰 시장을 가진 제품을 만든 기업가가 있고, 그 기업가는 이런 시장평가를 기반으로 벤처캐피털리스트를 설득해 사업 자금을 조달한다(〈그림 7.5〉참고).

일단 이 그림에 나온 모든 사람은 똑똑하게 행동하고 있다. 기업가는 큰 시장의 니즈를 충족시킬 제품을 만들었고, 그 기업가에게 자본을 댄 벤처캐피털리스트는 제품의 이익 잠재력을 이해한다.

이제 다른 여섯 명의 기업가도 거의 동시에 똑같은 큰 시장 잠재력을 간파하고, 시장 니즈를 충족시킬 자신들만의 제품을 만든다는 가정을 추가하자. 그리고 이 여섯 명 역시 제품과 비전을 지원해줄 벤처캐피털리스트를 찾아냈다. 〈그림 7.6〉은 이런 세상을 보여준다.

게임의 재미를 더하기 위해 기업가들이 똑똑하고 자신의 제품을 잘 알고 있으며, 벤처캐피털리스트들도 하나같이 현명하고 사업의 귀재들이

그림 7.6 많은 기업가가 동시에 큰 시장 포착

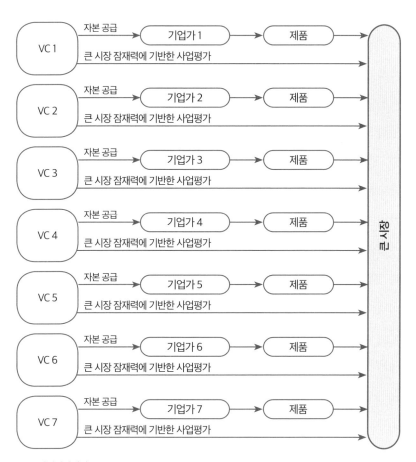

* VC: 벤처캐피털리스트

라고 가정하자. 이성적으로 생각한다면 기업가도 벤처캐피털리스트 후원자들도 시장의 잠재력과 성공 여부에 대한 평가 결과에 따라, 그리고 현재와 미래 경쟁자들의 유무에 따라 사업을 평가할 것이다.

여기서 상황을 조금 비틀어서, 기업가도 벤처캐피털리스트도 이성적 판단을 내리지 못하고 과잉확신에 빠졌다고 가정하자. 기업가는 자사 제품이 경쟁자의 제품보다 훨씬 우수하다고 자신하고, 벤처캐피털리스트는 자신들의 승자 발굴 능력을 자신한다. 과잉확신은 딱히 독창적이거나 혁신적인 가정은 아니다. 두 집단(기업가와 벤처캐피털리스트)이 과잉확신에 빠진 개인들을 끌어들인다는 증거는 이미 차고 넘치기 때문이다. 게임의 양상이 바뀌고, 두 사업 집단(기업가들과 그들의 사업을 후원하는 벤처캐피털리스트들)은 자신들의 성공 능력과 확률을 과대평가하면서 몇 가지 결과를 야기한다.

첫째, 큰 시장을 목표로 하는 사업체들이 전체적으로 고평가된다. 둘째, 시간이 갈수록 시장이 포화되고 경쟁이 치열해진다. 특히 업계 전체의 고평가는 새로운 진입자를 시장에 대거 끌어들인다. 따라서 시장 전체의 매출 성장은 시장이 크다는 기대에 부합할지 몰라도, 개별 기업의 매출 성장은 기대치에 못 미치고 영업이익률도 예상보다 낮아진다. 셋째, 시장 섹터 전체에 대한 평가가치는 결국에는 떨어지고 새 진입자 중 일부는 사업을 접지만, 일부 기업은 승리한다. 그리고 그런 회사의 기업가와 벤처캐피털리스트들은 투자에 대한 충분한 보상을 받게 된다.

큰 시장에 속한 기업들에 대한 전반적 고평가는 모양새만 보면 딱 거품이고, 시장 조정이 이어지면 거품과 시장 과잉에 대한 좌절감이 발생한다. 이런 사태를 불러일으킨 고평가의 주범은 성공적인 기업가 정신과 벤처캐피털 투자의 전제조건이나 다름없는 과잉확신이다. 그렇기는 해도 고평가의 정도는 다음 요인들에 따라 달라질 수 있다.

1. **과잉확신의 정도**: 기업가가 제품을 과도하게 확신하고 투자자들이 투자 능력을 과잉확신할수록 고평가도 더 커진다. 기업가도 투자자도 어느 정도는 과도하게 확신하는 성향을 가지고 있기는 하지만, 그런 과잉확신은 한 기업이 시장에서 성공할수록 더욱 커진다. 그러므로 어떤 사업 부문의 시장 호황이 오랫동안 이어지면 그 시장에 대한 고평가도 그만큼 오래 이어진다. 실제로도 경험 많은 벤처캐피털리스트가 많고, 기업가가 계속해서 등장하는 시장일수록 경험이 과잉확신을 부추기기 때문에 고평가가 증가한다는 주장도 있다. 일리가 있는 말이다.

2. **시장의 크기**: 목표 시장이 크면 들어오려는 진입자도 많아진다. 진입자들의 게임 참여로 과잉확신이 커지면서 집단적 고평가 성향도 커지게 된다.

3. **불확실성**: 사업 모델과 그 모델을 최종 매출로 전환하는 능력에 대한 불확실성이 크면 클수록 과잉확신이 발생해 숫자가 왜곡될 가능성이 높아진다. 그리고 결국에는 시장의 고평가가 더 횡행하게 된다.

4. **승자의 시장 독식**: 글로벌 네트워킹 효과(성장이 성장을 불러오는 효과)가 존재하고, 승자가 지배적인 시장점유율을 누리는 시장일수록 고평가는 훨씬 심해진다. 이런 시장에서는 성공 보상이 더 크기 때문에 성공 확률을 잘못 추산하는 것이 가치평가에도 더 큰 영향을 미친다.

거의 10년 주기로 신생 시장에 대한 집단적 고평가 현상이 펼쳐진다. 1980년대의 PC 회사들, 1990년대의 닷컴 기업들, 지난 몇 년 동안의 소셜 미디어 회사들이 그 예이다. 고평가가 이른바 거품 붕괴라는 조정 국면을 맞을 때마다 투자자, 감독기관, 방관자들은 "다시는 안 돼."라고 말하면서 충분한 교훈을 배웠고, 악순환이 되풀이되지 않게 할 것이라고 다짐한다. 내가 보기에 시장이 존재하는 한 이런 집단적 고평가는 시장의 한 특징일 뿐이다. 물론 언제나 반가운 특징은 아니다.

케이스 스터디 7.1_ 2015년 11월의 온라인 광고 사업: 큰 시장 착각?

2015년 큰 시장 착각을 실험하면서 가장 좋은 사례가 된 시장은 몇 년 전부터 소셜미디어 회사들이 쏟아져 들어오기 시작한 온라인 광고 시장이다. 실험을 진행하기에 앞서서 나는 온라인 광고 시장에 속한 기업들의 시가총액을 확인했지만, 이 회사들의 10년 뒤 기대 매출액은 구하지 않았다. 그러면서 나는 매출 성장률에 있어서는 현재의 시가총액에 다다르는 수준이 되기까지 변화를 주었지만, 나머지 변수들(자본비용, 목표 영업이익률, 매출액 대비 자본비율sales-to-capital ratio 등)은 일정하게 유지했다.

〈그림 7.7〉은 이 과정을 페이스북에 대입해서 도식화한 것이다. 2015년 8월 25일 페이스북의 기업가치enterprise value, EV(시가총액에 부채와 소수지분, 우선주 가치를 더하고 현금과 현금등가물을 뺀 값—옮긴이)는 2,456억 6,200만 달러, 이전 12개월 동안의 매출은 146억 4,000만 달러, 자

그림 7.7 페이스북의 10년 후 손익분기 매출(단위: 백만 달러)

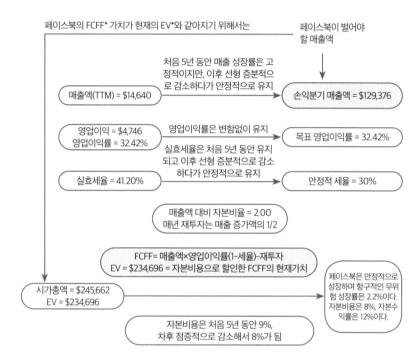

페이스북의 FCFF* 가치가 현재의 EV*와 같아지기 위해서는 / 페이스북이 벌어야 할 매출액

처음 5년 동안 매출 성장률은 고정적이지만, 이후 선형 증분적으로 감소하다가 안정적으로 유지

매출액(TTM) = $14,640 → 손익분기 매출액 = $129,376

영업이익 = $4,746 / 영업이익률 = 32.42%

영업이익률은 변함없이 유지 → 목표 영업이익률 = 32.42%

실효세율은 처음 5년 동안 유지되고 이후 선형 증분적으로 감소하다가 안정적으로 유지

실효세율 = 41.20% → 안정적 세율 = 30%

매출액 대비 자본비율 = 2.00 / 매년 재투자는 매출 증가액의 1/2

FCFF= 매출액×영업이익률(1-세율)-재투자 / EV = $234,696 = 자본비용으로 할인한 FCFF의 현재가치

시가총액 = $245,662 / EV = $234,696

페이스북은 안정적으로 성장하며 항구적인 무위험 성장률은 2.2%이다. 자본비용은 8%, 자본수익률은 12%이다.

자본비용은 처음 5년 동안 9%, 차후 점증적으로 감소해서 8%가 됨

* FCFF: 기업 잉여현금흐름(free cash flow to the firm)
* EV: 기업가치

본비용은 9퍼센트이다. 기존 영업이익률 32.42퍼센트를 그대로 사용해서 계산한 10년 뒤 귀속매출은 〈그림 7.7〉에서 볼 수 있다.

내 가정에 따르면 페이스북의 현재 광고 매출 비중(91퍼센트)은 앞으로 10년 동안 계속 유지될 것이며, 이에 따라 2025년에 광고로 거둘 매출액

은 1,177억 3,100만 달러로 추산된다. 광고 매출 비중이 변함없다는 가정은 최소한 〈표 7.1〉의 목록에 오른 다른 기업에서는 문제가 될 수 있다. 이런 기업의 투자자들은 새로운 시장에서 거둔 성장을 가치에 반영해 기업의 가격을 매길 것이기 때문이다.

나는 이 과정을 온라인 광고 매출이 높은 다른 상장기업에도 적용하면서 자본비용은 고정하고, 목표 영업이익률은 현재 이익률이나 20퍼센트 중 하나를 이용했다. 어떤 영업이익률을 이용하건 모든 기업에 높은 수치이기는 하다. 자본비용과 영업이익률을 공격적으로 가정했다(자본비용을 너무 낮게 잡은 것일 수도 있고, 영업이익률은 경쟁을 감안할 때 너무 높게 잡은 것일 수 있다). 이 두 가지가 10년 뒤의 추정 매출을 밀어 올린다는 점을 유념해야 한다(〈표 7.1〉 참고).

목록에 오른 상장기업들의 2015년 8월 시장가격 평가에 반영할 온라인 광고 매출 추정액은 총 5,230억 달러였다. 이 금액은 포괄적 수치가 아니다. 여기에는 온라인 광고 매출을 올리는 중소 규모 회사들과 애플처럼 업종은 다르지만 온라인 광고에서 적지 않게 2차 매출을 올리는 회사들은 포함하지 않기 때문이다. 또한 여기에는 2015년 11월에 상장 대기 중이던 스냅챗Snapchat 같은 비상장회사의 가치평가에 귀속시킬 온라인 광고 매출도 포함하지 않았다(실제로 스냅챗은 2017년 3월에 상장했다.—옮긴이). 결국 나는 현재의 시장가격 평가에 반영할 온라인 광고 매출을 낮춰서 잡은 셈이다.

평가에 반영할 매출이 현실에 맞는지 알아보기 위해 나는 글로벌 광고 시장 전체와 이 중에서 온라인 광고가 차지하는 비중을 검토했다. 2014

표 7.1 온라인 광고 회사들의 손익분기 매출액(단위: 백만 달러)

회사	시가총액	기업가치	현재 매출액	손익분기 매출액 (2025)	온라인 광고 비중	반영된 온라인 광고 수익(2025)
구글	$441,572.00	$386,954.00	$69,611.00	$224,923.20	89.50%	$201,306.26
페이스북	$245,662.00	$234,696.00	$14,640.00	$129,375.54	92.20%	$119,284.25
야후!	$30,614.0	$23,836.10	$4,871.00	$25,413.13	100.00%	$25,413.13
링크드인	$23,265.000	$20,904.00	$2,561.00	$22,371.44	80.30%	$17,964.26
트위터	$16,927.90	$14,912.90	$1,779.00	$23,128.68	89.50%	$20,700.17
판도라	$3,643.00	$3,271.00	$1,024.00	$2,915.67	79.50%	$2,317.96
옐프(Yelp)	$1,765.00	$0.00	$465.00	$1,144.26	93.60%	$1,071.02
질로우(Zillow)	$4,496.00	$4,101.00	$480.00	$4,156.21	18.00%	$748.12
징가(Zynga)	$2,241.00	$1,142.00	$752.00	$757.86	22.10%	$167.49
미국	$770,185.90	$689,817.00	$96,183.00	$434,185.98		$388,972.66
알리바바	$184,362.00	$173,871.00	$12,598.00	$111,414.06	60.00%	$66,848.43
텐센트(Tencent)	$154,366.00	$151,554.00	$13,969.00	$63,730.36	10.50%	$6,691.69
바이두(Baidu)	$49,991.00	$44,864.00	$9,172.00	$30,999.49	98.90%	$30,658.50
소후(Sohu.com)	$18,240.00	$17,411.00	$1,857.00	$16,973.01	53.70%	$9,114.51
네이버	$13,699.00	$12,686.00	$2,755.00	$12,139.34	76.60%	$9,298.74
얀덱스(Yandex)	$3,454.00	$3,449.00	$972.00	$2,082.52	98.80%	$2,057.52
야후 재팬	$23,188.00	$18,988.00	$3,591.00	$5,707.61	69.40%	$3,961.08
시나닷컴(Sina)	$2,113.00	$746.00	$808.00	$505.09	48.90%	$246.99
넷이즈(Netease)	$14,566.00	$11,257.00	$2,388.00	$840.00	11.90%	$3,013.71
메일닷루 (Mail.ru)	$3,492.00	$3,768.00	$636.00	$1,676.47	35.00%	$586.76
믹시(Mixi)	$3,095.00	$2,661.00	$1,229.00	$777.02	96.00%	$745.76
카카쿠(Kakaku)	$3,565.00	$3,358.00	$404.00	$1,650.49	11.60%	$191.46
미국 외 시장	$474,131.00	$444,613.00	$50,379.00	$248,495.46		$133,415.32
세계 시장	$1,244,316.90	$1,134,430.00	$146,562.00	$682,681.44		$522,387.98

표 7.2 온라인 광고 매출(2025년)

(단위: 10억 달러)

전체 시장 중 온라인 광고 비중	연평균성장률(CAGR)에 따른 광고비 총액				
	1.00%	2.00%	3.00%	4.00%	5.00%
30%	$182.49	$203.38	$226.42	$251.81	$279.76
35%	$212.90	$237.27	$264.15	$293.77	$326.38
40%	$243.32	$271.17	$301.89	$335.74	$373.01
45%	$273.73	$305.07	$339.63	$377.71	$419.64
50%	$304.15	$338.96	$377.36	$419.68	$466.26

년 전 세계 광고 시장 규모는 약 5,450억 달러였고, 디지털(온라인) 광고 시장은 1,380억 달러였다. 전체 광고 시장의 성장률은 시장에 속한 기업들의 매출 성장을 반영하는 것이며, 이 중에서도 온라인 광고가 차지하는 비중은 계속해서 늘어날 것이다. 〈표 7.2〉에서 나는 2015~2025년 동안 전체 광고 시장의 성장률을 다양하게 가정했으며, 2025년 디지털/온라인 광고 시장 규모를 추정하기 위해 디지털 광고로 옮겨가는 비중 역시 여러 가지로 가정했다.

전체 광고 시장의 성장률을 가장 낙관적으로 잡고 온라인 광고 비중이 50퍼센트까지 증가한다고 가정했을 때 내가 추산한 2025년 전체 온라인 광고 시장 규모는 4,660억 달러이다. 〈표 7.1〉의 목록에 있는 상장회사들에 대해 추정한 매출액만으로도 이미 그 금액을 넘어선다. 따라서 이 회사들이 온라인 광고 시장 규모에 비해 높은 가격으로 평가되고 있다는 결론은 합리적일 수 있다. 온라인 광고 시장에 들어오려는 기업들이 줄지어 서 있다. 때문에 가치평가에 적용되는 시장의 규모와 실제 시장의 규모는 차이가 점점 벌어지겠지만, 투자자들은 그런 차이를 잘 알면서도 계속해서 돈 보따리를 싸들고 올 것이다. 어쨌거나 창업자도 투자자도 고평가는 다른 회사들에나 해당되지, 자신들의 회사는 해당되지 않다고 확신하는 것이 바로 과잉확신이다. 언젠가는 심판의 날이 다가와 시장이 차이를 깨닫고 주가가 조정되겠지만, 그럴지라도 그 안에 승자는 여전히 존재할 것이다.

개연성 없는 스토리

아무리 완벽한 정보를 갖춘다고 해도 어느 누구도 내러티브를 독점하지는 못한다는 것이 내 생각이다. 그리고 합리적이면서 정보까지 갖춘 사람이라면 한 회사에 대해서도 당연히 여러 평가를 하려고 할 것이다. 뒤에 나올 케이스 스터디에서 보겠지만 나는 우버, 페라리, 아마존, 알리바바의 내러티브를 전개하면서 각 회사에 대해 수용 가능하고 타당성 있는 대항 내러티브도 같이 전개하였다. 그렇기는 해도 이 회사들과 다른 기업들의 내러티브 몇 가지는 개연성 면에서 전혀 합격점을 받지 못했다.

스토리가 개연성을 잃게 되는 이유는 무엇일까? 스토리텔러가 제시하는 매출 성장, 이익률, 재투자, 위험에 청자가 동의하지 않을 때가 아

그림 7.8 가치의 철의 삼각관계

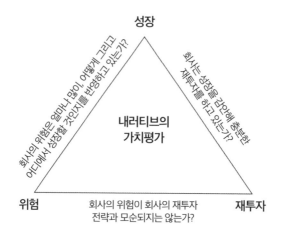

니라, 스토리텔러의 견해에 일관성이 없어서 이런 요소들이 서로 충돌하면 스토리는 개연성을 잃는다. 나는 '가치의 철의 삼각관계iron triangle of value'라는 아주 단순한 장치를 이용해 스토리텔러의 견해에 비일관성이 존재하는지 여부를 가려낸다(〈그림 7.8〉 참고).

가치의 철의 삼각관계의 세 꼭짓점(성장, 위험, 재투자)은 비즈니스의 가치 요인으로, 자세한 설명은 다음 장에서 할 것이다. 이 세 변수가 가치에 미치는 영향은 예측이 가능하다. 성장이 늘어나면 가치는 상승하지만, 위험이나 재투자가 증가하면 가치는 하락한다. 당연한 말이지만, 기업의 가치를 높여야 한다고 주장하는 스토리텔러가 고성장, 저위험, 낮은 재투자율을 한데 묶어 말한다면 이 스토리는 앞뒤가 맞지 않으므로 타당성도 없다. 고성장을 꾀하는 회사가 성장을 달성하려면 재투자를 높여야 한다. 그러니 평상시보다 위험이 커질 수밖에 없다.

케이스 스터디 7.2_ 페라리: 배타적 자동차 동호회

페라리에 대한 내러티브를 전개하면서 나는 이 회사가 생산량과 판매량을 늘리는 것이 아니라 슈퍼리치 고객들만을 겨냥해 생산량을 계속해서 제한하고 배타적 클럽으로서의 위상을 유지하기 위해 노력할 것이라고 가정했다. 이 내러티브의 긍정적인 점은 페라리가 높은 이익률을 유지하면서 거시경제 위험에 대한 노출을 줄일 수 있다는 것이다. 부정적인 점은 매출 성장률이 지지부진하다는 것이다.

내가 '활력 올리기rev it up' 전략이라고 이름 붙인 대안 전략을 생각해보자. 이 대안 전략으로 페라리는 마세라티Maserati가 기블리Ghibli 모델을 출시한 것처럼 저가 모델을 출시해 고객 기반을 넓힌다. 이 전략을 사용하면 매출 성장률은 높아지지만 마세라티가 그랬던 것처럼 가격 인하와 판매비 상승이 수반되기 때문에 페라리는 영업이익률의 일정 부분을 포기해야 한다. 더 넓은 시장을 추구하다 보니 시장 위험에 노출되는 정도도 커진다. 고객의 일부는 (슈퍼리치가 아니라) 그만저만한 부자로, 경기 하강에 영향을 받기 때문이다. 여기까지는 현실적으로 충분히 가능한 대안 전략이므로, 타당성 시험은 가뿐히 통과한다.

이 내러티브를 타당성 없게 만들어보자. 예를 들어 페라리가 마세라

티처럼 신모델을 출시해 매출을 늘리면서도, 과거의 영업이익률을 그대로 유지하고 위험 수준에도 아무 영향이 없다고 가정해보자. 이런 내러티브 전략에서 나온 숫자들을 합산하면 가치는 증가하지만(높은 매출 성장+높은 영업이익률+낮은 위험), 타당성이 없는 합산이다. 마지막으로 개연성이 없는 내러티브를 생각해보자. 이를테면 페라리가 의류, 시계, 장난감 등 다양한 상품을 기획하고 판매해 수십억 달러의 매출액과 순이익을 얻을 수 있다는 동화 같은 스토리를 예로 들 수 있다. 이 내러티브가 실현될 수는 있겠지만, 그 확률은 아주 낮다. 적어도 2015년 말의 내가 보기에는 그러했다.

케이스 스터디 7.3_ 아마존: 다른 내러티브(2014년 10월)

〈케이스 스터디 6.5〉에서 내가 선보인 아마존의 기본 내러티브는 '꿈의 구장' 스토리였다. 이 스토리에 따르면 아마존은 이익률은 전혀 없거나 아주 낮게 잡는 대신에 높은 매출 성장을 추구하지만, 결국에는 수익성 개선으로 관심을 전환하게 될 것이다. 아마존 스토리에 대해서는 사람들이 보이는 반응의 호불호가 크게 갈리기 때문에 나의 내러티브에 찬성하지 않는 사람들도 많을 것이다. 어떤 사람들은 나의 내러티브가 너무 낙관적이라고 주장할 수 있고, 어떤 사람들은 지나치게 비관적이라고 주장할 수 있다.

더 낙관적이고 타당성이 높은 대항 내러티브의 예로는 아마존은 소매 회사가 아니라고 가정하는 것이다. 그리고 아마존이 클라우드 컴퓨팅과 엔터테인먼트 산업에 진출해 두 시장에서 대단히 유리한 고지를 점령하게 될 것이라는 가정이다. 이렇게 되면 아마존은 두 시장에서 점유율을 빼앗고 획득해 높은 매출 성장을 누리면서도 기존 업체들이 누리던 높은 이익률을 고스란히 얻게 될 것이다.

조금 비관적으로 스토리를 세운다면 이렇다. 아마존은 매출 성장을 계속 꾀하면서 전통적 오프라인 시장에 속해 있던 경쟁 소매 회사들을 시장에서 몰아내는 데에는 간신히 성공할 것이다. 하지만 아마존 역시 새롭게 시장으로 몰려 들어와 할인가 정책을 지속하는 온라인 경쟁사들을 만나게 될 것이다. 이 비관적 내러티브에서 아마존은 매출은 증가하겠지만, 장기적인 이익률은 쥐꼬리만도 못할 것이다.

거의 망상에 가까운 수준의 스토리도 있다. 여기에서 아마존은 자본력과 인내심 많은 투자자 기반을 이용해 기존 경쟁자를 협박하고 위협하는 최종적인 경쟁 파괴자이다. 이 스토리에서 아마존은 워낙에 힘이 세서 원하는 가격표를 마음껏 붙일 수 있지만, 고객들은 달리 갈곳이 없다. 아마존은 지금 시장에 존재하는 기업들보다 훨씬 높은 매출과 이익률을 올리게 된다는 것이 이 스토리의 결말이다.

케이스 스터디 7.4_ 알리바바: 글로벌 사업자

〈케이스 스터디 6.6〉에서 나는 알리바바를 중국 스토리로 묘사했는데, 2014년 중국 온라인 소매 거래의 75퍼센트가 알리바바를 통해 이뤄졌기 때문이다. 또한 이 회사는 미래에도 중국 온라인 상거래 시장을 계속해서 지배하겠지만, 다른 지리적 시장으로 사업 영역을 넓히기는 힘들 것이라고 설명했다. 나의 내러티브에 동의하지 않는 사람들이 많을 수 있다. 그들은 CEO인 마윈(馬雲, 잭 마)의 카리스마와 자본 접근성 등 알리바바가 여러 강점을 가지고 있기 때문에 동남아에서 시작해 선진시장으로 사업을 확장하면 다른 시장에서도 충분히 성장할 수 있다고 주장한다. 이 스토리가 타당성을 가지려면 이 야심 찬 성장 어젠다가 가져올 결과도 함께 고려해야 한다.

1. **낮아지는 이익률**: 알리바바가 중국 시장에서 거두는 높은 이익률에는 시장 지배와 회사가 통제하는 강력한 네트워킹 효과가 큰 역할을 한다. 다른 시장에서는 예전부터 자리 잡고 있는 다른 사업체들과 경쟁해야 하기 때문에 이익률이 훨씬 낮아질 것이다.

2. **높아지는 재투자**: 알리바바로서는 새 시장에 진출하려면 시장에 직접 자본을 투자하거나 현지 시장에서 영업 중인 다른 사업체들을 인수해야 한다. 알리바바가 새 시장에 재투자해서 얻게 될 보상은 중국에 투자했을 때보다는 낮을 것이다.

알리바바의 글로벌 스토리 설정에서는 전체 시장(그리고 매출)은 성장하는 대신에 수익성은 낮아지고, 재투자는 높아지는 결과가 나온다. 이렇게 상충하는 여건은 알리바바의 가치를 밀어 올릴 수도 있고, 아닐 수도 있다.

타당성이 전혀 없는 스토리의 예는 이렇다. 알리바바가 글로벌 회사로 변신하면서 동시에 중국 시장에서 누리던 높은 영업이익률은 그대로 유지한다. 하지만 사업 영역을 전 세계로 넓히기 위해 상당 규모의 투자를 할 필요가 없다고 가정하는 것이다.

결론

비즈니스 스토리는 신뢰성이 있을 때에만 투자자를 납득시킬 수 있다. 이번 장에서 나는 스토리가 거쳐야 할 세 가지 시험을 제시했다. 첫 번째는 스토리의 가능성 여부에 대한 시험이고, 두 번째는 스토리가 타당성을 가지고 있는지 평가하는 시험이며, 세 번째는 개연성을 분석하는 시험이다. 기업 규모가 시장 전체보다 더 커진다거나(즉 시장점유율이 100퍼센트를 넘는다거나), 이익률이 100퍼센트를 넘는다는 것은 가능성이 전혀 없는 스토리다. 다음으로는 어쩌면 실현될 수 있을지 모르지만 그 확률은 실낱보다도 작은, 다시 말해 타당성이 없는 스토리를 설명했다.

마지막으로 개연성이 없는 스토리를 설명했다. 각 부분을 따로 보면 말이 되지만, 전체를 보면 서로 충돌해서 말이 되지 않을 때 스토리는 개연성을 잃게 된다.

8장

내러티브에서 숫자로

    현실에 맞고 타당성 시험까지 마친 비즈니스 스토리를 완성했다고 가정하자. 이번 장에서는 이 스토리에 기업가치를 결정하는 숫자를 연결하는 방법을 관찰할 것이다. 가치평가를 잠시 소개하기는 하지만 이것은 이론적 내용을 자세히 알기 위해서가 아니다. 해당 산업이 무엇이건, 기업이 라이프사이클의 어느 단계에 있건 간에 모든 사업이 가져야 할 핵심 요인과 가치를 연결하기 위해서이다. 그런 다음에는 큰 시장 스토리에서 저위험 스토리에 이르기까지 다양한 내러티브로 가치 요인을 설명할 것이다. 마지막으로는 라이프사이클의 단계나 성장, 시장 섹터가 서로 다른 기업들을 골라(우버, 페라리, 알리바바, 아마존) 이 과정을 도식화해서 보여줄 것이다.

가치 분해하기

스토리와 가치를 연결하려면 제일 먼저 내재가치평가에 대한 기본부터 이해해야 한다. 이 주제를 심층적으로 검토한 자료들은 많이 있지만 내재가치의 펀더멘털을 요약하기는 어렵지 않다. 내재가치란 현금흐름, 기대 성장, 위험 등의 펀더멘털에 근거해 자산에 매겨진 가치를 의미한다. 내재가치에서 중요한 부분은 시장이 다른 자산에 매긴 가격이 얼마인지 전혀 알지 못해도(물론 그런 정보를 알면 도움이 되기는 한다.) 특정 자산의 가치를 추정할 수 있다는 점이다. 원칙적으로 엄밀히 말하면 현금흐름할인법 모델은 위험 조정된 기대 현금흐름을 토대로 자산의 가치를 평가한다는 점에서 내재가치평가 모델이라고 할 수 있다. 순자산가치(장부가치) 접근법도 내재가치평가 방법이라고 말할 수 있는데, 회계사가 추정한 고정자산과 유동자산의 가치가 기업의 진짜 가치라고 가정하기 때문이다. 현금흐름할인법 평가는 가치와 기대 현금흐름을 연결하는 등식을 이용해 내재가치를 추정하며, 기대 현금흐름은 성장 추정치에 (위험 반영 가중치를 적용한) 할인율을 결합한 것이다(〈그림 8.1〉 참고).

〈그림 8.1〉은 또한 사업 유형에 상관없이 가치 창조의 핵심 요인을 보여준다. 첫 번째는 기존 자산의 현금흐름 창출 능력으로, 수익 창출력 earnings power이 높은 자산일수록 낮은 자산에 비해 가치를 많이 창출한다. 두 번째는 성장가치로, 성장 결과에서 상충되는 부분들을 더하고 뺀 결과 값이다. 성장가치는 매출과 이익 증가는 더하고, 성장을 위해 들어간 재투자 비용은 뺀다. 세 번째는 위험이다. 위험이 높아질수록 할인율

은 커지고 가치는 줄어든다.

현금흐름할인법으로 가치평가를 할 때의 한 가지 단점은 계속기업을 평가하기 위해 만들어졌다는 것이다. 다시 말해 그 기업이 아주 오랫동안 영업활동을 유지할 것으로 기대하기 때문에 혹시라도 회사의 장기적 생존 가능성이 높지 않을 경우에는 가치가 너무 높게 평가될 수 있다. 이런 부도 위험은 사업 활동을 영위하기 위해 여러 힘든 시험대를 거쳐야 하는 신생기업이나, 오래되고 쇠락 중인 시장에 속해 있고 부채가 아주 많은 기업일수록 높다. 그런 회사들의 기대가치를 추정하려면 투자자의 입장에서 부도 확률과 거기에 따른 결과를 분명하게 고려해서 부도 위

그림 8.1 내재가치 '이론'

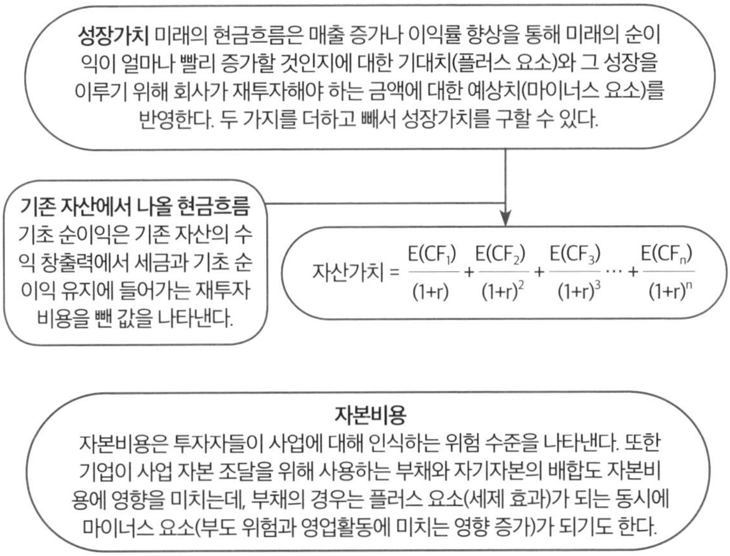

성장가치 미래의 현금흐름은 매출 증가나 이익률 향상을 통해 미래의 순이익이 얼마나 빨리 증가할 것인지에 대한 기대치(플러스 요소)와 그 성장을 이루기 위해 회사가 재투자해야 하는 금액에 대한 예상치(마이너스 요소)를 반영한다. 두 가지를 더하고 빼서 성장가치를 구할 수 있다.

기존 자산에서 나올 현금흐름
기초 순이익은 기존 자산의 수익 창출력에서 세금과 기초 순이익 유지에 들어가는 재투자 비용을 뺀 값을 나타낸다.

$$자산가치 = \frac{E(CF_1)}{(1+r)} + \frac{E(CF_2)}{(1+r)^2} + \frac{E(CF_3)}{(1+r)^3} \cdots + \frac{E(CF_n)}{(1+r)^n}$$

자본비용
자본비용은 투자자들이 사업에 대해 인식하는 위험 수준을 나타낸다. 또한 기업이 사업 자본 조달을 위해 사용하는 부채와 자기자본의 배합도 자본비용에 영향을 미치는데, 부채의 경우는 플러스 요소(세제 효과)가 되는 동시에 마이너스 요소(부도 위험과 영업활동에 미치는 영향 증가)가 되기도 한다.

그림 8.2 가치와 사업 종료 위험

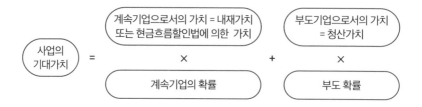

험으로 조정한 가치를 다시 구해야 한다(〈그림 8.2〉 참고). 내재가치를 피상적으로 설명한 감이 있지만, 뒤에 나올 개별 기업평가에서 사용하게 될 큰 그림은 충분히 될 것이다.

스토리와 여러 추정치의 연결

앞의 장들에서는 기업의 상황이나 회사가 벌이는 사업 영역에 적합한 스토리를 말하는 데 주력했다. 그러면 그 스토리를 가치평가에 어떻게 반영해야 하는가에 대한 문제가 대두된다. 방법은 여러 가지가 있지만 가치평가 모델의 구조를 이용하면 거의 모든 스토리에 적용할 수 있는 유연한 틀이 나온다. 만약 현금흐름을 구하는 것이 최종 목표라면, 제일 먼저 회사가 겨냥하는 '시장 전체 규모'에 그 시장에서 최대한 확보할 수 있을 것이라고 예상되는 '시장점유율'을 곱해서 매출액을 추정한다.

이 매출액에 '세전 영업이익률'을 곱하면 회사의 영업이익이 나오고, 여기에서 '세금'을 빼면 세후 영업이익이 나온다. 세후 영업이익에서 회사가 '재투자'해야 하는 금액을 차감하면 잉여현금흐름을 구할 수 있다. 마지막으로 이 잉여현금흐름에 '위험 조정 할인율'risk-adjusted discount rate 을 적용해 현재로 할인한 것이 우리가 구하려는 최종 수치이다.

스토리가 가치평가에 미친 영향을 알아보려 할 때에는 스토리 종류에 따라 봐야 할 투입변수가 달라진다. '큰 시장' 스토리일 경우 가장 영향을 받는 투입변수는 전체 시장 규모이다. 이 시장에서는 점유율이 아주 작아도 큰 매출을 올릴 수 있기 때문이다. 만약 회사의 몸집이 커질수록 성장도 더 수월해질 것이라고 약속하는 '강력한 네트워킹 효과 스토리'이거나, 경쟁사를 압도적으로 누를 것이라고 약속하는 '시장 지배 스토리'라면, 스토리의 영향을 가장 크게 받는 가치평가 투입변수는 시장점유율이 된다.

평가 중인 사업이 '강하고 지속 가능한 경쟁우위'를 가지고 있는 스토리라면 영업이익을 높게 거둘 수 있다고 기대한다. '세제 혜택'이 기대되는 사업 스토리에서는 세율을 낮게 잡기 때문에 세후 영업이익과 현금흐름이 높게 나올 것이다. 자본집약도가 낮은 사업에 대한 스토리라면, 다시 말해 '쉬운 규모 확대'가 가능하다고 생각하는 스토리라면 재투자 추정치에서 그 장점이 가장 확실하게 드러나게 된다. 즉 재투자를 낮게 유지하면서도 매출 성장이 가능하다는 결과가 나올 것이다. '저위험'의 비즈니스 스토리에서는 미래의 현금흐름에 대한 현재가치 할인율은 낮을 것이다(따라서 현재가치가 높게 나온다).

〈그림 8.3〉은 스토리의 이런 영향을 요약해서 보여준다. 이 프레임워

그림 8.3 스토리와 가치평가 투입변수의 연결

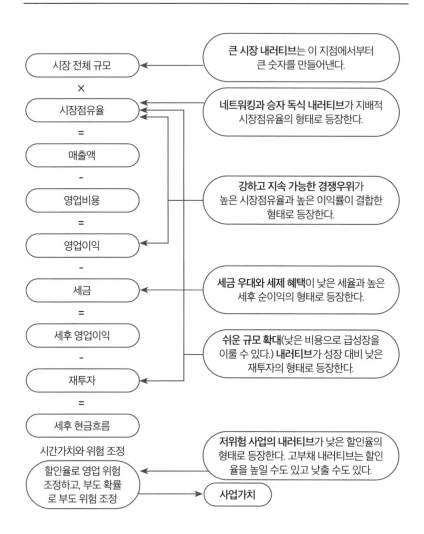

시장 전체 규모

큰 시장 내러티브는 이 지점에서부터 큰 숫자를 만들어낸다.

×

시장점유율

네트워킹과 승자 독식 내러티브가 지배적 시장점유율의 형태로 등장한다.

=

매출액

-

영업비용

강하고 지속 가능한 경쟁우위가 높은 시장점유율과 높은 이익률이 결합한 형태로 등장한다.

=

영업이익

-

세금

세금 우대와 세제 혜택이 낮은 세율과 높은 세후 순이익의 형태로 등장한다.

=

세후 영업이익

쉬운 규모 확대(낮은 비용으로 급성장을 이룰 수 있다.) 내러티브가 성장 대비 낮은 재투자의 형태로 등장한다.

-

재투자

=

세후 현금흐름

시간가치와 위험 조정

저위험 사업의 내러티브가 낮은 할인율의 형태로 등장한다. 고부채 내러티브는 할인율을 높일 수도 있고 낮출 수도 있다.

할인율로 영업 위험 조정하고, 부도 확률로 부도 위험 조정

사업가치

크는 단순해 보일 수 있지만, 다른 분야에서 전 생애에 걸쳐 기업들의 스토리라인에 적용할 수 있다는 점에서 상당히 유연하다.

케이스 스터디 8.1_ 우버, 스토리에서 숫자로

선행 케이스 스터디:

　케이스 스터디 6.2_ 차량 공유 시장의 풍경

　케이스 스터디 6.3_ 우버 내러티브

〈케이스 스터디 6.2〉와 〈케이스 스터디 6.3〉에 나온 스토리텔링에서 도심 차량 서비스 회사로 묘사된 2014년 6월의 우버는 새로운 이용자를 차량 서비스 시장에 끌어들이면서도 경쟁우위(자본 접근, 선발 주자)를 이용해 지역 네트워킹 효과와 수익 배분 모델을 유지할 수 있다. 또한 기존 저자본 사업 모델도 지속할 수 있을 것이라고 설명했다. 이런 스토리를 가치평가 투입변수로 바꿔보면 다음과 같다.

1. 도심 차량 서비스 회사로서 우버가 추구하는 시장은 각 도시의 택시와 차량 서비스 시장이다. 도심의 택시와 차량 서비스 시장의 매출액을 전부 합산해서 나온 계산 결과는 1,000억 달러이다.
2. 지역 네트워킹 효과를 이용하면 우버는 특정 도심 지역에서는 지배적 참가자로 등장할 수 있다. 하지만 (미국 안팎의) 다른 지역에서

그림 8.4 우버(2014년): 가치평가 투입변수

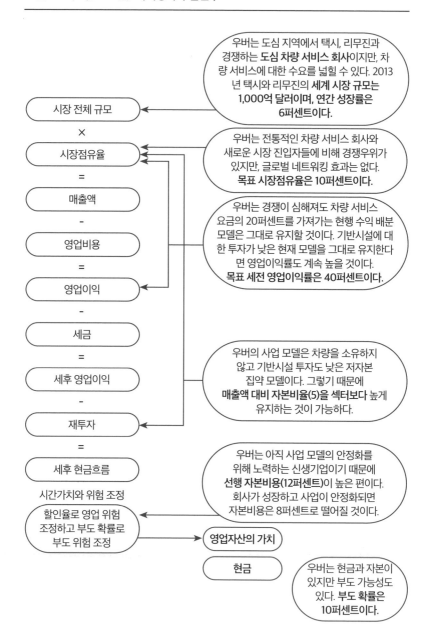

시장 전체 규모

×

시장점유율

=

매출액

−

영업비용

=

영업이익

−

세금

=

세후 영업이익

−

재투자

=

세후 현금흐름

시간가치와 위험 조정

할인율로 영업 위험 조정하고 부도 확률로 부도 위험 조정

영업자산의 가치

현금

우버는 도심 지역에서 택시, 리무진과 경쟁하는 **도심 차량 서비스 회사**이지만, 차량 서비스에 대한 수요를 넓힐 수 있다. 2013년 택시와 리무진의 **세계 시장 규모**는 **1,000억 달러이며, 연간 성장률은 6퍼센트이다.**

우버는 전통적인 차량 서비스 회사와 새로운 시장 진입자들에 비해 경쟁우위가 있지만, 글로벌 네트워킹 효과는 없다. **목표 시장점유율은 10퍼센트이다.**

우버는 경쟁이 심해져도 차량 서비스 요금의 20퍼센트를 가져가는 현행 수익 배분 모델은 그대로 유지할 것이다. 기반시설에 대한 투자가 낮은 현재 모델을 그대로 유지한다면 영업이익률도 계속 높을 것이다. **목표 세전 영업이익률은 40퍼센트이다.**

우버의 사업 모델은 차량을 소유하지 않고 기반시설 투자도 낮은 저자본 집약 모델이다. 그렇기 때문에 **매출액 대비 자본비율(5)을 섹터보다** 높게 유지하는 것이 가능하다.

우버는 아직 사업 모델의 안정화를 위해 노력하는 신생기업이기 때문에 **선행 자본비용(12퍼센트)**이 높은 편이다. 회사가 성장하고 사업이 안정화되면 자본비용은 8퍼센트로 떨어질 것이다.

우버는 현금과 자본이 있지만 부도 가능성도 있다. **부도 확률은 10퍼센트이다.**

는 경쟁사들과 경쟁해야 한다.

내가 보기에 우버가 안정적으로 유지하게 될 시장점유율은 10퍼센트이다. 군소 업체들이 난립하는 이 시장에서 10퍼센트는 최고 점유율을 누리는 기존 회사보다도 훨씬 높은 수치이다. 내가 30퍼센트나 40퍼센트가 아니라 10퍼센트를 상한으로 정한 이유는 글로벌 네트워킹 효과는 가정하지 않기 때문이다.

3. 우버의 선발 주자 지위, 강한 자본 포지션, 기술력은 운전자들과의 수익 배분 계약(운전자 80퍼센트, 우버 20퍼센트)을 유지하면서도 높은 영업이익률(안정적 영업이익률은 40퍼센트)도 지속하게 해주는 비결이 될 것이다.

4. 차량을 소유하지 않고 기반시설에 투자하지 않는다는 기존 노선을 계속 유지한다면 우버는 투하자본 1달러당 5달러의 매출을 올릴 수 있다. 전체적 시각을 제시하자면, 미국 모든 기업의 투하자본수익률 중앙값은 약 1.5이다(투하자본 1달러당 매출액은 1.50달러). 매출액자본배율이 5.0이면 미국 전체 기업 중에서 우버의 백분위는 약 90 정도가 된다. 이 내용이 〈그림 8.4〉에 정리되어 있다.

당연하지만 이 스토리는 거의 모든 기점마다 문제가 제기될 수 있으며, 그런 문제 제기는 10장에서 자세히 다룰 것이다.

케이스 스터디 8.2_ 페라리: 스토리에서 숫자로

선행 케이스 스터디:

케이스 스터디 6.1_ 자동차 산업

케이스 스터디 6.4_ 페라리 내러티브

케이스 스터디 7.2_ 페라리: 배타적 자동차 동호회

그림 8.5 페라리: 배타적 동호회 - 가치평가 투입변수

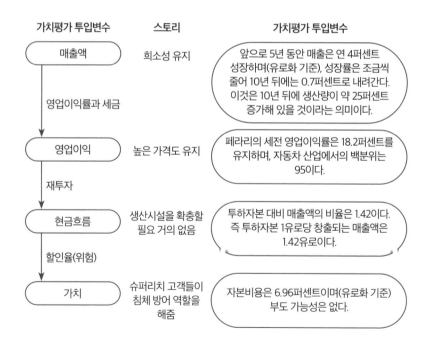

6장에서 설명한 스토리에서 페라리는 슈퍼리치만을 고객으로 삼는 배타적 자동차 회사이다. 이 배타성은 매출 성장에는 걸림돌이 되지만 높은 영업이익률과 낮은 위험을 유지하는 데에는 도움이 된다. 〈그림 8.5〉는 이런 스토리를 가치평가 투입변수에 연결한다.

7장에서 내가 묘사한 타당성이 있는 대항 내러티브에서 페라리는 매출 성장률을 높이기 위해 저가 모델을 출시하고 광고비 지출을 늘린다. 〈그림 8.6〉은 이런 내러티브를 가치평가 투입변수로 전환한 결과를 보여준다.

그림 8.6 페라리: 활력 올리기의 내러티브 - 가치평가 투입변수

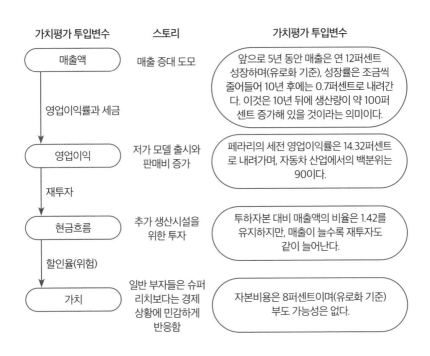

두 내러티브 모두 타당성이 있으며, 어느 한쪽이 가치평가 결과를 압도적으로 지배하지는 않는다. 배타적 동호회 시나리오에서는 매출액을 낮게 잡은 대신, 영업이익률이 높고 위험이 낮다. 9장에서 두 내러티브에 대한 가치평가 결과를 자세히 살펴볼 것이다.

케이스 스터디 8.3_ 아마존: 스토리에서 숫자로

선행 케이스 스터디:

    케이스 스터디 6.5_ 아마존: '꿈의 구장' 모델

    케이스 스터디 7.3_ 아마존: 다른 내러티브

처음 아마존 내러티브는 이 회사를 '꿈의 구장'으로 묘사했다. 이 스토리에서 아마존은 다양한 사업(소매, 엔터테인먼트, 클라우드 컴퓨팅)에서 매출 성장률을 높이기 위해 이익률은 낮게 잡거나 아예 포기한다. 그리고 미래의 어느 순간에는 이익률을 높일 수 있을 것이라고 기대한다. 〈그림 8.7〉은 이 스토리를 가치평가 투입변수로 전환한 결과이다.

7장에서도 말했지만 아마존에 대해서는 타당성이 있는 대항 내러티브를 여러 개 만들어 다양한 가치평가 결과를 나오게 할 수 있다. 나

그림 8.7 아마존: '꿈의 구장' 내러티브 - 가치평가 투입변수

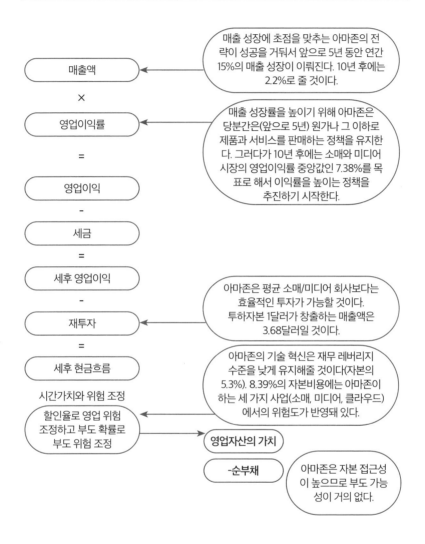

매출액

매출 성장에 초점을 맞추는 아마존의 전략이 성공을 거둬서 앞으로 5년 동안 연간 15%의 매출 성장이 이뤄진다. 10년 후에는 2.2%로 줄 것이다.

×

영업이익률

매출 성장률을 높이기 위해 아마존은 당분간은(앞으로 5년) 원가나 그 이하로 제품과 서비스를 판매하는 정책을 유지한다. 그러다가 10년 후에는 소매와 미디어 시장의 영업이익률 중앙값인 7.38%를 목표로 해서 이익률을 높이는 정책을 추진하기 시작한다.

=

영업이익

-

세금

=

세후 영업이익

-

재투자

아마존은 평균 소매/미디어 회사보다는 효율적인 투자가 가능할 것이다. 투하자본 1달러가 창출하는 매출액은 3.68달러일 것이다.

=

세후 현금흐름

시간가치와 위험 조정

할인율로 영업 위험 조정하고 부도 확률로 부도 위험 조정

아마존의 기술 혁신은 재무 레버리지 수준을 낮게 유지해줄 것이다(자본의 5.3%). 8.39%의 자본비용에는 아마존이 하는 세 가지 사업(소매, 미디어, 클라우드)에서의 위험도가 반영돼 있다.

영업자산의 가치

-순부채

아마존은 자본 접근성이 높으므로 부도 가능성이 거의 없다.

그림 8.8 아마존: 대항 내러티브

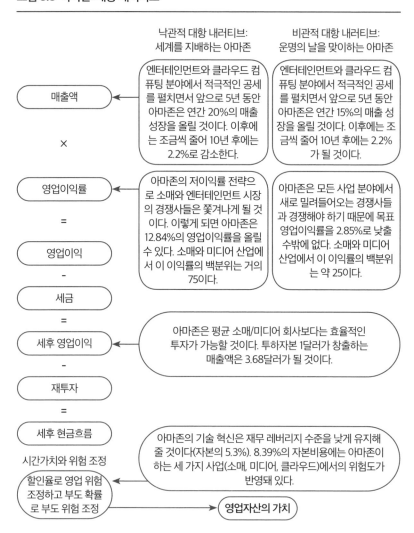

낙관적 대항 내러티브:
세계를 지배하는 아마존

비관적 대항 내러티브:
운명의 날을 맞이하는 아마존

매출액

엔터테인먼트와 클라우드 컴퓨팅 분야에서 적극적인 공세를 펼치면서 앞으로 5년 동안 아마존은 연간 20%의 매출 성장을 올릴 것이다. 이후에는 조금씩 줄어 10년 후에는 2.2%로 감소한다.

엔터테인먼트와 클라우드 컴퓨팅 분야에서 적극적인 공세를 펼치면서 앞으로 5년 동안 아마존은 연간 15%의 매출 성장을 올릴 것이다. 이후에는 조금씩 줄어 10년 후에는 2.2%가 될 것이다.

×

영업이익률

아마존의 저이익률 전략으로 소매와 엔터테인먼트 시장의 경쟁사들은 쫓겨나게 될 것이다. 이렇게 되면 아마존은 12.84%의 영업이익률을 올릴 수 있다. 소매와 미디어 산업에서 이 이익률의 백분위는 거의 75이다.

아마존은 모든 사업 분야에서 새로 밀려들어오는 경쟁사들과 경쟁해야 하기 때문에 목표 영업이익률을 2.85%로 낮출 수밖에 없다. 소매와 미디어 산업에서 이 이익률의 백분위는 약 25이다.

=

영업이익

-

세금

=

세후 영업이익

아마존은 평균 소매/미디어 회사보다는 효율적인 투자가 가능할 것이다. 투하자본 1달러가 창출하는 매출액은 3.68달러가 될 것이다.

-

재투자

=

세후 현금흐름

시간가치와 위험 조정

아마존의 기술 혁신은 재무 레버리지 수준을 낮게 유지해 줄 것이다(자본의 5.3%). 8.39%의 자본비용에는 아마존이 하는 세 가지 사업(소매, 미디어, 클라우드)에서의 위험도가 반영돼 있다.

할인율로 영업 위험 조정하고 부도 확률로 부도 위험 조정

영업자산의 가치

는 두 가지 극단적 케이스를 제시했다. 하나는 매출 성장과 저이익률을 사업 모델로 유지하는 스토리이다. 다른 하나는 아마존이 냉혹한 사업 확장 정책을 펼쳐 경쟁사를 몰아내고 매우 유리한 가격결정력을 가지게 되는 스토리이다. 〈그림 8.8〉은 두 스토리를 가치평가로 전환한 결과를 보여준다.

두 내러티브는 매출 성장률에서도 차이가 나지만, 가장 차이가 두드러지는 부분은 목표 영업이익률이다. 처음 내러티브는 아마존의 영업이익률이 소매와 엔터테인먼트 산업의 중앙값인 7.38퍼센트에 가까워질 것이라고 가정한다. 하지만 낙관적 대항 내러티브는 12.84퍼센트(백분위 75)를 주장하고 있으며, 비관적 대항 내러티브는 2.85퍼센트(백분위 25)가 될 것이라고 주장한다.

케이스 스터디 8.4_ 알리바바: 스토리에서 숫자로

선행 케이스 스터디:

　　케이스 스터디 6.6_ 알리바바: 중국 스토리

　　케이스 스터디 7.4_ 알리바바: 글로벌 사업자

6장에서 내가 만든 알리바바 스토리는 이 회사가 오랫동안 중국 온라인 소매 시장을 지배하면서 성장하고 이익을 낼 것이라는 중국 스토리였다. 알리바바 가치평가는 중국 온라인 소매 시장의 성장을 기본 가정으로 삼으며, 알리바바의 지배적 시장점유율과 낮은 원가구조는 스토리를 강화해준다. 〈그림 8.9〉는 내가 세운 알리바바의 매출 성장 스토리가 중국 온라인 소매 시장의 궤적과 얼마나 밀접하게 움직이는지를 보여준다.

〈그림 8.10〉은 스토리와 가치평가 투입변수 간의 연결을 요약한다(모

그림 8.9 알리바바의 매출 성장과 중국 온라인 소매

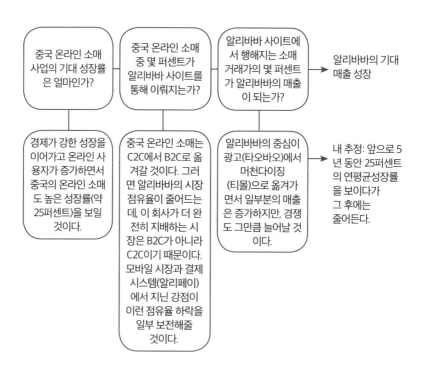

그림 8.10 알리바바, 중국 스토리

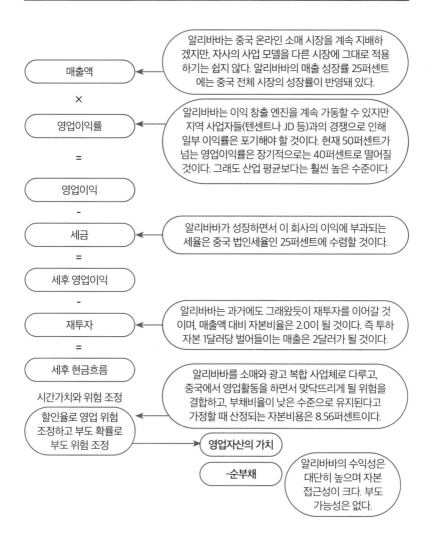

매출액

알리바바는 중국 온라인 소매 시장을 계속 지배하겠지만, 자사의 사업 모델을 다른 시장에 그대로 적용하기는 쉽지 않다. 알리바바의 매출 성장률 25퍼센트에는 중국 전체 시장의 성장률이 반영돼 있다.

×

영업이익률

알리바바는 이익 창출 엔진을 계속 가동할 수 있지만 지역 사업자들(텐센트나 JD 등)과의 경쟁으로 인해 일부 이익은 포기해야 할 것이다. 현재 50퍼센트가 넘는 영업이익률은 장기적으로는 40퍼센트로 떨어질 것이다. 그래도 산업 평균보다는 훨씬 높은 수준이다.

=

영업이익

-

세금

알리바바가 성장하면서 이 회사의 이익에 부과되는 세율은 중국 법인세율인 25퍼센트에 수렴할 것이다.

=

세후 영업이익

-

재투자

알리바바는 과거에도 그래왔듯이 재투자를 이어갈 것이며, 매출액 대비 자본비율은 2.0이 될 것이다. 즉 투하자본 1달러당 벌어들이는 매출은 2달러가 될 것이다.

=

세후 현금흐름

시간가치와 위험 조정

할인율로 영업 위험 조정하고 부도 확률로 부도 위험 조정

알리바바를 소매와 광고 복합 사업체로 다루고, 중국에서 영업활동을 하면서 맞닥뜨리게 될 위험을 결합하고, 부채비율이 낮은 수준으로 유지된다고 가정할 때 산정되는 자본비용은 8.56퍼센트이다.

영업자산의 가치

-순부채

알리바바의 수익성은 대단히 높으며 자본 접근성이 크다. 부도 가능성은 없다.

그림 8.11 **알리바바, 글로벌 사업자**

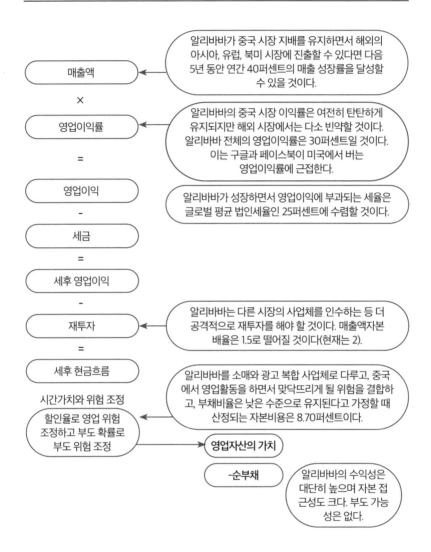

두 미국 달러화를 기준으로 추산했으며, 알리바바가 미국에서의 IPO를 계획 중이라는 사실과 편의적인 측면이 일부 반영되었다).

그러나 이 스토리에는 알리바바의 글로벌 사업 추진 의욕이 빠져 있을 수 있다. 나는 이를 보완하기 위해 타당성 있는 대항 스토리를 7장에서 전개했다. 이 대항 내러티브에서는 알리바바가 미국 시장은 물론이고, 다른 시장에서도 중국 시장에서처럼 성장을 이어나갈 것이다. 또한 어쩌면 다른 사업 분야에서도 연달아 성공할 것이라고 가정한다. 이 대안 스토리에서 알리바바는 어쩌면 나의 내러티브에서보다도 더 높은 매출 성장을 이루고, 영업이익률은 더 낮아지고, 재투자는 더 늘어날 수도 있다. 〈그림 8.11〉은 글로벌 사업자로서 알리바바 스토리의 결과를 요약한다. 앞에서도 언급했듯이 글로벌 사업 추진이 알리바바의 가치를 얼마나 더하거나 줄이게 될지는 두고 봐야할 것이다.

정성과 정량의 만남

스토리텔링 부족과 넘버크런칭 부족의 차이가 가장 확연히 드러나는 것은 주제가 정성 요소로 넘어갈 때이다. 스토리텔러들은 기업 문화, 경영진과 직원의 자질 그리고 사업가치에 영향을 미치는 여러 소프트 요인을 고려하지 못하는 것이 가치평가 모델의 뚜렷한 약점이라고 생각한다. 넘버크런처는 정성 요소를 부각시키는 것은 피상적 사고를 나타내고, 입소문을 이용해 프리미엄을 정당화하고 있다는 적신호라고 생각한다. 내 위치는 그 중간이다. 양쪽의 말에 모두 일리가 있다고 믿기 때문이다.

정성 요소가 가치에 영향을 미치는가? 물론이다! 경영진의 전략적 사고 능력, 직원의 충성도와 숙련도, 그리고 오랜 세월 쌓아올린 브랜드 네임이 사업가치를 결정하는 데 영향을 미치는 것은 당연하다. 하지만 그럴지라도 나를 스토리텔러 부족에 속한다고 단정하기 전에, 기업 문화나 전략적 고려 혹은 자랑스러운 브랜드 네임이 투자자에게 배당금을 주지는 않는다는 것도 잊지 말아야 한다. 결국 요지는 빈틈을 연결해야 한다는 것이고, 나는 아무리 모호한 정성 요소도 숫자로 전환할 수 있다고 믿는다.

이번 장에서 설정한 가치평가들을 통해 알 수 있듯이 내가 가치를 매긴 4개 회사 모두 정성적 강점이 사업 성공의 핵심이다. 우버의 경영진은 위험 감수 성향이 높고, 공격적으로 기회를 추구하며, 높은 기술력이 장점이다. 하지만 바로 이런 요인 때문에 나는 이 회사가 10년 동안 차량 공유 시장을 정복할 것이라고 마음 편하게 가정할 수 있다. 페라리는 세계 최고의 브랜드 네임을 가지고 있는 회사 중 하나이다. 바로 이 브랜드 네임이 있기에 페라리는 가격결정력을 유지하면서 차량 1대당 100만 달러가 넘는 가격을 매기고 자동차 산업의 백분위 95에 해당하는 높은 순이익률을 얻을 수 있다.

아마존에는 비전을 제시하면서도 현실을 볼 줄 아는 CEO 제프 베조스Jeff Bezos가 있다. 그런 이유 때문에 투자자들은 현재 매출은 높지만 이익이 나기까지는 좀 더 기다려야 하는 '꿈의 구장' 모델에 기꺼이 투자한다. 알리바바는 거대한 잠재력을 가진 중국 시장 최대 사업자라는 이점을 톡톡히 누렸다. 바로 이 잠재력이 있기에 나는 알리바바가 앞으로 몇 년 동안 연 25퍼센트의 매출 성장과 높은 이익률이라는 두 마리 토끼를 동시에 잡을 것이라고 가정할 수 있다.

빈틈을 메우는 대화는 두 부족 모두에게 도움이 될 수 있다. 천성적으로 정성 요소에 무게를 두는 스토리텔러들은 스토리를 더 구체적으로 말하고 타당성 여부를 점검하게 될 것이다. 어쨌거나 회사 경영진을 훌륭한 장점으로 꼽는 스토리가 유의미해지려면 어떤 이유에서 경영진이 '훌륭한지' 설명할 수 있어야 한다. 넘버크런처 부족은 정성적 요소를 대입함으로써 숫자에 깊이를 더하고, 그 숫자를 유지할 것인지 여부를 다시 점검할 수 있다.

마지막으로 정성 요소와 정량 요소를 연결할 때 투자자는 창업자와 경영자가 말하는 주장을 면밀히 조사할 수단을 얻을 수 있다. 이익률이 섹터 중앙값에도 미치지 못하는 회사가 말하는 브랜드 네임 스토리는 회의적으로 바라봐야 한다. 마찬가지로 지난 10년 내내 매출 성장률이 한 자릿수에 머무른 회사가 말하는 고성장 스토리 역시 의심의 눈으로 바라봐야 한다.

가격결정 스토리

이번에는 내재가치평가의 틀 안에서 스토리를 숫자로 전환하는 데 초점을 맞출 것이다. 그러나 많은 투자자가 내재가치 과정이 너무 복잡하고, 가치평가보다는 가격결정이 더 간단하고 교과서적인 방법이라고 생각한다. (주식의) 가격결정은 대개 (매출 요인, 매출액, 순이익, 순자산가치에 대한) 가격 승수를 계산하고, 이 배수를 '비교 가능한' 기업들과 대조해보는 식으로 이뤄진다. 여기서는 주식 리서치 분석가들이 흔히 사용하는, 가격결정을 스토리텔링에 연결하는 체계를 대략적으로 설명하고 이 접근법의 잠재적 위험이 무엇인지 보여줄 것이다.

가격결정의 핵심

본격적으로 배수들을 비교하는 표를 만들기 전에 가치평가와 가격결정 과정의 차이점을 확인하고 넘어갈 필요가 있다. 사업의 가치를 결정하는 것은 현금흐름, 위험, 현금흐름의 불확실성, 기대되는 성장 수준과 효율성의 크기이다. 거래되는 자산(주식)의 가격은 수요와 공급으로 정해진다. 사업가치도 가격결정 과정에 반영되는 수치지만, 여러 요소 중 하나일 뿐 지배적 요소는 아닐 수 있다. 시장의 밀고 당기기(모멘텀, 유행, 기타 가격결정 요소)와 유동성(또는 유동성 부족)은 가격 자체에 독자적인 역동성을 부여하는 원인이 되어 가치와는 전혀 다른 시장가격이 매겨지게 할 수 있다.

가치와 가격을 추정하는 도구에도 그런 과정의 차이가 반영된다. 가치를 추정하려면 8장 앞부분에서 말했듯이 우리는 현금흐름할인법 모델을 이용해 가치를 움직이는 펀더멘털 요소들을 가정하고 그다음에 가치를 추정한다. 가격을 정할 때는 훨씬 단순한 노선을 걷는다. 우리는 오늘 시장에서 '비슷한' 자산이 얼마에 거래되고 있는지 확인한 다음에 시장이 이 회사에 매길 가격을 여러 특성을 감안해 추정하려고 노력한다. 가격결정은 다음의 세 단계를 밟는다.

1. **비교 가능하거나 비슷한 자산을 찾는다**: 주식의 경우 전통적으로 행해지는 상대가치평가 방법은 해당 회사와 같은 섹터에 속한 다른 회사들을 관찰하는 것이다. 하지만 매우 주관적인 평가 방법이며, 투자자가 그 회사를 어떻게 분류하느냐에 따라 결과가 달라질 수 있다. 예를 들어 투자자가 테슬라를 자동차 회사가 아니라 테크 기업으로 분류한다면, 당연히 가격도 그 분류 기준에 따라 매겨진다.

2. **투자자들이 회사들의 가격을 결정할 때 사용하는 척도를 찾는다**: 기업에 가격을 매길 때에는 우리가 생각하기에 투자자가 '사용해야 하는' 척도가 아니라, 그들이 '실제로 사용하는' 척도를 따라야 한다. 예를 들어 투자자들이 소셜미디어 회사의 가격을 결정할 때 초점을 맞추는 척도가 사용자 수라면, 우리도 그 척도에 초점을 맞춰서 해당 분야 회사의 가격을 결정해야 한다.

3. **기업에 가격을 매긴다**: 투자자들이 실제로 가격결정에 사용하는 척

도를 알아냈으므로 비교 가능한 회사들 전체에 대한 척도와 가격 결정 배율을 토대로 해당 회사의 가격을 결정할 수 있다. 다시 소셜미디어 회사를 예로 들어보자. 소셜미디어 회사가 사용자 수에 따라 가격이 매겨지고, 2013년 시장이 사용자 1명당 평균 100달러의 가격을 매겼다면 트위터의 시장가격이 얼마인지도 계산할 수 있다. 2013년 10월 트위터의 사용자 수는 2억 4,000만 명이었으며 시장가치는 대략 240억 달러였다.

가격결정으로 나온 결과는 가치평가 결과와는 매우 다를 수 있다. 어떤 결과 값을 사용할 것인지는 본인이 투자자인지 트레이더인지에 따라 달라진다. 나는 여기서 트레이더에 대해 좋은 말도 나쁜 말도 할 생각이 없다. 투자자의 초점은 가치이고, 가격은 가치를 향해 움직일 것이라고 믿으며 투자한다. 트레이더의 초점은 가격이며, 그들은 가격 이동의 방향을 옳게 파악했는지를 통해 능력을 판단받는다.

스토리를 가격에 연결하기

내가 생각할 때 주식 시장의 대다수 개인들은 가치투자자를 자처하건 아니건 간에 실체로는 트레이더이다. 다만 그들은 트레이더라는 말이 피상적 분석을 떠오르게 하고, 투기꾼이라고 불릴 수도 있다는 생각에 그런 이름표가 붙는 것을 싫어할 뿐이다. 사모자본 시장에서는 이런 착

그림 8.12 벤처캐피털 가치평가(가격결정, 단위: 백만 달러)

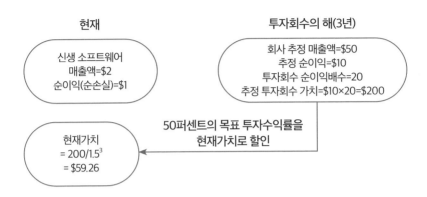

각이 훨씬 심한 편인데, 벤처캐피털리스트 대부분은 가치에는 거의 관심이 없으며 다른 것을 제쳐두고 가격결정에만 온 신경을 집중하기 때문이다. 실제로 벤처캐피털의 가치평가 모델은 일종의 가격결정 도구와 다름없는데, 투자회수배수exit multiple에 따라 가격을 결정하기 때문이다(〈그림 8.12〉 참고).

투자회수배수는 비교 가능한 기업들의 가격결정에서 나오고, 목표 수익률은 인위적 수치(할인율이라기보다는 일종의 협상 도구)이기 때문에 이 과정에서 가격결정은 거의 되지 않는다.

가격결정 게임을 해야 할 경우에는 스토리를 어떻게 가격결정 게임에 대입하느냐가 문제가 된다. 스토리를 가격결정에 연결하려면 가격결정의 척도 중심으로 스토리를 구성해야 한다. 무엇을 그 척도로 삼건 간에 내재가치평가처럼 처음부터 끝까지 관계를 설정하는 것보다는 단순하고 직선적인 작업이다. 만약 소셜미디어 스타트업에 대한 가격결정을 할 때 시장이 이용하는 주된 척도가 사용자 수라면, 사용자 수 중심의 스토리를 전개해야 한다. 혹은 시장이 순이익을 가격결정의 기본 척도로 삼는다면 이 회사에 대한 스토리는 미래 순이익과 연결되어야 한다.

스토리로 가격을 결정할 때의 위험

우리는 단순하고 명쾌하다는 이유로 스토리로 가격을 결정하는 것에 매력을 느낀다. 스토리를 통해 가격결정을 할 때는 당연히 약점이 있으며, 이 지름길을 따르면 다음과 같은 결과가 생길 수 있다.

1. **중간변수**: 어떤 척도를 가격결정에 사용하건 간에 그 척도는 좋게 말하면 가치로 향하는 중간 단계이다. 그리고 나쁘게 말하면 전혀 중요하지 않은 것을 나타낼 뿐이다. 사용자 수를 기본 척도로 해서 소셜미디어 기업의 가격을 매기면 은연중에 미래 매출과 순이익 그리고 가치까지도 현재의 사용자 수와 상관관계가 있다고 가정하게 된다. 심지어 가치를 주도하는 수치인 순이익을 가격결정의 척도로 삼을 때에도 오늘의 순이익이 내일의 순이익을 알려주는 좋은 지표라고 가정하게 된다. 불안정하고 변동이 심한 섹터에서 이만큼 위험한 믿음의 비약도 없다.

2. **시장의 변덕**: 시장이 원하는 것(사용자, 매출액, 순이익 등)을 달성하는

것이 자신의 일이라고 둘러대는 사람은 시장이 변덕스럽다는 사실을 기억해야 한다. 특히 신생기업일수록 시장이 갑자기 전혀 다른 변수로 관심을 돌려버리는 이른바 '성인식'의 순간을 피할 수 없다. 이는 14장에서 기업 라이프사이클을 다루면서 다시 논의할 것이다.

3. **기업들의 게임 플레이:** 투자자가 어느 하나의 척도에만 초점을 맞추면 기업들은 그 척도에 들어맞는 스토리를 만들기 시작한다. 그리고 사업 모델마저도 그런 척도를 달성하는 데 알맞도록 바꾼다. 여기에 기업들이 척도로 사용되는 수치가 더 좋아보이도록 회계와 측정 툴을 교묘히 사용해 숫자 조작까지 할 수 있다는 사실을 더하면 재앙을 위한 완벽한 준비가 끝나는 셈이다.

결론

가치평가가 스토리와 숫자를 잇는 다리라면 이번 장은 스토리와 다리를 하나로 묶는 대들보이다. 이번 장에서 스토리의 각 표현을 가치평가의 투입변수로 전환함으로써 다음 장에 나올 가치평가의 마지막 단계로 들어갈 수 있게 되었다. 스토리를 숫자로 전환하는 과정을 무조건 순서대로 따를 필요는 없다. 가치평가 투입변수를 스토리와 연관 짓다 보면 스토리의 앞부분으로 넘어가 약간 수정하거나 대대적으로 뒤집을 필요가 있다고 생각할 수도 있다. 이렇게 둘을 연결하는 과정에서 스토리는 더욱 탄탄해지고 가치평가의 신뢰성도 더욱 높아질 것이다.

9장

숫자에서 가치로

6장에서는 스토리텔링에 대해 말했고, 7장에서는 스토리의 타당성을 검사했고, 8장에서는 스토리를 가치 요인에 연결했다. 이번 장에서는 가치 요인을 사용해 가치를 추정함으로써 이 과정에 결말을 맺을 것이다. 그러기 위해 일단은 8장에서 소개한 가치평가 모델로 돌아가 기업의 가치를 평가하고, 가치평가를 제시하는 기계적 구조를 탐구할 것이다. 8장에서 나온 기업들을 예로 적용해 이 4개 기업에 대해 내가 말한 각각의 스토리텔링과 연관하여 추정가치를 얻어낸다. 뒷부분에서는 이 과정을 뒤집어서 (대개는 숫자만으로 표현한) 기존 가치평가에서 스토리를 뽑아내고, 그 스토리를 사용해 가치평가가 합당한지 여부를 판단할 것이다.

투입변수에서 가치로

스토리를 가치평가 투입변수로 전환했다면 가치평가에서 가장 힘든 작업의 대부분을 마친 셈이다. 다음부터는 기계적 구조에 따라 투입변수를 가치로 전환하면 된다.

가치평가의 기본

사업가치를 평가할 때는 기존 투자의 가치를 매기고, 이 추정치에서 성장하거나 파괴되는 가치를 가감한 후 위험 조정한 현금흐름을 구해야 한다. 이 단계를 도식화한 것이 〈그림 9.1〉이다.

이 스토리의 기계적 구조를 점검할 때에는 투입변수들이 상호연결돼 있다는 점을 절대 잊어서는 안 된다. 다시 말해 한 수치가 바뀌면 다른 수치도 거의 언제나 바뀐다. 따라서 가치평가에 성장률을 높여서 대입하기로 한다면 그 성장률을 위해서는 재투자가 얼마나 필요한지, 그리고 사업 믹스(그리고 사업 믹스의 위험)과 재무 레버리지를 바꿔야 하는지 여부도 같이 고민해야 한다.

현금흐름할인법 모델로 가치평가를 하는 사람들이 자주 실수하고 곤란해하는 부분이 최종가치의 역할이다. 어떤 사업을 평가해야 한다면 최종가치가 현재가치에서 매우 많은 부분을 차지하게 되는 것을 피하기 힘들다. 최종가치는 현재가치의 60퍼센트나 70퍼센트, 심지어 100퍼센

그림 9.1 가치평가 단계

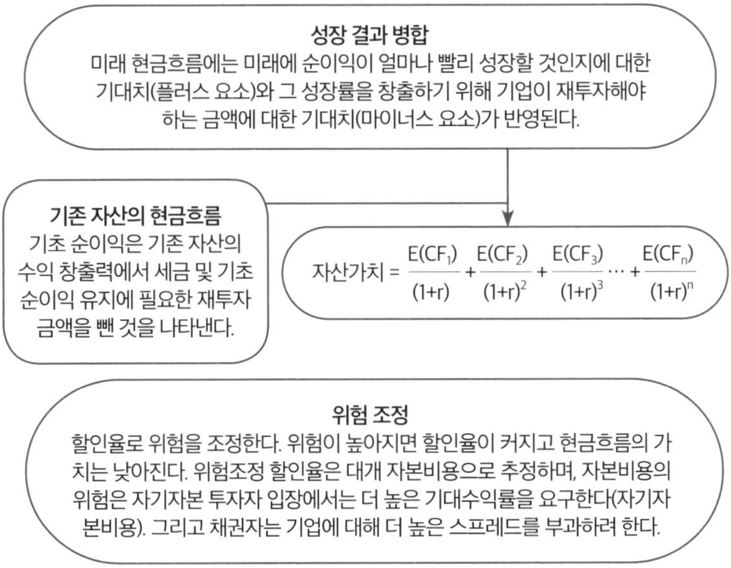

성장 결과 병합
미래 현금흐름에는 미래에 순이익이 얼마나 빨리 성장할 것인지에 대한 기대치(플러스 요소)와 그 성장률을 창출하기 위해 기업이 재투자해야 하는 금액에 대한 기대치(마이너스 요소)가 반영된다.

기존 자산의 현금흐름
기초 순이익은 기존 자산의 수익 창출력에서 세금 및 기초 순이익 유지에 필요한 재투자 금액을 뺀 것을 나타낸다.

$$자산가치 = \frac{E(CF_1)}{(1+r)} + \frac{E(CF_2)}{(1+r)^2} + \frac{E(CF_3)}{(1+r)^3} \cdots + \frac{E(CF_n)}{(1+r)^n}$$

위험 조정
할인율로 위험을 조정한다. 위험이 높아지면 할인율이 커지고 현금흐름의 가치는 낮아진다. 위험조정 할인율은 대개 자본비용으로 추정하며, 자본비용의 위험은 자기자본 투자자 입장에서는 더 높은 기대수익률을 요구한다(자기자본비용). 그리고 채권자는 기업에 대해 더 높은 스프레드를 부과하려 한다.

트를 넘기도 한다. 이것을 현금흐름할인법 모델의 단점으로 보는 것이 아니라, 자기자본 투자자로서 벌게 될 돈을 반영하는 것이라고 생각하자. 자기자본 투자자는 배당이나 현금 지급의 형태로 돈을 벌기도 하지만, 대다수 투자 수익은 주식의 가치 상승에서 나온다. 최종가치는 이런 가치 상승을 의미한다. 당연한 말이지만 사업의 성장 잠재력이 올라갈수록 최종가치가 현재가치에 기여하는 몫 역시 늘어난다. 이런 식으로 최종가치를 이해한다면 자기자본 투자자로서 관심을 가져야 할 두 번째 부분은 전체 가치평가 중 최종가치가 차지하게 될 부분을 가정하는 것이다. 계속기업을 가정할 때의 최종가치 추정 등식을 다시 보자.

계속기업의 최종가치n = E(현금흐름n+1) / (안정적 성장의 자본비용 - 성장률)

7장에서 최종가치 등식의 첫 번째 제약 조건으로, 기업의 성장률은 해당 경제(국내나 해외)의 명목 성장률보다 높지 않거나 같아야 한다고 설명했다. 나는 무위험 성장률을 경제의 명목 성장률을 대신하는 수치로 사용하고, 통화 요인을 성장률 추산에 집어넣음으로써 이 제약 조건을 좀 더 강화할 생각이다. 만약 기업이 속한 경제의 통화 인플레이션이 높으면 무위험 성장률과 항구적 기대 성장률 역시 훨씬 높아질 것이다. 그리고 두 번째 제약 조건도 고려해야 한다. 어떤 성장률 추산이건 일관성을 잃지 않으려면 기업은 최종가치를 '안정적'으로 성장시키기 위해 재투자를 할 수 있어야 한다. 실제로 재투자율을 추정하는 한 가지 간단한 방법은 기업이 안정적 성장으로 벌게 될 투하자본수익률을 추산한 다음 성장률로 이 수치를 다시 나눈다.

최종 재투자율 = 안정적 성장률 / 투하자본수익률

따라서 신규 사업의 투하자본수익률이 12퍼센트라면 매년 3퍼센트의 안정적 성장률을 이루기 위해서는 세후 영업이익의 25퍼센트를 항구적으로 투자해야 한다(0.25=0.03/0.12). 실제로 '투하자본수익률이 자본비용과 같으면 성장은 중립변수가 되기 때문에 성장률이 변해도 최종가치는 변하지 않는다.' 이 사실은 최종가치의 제약 조건을 유지할 뿐 아니라 강력한 함의도 이끌어낸다. 안정적 성장률을 추산해서 더해진 가치는 투자자가 기업의 경쟁우위가 장기적으로 유지될 가능성을 믿어도 되는지 아닌지를 나타내는 함수이다. 경쟁우위를 유지하지 못하면 회사의 자본수익률은 자본비용 아래로 떨어질 것이고, 가정한 성장률은 최종가치에 아무런 영향을 미치지 못한다. 이럴 경우 내러티브의 종결부에서는 그 회사의 초과 수익 유지 능력과 계속기업으로서의 존속 능력을 판단해야 한다.

가치평가의 열린 결말

현금흐름을 추정하고 할인율로 위험을 조정하고 영업자산의 현재가치 계산까지 마치면, 가치평가에서 가장 힘든 부분이 끝났다는 안도감에 빠질 수 있다. 하지만 그러면 안 된다. 영업자산의 가치에서 자기자본가치를 도출해야 한다. 자기자본가치로 주당 자기자본가치를 도출하려면 다음의 요소도 판단해야 한다.

1. **부채와 현금(순부채):** 대부분 가치평가에서 순부채는 가치평가 마지막에 산입하는 세부사항으로, 영업자산의 가치에서 순부채를 차감해 자기자본가치를 도출한다. 이럴 경우 두 수치의 한쪽이나 양쪽 모두가 지닌 추정 문제가 가려질 수 있다. 부채 산입에서는 무엇을 부채에 포함하느냐가 핵심 문제인데, 재무상태표에 계상되는 이자부 부채만이 아니라 다른 계약상 채무에 대해서도 타협해야 한다

는 답이 나온다. 예를 들어 리스 계약을 부채로 간주해 전체 부채에 합산해야 한다면 영업리스 비중이 높은 소매업과 요식업의 부채는 크게 달라진다.

현금의 경우는 두 가지 세부 문제를 조정해야 한다. 첫 번째는 미국 법인세법을 따르는 미국 기업들에만 한정된 문제다. 미국 세법에 따르면 미국 소재 기업들은 역외 소득을 미국으로 송환할 경우 미국 법인세율에 따른 세금을 내야 한다. 그러다 보니 미국 기업들은 이익을 미국으로 송환하지 않고 현금을 해외 현지 법인에 그냥 둔다. 2015년 말 애플의 재무상태표에서 현금 2,000억 달러 중 해외 법인에 남아 있는 현금은 1,200억 달러였다. 만약 이 현금을 미국으로 송환한다면 애플은 200억 달러의 세금을 내야 한다. 자기자본, 즉 주식에 투자한 사람들은 애플의 가치를 평가할 때 이 세금을 내게 될지, 그렇다면 언제 내게 될지를 고려해야 한다. 두 번째 문제는 현금이 고위험 증권에 투자될 수 있는 시장에서 발생한다. 이런 증권에 현금을 투자한다면 (재무제표에 보고되는) 순자산 가치가 현재가치와 크게 달라질 수 있다.

2. **상호출자**: 기업이 다른 회사에 출자하는 것은 드문 일이 아니다. 때문에 자기자본 투자자는 이런 출자에 함께 참여하는 것이라고 봐야 한다. 투자자는 지분출자의 가치를 사업가치 추정에 반영해야 하며, 이때 제일 먼저 할 일은 회사가 가진 지분 규모를 파악하는 것이다. 미국 회계와 국제 회계 기준 모두 지분출자를 크게 두 가지로 나눈다. 첫 번째는 다른 회사에 (항상은 아니지만) 50퍼센트 이

상을 출자해 지배지분을 확보하는 '지배주주majority holding'이고, 두 번째는 소수지분을 보유하는 '소액주주minority holding'이다. 회사가 지배주주라면 100% 지분을 소유한 자회사와 마찬가지로 연결재무제표를 작성해 영업 수치(매출, 영업이익, 자산, 부채 등)를 보고해야 한다.

회계사는 자회사의 가치 중에서 모회사의 것이 아닌 가치를 추정해 부채로 계상해야 하며, 이런 부채를 소액주주지분 또는 비지배지분이라고 한다. 소액출자는 출자 지분에 따른 영업 수치를 나타낼 필요까지는 없지만, 자회사의 순이익 중 차지하는 지분을 반영해 재무상태표의 순이익을 조정해야 한다. 재무상태표에는 이런 출자 지분의 순자산가치만 계상하는 식으로 끝난다. 혼란의 여지가 많은 조합인 상호출자는 가치평가를 크게 훼손하는 요인 중 하나이다.

그러나 간단한 규칙 하나가 이런 혼란을 크게 줄여줄 수 있다. 할 수 있다면 모회사의 가치는 모회사의 재무제표만으로 판단하고, 자회사는 (성장, 위험, 현금흐름 등을 감안해) 따로 가치를 계산해 여기에 출자 비중을 곱한 다음 결과 값들을 더하면 된다. 접근 가능한 수단이 연결재무제표뿐이라면 거기에 나온 최소한의 정보를 가지고 연결 자회사의 가치에서 모회사의 것이 아닌 부분을 계산한 후 이 결과를 연결 가치평가에서 차감한다.

3. **주식 기반 보상**: 지난 20년 전부터 많은 회사가 매도제한 조건부 주식restricted share이나 옵션의 형태로 직원에게 보상하고 있다. 어떤

형태건 직원 보상이라는 것은 분명하기 때문에, 아무리 옵션가격 결정 모델로 옵션가치를 평가한다고 할지라도 주식 보상을 하는 시점에 영업비용으로 처리하지 말아야 할 합당한 근거는 전혀 없다. 회계 규칙 제정자들이 이런 사실을 깨닫기까지 오랜 시간이 걸리기는 했지만 주식 보상의 영업비용 처리는 오늘날 대부분의 나라에서 표준 회계 관행으로 인정되고 있다. 하지만 분석가들과 기업들은 온갖 핑계를 대며 이것의 비용 처리를 생략했다가 나중에 더하곤 한다.

주식 보상을 영업비용으로 처리해야 할 첫 번째 근거는 기업이 현금흐름을 올리기 위해 물품이나 주식으로 지급하는 비현금성 비용이기 때문이다. 만약 회사가 옵션이나 매도제한 조건부 주식을 시장에 발행하고 여기서 나온 현금을 직원에게 지급했다면 현금흐름이 발생한 것이다. 두 번째 근거는 이 비용은 비경상 비용이라는 점이다. 어떤 기업에서 이 비용이 매년 발생한다면 그것은 전혀 말이 되지 않는다.

부차적인 문제도 발생하는데, 특히 과거에 종업원에게 제공한 스톡옵션 처리에 문제가 생길 수 있다. 이 옵션이 여전히 유통 중이라면 기업 지분에 대한 소유권이 있기 때문에 그것의 가치를 자기자본가치에서 뺀 후에 주당가치를 도출해야 한다. 일부 분석가들은 기발행 옵션으로 유통 주식을 조정하기 위해 노력하지만 좋은 행동은 아니다. 이런 조정에서는 외가격 옵션out-of-the-money option(행사가격이 기초자산의 가격보다 높은 콜옵션 또는 행사가격이 기초자산 가격보다 낮은 풋옵션–옮긴이)을 필요 없는 것이라고 간주한다. 즉 옵션 행사로 인한 현금흐름과 시간가치를 무시하게 된다.

정답이 없는 요소들(현금, 상호출자, 직원 스톡옵션)을 기계적으로 처리하고 싶은 마음이 굴뚝같겠지만, 이런 요소들로 인한 결과를 스토리에 집어넣으려 노력해야 한다. 이 부분들은 기업이 의도적으로 선택해서 나온 결과물이기 때문이다. 어쨌거나 차입이나 현금 보유, 타회사 출자, 직원 스톡옵션 제공은 기업의 의무 사항이 아니다.

간단한 예로 넷플릭스의 사업 모델을 관찰해보면 콘텐츠 회사와 다년간 독점 계약을 하는 동시에, 매달 정액 이용료를 지불하는 구독자를 모집하는 것이 이 회사의 주된 내러티브다. 이 스토리에 따르면 넷플릭스의 위험은 콘텐츠 제공사들이 방송권 계약료를 인상해달라고 압박해도 구독자들에게 그 비용을 전가할 수 없다는 것이다. 이것이 자극이 되어 넷플릭스는 자체 콘텐츠 제작(〈하우스 오브 카드〉 같은)으로 옮겨가려는 움직임을 취하게 되었고, 이는 스토리가 바뀌려는 전조 증상일 수도 있다.

현금 보유액이 기업 자산의 거의 절반에 이르는 닌텐도Nintendo의 스토리를 만들고 가치를 평가하려면 막대한 보유 현금과 부채 기피 성향이 강한 경영진의 보수적 태도를 스토리에 엮어 넣어야 한다.

마지막으로, 지주회사의 가치를 평가하려 한다면 지주회사를 이루는 자회사들은 스토리의 일부분이 아니라 전체로 바라봐야 한다. 그리고 스토리 자체가 되는 자회사들을 인수하는 경영진의 능력이 어느 정도인지도 이해해야 한다.

가치평가의 정교함

내가 보기에 현금흐름할인법이 유연하지 못하다는 세간의 평판은 대부분 부당하며, 대다수 분석가는 현금흐름할인법의 가장 강력한 장점을 이용조차 못하고 있다. 나는 현금흐름할인법을 이용해 신생기업과 오래된 기업의 가치를 평가했고, 다양한 산업과 여러 나라 기업을 평가했다. 또한 독립 자산의 가치를 평가하기도 했다. 그때마다 나는 현금흐름할인법의 유연함에 놀랐다. 대다수 분석가가 깨닫지 못하거나 무시하는 현금흐름할인법의 강력한 장점 두 가지는 다음과 같다.

1. **통화에 대한 불변성**: 현금흐름할인법의 기본 틀인 현금흐름의 인플레이션과 할인율을 일관되게 가정하기만 한다면 어떤 통화와 금리 환경에서도 효력을 발휘한다. 예를 들어 저인플레이션 통화로 기업의 가치를 평가한다면 할인율은 낮아지고, 기대 성장률도 마찬가지로 낮아질 것이다(똑같이 저인플레이션이 적용되기 때문이다). 반대로 고인플레이션 통화에서 가치를 평가한다면 할인율과 성장률도 고인플레이션을 반영해 높아질 것이다.

2. **역동적인 할인율**: 현금흐름할인 방법론에 대한 설명 대부분은 기업에 맞는 할인율을 미리 추정하고 가치평가를 하는 과정에서 할인율에 변농이 없어야 한다고 말한다. 이는 합리적이지도 일관적이지도 않은 행동이다. 시간이 지날수록 기업의 성장과 사업이 변할 것으로 예상된다면 여기에 맞게 가치평가에 적용하는 할인율도 변

할 것이라고 기대해야 한다. 솔직히 말해 기업의 사업 믹스가 그대로 유지된다고 가정해도 부채와 자기자본의 배합 비율은 변할 수 있다. 그리고 자본 배합이 변하면 할인율도 변할 수밖에 없다.

현금흐름할인법을 이용해 기업을 평가하는 것을 단호히 반대하는 벤처캐피털리스트들이 많다. 그들이 현금흐름할인 접근법을 그토록 경시하는 이유는 지금까지 경직된 현금흐름할인 모델만을 봐왔기 때문일 수 있다. 내가 이 책에서 스타트업에서 쇠락 사업에 이르기까지 여러 종류의 기업을 통해 스토리와 숫자의 연결을 보여주는 이유는 현금흐름할인 접근법이 어떤 종류의 가치평가에도 충분히 들어맞을 정도로 유연하다고 굳게 믿기 때문이다.

가치평가 진단

가치평가가 끝나면 결론에 나온 숫자에 모든 관심이 집중된다. 만약 상장기업의 가치를 평가했다면 자신이 추정한 사업과 주식가치에 관심이 쏠리는 것이 당연하다. 그러나 가치평가 계산으로 나온 수치에는 중요한 정보가 담겨 있다. 이 정보는 가치평가의 완전성 여부를 파악하도록 도와주는 것은 물론이고, 주식투자자로서 기업의 어떤 부분을 계속 추적해야 하는지도 파악하게 해준다.

1. **성장, 재투자, 투자의 질**: 앞에서 성장, 재투자, 위험의 균형이 일관된 가치평가를 만들어내는 가치의 철의 삼각관계를 소개했다. 일관성을 검사하는 간단한 방법은 고성장 단계에서 예상되는 영업이익의 변화를 합산하고, 그 합산액을 같은 기간 동안 예상되는 재투자 변화로 나누면 된다.

$$한계자본수익률 = 영업이익의 변화 / 재투자$$

한계자본수익률marginal return on invested capital은 기업의 미래 투자가 좋을 것 같은지, 나쁠 것 같은지를 대략적으로 가늠하게 해주는 척도이다. 이 수익률이 기업의 자본비용, 역사적 자본수익률, 산업평균 등에 비해 너무 낮거나 높다고 판단되면 본인이 세운 성장과 재투자에 대한 가정을 재점검해야 한다는 적신호이다.

2. **위험과 돈의 시간가치**: 현금흐름을 할인하는 과정은 돈의 시간가치(다시 말해 현금흐름은 빨리 들어오는 것이 더 좋다.)와 계속기업으로서 회사를 운영할 때의 위험을 반영해 가치를 조정하는 작업이다. 시간가치와 위험이 기업의 가치에 어느 정도 영향을 미치는지 알려면 명목현금흐름(할인을 하지 않은 현금흐름)의 총액을 현재가치와 비교하면 된다. 돈의 시간가치는 재무학 수업에서 제일 먼저 배우는 기본 개념 중 하나이기 때문에 이미 잘 알고 있을 것이다. 그러나 현금흐름이 들어오기까지 긴 시간이 걸릴수록 가치는 놀

랄 정도로 크게 떨어진다. 특히 위험이 높거나 고인플레이션 환경이라면 그 가치는 더욱 크게 낮아진다.

3. **현금흐름의 가치**: 이미 알고 있는 사실이겠지만 고성장하는 신생기업이라면 초기의 현금흐름은 마이너스가 될 수 있으며, 당연히 그래야 한다. 초기 연도에는 순이익이 낮거나 순손실이 발생하는 것이 한 이유이고, 고성장을 위해 재투자를 많이 해야 하는 것도 한 이유이다. 주식투자자는 소유 지분이 미래의 주식 발행으로 희석될지도 모른다고 염려하지만, 마이너스 현금흐름은 이런 희석 효과를 포착하는 데 중요한 역할을 한다. 미래의 주식 발행은 마이너스 현금흐름을 보충하기 위해 행해지므로, 만약 현금흐름의 현재가치를 가치 추정에 통합한다면 희석 효과를 미리 포착하는 것과 같다. 간단히 말해 현금흐름할인법으로 가치평가를 할 때는 미래의 주식 발행 수를 추정해서 현재의 주식 수를 조정할 필요가 전혀 없다. 이미 가치에 반영돼 있기 때문이다.

4. **자기자본의 마이너스 가치**: 현금흐름의 현재가치를 합한 것이 영업자산가치이며, 영업자산가치에서 순부채를 차감한 값이 자기자본가치이다. 하지만 영업자산의 가치가 순부채보다 낮으면 어떻게 될까? 자기자본이 마이너스가 될 수도 있을까? 그럴 수도 있고, 아닐 수도 있다. 시장가격이 0 이하가 될 리 없으므로 자기자본은 마이너스가 되지 않는다. 하지만 반대로 회사의 재무상태가 심각하게 부실한데도 혹시나 흑자 전환으로 영업자산의 가치가 오를 수 있다고 희망하면서 계속 영업활동을 유지한다면 자기자

본은 마이너스가 될 수 있다. 이런 경우 자기자본은 옵션의 성격을 지니게 된다. 그리고 투자자 역시 자기자본을 옵션으로 처리해야 한다.

케이스 스터디 9.1_ 우버: 도심 차량 서비스 회사에 대한 평가

선행 케이스 스터디:

케이스 스터디 6.2_ 차량 공유 시장의 풍경(2014년 6월)

케이스 스터디 6.3_ 우버 내러티브(2014년 6월)

케이스 스터디 8.1_ 우버: 스토리에서 숫자로

6장에서 나는 2014년 6월 우버를 도심 차량 서비스 회사로 묘사하는 스토리를 말했고, 8장에서는 이 스토리를 매출 성장에서 자본비용에 이르기까지 가치평가 투입변수에 연결했다. 이 모든 것을 요약한 내용이 〈표 9.1〉이다.

가치평가의 투입변수는 가치평가 모델을 통해 얻었으며, 〈표 9.2〉는 평가 결과를 요약한다. 내가 추정한 우버의 가치는 대략 60억 달러이지만, 모든 가치평가 추정의 바탕은 내러티브라는 사실도 잊지 말아야 한다. 다시 말해 스프레드시트로 구한 투입변수들이 아니라, 스토리가 가치평가를 움직이게 만든다.

표 9.1 우버 가치평가의 투입변수

투입변수	수치 가정
전체 시장	우버가 등장하기 전에 기준 연도의 도심 차량 서비스 시장은 1,000억 달러 규모이고 매년 3% 성장하고 있다. 우버와 다른 차량 공유 회사들이 새로운 이용자를 시장으로 끌어들이면서 기대 성장률은 연간 6%로 증가할 것이다.
시장점유율	우버는 매년 시장점유율을 조금씩 늘리면서 전체 시장의 10%를 점유하게 될 것이다.
세전 영업이익률과 세금	우버의 영업이익률은 7%(기준 연도)에서 10년째 되는 해에는 40%로 오를 것이다. 또한 우버의 세율은 현행 31%에서 미국 한계세율인 40%로 오를 것이다.
재투자	우버는 현재의 저자본집약 사업 모델을 유지할 수 있을 것이며, 매출액자본 배율은 5가 될 것이다.
자본비용	우버의 자본비용은 첫 해에는 12%(미국 기업 백분위 90)에서 시작하며, 10년째 되는 해(성숙 기업이 되는 시점)에는 10%로 내려갈 것이다.
부도 가능성	현재의 손실과 자본 필요를 감안할 때 우버가 살아남지 못할 확률은 10%다.

표 9.2 우버, 도심 차량 서비스 회사

스토리

우버는 도심 차량 서비스 회사이며, 새로운 이용자를 차량 서비스 시장으로 끌어들이고 있다. 지역 네트워킹 효과를 누리면서 현행 수익배분(80/20)과 저자본집약(차량을 소유하지 않고 운전자를 고용하지 않음) 모델을 유지할 것이다.

가정

	기준 연도	1~5년/ 6~10년		10년 후	스토리와의 연결
전체 시장	1,000억 달러	연간 6.00% 성장		2.50% 성장	도심 차량 서비스+새 이용자
시장점유율	1.50%	1.50%→10.00%		10.00%	지역 네트워킹 효과
수익 공유	20.00%	20.00% 유지		20.00%	수익배분 제도 유지
영업이익률	3.33%	3.33%→40.00%		40.00%	강력한 경쟁 포지션
재투자	NA	매출액 대비 자본비율 5.00		재투자율=10%	저자본집약 모델
자본비용	NA	12.00%	12.00→8.00%	8.00%	미국 기업 중 백분위 90
부도 위험	부도 가능성은 10%(거의 제로 수준)				신생기업

현금흐름(단위: 백만 달러)

연도	전체 시장	시장점유율	매출	EBIT(1-t)*	재투자	FCFF†
1	$106,000	3.63%	$769	$37	$94	$(57)
2	$112,360	5.22%	$1,173	$85	$81	$4
3	$119,102	6.41%	$1,528	$147	$71	$76
4	$126,248	7.31%	$1,846	$219	$64	$156
5	$133,823	7.98%	$2,137	$301	$58	$243
6	$141,852	8.49%	$2,408	$390	$54	$336
7	$150,363	8.87%	$2,666	$487	$52	$435
8	$159,385	9.15%	$2,916	$591	$50	$541
9	$168,948	9.36%	$3,163	$701	$49	$652
10	$179,085	10.00%	$3,582	$860	$84	$776
최종 연도	$183,562	10.00%	$3,671	$881	$88	$793

가치

최종가치	$14,418	
PV(최종가치)	$5,175	
PV(앞으로 10년 동안의 현금흐름)	$1,375	
영업자산의 가치 =	$6,550	
부도 확률	10.00%	
부도 시의 가치	$—	
영업자산 조정가치	$5,895	벤처캐피털리스트들이 이 시점에 매긴 우버 가격은 170억 달러

* EBIT(1-t)=(매출액×영업이익률)(1-세율)
† FCFF=기업 잉여현금흐름

케이스 스터디 9.2_ 페라리: 배타적 자동차 동호회의 가치평가

선행 케이스 스터디:

케이스 스터디 6.1_ 자동차 산업(2015년 10월)

케이스 스터디 6.4_ 페라리 내러티브(2015년 10월)

케이스 스터디 7.2_ 페라리: 배타적 자동차 동호회

케이스 스터디 8.2_ 페라리: 스토리에서 숫자로

6장에서 소개한 페라리 스토리는 이 회사가 배타적 자동차 회사로서 저성장, 높은 이익률, 저위험에 만족할 것이라고 설명했다. 그리고 7장에서 나온 대안 스토리에서는 페라리가 고성장과 낮은 이익률, 높은 위험을 추구하는 경우를 가정했다. 8장에서는 두 스토리를 가치평가 투입변수에 연결했다. 다음 〈표 9.3〉은 이 수치들을 하나로 요약 정리한 것이다.

이런 투입변수들을 이용해서 먼저 〈표 9.4〉에서 배타적 동호회로서 페라리의 가치를 평가했고, 〈표 9.5〉에서는 고성장 내러티브를 가정하여 가치평가를 시도했다. 나는 저성장을 추구할 경우 페라리의 자기자본가치는 63억 유로(약 8조 2,332억 달러)이고, 고성장을 추구할 때의 가치는 60억 유로(약 7조 8,500억 달러)라고 추정한다. 고성장 스토리에 따른 가치평가가 더 낮아서 놀랄 것이다. 가치가 낮게 나온 이유는 낮아진 영업이익률과 높아진 자본비용이 반영되었기 때문이다.

표 9.3 페라리 가치평가 투입변수

	배타적 클럽	활력 높이기
통화 선택	유로화	유로화
매출 성장	앞으로 5년 동안 연간 4% 성장하다 이후 0.7%의 성장 유지	앞으로 5년 동안 연간 12% 성장하다 이후 0.7%의 성장 유지
세전 영업이익률(세금)	세전 영업이익률과 세율 영업이익률은 18.2%로 유지(현행), 세율은 33.54%	저가 자동차 출시와 마케팅 비용 증가로 인해 앞으로 10년 동안 영업이익률은 14.32%로 하락
재투자	매출액 대비 자본비율은 1.42이지만 매출 성장이 낮기 때문에 재투자도 낮다.	매출액 대비 자본비율은 1.42이지만, 매출이 증가하기 때문에 재투자 필요성이 훨씬 늘어난다.
자본비용	자본비용은 슈퍼리치 고객들이 반영되어 6.96%이다.	자본비용은 8%이다. 슈퍼리치가 아닌 일반적인 부자들은 경제 부침에 좀 더 민감하기 때문이다.

표 9.4 페라리, 배타적 클럽

스토리
페라리는 배타적 클럽을 유지하면서 경제 부침에 영향을 받지 않는 슈퍼리치 고객들에게 비교적 적은 수의 차를 아주 비싼 가격에 팔 것이다. 광고비는 들지 않는다.

가정					
	기준 연도	1~5년	6~10년	10년 후	스토리와의 연결
매출액(a)	€2,763	CAGR*=4.00%	4.00% → 0.70%	CAGR*=0.70%	배타성 유지를 위한 저성장
영업이익률(b)	18.20%	18.20%		18.20%	고가 정책+광고비 들지 않음 =현재의 영업이익률
세율	33.54%	33.54%		33.54%	그대로 유지
재투자(c)		매출액 대비 자본비율은 1.42		재투자율 =4.81%	저성장에 따른 낮은 재투자
자본비용(d)		8.00%	8.00% → 7.50%	7.50%	경기 침체 타격에 따른 영향이 작음

현금흐름(단위: 백만 유로)

연도	매출액	영업이익률	EBIT(1-t)[†]	재투자	FCFF[††]
1	€2,876	18.20%	€348	€78	€270
2	€2,988	18.20%	€361	€81	€281
3	€3,108	18.20%	€376	€84	€292
4	€3,232	18.20%	€391	€87	€303
5	€3,362	18.20%	€407	€91	€316
6	€3,474	18.20%	€420	€79	€341
7	€3,567	18.20%	€431	€66	€366
8	€3,639	18.20%	€440	€51	€389
9	€3,689	18.20%	€446	€35	€411
10	€3,715	18.20%	€449	€18	€431
최종 연도	€3,740	18.20%	€452	€22	€431

가치

최종가치	€6,835
PV(최종가치)	€3,485
PV(앞으로 10년 동안의 현금흐름)	€2,321
영업자산의 가치 =	€5,806
-부채	€623
-소수지분	€13
+현금	€1,141
자기자본가치	€6,311

* CAGR=연평균성장률
† EBIT(1-t)=(매출액×영업이익률)(1-세율)
†† FCFF=기업 잉여현금흐름

표 9.5 페라리, 활력 올리기

스토리
페라리는 고성장을 추구하면서 저가 모델을 출시하고, 이 전략을 뒷받침하기 위해 마케팅을 강화하지만 거시경제 작용에 대한 노출도 높아진다.

가정

	기준 연도	1~5년	6~10년	10년 후
매출액(a)	€2,763	CAGR*=12.00%	12.00% → 0.70%	CAGR*=0.70%
영업이익률(b)	18.20%	18.20% → 14.32%		14.32%
세율	33.54%	33.54%		33.54%
재투자(c)	1.42	매출액 대비 자본비율은 1.42		재투자율=4.81%
자본비용(d)		8.00%	8.00% → 7.50%	7.50%

현금흐름(단위: 백만 유로)

연도	매출액	영업이익률	EBIT(1-t)[†]	재투자	FCFF[††]
1	€3,095	17.81%	€366	€233	€133
2	€3,466	17.42%	€401	€261	€140
3	€3,881	17.04%	€439	€293	€147
4	€4,348	16.65%	€481	€323	€153
5	€4,869	16.26%	€526	€367	€159
6	€5,344	15.87%	€564	€334	€230
7	€5,743	15.48%	€591	€281	€310
8	€6,043	15.10%	€606	€211	€395
9	€6,222	14.71%	€608	€126	€482
10	€6,266	14.32%	€596	€31	€566
최종 연도	€6,309	14.32%	€600	€35	€565

가치	
최종가치	€8,315
최종가치의 현재가치	€3,906
앞으로 10년간 현금흐름의 현재가치	€1,631
영업자산의 가치 =	€5,537
-부채	€623
-소수지분	€13
+현금	€1,141
자기자본가치	€6,041

* CAGR=연평균성장률
† EBIT(1-t)=(매출액×영업이익률)(1-세율)
†† FCFF=기업 잉여현금흐름

케이스 스터디 9.3_ 아마존: 꿈의 구장에 대한 가치평가

선행 케이스 스터디:

케이스 스터디 6.5_ 아마존: '꿈의 구장' 모델(2014년 10월)

케이스 스터디 7.3_ 아마존: 다른 내러티브(2014년 10월)

케이스 스터디 8.3_ 아마존: 스토리에서 숫자로

아마존을 '꿈의 구장'으로 묘사한 스토리의 가정에 따르면 이 회사는 매출 성장에 초점을 맞춰 현재 원가 이하로 제품과 서비스를 판매하는 전략을 그대로 이어나가다가 수익성 추구로 방향을 바꾼다. 하지만 새 경쟁사들로 인해 이익률은 높지 않은 수준을 유지하게 될 것이다. 7장에서 나는 두 가지 대안 내러티브를 제시했다. 비관적 내러티브에서 아마존은 매출 성장에 초점을 맞추며 순이익이 여전히 신기루에 불과한 황무지로 향하게 된다. 낙관적 내러티브에서는 (적어도 투자자 입장의) 낮은 가격으로 상당수 경쟁사를 시장에서 몰아내고 가격결정력도 높아진다. 〈표 9.6〉은 세 가지 내러티브에 따라 가치평가 투입변수가 어떻게 달라지는지를 보여준다.

〈표 9.7〉에도 나오듯 '꿈의 구장' 스토리를 적용했을 때 내가 추정한 2014년 10월 아마존의 주당 가치는 175.25달러이고, 〈표 9.8〉의 비관적 시나리오로 추정한 주당 가치는 32.72달러, 〈표 9.9〉의 낙관적 시나리오로 추정한 주당 가치는 468.51달러이다.

세 개의 내러티브에서 나온 가치평가 수치가 크게 다르다 보니 아마존은 투자자들 사이에서도 열띤 논쟁의 주제가 되기도 한다. 일부 투

표 9.6 아마존 가치평가의 투입변수: 대안 내러티브

	'꿈의 구장' 내러티브	비관적 운명론 이야기	낙관적 시장 지배 이야기
매출 성장	앞으로 5년 동안 15%로 성장, 이후 2.2%로 떨어져 안정적 성장	앞으로 5년 동안 15% 성장, 이후 2.2%로 떨어져 안정적 성장	앞으로 5년 동안 20% 성장, 이후 2.2%로 떨어져 안정적 성장
세전 영업이익률	영업이익률은 7.38%로 증가, 소매·미디어 섹터의 중앙값	영업이익률은 2.85%로 증가, 소매·미디어 섹터의 백분위 25	영업이익률은 12.84%로 증가, 소매·미디어 섹터의 백분위 75
재투자	매출액 대비 자본비율은 현재의 3.68 유지	매출액 대비 자본비율은 현재의 3.68 유지	매출액 대비 자본비율은 현재의 3.68 유지
자본비용	자본비용은 8.39%	자본비용은 8.39%	자본비용은 8.39%

표 9.7 아마존, 꿈의 구장

스토리

아마존은 당분간 매출 성장을 추구하면서 미디어, 소매, 클라우드 컴퓨팅 시장에서 거의 원가로 제품과 서비스를 판매할 것이다. 미래에는 시장 장악력을 이용해 이익률을 높이겠지만, 새로운 경쟁사들의 견제에 부딪힐 것이다.

가정

	기준 연도	1~5년	6~10년	10년 후	스토리와의 연결
매출액(a)	$85,246	CAGR*=15.00%	15.00% → 2.20%	2.20%	매출 성장에 초점
영업이익률(b)	0.47%	0.47% → 7.38%		7.38%	소매+미디어 산업의 평균 이익률
세율	31.80%	31.80%		31.80%	그대로 유지
재투자(c)		매출액 대비 자본비율은 3.68		재투자율 =22.00%	경쟁사보다 효율적으로 재투자
자본비용(d)		8.39%	8.39% → 8.00%	8.00%	미디어+소매+클라우드

현금흐름(단위: 백만 달러)

연도	매출액	영업이익률	EBIT(1-t)†	재투자	FCFF††
1	$98,033	1.16%	$776	$3,474	$(2,698)
2	$112,738	1.85%	$1,424	$3,995	$(2,572)
3	$129,649	2.54%	$2,248	$4,594	$(2,346)
4	$149,096	3.23%	$3,288	$5,284	$(1,996)
5	$171,460	3.92%	$4,589	$6,076	$(1,487)
6	$192,790	4.62%	$6,069	$5,795	$274
7	$211,837	5.31%	$7,667	$5,175	$2,492
8	$227,344	6.00%	$9,300	$4,213	$5,087
9	$238,166	6.69%	$10,865	$2,940	$7,925
10	$243,405	7.38%	$12,251	$1,424	$10,827
최종 연도	$248,790	7.38%	$12,520	$2,755	$9,766

가치		
최종가치	$168,379	
최종가치의 현재가치	$76,029	
앞으로 10년간 현금흐름의 현재가치	$4,064	
영업자산의 가치 =	$80,093	
-부채	$9,202	
+현금	$10,252	
자기자본의 가치	$81,143	
주식 수	463.01	
주당 가치	$175.25	가치평가 시점에서 아마존 주식의 거래 가격은 287.06달러였다.

* CAGR=연평균성장률
† EBIT(1-t)=(매출액×영업이익률)(1-세율)
†† FCFF=기업 잉여현금흐름

표 9.8 아마존, 주주에게 닥친 운명의 날

스토리
아마존은 가까운 미래에는 미디어, 소매, 클라우드 컴퓨팅 시장에서 제품과 서비스를 거의 원가에 판매하며 매출 성장을 추구한다. 하지만 세 사업 분야 어느 곳에서도 시장 장악력을 이용한 영업이익률의 획기적인 상승은 없을 것이다.

가정					
	기준 연도	1~5년	6~10년	10년	이후 스토리 연결
매출액(a)	$85,246	CAGR*=15.00%	15.00% → 2.20%	2.20%	매출 성장에 집중
영업이익률(b)	0.47%	0.47% → 2.85%		2.85%	소매+미디어 산업, 백분위 25
세율	31.80%	31.80%		31.80%	그대로 유지
재투자(c)		매출액 대비 자본비율은 3.68		재투자율 =22.00%	경쟁사들보다 효율적으로 재투자
자본비용(d)		8.39%	8.39% → 8.00%	8.00%	미디어+소매 +클라우드

현금흐름(단위: 백만 달러)					
연도	매출액	영업이익률	EBIT(1-t)†	재투자	FCFF††
1	$98,033	0.71%	$473	$3,474	$(3,001)
2	$112,738	0.95%	$727	$3,995	$(3,268)
3	$129,649	1.18%	$1,046	$4,594	$(3,548)
4	$149,096	1.42%	$1,446	$5,284	$(3,838)
5	$171,460	1.66%	$1,941	$6,076	$(4,135)
6	$192,790	1.90%	$2,495	$5,795	$(3,300)
7	$211,837	2.14%	$3,086	$5,175	$(2,089)
8	$227,344	2.37%	$3,681	$4,213	$(532)
9	$238,166	2.61%	$4,243	$2,940	$1,302
10	$243,405	2.85%	$4,731	$1,424	$3,308
최종 연도	$248,790	2.85%	$4,835	$2,755	$3,771

가치		
최종가치	$65,024	
최종가치의 현재가치	$29,361	
앞으로 10년간 현금흐름의 현재가치	$(15,260)	
영업자산의 가치 =	$14,101	
-부채	$9,202	
+현금	$10,252	
자기자본의 가치	$15,151	
주식 수	463.01	
주당 가치	$32.72	가치평가 시점에서 아마존 주식의 거래가격은 287.06달러였다.

* CAGR=연평균성장률
† EBIT(1-t)=(매출액×영업이익률)(1-세율)
†† FCFF=기업 잉여현금흐름

표 9.9 아마존, 세상을 지배하다

스토리

아마존은 당분간은 미디어, 소매, 클라우드 컴퓨팅 사업에서 거의 원가로 판매하며 매출 성장을 추구한다. 그리고 미래에는 시장 장악력을 이용해 경쟁사를 몰아내고 매우 높은 영업이익률을 올릴 것이다.

가정

	기준 연도	1~5년	6~10년	10년 후	스토리 연결
매출액(a)	$85,246	CAGR*=25.00%	25.00% → 2.20%	2.20%	매출 성장에 몰두
영업이익률(b)	0.47%	0.47% → 12.84%		12.84%	소매+미디어 사업, 이익률 백분위는 75
세율	31.80%	31.80%		31.80%	그대로 유지
재투자(c)		매출액 대비 자본비율은 3.68		재투자율 =22.00%	경쟁사들보다 효율적으로 재투자
자본비용(d)		8.39%	8.39% → 8.00%	8.00%	미디어+소매+클라우드

현금흐름(단위: 백만 달러)

연도	매출액	영업이익률	EBIT(1-t)[†]	재투자	FCFF[††]
1	$102,295	1.71%	$1,190	$4,632	$(3,441)
2	$122,754	2.94%	$2,464	$5,559	$(3,094)
3	$147,305	4.18%	$4,200	$6,670	$(2,470)
4	$176,766	5.42%	$6,531	$8,004	$(1,473)
5	$212,119	6.65%	$9,627	$9,605	$22
6	$246,992	7.89%	$13,293	$9,475	$3,819
7	$278,804	9.13%	$17,358	$8,643	$8,715
8	$304,789	10.37%	$21,547	$7,060	$14,487
9	$322,345	11.60%	$25,508	$4,770	$20,738
10	$329,436	12.84%	$28,848	$1,927	$26,922
최종 연도	$336,684	12.84%	$29,483	$6,486	$22,997

가치		
최종가치	$396,496	
최종가치의 현재가치	$179,032	
앞으로 10년간 현금흐름의 현재가치	$28,427	
영업자산의 가치 =	$207,459	
-부채	$9,202	
+현금	$10,252	
자기자본의 가치	$208,510	
주식 수	463.01	
주당 가치	$450.34	가치평가 시점에서 아마존 주식의 거래가는 287.06달러였다.

* CAGR=연평균성장률
† EBIT(1-t)=(매출액×영업이익률)(1-세율)
†† FCFF=기업 잉여현금흐름

자자들은 이 회사 주식을 사는 것은 사기 게임의 피해자가 될 뿐이라고 주장한다. 그리고 일부 투자자들은 이 회사에 투자하지 않는 사람은 신경제를 이해하지 못하는 고루한 사람이라고 말한다.

케이스 스터디 9.4_ 알리바바: 중국 스토리

선행 케이스 스터디:

케이스 스터디 6.6_ 알리바바: 중국 스토리(2014년 9월)

케이스 스터디 7.4_ 알리바바: 글로벌 사업자

케이스 스터디 8.4_ 알리바바: 스토리에서 숫자로

앞서 내가 구축한 내러티브에서 알리바바는 중국 스토리를 약속하고 실현하는 회사로 묘사되었다. 중국 소매상과 소비자들의 니즈와 두려움에 훌륭하게 적응한 알리바바는 중국 온라인 소매 시장을 지배하며 탄탄한 이익을 올리고 있다. 내 스토리에서 알리바바는 중국 시장에서는 25퍼센트의 성장률을 이어나가고, 영업이익률도 약간만 떨어져 40퍼센트를 유지할 것이다. 하지만 아무래도 중국 중심의 회사이기 때문에 다른 지역으로 확장하였을 때 그만큼의 성공을 거둘지는 미지수이다. 〈표 9.10〉에 요약된 알리바바의 가치평가는 IPO 이후의 가치이다.

IPO 수취금은 200억 달러로 예상된다. 이 금액까지 더해서 내가 추정한 알리바바의 자기자본가치는 1,617억 3,900만 달러이고, 1주당 자기자본가치로 전환하면 65.98달러이다.

7장의 대안 스토리에 따르면 중국 온라인 소매 시장은 매년 25퍼센트씩 성장하고, 알리바바는 다른 나라로 사업을 확대한 후에도 매년 40

표 9.10 알리바바, 중국 스토리

스토리
알리바바는 중국 중심의 회사로서 높은 시장점유율을 유지하고, 중국 온라인 소매 시장에서 성장세를 이어갈 것이다. 경쟁 때문에 영업이익률이 다소 떨어질 수 있지만, 여전히 높은 수준을 유지할 것이다.

가정

	기준 연도	1~5년	6~10년	10년 후	스토리 연결
매출액(a)	$9,268	CAGR*=25.00%	25% → 2.41%	CAGR=2.41%	중국 시장과 동반 성장
세전 영업이익률(b)	50.73%	50.73% → 40.00%		40.00%	경쟁 증가
세율	11.92%	11.92%	11.92% → 25.00%	25.00%	법정법인세율로 이동
재투자(c)	NA	매출액 대비 자본비율은 2.00		재투자율 =30.13%	산업평균 매출액자본 배율
자본비용(d)		8.56%	8.56% → 8.00%	8.00%	광고+소매 위험

현금흐름(단위: 백만 달러)

연도	매출액	영업이익률	EBIT(1-t)†	재투자	FCFF††
1	$11,585	49.66%	$5,067	$1,158	$3,908
2	$14,481	48.58%	$6,197	$1,448	$4,749
3	$18,101	47.51%	$7,575	$1,810	$5,765
4	$22,626	46.44%	$9,255	$2,263	$6,992
5	$28,283	45.36%	$11,301	$2,828	$8,473
6	$34,075	44.29%	$12,899	$2,896	$10,002
7	$39,515	43.22%	$14,149	$2,720	$11,429
8	$44,038	42.15%	$14,891	$2,261	$12,630
9	$47,089	41.07%	$15,012	$1,525	$13,486
10	$48,224	40.00%	$14,467	$567	$13,900
최종 연도	$49,388	40.00%	$14,816	$4,463	$10,353

가치	
최종가치	$185,205
최종가치의 현재가치	$82,731
앞으로 10년간 현금흐름의 현재가치	$54,660
영업자산의 가치 =	$137,390
-부채	$10,068
+현금	$9,330
+IPO 수취금	$20,000
+비영업자산	$5,087
자기자본의 가치	$161,739
-옵션가치	$696
자기자본 중 보통주의 가치	$161,043
주식 수	2,440.91
주당 추정 가치	$65.98

> 알리바바의 첫 공모가격은 68달러였고, 이후에는 주당 80달러가 되었다.

* CAGR=연평균성장률
† EBIT(1-t)=(매출액×영업이익률)(1-세율)
†† FCFF=기업 잉여현금흐름

표 9.11 알리바바, 글로벌 스토리

스토리
알리바바는 역외 시장으로 순조롭게 확장하고 매출은 앞으로 5년 동안 매년 40퍼센트씩 성장할 수 있다. 해외 시장의 경쟁 증가로 순이익률이 압박을 받고 재투자에 필요한 금액이 늘어날 것이다.

가정					
	기준 연도	1~5년	6~10년	10년 후	스토리 연결
매출액(a)	$9,268	CAGR*=40.00%	40% → 2.41%	CAGR*=2.41%	글로벌 사업 확장 +중국 성장
영업이익률(b)	50.73%	50.73% → 30.00%		30.00%	글로벌 경쟁 강화
세율	11.92%	11.92%	11.92% → 25.00%	25.00%	법정법인세율로 이동
재투자(c)	NA	매출액 대비 자본비율은 1.50		재투자율=30.13%	글로벌 시장에서의 재투자 증가
자본비용(d)		8.56%	8.56% → 8.00%	8.00%	광고+소매 위험

현금흐름(단위: 백만 달러)

연도	매출액	영업이익률	EBIT(1-t)†	재투자	FCFF††
1	$12,975	48.66%	$5,561	$1,158	$3,089
2	$18,165	46.58%	$7,453	$1,448	$3,993
3	$25,431	44.51%	$9,970	$1,810	$5,126
4	$35,604	42.44%	$13,308	$2,263	$6,527
5	$49,846	40.36%	$17,721	$2,828	$8,227
6	$66,036	38.29%	$21,611	$2,896	$10,817
7	$82,522	36.22%	$24,762	$2,720	$13,772
8	$96,918	34.15%	$26,552	$2,261	$16,954
9	$106,540	32.07%	$26,522	$1,525	$20,107
10	$109,108	30.00%	$24,549	$567	$22,838
최종 연도	$111,738	30.00%	$25,141	$7,574	$17,567

가치

최종가치	$314,262
최종가치의 현재가치	$139,116
앞으로 10년간 현금흐름의 현재가치	$63,071
영업자산의 가치 =	$202,186
-부채	$10,068
+현금	$9,330
+IPO 수취금	$20,000
+비영업자산	$5,087
자기자본의 가치	$226,535
-옵션가치	$696
자기자본 중 보통주의 가치	$225,839
주당 추정 가치	$92.52	알리바바의 거래 시작가격은 주당 92달러였다.

* CAGR=연평균성장률
† EBIT(1-t)=(매출액×영업이익률)(1-세율)
†† FCFF=기업 잉여현금흐름

퍼센트씩 성장할 수 있는 글로벌 기업으로 소개된다. 이 스토리에 타당성을 덧붙이면 알리바바는 매출 성장을 이루는 대신에 영업이익률은 30퍼센트로 떨어지고 재투자가 늘기 때문에 매출액 대비 자본비율은 1.5가 된다. 그로 인한 1주당 가치는 92.52달러이다. 세부 내용은 〈표 9.11〉에 나온다.

가치평가를 하고 며칠 후 증권인수 전문가들은 알리바바의 공모가격을 68달러로 정했지만, 거래 시작가격은 주당 92달러였다. 이 책을 저술하고 있던 2016년 1월 알리바바의 주가는 65달러로 떨어졌다.

가치의 분해

앞의 몇 장에서 비즈니스 스토리를 가치로 전환하는 방법에 대해 설명했다. 이 설명은 제반 순서를 자신이 통제하면서 가치를 평가하는 것을 전제로 한다. 그렇다면 이 과정을 뒤집을 수 있을까? 다시 말해 모든 것이 숫자로 이루어진 현금흐름할인법의 가치평가를 뒤집어 숫자에서 스토리를 만들어낼 수 있는가? 가능하다. 그리고 그렇게 해봐야 하는 이유는 몇 가지 있다. 첫째, 숫자에서 스토리를 만들고 나면 이 스토리가 만족할 만한 것인지 평가할 수 있다. 어쨌거나 투자결정을 내릴 때에는 단순히 그 회사의 숫자만이 아니라 숫자의 배경이 되는 스토리도 중요한

그림 9.2 **가치평가 해석**

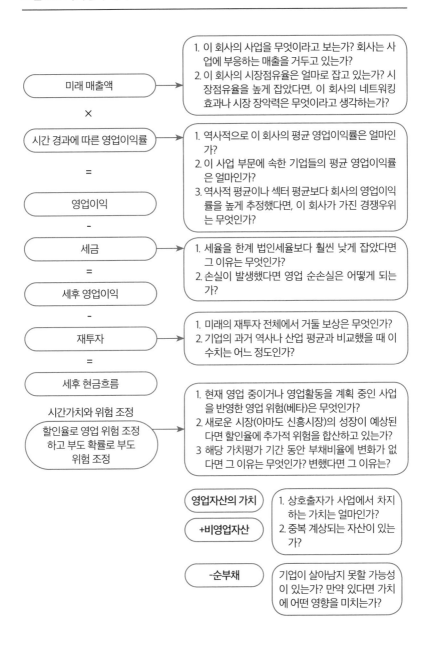

미래 매출액

1. 이 회사의 사업을 무엇이라고 보는가? 회사는 사업에 부응하는 매출을 거두고 있는가?
2. 이 회사의 시장점유율은 얼마로 잡고 있는가? 시장점유율을 높게 잡았다면, 이 회사의 네트워킹 효과나 시장 장악력은 무엇이라고 생각하는가?

×

시간 경과에 따른 영업이익률

1. 역사적으로 이 회사의 평균 영업이익률은 얼마인가?
2. 이 사업 부문에 속한 기업들의 평균 영업이익률은 얼마인가?
3. 역사적 평균이나 섹터 평균보다 회사의 영업이익률을 높게 추정했다면, 이 회사가 가진 경쟁우위는 무엇인가?

=

영업이익

-

세금

1. 세율을 한계 법인세율보다 훨씬 낮게 잡았다면 그 이유는 무엇인가?
2. 손실이 발생했다면 영업 순손실은 어떻게 되는가?

=

세후 영업이익

-

재투자

1. 미래의 재투자 전체에서 거둘 보상은 무엇인가?
2. 기업의 과거 역사나 산업 평균과 비교했을 때 이 수치는 어느 정도인가?

=

세후 현금흐름

시간가치와 위험 조정
할인율로 영업 위험 조정하고 부도 확률로 부도 위험 조정

1. 현재 영업 중이거나 영업활동을 계획 중인 사업을 반영한 영업 위험(베타)은 무엇인가?
2. 새로운 시장(아마도 신흥시장)의 성장이 예상된다면 할인율에 추가적 위험을 합산하고 있는가?
3. 해당 가치평가 기간 동안 부채비율에 변화가 없다면 그 이유는 무엇인가? 변했다면 그 이유는?

영업자산의 가치

+비영업자산

1. 상호출자가 사업에서 차지하는 가치는 얼마인가?
2. 중복 계상되는 자산이 있는가?

-순부채

기업이 살아남지 못할 가능성이 있는가? 만약 있다면 가치에 어떤 영향을 미치는가?

요인이 되기 때문이다. 둘째, 숫자에서 뽑아낸 내러티브를 이용한 기본 가정을 통해 가치평가를 하는 사람에게 질문을 던질 수 있다. 분석가가 기계적으로 숫자를 현금흐름할인법 모형에 대입했을 뿐인지, 아니면 진지한 스토리를 배경에 깔고 있는지를 알아보는 한 가지 방법은 그 분석가가 이런 질문에 어떤 식으로 대답하는지를 관찰하는 것이다.

스토리를 숫자로 전환하기 위한 체계적 방법을 구축해두었다면 가치평가를 분해하는 것도 복잡하지 않다. 예를 들어 가치평가의 스프레드시트나 모델로 기업의 매출을 예상할 경우에는 질문의 범위를 좁혀서 가치평가를 행한 분석가가 회사의 전체 시장 범위를 어떻게 잡고, 시장 점유율은 얼마로 잡았는지를 물어보면 된다. 이렇게 하면 회사의 사업이나 사업들에 대해 그리고 회사가 그 사업에서 어떤 경쟁우위를 가지고 있는지에 대해 토론할 수 있다. 〈그림 9.2〉는 이에 대한 몇 가지 질문들을 제시한다. 포괄적인 질문 목록은 아니지만 가치평가의 배경이 되는 스토리를 이해하기 위한 질문으로는 충분하다.

결론

스토리를 만들고, 이 스토리를 가치평가 투입변수로 전환하고 나면, 이 투입변수를 가치로 바꾸는 과정은 기계적 절차를 따르기만 하면 된다. 물론 몇 가지 세부사항에 주의를 기울여야 하지만 당황할 필요는 없다. 내러티브를 사용해 어떤 특정 내용에 가장 많은 시간과 자원을 쏟으며 관심을 기울여야 하는지 결정을 내린다면 큰 도움이 될 것이다. 예를 들어 내가 아마존에 대한 가치를 평가했을 때 가장 논란의 여지가 클 만한 투입변수는 미래의 영업이익률이었다. 나는 자본비용의 추정보다는 영업이익률에 대한 아마존의 역사적 통계량을 소매와 미디어 섹터의 기업들 통계량과 비교했을 때 얼마나 차이가 나는지를 관찰하는 데 더 많은 시간을 보냈다. 우버의 가치평가에서 핵심 질문은 우버가 추구하는 시장의 규모이다. 그러다 보니 스토리를 만들면서 나는 우버가 단순한 차량 서비스 회사인지, 아니면 그 이상인지를 두고 검토하는 문제에 가장 많은 시간을 쏟아야 했다. 이 부분은 다음 두 장에서 살펴볼 것이다.

10장

내러티브의 개선과 변경: 피드백 고리

앞의 네 장에서 나온 사례들을 따라 해보았다면 지금쯤은 스토리를 만들고 가치평가로 전환하는 일까지 마쳤을 것이다. 다 끝났다고 결론 내리기 전에 기억해야 할 점이 있다. 자신의 내러티브만이 타당성을 가진 것이 아니라 같은 사업에 대해서도 다른 내러티브들을 만들 수 있다는 사실이다. 이 대안 내러티브들이 잘못된 것이라고 무시하면서 자신의 내러티브만을 옹호하기보다는 피드백 고리를 열어두고 대안 내러티브에서 가져오거나 응용할 만한 부분은 없는지 살펴본다면 처음 내러티브를 개선하는 데 도움이 된다.

어떤 경우에는 다른 사람들이 해당 회사와 그 회사의 사업을 더 잘 알고 있고, 그들의 내러티브에 그런 지식이 반영돼 있기 때문에 자신의 내러티브를 변경해야 할 수 있다. 또 어떤 경우에는 당신이 처음에 만든 스토리에 결함이 있다는 사실을 솔직하게 인정했기 때문에 내러티브를 바꿔야 할 수도 있다. 이유가 무엇이건 처음의 내러티브를 고집하면서 아무것도 바꾸려 하지 않는 것은 자만에 불과하다.

자만에 맞서 싸우기

무수히 일어나는 뼈아픈 투자 고통의 근원에 자만이 있다는 점에서, 이번 10장을 시작하기에 자만은 알맞은 출발점이다. 창업자나 투자자의 입장에서 회사의 내러티브를 전개하다 보면 자부심과 소유욕이 느껴지는 것은 당연하다. 그리고 비난에 맞서 내러티브를 옹호하고, 그것에 집착하고 싶은 마음이 솟는 것도 대개는 자연스러운 일이다. 그러나 불행하게도 투자의 지옥에는 '아주 철저하게 고심해서' 만들었지만 결국에는 파산으로 이끄는 스토리를 옹호하는 투자자들이 가득하다.

나 역시도 내 마음에 쏙 드는 스토리를 포기할 때 무척이나 힘들었다. 내가 기적의 치료약을 가진 것은 아니지만 문을 열고 변화를 받아들이기 위해 취하는 행동은 다음 두 가지이다.

첫째, 내 스토리를 가장 마땅치 않게 생각할 만한 집단에게 그 스토리를 들려준다. 그리고 그들이 다른 의견을 마음껏 말할 수 있게 한다. 둘째, 내 스토리에 담긴 불확실성을 있는 그대로 인정하면서 그것이 수치추정과 가치평가에 어떤 영향을 미치는지 살펴본다.

메아리의 방을 벗어나라

같은 생각을 가지고 비슷한 세계관을 공유하는 집단 앞에서는 스토리를 말하고 변호하기는 쉽다. 만약 하늘로 높이 날아오를 것이라고 생각되는 테크 스타트업에 대한 스토리를 만들고 기업가와 벤처캐피털리스트 앞에서 그 스토리를 들려준다면, 그들은 찬성의 뜻으로 고개를 끄덕이면서 당신의 스토리텔링 능력을 한목소리로 칭찬할 것이다. 똑같은 이야기를 전통적 가치투자자들 앞에서 말한다면 당신은 순식간에 도마 위에 올라 스토리에 대한 모든 부분을 변호해야 하는 처지가 될 것이다.

생각이 다른 사람들에게 스토리를 들려주는 것은 불편한 경험이 될 수 있다. 하지만 몇 가지 단계를 밟으면 오히려 생산적인 경험이 될 수도 있다. 첫 번째 단계로, 자신이 진실이라고 철석같이 믿는 투자와 가치평가의 교리는 그저 믿음에 불과하다는 사실을 솔직히 인정해야 한다. 다시 말해 벤처캐피털리스트들의 모임에서 성장은 언제나 '좋은 것'이지만, 가치투자자 모임에서는 다소 회의적인 눈길을 받게 된다. 성장이 왜 좋은 것인지 가치투자자들에게 설명하려면 자신이 먼저 성장이 가치에 어떤 영향을 미치고, 가끔씩 성장이 가치를 파괴하는 이유가 무엇인지를 생각해봐야 한다. 그렇게 하면 적어도 당신의 스토리에 대해서만큼은 회의주의자들이 성장에 대해 염려의 눈길을 보내지 않아도 되는 이유가 무엇인지 적절히 설명할 수 있게 된다.

두 번째 단계로, 스토리텔러는 성장이 가치투자자에게도 좋은 이유가 무엇인지 설명할 수 있어야 한다. 그러다 보면 스토리와 가치 추정의 어떤 부분이 미진하고, 어떤 가정이 틀리거나 신중하지 못한지를 발견할 수 있다. 실수를 무시하고 계속 진행하고 싶은 마음이 굴뚝같을지라도 뒤로 돌아가 스토리를 점검하고 바꿀 곳은 바꿔야 한다.

불확실성을 마주하라

9장의 케이스 스터디에 나온 가치평가들을 보면 마법이라도 발휘한 듯 굉장히 정밀해 보인다. 예를 들어 나는 아마존의 가치를 소수점 둘째 자리까지 추정한 175.25달러로 평가했다. 그러나 이 최종가치 추정은 스토리의 각 부분을 가지고 도출한 최종 결과물에 불과하다. 데이터로 뒷받침했을지라도 오차 발생 여지가 많은 추정에 불과하다는 말이다. 그러나 넘버크런칭의 세계로 깊숙이 들어갈수록 우리는 어느 순간부터 가치평가를 위해 추정한 투입변수들은 명백한 사실이고, 마지막으로 구한 최종가치도 완전한 진실이라고 생각하기 시작한다.

이런 거짓 정밀함의 착각에서 벗어나려면 자신의 가치평가는 기본 케이스에서 세운 기대성장률, 이익률, 자본비용과 같은 '추정값point estimate'을 바탕으로 삼고 있으며, 확률분포를 가지고 도출한 수치들일 뿐이라는 사실을 인정해야 한다. 만약 내가 아마존의 다음 5년 동안 기대 성장률을 15퍼센트로 추정한다면, 이것은 성장률이 10~20퍼센트 정도 되는 확률분포에서 나온 기댓값일 것이다. 그러므로 우리는 불확실성을 솔직히 인정하고 다음의 네 가지 기법을 사용해야 한다.

1. **가정**^{what if} **분석**: 가정 분석은 하나의 변수를 골라 값을 변화시키고 나머지 투입변수는 건드리지 않는 기법이다. 예를 들어 아마존의 가치를 평가할 때 성장률을 10~20퍼센트까지 범위를 넓게 해서 가치를 추정할 수 있다. 그렇다면 가정 분석을 하는 이유는 무엇인가? 첫째, 변수 하나를 바꾸는 것이 가치에 얼마나 큰 영향을 미치는지 알아내고, 투자결정을 내리기 전에 그 변수에 대한 추가 정보를 수집할 필요가 있는지를 결정하기 위해서이다. 둘째이자 조금 냉소적인 이유는 혹시라도 추정이 틀렸을 때 생길 비난을 피하기 위해서이다. 최상의 값 하나만을 제시하는 것이 아니라, 여러 추정치를 제공한다면 어떤 결과가 일어나건 이미 예측했던 상황이라고 주장할 수 있다.

2. **시나리오 분석**: 시나리오 분석에서는 모든 변수나 대부분의 변수를 시나리오에 따라 바꾸면서 해당 시나리오별로 사업가치를 평가할 수 있다. 시나리오 분석을 가장 쓸모없게 사용하는 방법은 최상, 기본, 최악의 시나리오를 설정하는 것이다. 당연하겠지만 최상의 시나리오에서는 사업가치가 아주 높게 나오고, 최악의 시나리오에서는 사업가치가 전무하거나 거의 없게 나온다. 그리고 기본 시나리오에서는 그 중간의 가치가 나온다. 이런 방법보다는 핵심 성공 요인을 중심으로 시나리오를 따로 설정한 다음, 시나리오별로 기업의 가치가 얼마나 될 것이고, 대응 행동은 무엇인지를 분석하는 것이 훨씬 생산적이다. 내가 알리바바 스토리를 세우고 가치를 평가할 때 요긴하게 사용한 방법이다. 나는 중국 경제의 성장 시

나리오를 다양하게 설정하고, 시나리오별로 알리바바의 가치를 따로 추정했다.

3. **의사결정수**^{decision tree}: 의사결정수(각 선택지를 고를 때 필요한 행위, 그것에 따르는 위험, 일어날 수 있는 결과 등을 나뭇가지 모양의 그림으로 나타낸 것)는 사업의 개별적 위험과 순차적 위험을 평가하기 위해 고안된 확률 도구이다. 감독기관의 영업 인허가가 필요한 기업 또는 약품 인허가의 여러 단계를 밟아야 하는 제약 회사나 바이오테크 기업을 평가할 때 매우 적합한 분석 도구이다. 기업이 성공하려면 반드시 밟아야 하는 순차적 사건들을 사전에 검토할 수 있기 때문에 스토리의 어느 부분이 잘 연결되지 않는지를 깊이 고민할 수 있다. 2장에서 나는 고삐 풀린 스토리의 예로 테라노스를 소개했다. 이 회사는 자사가 개발한 혈액검사 도구는 바늘을 여러 번 찌를 필요 없고, 비용도 훨씬 저렴하기 때문에 기존 혈액검사 시장을 파괴할 것이라고 주장했다. 만약 투자자들이 의사결정수를 만들어 인허가 확률을 파악했더라면 이 회사의 제품이 인허가 과정에서 직면하게 될 문제가 훨씬 빠르게 드러났을 것이다.

4. **시뮬레이션**: 가장 완전하고 다양하게 불확실성의 영향을 평가하는 기법은 시뮬레이션 분석이다. 한 번에 한 가지 변수만 바꿀 수 있는 가정 분석과는 달리, 시뮬레이션 기법에서는 여러 귀속 변수를 원하는 대로 한꺼번에 바꿀 수 있다. 시나리오 분석에서는 미래를 특정 시나리오로 쪼개야 하지만, 시뮬레이션은 가능한 사건들을 연속선상에 놓고 검토할 수 있다. 사실 한 가지 버전의 시뮬레이

션 안에도 의사결정수와 여러 제약 조건을 집어넣을 수 있다. 예를 들어 감독기관의 자본 요건을 위반한 은행이나 부채가 과도하고 부채 계약 조건을 이행하지 못하는 기업은 퇴출될 수 있다는 단서를 시나리오에 추가할 수 있다.

케이스 스터디 10.1_ 알리바바 가치평가: 중국 시나리오

선행 케이스 스터디:

케이스 스터디 6.6_ 알리바바: 중국 스토리(2014년 9월)

케이스 스터디 7.4_ 알리바바: 글로벌 사업자

케이스 스터디 8.4_ 알리바바: 스토리에서 숫자로

케이스 스터디 9.4_ 알리바바: 중국 스토리

〈케이스 스터디 9.4〉에서 나는 2014년 9월 IPO 시점에서 알리바바의 자기자본가치를 1,617억 3,900만 달러, 1주당 가치는 65.98달러로 평가했다. 이후 5년 동안 매출은 매년 25퍼센트 성장하고, 영업이익률은 40퍼센트를 달성한다는 것을 전제 가정으로 삼았다. 중국 온라인 소매 시장이 연간 25퍼센트 성장하고, 알리바바가 시장점유율을 유지할 수 있을 것이라는 기대에 따라 이런 가정을 세운 것이다. 결국 내가 한 알리바바 가치평가는 중국 경제와 중국 온라인 소매 시장이 동반 성장할 것이라는 가정에 전적으로 의존했다.

표 10.1 알리바바: 중국 성장 시나리오에 따른 가치

시나리오	매출 성장률	목표 영업이익률	자본비용	주당 가치
중국의 성장이 기대보다 낮음	15.00%	35.00%	9.00%	$40.06
중국의 성장이 기대치와 같음	25.00%	40.00%	8.56%	$65.98
중국의 성장이 기대보다 높음	30.00%	50.00%	8.25%	$98.89

내 가정이 틀렸을 수 있다. 무엇보다도 앞으로 중국의 성장률이 떨어질 수도 있고, 내가 중국의 성장 잠재력을 과소평가했을 수도 있다. 〈표 10.1〉에서 나는 중국 성장과 관련해 세 가지 시나리오를 세운 다음에 각 시나리오에 따른 알리바바의 가치를 평가했다.

시나리오에 따라 알리바바의 가치가 같이 오르거나 내린 것은 놀랄일이 아니다. 하지만 등락의 크기에는 주목해야 한다. 중국 저성장 시나리오에서는 알리바바의 가치가 3분의 1이 넘게 떨어졌고, 고성장 시나리오에서는 가치가 거의 50퍼센트 올라갔다. 이것은 내러티브 자체가 중국의 거시경제 위험에 크게 노출돼 있다는 것을 나타낸다.

케이스 스터디 10.2_ 알리바바: 몬테카를로 시뮬레이션

알리바바 가치평가의 바탕이 된 투입변수들은 추정에 오차가 있었다. 나는 이 투입변수들의 기댓값이 적어도 2014년 9월 평가 당시에는 회사의 제반 사항들을 반영하고 있었다고 믿었다. 그러나 솔직히 말해 추정한 투입변수들에 불확실성이 내포돼 있었던 것도 사실이다. 불확실성을 파악하기 위해 나는 하나의 기댓값이 아니라 투입변수들의 확률분포를 가지고 시뮬레이션을 가동했다. 각 투입변수의 분포에서 나오는 기댓값은 기본 사례가 세운 가정에 부합한다. 하지만 확률분포는 내가 투입변수에 대해 생각하는 불확실성을 판단하게 해준다. 목표 영업이익률을 예로 든다면 내 기본 사례 가정에서는 40퍼센트를 중심으로 잡았다. 하지만 나는 30~50퍼센트 사이가 될 수도 있고, 확률도 같다고 가정한다(균등분포). 나는 매출 성장(기본 사례에서는 25퍼센트로 가정)이나, 자본비용(기본 사례에서는 8.56퍼센트), 매출액 대비 자본비율은(기본 사례에서는 2)에 대한 추정에도 불확실성이 있다고 판단한다. 하지만 영업이익률처럼 균등분포를 가정하지는 않는다. 시뮬레이션을 가동해서 나는 이 투입변수들의 분포도를 그려서 알리바바의 가치를 추정했다. 〈그림 10.1〉은 알리바바의 가치 분포를 보여준다.

시뮬레이션 10만 개의 평균값과 중앙값은 기본 사례에서 나온 주당 65.98달러에 가장 가깝게 수렴한다는 것에 유념해야 한다. 투입변수의 기댓값은 두 분석에서 동일하게 나오기 때문에 당연한 결과이다. 추가 정보는 백분위 분포로 제시했는데, 최솟값은 주당 38.11달러이고 최댓값은 153.1달러이다. 나는 가치결정의 기본이 될 정보를 더 풍부하게 얻었으며, 내 추정에 오차가 얼마나 많은지도 알게 되었다.

그림 10.1 알리바바 가치평가 시뮬레이션(2014년 9월)

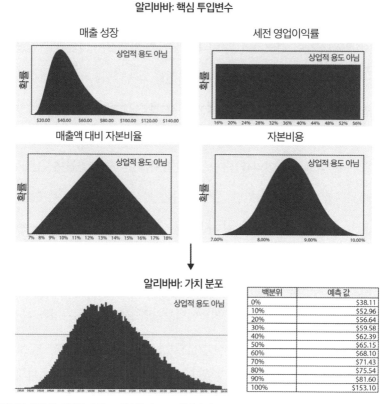

알리바바: 핵심 투입변수

평균값=$66.45, 중앙값=$65.15, 최솟값=$38.11, 최댓값=$153.10

이렇게 해서라도 나와 의견이 다른 사람들을 틀렸다고 매도하지 않게 되기를 희망한다. 그리고 그들의 생각에 귀를 기울여 나의 내러티브와 가치평가를 개선하는 데 사용할 수 있기를 바란다.

가격결정 피드백

내러티브를 세우고, 내러티브를 숫자로 전환하고, 숫자를 가치로 바꾸고 나면 회사의 가치가 얼마인지 대략 정해진다. 이 가치평가에 대한 가장 빠른 피드백은 사람들이 그 회사에 오늘 현재 지불하려는 금액이다. 만약 공개 기업에 대한 가치평가라면 투자자들의 매매에 따라 시장 가격이 곧바로 알려지기 때문에 피드백도 실시간으로 나온다. 비공개 기업에 대한 가치평가를 했다면 투자자들이 그 회사를 얼마로 평가하는지에 따라서 가격 추정을 해야 하는데, 이 가격 추정을 위한 정보는 수시로 얻을 수 없는 경우가 많다.

어느 쪽이건 가장 당혹스러운 경우는 추정한 가치평가 결과가 현재의 가격과 크게 차이가 날 때이다. 이런 이유에서라도 우리는 기업의 가치를 평가하고 시장의 실수를 찾아내야 한다. 시장가격과 추정가치가 크게 다르다면 다음 네 가지 해석이 가능하다. 첫째, 당신이 옳고 시장이 틀렸다. 둘째, 당신이 틀리고 시장이 맞다. 셋째, 내재가치는 아무도 알 수 없기 때문에 당신도 시장도 틀렸다. 넷째, 8장에서 대조해 설명한 가격결정과 가치평가 과정이 다른 데서 찾을 수 있다. 즉 시장은 가격을 결정한 반면, 당신은 가치를 평가한 것이다.

첫째 해석이 나온다면 당신은 과잉확신이나 자만에 빠져 있다는 것을 암시하고, 둘째 해석이 나온다면 전적으로 시장에 휘둘린다는 의미이다. 내 경우는 셋째 해석을 출발점으로 삼았는데, 이 해석을 받아들이기 위해서는 나의 내러티브와 가치평가가 잘못되었을 가능성을 인정해야 한다. 내 스토리에 아무리 만족한다고 할지라도 시장의 기대를 측정해서 그 기대치를 나의 가치평가와 비교해보는 것은 상식적으로도 맞는 행동이다. 내가 추정한 가치를 반드시 바꿔야 한다는 뜻은 아니지만, 리서치를 확대하고 더 좋은 결정을 내리기 위해 필요한 선결 조치인 것은 사실이다.

위의 세 가지 해석을 모두 감안한 후에도 여전히 나의 내러티브가 만족스럽다면, 나는 가격결정과 가치평가 과정이 다르기 때문에 두 값이 크게 벌어지게 된 것이라고 결론 내린다. 그런 차이에도 내가 진짜로 투자할 것인지는 내가 나의 스토리와 거기에서 만들어낸 추정가치를 얼마나 믿는지에 따라, 그리고 내가 임의로 정한 시한까지 그 차이가 좁혀질 수 있다고 얼마나 믿는지에 따라 좌우될 것이다.

케이스 스터디 10.3_ 아마존: 시장 분기점 (2014년 10월)

선행 케이스 스터디:

케이스 스터디 6.5_ 아마존: '꿈의 구장' 모델 (2014년 10월)

케이스 스터디 7.3_ 아마존: 다른 내러티브 (2014년 10월)

케이스 스터디 8.3_ 아마존: 스토리에서 숫자로

케이스 스터디 9.3_ 아마존: 꿈의 구장에 대한 가치평가

9장에서 내가 추정한 아마존 가치평가(175.25달러)는 당시의 시장가격

(287달러)과 크게 차이가 났다. 그러나 나는 내러티브와 내 나름대로 추정한 매출 성장률(차후 5년 동안 매출이 매년 15퍼센트 성장한다면 2024년에는 2,400억 달러)과 영업이익률(7.38퍼센트)을 근거로 해서 가치를 평가했다. 아마존 주식에 높은 가격을 매기는 투자자들은 나보다는 훨씬 낙관적인 것이 분명했다. 시장의 가정과 내 가정이 얼마나 다른지 알아보기 위해 나는 10년 후 매출 성장과 목표 영업이익률의 함수로 이루어진 주당 가치를 추정했다. 결과는 〈표 10.2〉와 같다.

회색으로 칠해진 부분은 분석 시점에서 1주당 가격(287달러)보다 가치가 더 높은 것을 의미한다. 투자자들이 결정한 아마존 가격이 내재가치를 기준으로 삼고 있다면 그들이 아마존에 기대하는 매출액과 영업이익률은 나의 추정치보다도 훨씬 높다는 의미이다. 가치평가 당시 나는 이 기대치가 지나치게 높다고 판단했고, 내가 평가한 가치를

표 10.2 아마존: 가치와 가격의 분기점

(단위: 10억 달러)

2024년 매출액	목표 세전 영업이익률					
	2.50%	5.00%	7.50%	10.00%	12.50%	15.00%
$100	$34.36	$69.25	$104.14	$139.03	$173.92	$208.81
$150	$3.75	$79.34	$127.93	$176.52	$225.11	$273.70
$200	$27.20	$90.19	$153.19	$216.18	$279.17	$342.17
$250	$23.76	$101.35	$178.94	$256.52	$334.11	$411.69
$300	$20.29	$113.22	$206.16	$299.10	$393.03	$484.97
$350	$17.02	$124.85	$232.67	$340.50	$448.32	$556.14
$400	$13.90	$136.28	$258.66	$381.03	$503.41	$625.78

그대로 유지하기로 결정했다.

하지만 내가 짐작하기에 아마존 주가가 꾸준히 상승하는 이유는 투자자들이 아마존의 가치가 아닌 가격을 매기고 있기 때문이었다. 그래서 가까운 미래에는 펀더멘털이 바뀔 가능성이 없을 것 같았다. 또한 그런 이유에서 나는 아마존이 고평가돼 있다고 판단했지만 섣불리 공매도를 시도하지는 않았다. 내가 겁쟁이이기 때문일까? 물론이다. 그러나 기한을 내 마음대로 조절할 수 없다면, 그리고 공매도 기한 조절에 자신이 없다면 다시 내재가치를 기준으로 주가에 대해 어떤 포지션을 취하는 것은 바보 같은 행동일 수 있다.

케이스 스터디 10.4_ 가격결정의 피드백: 우버, 페라리, 아마존, 알리바바

9장에서 나는 우버와 페라리, 아마존, 알리바바의 가치를 평가했다. 분석 시점에서 이 회사들의 주가가 가치평가에 영향을 미치지 않았다고 말한다면 거짓말이다.

- 비상장회사인 우버의 경우 벤처캐피털 투자의 암묵적 가치평가 형태로 시장 피드백을 받았다. 내가 우버에 관심을 가지게 된 계기는 가장 최근의 벤처캐피털 라운드에서 이 회사의 가격이 170억 달러

로 매겨졌다는 보도를 접하면서였다. 이 뉴스로 우버에 대한 나의 시각이 다채로워졌다. 내가 우버에 매긴 가치평가는 60억 달러에 불과했기 때문에 내가 진행한 가치평가 과정 전체를 의심의 눈길로 바라보지 않을 수 없었다.

- 나는 페라리가 IPO를 하기 전에 가치평가를 했고, IPO로 모집된 금액은 내가 추정한 63억 유로(배타적 클럽 내러티브)보다 훨씬 높은 약 90억 유로였다. IPO 후에 나는 가치평가 과정을 되짚으면서 과정 중간에 (그리고 스토리에서) 혹시라도 가치를 더 높게 평가하도록 만든 부분은 없는지 점검했다. 하지만 처음의 추정을 바꿔야 할 근거는 찾지 못했다.

- 아마존의 경우에는 내가 추정한 가치(175.25달러)와 분석 시점의 실제 주가(287.06달러)의 차이가 워낙 크다 보니 혹시라도 내가 놓친 부분은 없는지 돌아볼 수밖에 없었다. 앞의 케이스 스터디에서 가격과 가치의 분기점을 계산한 이유는 시장이 아마존 가격을 결정할 때 어떤 가정을 세우고 있는지 가늠하기 위해서였다.

- 알리바바의 IPO가 있기 전에 내가 추정한 이 회사의 주당 가치는 약 66달러였다. 가치 추정을 한 직후 증권인수 전문가들은 알리바바의 공모가격을 68달러로 정했다. 내 추정치에 너무 가까워서 오히려 불안할 정도였다. 그 이유는 무엇이었을까? 증권인수 전문가들은 공모 당일에 호가가 오를 가능성이 높아지도록 IPO 가격(가치가 아니라)을 정한다는 것을 감안하면 내 추정치와 공모가격이 엇비슷한 것이 순전히 우연의 일치는 아니라고 생각했다. 공모 당일에

알리바바 주식의 시작가격은 92달러였다. 이는 투자자들이 알리바바의 미래를 나보다도 훨씬 낙관적으로 보고 있다는 것을 의미했다.

네 가지 사례 모두에서 시장가격은 내 가치평가에 적어도 은연중에 영향을 미쳤고, 아마 앞으로도 거의 언제나 그럴 것이다. 상장회사에 대한 평가가 익숙하지 않을수록 가격과 가치가 근접할 때 가장 안심이 되기 때문에(비록 생각에 불과하기는 해도), 시장가격이 내러티브를 많이 좌우할 것이다. 내러티브와 가치평가 기술에 점점 익숙해지다 보면 기업의 가치가 주가와 크게 달라도 꺼려지지 않을 것이다. 심지어는 가치에 기반해 투자결정을 내리는 데에도 익숙해질 것이다.

대안 내러티브

가격결정은 피드백이 되기는 하지만 이것은 스토리의 각 부분에 대한 피드백이라기보다는 종합적인 차원에 대한 피드백이라고 봐야 한다(주가와 추정가치의 비교). 더 구체적인 피드백을 얻으려면 반대 시각을 살펴봐야 한다. 정답으로 정해진 방법은 없지만 내게 도움이 되었던 몇 가지 방법을 소개하면 다음과 같다.

1. **내러티브와 가치평가를 투명하게 진행하라:** 왜 그런 추정가치가 나왔는지 가치평가 과정이나 스토리의 세부사항을 감춘다면 가치평가 개선에 도움이 되는 유익한 비판은 얻기 힘들다. 나는 스토리와 그 결과로 나온 숫자를 투명하게 공개했을 때 직접적인 비판도 더 많이 얻었다. 따라서 내 우버의 가치평가를 본 사람들이 내 스토리의 어느 부분에서 어떻게 의견이 다른지 직접 말할 수 있게 하면 그들이 비판하는 관점에서 나의 가치평가 전체를 다시 살펴볼 수 있다.

2. **공개적인 토론 자리에서 가치평가에 대한 조언을 구하라:** 비판을 환영한다고 주장한다면 쉽게 비판할 수 있는 환경을 조성해야 한다. 나는 몇 년 동안이나 블로그를 운영해왔기 때문에 블로그의 장점을 십분 살려서 내 가치평가를 온라인에 게시했다. 내 가치평가를 본 사람들은 언제라도 익명으로 댓글을 올릴 수 있기 때문에 자유롭게 다른 의견을 말할 수 있다. 또한 나는 구글 스프레드시트를 사용하기 때문에 블로그 독자들도 원하는 만큼 내 가치평가의 투입변수를 바꾸면서 나름의 가치 추정을 진행할 수 있다. 이것은 일종의 '집단 밸류에이션crowdvaluing'이고, 나는 나의 내러티브를 집단의 내러티브와 비교 대조할 수 있다.

3. **건설적 비평과 잡음을 구분하라:** 실제로 일부 비판은 나의 가치평가 결론이 마음에 들지 않는 사람들이 내는 잡음일 뿐이다. 나는 그들의 비판에서 중요한 것만을 취해서 내 가치평가를 개선하는 데 사용하는 방법을 익혔다. 또한 어떤 회사는 투자자들의 애착이 굉장히 강해서 조금만 반대되는 의견이 나와도 엄청난 반발을 불러올

수 있다. 내가 테슬라나 아마존의 가치를 평가할 때마다 배우고 또 배운 교훈이다.

4. **내러티브를 사용해 비판을 체계화하라:** 내러티브의 각 부분을 명확하게 하면 나와 생각이 다른 사람들의 피드백을 분류하는 데에도 도움이 된다. 따라서 전체 시장 추정을 반대하는 것인지, 시장점유율과 영업이익률에 대한 추정에 이견이 있는 것인지, 아니면 사업 위험평가를 반대하는 것인지로 구분할 수 있다.

5. **연결이 가장 약한 부분을 찾아내라:** 내러티브의 특정 부분에 대해 다른 부분보다 부정적인 피드백과 반대 의견이 더 많이 몰린다면, 내가 추론을 미진하게 설명했거나 그 부분을 철저하게 고민하지 않았다는 의미이다.

6. **결과물이 아니라 과정을 고민하라:** 내가 처음에 가치평가를 했을 때는 주로 결론으로 나오는 최종가치에 집중했다. 지금도 최종 도출되는 가치에 관심을 기울이기는 하지만, 그보다는 거기에 이르기까지의 과정을 더 흥미롭게 바라본다.

일반적으로는 기업의 불확실성이 클수록 대안 스토리가 생겨날 여지도 더 큰 편이다. 마지막으로 당부하고 싶은 것이 있다. 타인의 말에 귀를 기울이라고 해서 무조건 따르라는 뜻은 아니다. 나의 내러티브의 어떤 부분이 왜 잘못됐는지 매우 논리적인 주장을 듣는다고 해도 나는 내 판단을 유지하기로 결정했다면 바꾸지 않는다.

케이스 스터디 10.5_ 우버: 걸리의 반대 내러티브

선행 케이스 스터디:

케이스 스터디 6.2_ 차량 공유 시장의 풍경(2014년 6월)

케이스 스터디 6.3_ 우버 내러티브(2014년 6월)

케이스 스터디 8.1_ 우버: 스토리에서 숫자로

케이스 스터디 9.1_ 우버: 도심 차량 서비스 회사에 대한 평가

2014년 6월에 우버의 가치평가를 한 후에 나는 우버의 초기 투자자 빌 걸리Bill Gurley라는 사람으로부터 정중한 메일 한 통을 받았다. 그는 내 우버 가치평가에 반박하는 글을 올릴 계획이며, 비난도 가차 없이 할 생각이라고 말했다. 얼마 후 그의 포스트를 읽었다는 사람들이 내게 메시지를 보내기 시작했다. 어떤 사람은 내 반응을 궁금해했고, 어떤 사람은 이것을 가치평가 싸움의 서막으로 생각했다.[1] 그의 포스트는 내 도심 차량 서비스 회사에 대한 내러티브에 반대하는, 다소 공격적인 대항 내러티브를 소개했다. 내가 그의 글을 흥미롭게 본 데에는 몇 가지 이유가 있었다.

1. 다른 사람들처럼 나도 내 생각이 맞는 것이 좋지만, 그보다는 우버의 가치평가를 이해하는 데 훨씬 더 관심이 갔다. 그리고 걸리는 회사에 직접 투자했고, 나보다 그 회사를 더 잘 이해하고 있다

는 장점이 있었다. 그의 글은 내가 신경제를 이해하지 못하거나, 중세시대의 도구인 현금흐름할인법의 가치평가 방법을 남용한다고 비난하지 않았다. 대신에 우버의 특정 사항에 집중해서 높은 가치를 매긴 근거를 제시하는 데 중점을 맞추었다.

2. 가치평가는 숫자와 내러티브를 연결하는 다리이다. 그러나 숫자와 내러티브를 갖춘다고 해서 가치평가의 고지를 점령할 권리가 생기는 것은 아니다. 세부 내용에 충실하면서도 신중하고 철저한 빌 걸리의 내러티브는 내게 이 메시지를 다시 일깨워주었다.

걸리의 내러티브는 우버라는 회사를 더 현실적으로 논해보는 데 큰 도움이 되었다. 나는 그런 기회를 제공해준 걸리에게 매우 감사한다. 학생들을 가르치는 입장에서 나는 '가르치는 데 도움이 될 순간'이 오기를 항상 기다린다. 비록 그 희생의 대가가 나일지라도 말이다.

내가 세운 내러티브에서 우버는 기존 택시 시장(내가 추정한 시장가치는 1,000억 달러였다.)을 파괴하는 차량 서비스 회사였다. 나는 우버가 새로운 사용자를 끌어들여 성장을 확대할 것이고, 약 10퍼센트로 상당한 시장점유율을 보일 것이라고 기대했다. 걸리의 우버 내러티브는 나보다도 훨씬 원대했다. 그는 새로운 사용자를 끌어들이는 데 있어서 우버의 잠재시장이 훨씬 크다고 생각했다. 또한 네트워킹 효과도 훨씬 강력하고, 시장점유율도 더 높을 것이라고 내다봤다. 내가 우버의 가치평가를 처음 게시하면서 해보고 싶었던 논쟁이었다. 여러 내러티브를 통해 숫자가 어떻게 달라지는지를 내 눈으로 확인할

표 10.3 우버 내러티브: 걸리 vs. 다모다란

	걸리	다모다란
내러티브	우버는 물류 회사이며(이사, 배달, 차량 서비스), 네트워킹의 우위를 이용해 지배적인 시장점유율을 확보할 것이며, 수익배분 비율은 (10%까지) 줄어들 것이다.	우버는 주로 도심 환경에서 차량 서비스 시장을 조금씩 넓혀갈 것이며, 경쟁우위를 통해 상당하지만 지배적이지는 않은 시장점유율을 확보하고 수익배분 비율은 20%를 유지할 것이다.
전체 시장 크기	3,000억 달러, 매년 3% 성장	1,000억 달러, 매년 6% 성장
시장점유율	40%	10%
우버의 수익배분	10%	20%
우버의 가치	287억 달러+차량 소유 시장에 진입할 때의 옵션 가치(+60억 달러)	59억 달러+차량 소유 시장에 진입할 때의 옵션가치(20~30억 달러)

수 있기 때문이다. 〈표 10.3〉은 걸리와 나의 내러티브와 가치평가 결과를 대조한 내용이다.

나는 걸리의 내러티브로 가치평가를 시행했고, 그 결과 내가 추정한 59억 달러보다 훨씬 높은 287억 달러가 나왔다. 내러티브에 따라 가치에 큰 차이가 났기 때문에 투자자 입장에서는 어느 쪽이 현실성이 더 높은지의 문제가 대두된다. 걸리의 내러티브는 적어도 두 가지 이유에서 내 것보다는 장점이 있었다.

첫째, 이사회 일원이자 내부자로서 걸리는 나보다 우버의 현황을 훨씬 자세히 알고 있었다. 그가 출발점으로 삼은 숫자들(매출액, 영업이익, 기타 세부사항들)은 내 것보다 훨씬 정밀했을 뿐 아니라, (그가 열거한 새로운 사용자들과 진행한) 테스트 시장에서 우버가 어떤 성과를 거뒀는지도 잘 알고 있었다. 둘째, 우버의 투자자로서 걸리는 게임에 직접 참가했고, 나보다 감수해야 할 위험도 더 높았다. 때문에 그의 의견은 신뢰성이 더 높을 수밖에 없었다. 셋째, 그는 여러 신생기업에 투자한 경험이 있으며, 대부분이 괜찮은 투자였다.

그렇다면 나는 내러티브와 가치평가를 포기해야 한다는 의미일까? 아니다. 적어도 당장은 그럴 필요가 없었는데, 그 이유는 세 가지였다.

첫째, 내부자 입장이 되면 자신이 투자한 회사나 그 회사의 경영자 그리고 회사의 제품이 최고라고 믿지 않는 것은 불가능까지는 아니더라도 상당히 어려울 수 있다. 둘째, 투자자가 되면 내러티브를 포기하거나 바꿔도 잃을 것이 거의(전혀) 없는 사람보다도 자신의 내러티브에 더 집착하게 된다. 언제라도 몸을 뺄 탈출구가 없는 투자자일수록 그런 성향이 더 강해진다. 셋째, 카너먼이 자신의 책(《생각에 관한 생각》)에서 투자자의 심리에 대해 말했다시피, 투자와 주식 시장에서 경험은 좋은 스승이 되지 못한다.[2] 인간은 과거의 성공에서 잘못된 교훈을 얻고, 실패에서는 충분한 교훈을 얻지 못한다. 심지어 망상에 빠져 일어나지도 않은 일을 일어난 것이라고 기억한다.

빌 걸리가 이런 잘못에 빠졌다는 말은 아니지만, 나는 내 생각을 바꿀 때는 아주 조심하는 습관이 몸에 배어 있다. 그래서 걸리의 내러티브가 아무리 매력적이어도 완전히 인정하기 전까지 조금 시간을 두기로 했다.

걸리의 우버 내러티브는 우버의 편의성과 경제성 턱분에 처음에는 차량 서비스 시장이 확대되어 소규모 사용자와 비사용자들(교외 사용자, 렌트카 사용자, 노인세대, 어린아이들)도 끌어들일 것이라는 주장을 훌륭하게 펼쳤다. 그러나 우버가 이렇게 성공하려면 다음과 세 가지 조건이 선결되어야 했다.

1. **바꿔야 할 이유를 제시한다**: 사용자들을 기존 차량 서비스에서 우버 서비스로 바꾸게 하려면 우버는 그들에게 그럴 만한 이유를 제공해야 한다. 택시 서비스에서 우버 서비스로 바꿀 때의 이점은 걸리의 내러티브가 충분히 잘 설명했다. 우버는 더 편리하고(앱만 클릭하면 된다.), 더 믿을 수 있으며, 더 안전하고(결제 시스템 측면에서), 어떤 때는 택시보다 요금이 싸다. 그러나 택시 서비스 너머를 보는 순간, 이런 상쇄 효과는 다소 모호해진다.

   대중교통 요금은 앞으로도 우버보다 계속 쌀 것이기 때문에, 우버로 옮겨가는 주된 이유는 편리함과 편안함 외에는 없을 것이다. 차량 렌탈 서비스와 비교하면 몇 가지 점에서는 우버가 더 싸고 편리하지만(차를 렌트하러 직접 갈 필요도, 주차 걱정도, 고장 걱정도 할 필요가 없다.), 어떤 점에서는 더 불편하다(특히 단거리를 여러 번 이동해야 한다면 더더욱 그렇다). 교외의 차량 서비스 시장에서 우버가 직면하는 문제는 차량이 단순한 교통수단 이상을 의미한다는 사실이다. 자녀를 직접 태워서 통학시키는 부모들이 말하는 것처럼, 부모들은 운전사만이 아니라 개인 조수, 개인 수사관, 치료사, 심지어 독심술사 역할도 해야 한다.

2. **관성을 극복한다**: 인간의 심리는 기존 방식을 좀처럼 바꾸려 하지 않으며, 그런 방식은 일종의 관성으로 자리 잡는다. 새로운 방식이

아무리 장점이 많아도 이런 관성을 극복하기는 쉽지 않다. 우버는 아직 기존 방식에 물들지 않은 젊은 사람들에게는 크게 성공을 거두었다. 하지만 나이든 세대에 대한 공략은 더딘 편이다. 차량 서비스 시장 너머로 시각을 확대하면 관성의 힘은 더욱 강력해진다. 젊은 세대의 차량 소유가 상대적으로 적은 편이라는 기사는 사회의 큰 변화를 암시한다. 하지만 이것이 차량 소유 시장의 전체 판도가 뒤바뀌고 있다는 뜻으로 받아들여야 하는지는 확신할 수 없다. 게다가 부모와 다시 합치는 젊은 사람들이 많다는 기사도 자주 볼 수 있다. 두 현상 모두 졸업과 동시에 막대한 학자금 대출을 갚아나가야 하고, 취업문은 비좁아진 젊은이들의 더 힘들어진 경제적 상황이 빚어낸 결과일 수 있다.

3. **현상 유지파와 싸워야 한다:** 택시 왕국이 현재 온갖 문제와 비효율성에 시달리기는 하지만, 상당한 경제적 이해관계가 걸려 있는 만큼 맞서 싸우려 할 것이다. 우버와 리프트도 이미 알고 있듯이 택시 회사들은 기존 규제와 제한 조건을 동원해 새로운 사업자의 시장 진출을 막으려 한다. 차량 렌탈과 서비스 차량 소유 시장으로 대상이 넓어지면 그 싸움은 더욱 격렬해질 것이다.

7장에서 설명한 가능성, 타당성, 개연성의 관점에서 나의 내러티브와 빌 걸리의 내러티브를 대조해보는 것도 좋은 방법이다. 〈그림 10.2〉는 세 가지 측면에서 두 개의 내러티브가 어떻게 차이가 나는지를 보여준다.

그림 10.2 개연성, 타당성, 가능성: 나의 내러티브 vs. 걸리의 내러티브

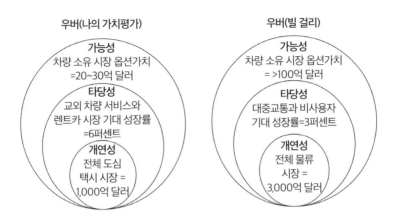

걸리가 만든 내러티브의 제2부는 우버가 네트워킹 효과를 이용해 지배적 시장점유율을 확보하는 것이 가능한지 여부에 좌우된다. 걸리도 언급했듯이 같은 제품이나 서비스를 이용하는 사용자들이 다수일수록 그 제품 사용에서 더 큰 효익을 얻게 되는 것이 네트워킹 효과이다. 네트워킹 효과가 매우 강력하면 이 효과를 만들어낸 회사는 지배적 시장점유율 확보가 가능해진다. 그리고 잠재적으로는 '승자독식' 시나리오도 가능해진다.

내가 보기에는 걸리가 포스트에서 네트워킹 효과로 주장한 픽업 횟수, 차량 보급의 밀집도, 활용도는 글로벌 네트워킹 효과보다는 지역적 네트워킹 효과에 가까웠다. 다시 말해 뉴욕의 차량 서비스 1위 사업자는 똑같은 우위를 활용해 뉴욕에서 지배적 시장점유율을 확보할 수 있지만, 마이애미로 옮겨가면 이야기가 달라진다.

마이애미의 지배적 시장 참여자가 아닌 한 이런 우위는 별로 소용이 없다. 새 도시로 간 사용자가 접속할 수 있는 데이터나 신용카드사, 항공사, 자동차 회사 등과의 제휴처럼 글로벌 네트워킹 우위도 있다. 하지만 아주 큰 우위는 되지 못한다. 실제로 지역 네트워킹 우위에 지배되는 순간, 차량 서비스 시장은 순식간에 도시마다 참호전이 펼쳐질 수 있다. 그리고 각 도시마다 승자도 달라질 수 있다. 따라서 샌프란시스코에서는 우버가, 시카고에서는 리프트가, 런던에서는 아직 탄생하지 않은 회사가 차량 서비스 시장을 지배하게 될지도 모른다. 걸리의 우버 내러티브가 효력을 발휘하려면 글로벌 네트워킹 우위가 전면에 드러나야 한다.

케이스 스터디 10.6_ 페라리: 면세 카탈로그에서 얻는 피드백

이번 장의 마지막 케이스 스터디는 내용은 짧지만 전혀 뜻밖의 장소에서 어떻게 피드백이 나올 수 있는지를 잘 보여준다. 나는 페라리의 IPO 가치를 공개시장에서의 금액인 90억 유로보다 훨씬 낮은 63억 유로로 평가했다. 그리고 몇 수 후 나는 유럽행 비행기를 타게 되었다. 지루해진 나는 기내에 비치된 면세품 카탈로그를 뒤적거렸다. 잡지에 실린 두 가지 상품이 내 눈길을 끌었다. 바로 페라리 시계와 페라리 펜이었다.

두 상품을 사고 싶은 생각은 들지 않았지만, 페라리라는 강력한 브랜드 네임이 자동차 시장을 넘어 다른 럭셔리 제품 시장에도 파고들었음을 상기시키기에는 충분했다. 내가 처음 만든 내러티브가 묘사한 페라리는 배타적 자동차 회사였다. 그러나 이것이 자동차를 생산하는 럭셔리 브랜드 네임을 가진 회사로서 페라리를 그리는 대안 내러티브로 바뀔 가능성도 있겠다는 생각이 들었다. 대안 내러티브에 따라 페라리를 평가하면 가치는 당연히 훨씬 높아진다. 자동차를 넘어 전자, 의복, 심지어 구두 분야까지 잠재시장이 확대될 수 있기 때문이다.

결론

나는 기업에 대한 스토리텔링을 좋아하지만 가끔은 내가 만든 스토리에 지나치게 집착한다. 이번 장에서는 가치평가도 가치평가지만, 그런 문제를 해결하기 위해 내가 시도하는 여러 방법도 함께 소개했다. 무엇보다도 가치평가의 가정과 내러티브를 솔직히 공개하고, 거기에 대한 의견을 공유할 수 있는 토론장을 만드는 것이 내 의견에 반대하는 사람들을 비롯해 여러 사람의 귀중한 피드백을 얻는 데 큰 도움이 되었다. 그

피드백에 어떻게 반응할지는 전적으로 내가 결정할 문제다. 하지만 나는 내러티브 수정에 대해 유연한 태도를 가지는 것이 약하다는 신호가 아니라, 오히려 강하다는 신호가 된다는 교훈을 아주 힘겹게 배울 수 있었다.

11장

내러티브 변경: 현실 세계의 침입

비즈니스 세계에서 기대했던 그대로 상황이 펼쳐지는 경우는 거의 없다. 어떤 때는 좋은 쪽으로, 어떤 때는 나쁜 쪽으로 깜짝 놀랄 일이 전개되는 것이 현실이다. 6장에서 나는 내러티브가 현실에 뿌리를 내리고 있어야 한다고 말했다. 그러나 현실이 변한다면 내러티브도 마찬가지로 변해야 현실성을 유지할 수 있다.

이번 장에서는 내러티브를 변경해야 하는 원인부터 살펴볼 것이다. 정량적 문제나 정성적 문제가 원인일 수도 있고, 거시경제나 정치적 뉴스가 원인일 수도 있다. 아니면 기업 실적 보고가 원인일 수도 있다. 그런 다음에는 내러티브의 변경을 종류별로 관찰한다. 내러티브 조정은 스토리의 전체 체계가 아니라 특정 사항을 바꾸거나 수정하는 것을 말하며, 내러티브 변화는 스토리의 체계를 뒤집는 것을 말한다. 마지막으로 내러티브 고장은 스토리의 효력이 돌연 정지되는 상황을 의미한다.

이런 세 가지 변경이 가치평가 결과에 어떤 영향을 미치는지 자세히 검토할 것이다.

내러티브를 변경해야 하는 이유

10장에서 나는 사업의 내러티브를 개선하고 변경하기 위해서는 피드백을 사용하는 것이 중요하다고 강조했다. 이번 장에서는 그 개념을 확대해 기업이나 시장 섹터, 사업 종목에 대해 새로운 정보가 발표되었거나, 아니면 회사가 속해 있거나 영업활동을 하고 있는 경제 전반이나 국가에 대해 새로운 정보가 나왔을 때 거기에 대응해 어떻게 내러티브를 변경하는지에 대해 설명할 것이다.

사업에서 유일하게 항구적인 것은 변화이고, 기술과 세계화로 인해 변화의 속도가 빨라진다면 오랫동안 변함없이 유지될 수 있는 내러티브는 없다고 봐야 한다. 새로운 발전과 정보를 만나면 내러티브를 재점검하면서 혹시라도 수정이 필요한 부분은 없는지 신중하게 살펴봐야 한다. 그러나 정보를 알리는 뉴스가 어떤 형태로, 어디에서 흘러나올지는 어느 누구도 알지 못한다.

1. **정성적 정보와 정량적 정보**: 정량적 정보에 대한 뉴스로는 분기 실적 보고서의 어닝서프라이즈나 어닝쇼크, 정부의 인플레이션과 경제 성장 보고서 등이 있다. 정성적 정보에 대한 뉴스로는 최고경영진

의 변화, 기업에 유불리한 법원 판결, 행동주의 투자자가 회사의 요직에 앉았다는 발표 등이 대표적인 예이다.

2. **내부 정보와 외부 정보**: 기업의 의무적인 재무제표 공개나 기업 공시(인수합병, 사업 철수, 자사주 매입)처럼 기업이 직접 제공하는 정보가 있다. 그리고 외부(금융 뉴스, 기업을 추적하는 주식 리서치 분석가, 감독기관 등)에서 나오는 정보도 있다. 어떤 때는 경쟁사가 정보를 내보내기도 한다. 그런 정보는 시장과 경쟁 구조를 다시 돌아보게 하는 계기가 된다.

3. **미시 정보와 거시 정보**: 우리가 얻는 정보의 대부분은 기업이나 경쟁사, 시장 부문에 대한 미시적 차원의 정보이다. 반면에 거시경제 요소에 대한 정보도 있는데, 금리나 환율, 인플레이션 변동에 대한 뉴스가 들리면 스토리를 바꿔야 할 경우도 있다. 기업이 거시경제 변수에 얼마나 크게 노출돼 있느냐에 따라서 내러티브에도 대대적인 수정이 필요할 수 있다.

뉴스에 아무런 영향도 받지 않는 내러티브는 절대로 없다고 장담할 수 있다. 그렇기에 기업의 내재가치는 (내러티브를 반영하기 때문에) 시간이 지날수록 변하기 마련이고, 어떤 때는 아주 많이 변한다. 몇몇 구시대적 가치투자자는 내재가치가 불변이고 항구적이라고 말한다. 하지만 이런 주장은 틀릴 뿐 아니라, 건강한 포트폴리오 유지에도 큰 피해를 입힐 수 있다.

내러티브 수정의 분류와 통합

내러티브 수정을 종류별로 분류하는 한 가지 간단한 방법은 결론으로 도출한 기업가치를 중심에 놓은 다음, 좋은 뉴스(가치 증가)와 나쁜 뉴스(가치 감소)로 나누는 것이다. 하지만 뉴스가 기대보다 확실하게 좋거나 기대보다 꾸준하게 나쁘지 않은 이상 이렇게 분류하기는 쉽지 않다. 게다가 대다수 기업에는 좋은 뉴스와 나쁜 뉴스가 시도 때도 없이 번갈아가며 발생한다. 다시 말해 내러티브 전체를 수정하고 가치를 재평가하기 전까지는 이런 뉴스들이 가치에 어떤 영향을 미치는지 제대로 파악하기 힘들다. 매우 긍정적 변화를 야기하는 정보도 있고, 부정적 변화를 야기하는 정보도 있다. 하지만 대체적으로는 새 정보로 인해 전체 스토리가 얼마만큼 바뀔 것인지의 관점에서 내러티브 수정을 고민해야 한다. 이렇게 하면 내러티브 수정을 내러티브 고장, 내러티브 변화, 내러티브 조정이라는 세 가지로 분류할 수 있게 된다. 내러티브 고장이란 스토리가 쓸모없게 되는 것을 의미하고, 내러티브 조정은 약간만 수정하면 되는 것을 의미한다.

내러티브 고장

많은 사건이 스토리를 갑작스럽게 중단시킬 수 있는데, 그중 대부분은 부정적인 영향 때문이다.

1. **자연재해나 인재**: 앞날이 유망하고 수익성이 좋은 사업도 자연재해나 테러 공격으로 갑작스럽게 무너질 수 있다. 예를 들어 2015년 11월, 소말리아의 수도 모가디슈에 있는 고급 사하피 호텔Sahafi Hotel이 테러리스트들의 공격을 받았다. 이 경우 위험한 신흥시장에 있는 호텔의 보험이 다시 성사될 가능성은 거의 없고, 섣부른 짐작일지는 몰라도 사하피 호텔의 재개장은 힘들 것이다. 이 호텔의 소유주나 투자자라면 가치의 영구손실이 불가피할 수 있다.

2. **법적 제재나 규제 조치**: 해당 사업이 법원의 판결이나 감독기관의 결정을 초조하게 기다리고 있으며, 불리한 결정이 나면 내러티브를 접어야 할 만큼 파급 효과가 엄청나게 클 수도 있다. 자사의 약품이 하나밖에 되지 않는 (하지만 잠재적 블록버스터인) 작은 제약 회사나 바이오테크 기업이 승인 절차를 밟고 있는 중에 FDA 규제가 반대 입장으로 변한다면 회사의 스토리는 돌연 끝나버릴 수 있다. 보스턴에 있는 바이오테크 기업인 아베오 제약 회사는 7년이라는 시간을 들여 신장암 치료약을 개발했고, 2013년에는 시가총액이 10억 달러에 달했다. 그러나 임상시험에 차질이 빚어지고, 임상시험 설계 방식에도 의문이 제기되면서 FDA는 약품 승인을 거부했다. 이후 회사의 가치는 70퍼센트나 급락했고, 직원의 62퍼센트를 정리해고해야 했다.

3. **채무불이행**: 채무 지불의 의무가 있는 기업이 지불 의무를 지키지 못하면 사업 모델이 위험에 처하게 된다. 가장 단적인 경우가 은행 빚이나 발행 중인 기업채의 원리금 상환이다. 하지만 이것 이외에

도 소매 회사의 리스 채무나 스포츠 프랜차이즈의 선수 계약금이 포함될 수 있다. 2015년 말과 2016년 초에 원자재 가격이 급락하면서 불안감이 팽배해졌고, 레버리지가 높은 원자재 회사들의 주식 가치는 급락했다.

4. **정부 수용**: 정부 수용은 몇십 년 전에 비하면 드문 일이다. 하지만 지금도 몇몇 나라에서는 소유자가 정당한 보상을 받지 못하고 정부에 사업을 몰수당하는 경우가 발생하기도 한다. 2011년 아르헨티나 정부는 자국의 석유 회사인 YPF를 국영화했고, 이 회사 투자자들은 하루아침에 가치가 급락하는 날벼락을 맞았다.

5. **자본 압박**: 기업들은 사업 확장만이 아니라 일상적인 영업활동을 위해서도 자본이 필요하다. 만약 시장 위기로 자본 접근이 막히면 사업을 접어야 하는 사태가 벌어질 수 있다. 그리스, 아르헨티나, 우크라이나가 머릿속에 떠오를 것이다. 하지만 자본 압박의 문제는 신흥시장에만 국한되지 않는다. 2008년 금융위기가 닥쳤을 때 선진시장들도 비슷한 처지에 놓였다.

6. **인수**: 돌연 내러티브가 좋게 끝나는 드문 경우 중 하나는 기업이 더 큰 회사에 인수되는 것이다. 예를 들어 애플이 헤드폰과 음향기기 전문 회사인 비츠Beats를 인수하면서 비츠의 스토리는 중단되었다. 그러나 이제는 애플이라는 대기업의 훨씬 방대한 내러티브의 일부가 되었다.

이런 사건에서 보듯이 내러티브 고장의 위험은 기업마다 다르고, 여러 요인이 복합적으로 작용한다. 첫 번째로 '개별적이고 치명적인 위험에 노출되는 것'이 작은 위험에 지속적으로 노출되는 것보다 내러티브 고장을 불러올 가능성이 더 크다. 한 예로 고정환율제인 통화에서 큰 폭의 평가절하가 한 번 발생하는 경우가 변동환율제에서 매일 조금씩 등락을 거듭하는 경우보다 스토리에 치명상을 입힐 가능성이 더 크다. 두 번째는 첫 번째와 관련이 있는데, 위험에 대비해 보험을 들거나 헤지hedge할 수 있는 기업은 '위험에 전혀 대비하지 못하는 기업'보다는 더 안전할 수 있다. 세 번째로 위에서 열거한 사건들이 똑같이 발생해도 '재무적 완충장치가 약한 소기업'이 완충장치가 튼튼한 대기업보다는 내러티브 고장이 발생할 확률이 더 높다. 마지막으로, '자본 접근이 원활하면' 대형 악재가 발생해도 사업을 접을 가능성이 작아진다. 상장된 공개 기업보다는 비공개 기업(자본 원천이 상대적으로 작은)의 내러티브 고장이 빈번하고, 예기치 못한 충격이 발생했을 때 선진시장의 기업보다 신흥시장의 기업이 사업을 접는 횟수가 더 높은 것도 이런 이유 때문이다.

케이스 스터디 11.1_ 내러티브 고장

2014년 초에 에어리오Aereo라는 회사는 사용자가 별도의 케이블 시청료를 내지 않아도 모바일 기기에서 케이블 방송을 볼 수 있는 합법적 방법을 찾아냈다고 발표했다. 대다수 사람이 믿지 못하겠다는 반응을 보였음에도 투자자들은 2014년 초 에어리오의 기업가치를 8억 달러로 평가했다. 같은 해 여름, 에어리오 스트리밍 서비스의 적법성 여부를 심사하게 된 미국 대법원은 불법이라는 판결을 내렸다. 다음 날 에어리오의 사업가치는 0을 향해 급락했고, 몇 달 후 이 회사는 사업을 철수했다.

조금 더 얄궂은 사례로는 온라인 관계 맺기를 통해 배우자 몰래 외도를 주선해주는 온라인 서비스 회사인 애슐리 메디슨Ashley Madison을 들 수 있다. 사업 모델의 도덕성 여부에 대한 판단을 뒤로 미뤄놓고 보면, 이 회사에 투자자는 많았고 조만간 IPO를 진행해 시장에서 2억 달러를 모집한다는 계획까지 세워두고 있었다. 그러나 이 계획은 무산되었다. 불행하게도, 한 해커가 이 웹사이트에 침입해 일부 고객 명단을 유포했기 때문이다. 애슐리 메디슨은 사업을 접지는 않았지만 도덕성에 치명적 타격을 입었고, 뉴스가 보도된 후 회사의 가치는 폭락했다.

내러티브 변화

내러티브 변화는 현실에서 중요한 사건이 발생해 스토리의 일부나 상당 부분을 크게 바꿔야 하는 경우를 말한다. 내러티브 변화가 생기는 원인은 여러 가지이고, 부정적인 영향이 있는가 하면 긍정적인 영향도 있다. 그렇다고 해도 8장에서 전개한 내러티브의 기본 틀을 사용하면 변화

그림 11.1 새로운 스토리와 내러티브 변화

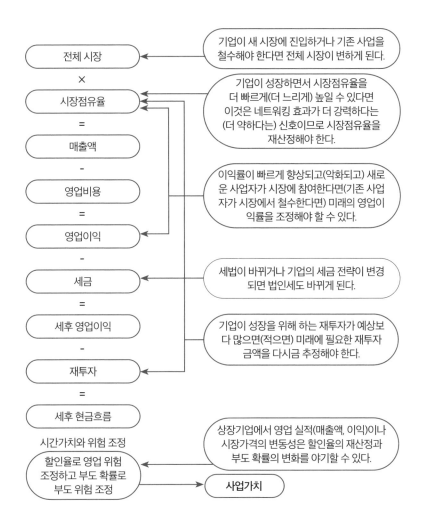

전체 시장 ← 기업이 새 시장에 진입하거나 기존 사업을 철수해야 한다면 전체 시장이 변하게 된다.

×

시장점유율 ← 기업이 성장하면서 시장점유율을 더 빠르게(더 느리게) 높일 수 있다면 이것은 네트워킹 효과가 더 강력하다는 (더 약하다는) 신호이므로 시장점유율을 재산정해야 한다.

=

매출액

-

영업비용 ← 이익률이 빠르게 향상되고(악화되고) 새로운 사업자가 시장에 참여한다면(기존 사업자가 시장에서 철수한다면) 미래의 영업이익률을 조정해야 할 수 있다.

=

영업이익

-

세금 ← 세법이 바뀌거나 기업의 세금 전략이 변경되면 법인세도 바뀌게 된다.

=

세후 영업이익

-

재투자 ← 기업이 성장을 위해 하는 재투자가 예상보다 많으면(적으면) 미래에 필요한 재투자 금액을 다시금 추정해야 한다.

=

세후 현금흐름

시간가치와 위험 조정

할인율로 영업 위험 조정하고 부도 확률로 부도 위험 조정 ← 상장기업에서 영업 실적(매출액, 이익)이나 시장가격의 변동성은 할인율의 재산정과 부도 확률의 변화를 야기할 수 있다.

사업가치

를 체계적으로 정리할 수 있다(〈그림 11.1 참고〉).

내러티브 변화를 취할 때는 스토리의 어떤 부분을 왜 바꾸는지 설명해야 하며, 두 분야의 사람들에게서 비난받을 것을 각오해야 한다.

- **가치 신봉자들의 꾸짖음**: 가치 신봉자들은 내재가치가 안정적이고 심지어는 상수(변하지 않는 일정한 값을 가진 수나 양)이므로 내재가치를 크게 바꾸는 것은 약점을 드러내는 것이라고 말한다. 그들은 내러티브를 변화시킨다는 것은 새로운 정보에 맞게 내러티브를 합리적으로 조정하는 것이 아니라, 원래의 가치평가에 결함이 있기 때문이라고 맹비난한다. 짧은 기간 동안 가치평가를 그토록 자주 바꾸는 이유가 무엇이냐고 비난하는 사람들에게, 나는 존 메이너드 케인스가 했다고 알려진 말을 들려준다. "사실관계가 바뀌면 나는 생각을 바꿉니다. 당신은 어떻게 하십니까?"
- **사후평가의 대가들**: 반면에 어떤 사람들은 애초에 가치평가를 시작했을 때부터 미리 변화를 짐작했어야 했다고 비난한다. 이런 사람들에게 나는 그들의 훌륭한 미래 예측 능력을 칭찬하고, 내게는 그런 능력이 없음을 순순히 인정한다. 그리고 그들의 수정구를 통해 몇 년 내에 벌어질 일을 봐줄 수 없느냐고 부탁한다.

실제로 내러티브 변화에 노출되는 정도는 회사마다 다르다. 특히 라이프사이클의 초기 단계에 있는 기업일수록 성숙 단계의 기업보다는 내러티브가 크게 바뀔 가능성이 더 높다. 이 부분은 14장에서 라이프사이클의 각 단계가 내러티브와 숫자에 미치는 영향을 설명하면서 다시 논할 것이다.

케이스 스터디 11.2_ 우버: 뉴스와 가치(2015년 9월)

9장에서 나는 2014년 6월에 우버의 가치를 60억 달러로 평가했는데, 투자자들이 결정한 170억 달러에 한참 못 미치는 금액이었다. 2014년 6월부터 2015년 9월까지 매주 우버에 대한 기사가 많이 보도되었다. 어떤 기사는 IPO 후 1,000억 달러를 향해 순항하고 있다고 믿는 사람들이 반가워할 내용을 담고 있었다. 그리고 어떤 기사는 우버의 장래를 미심쩍어하는 사람들이 재앙의 전조라고 여길 만한 나쁜 소식을 담고 있었다. 나는 보도 내용들의 신빙성을 검사하면서 그런 내용들이 나의 우버 내러티브와 가치 추정에 어떤 영향을 미치는지 알아보기로 했다. 이런 입장에서 나는 보도 내용을 내러티브에 관련된 것과 투입변수에 관련된 것들로 구분했다.

1. **전체 시장**: 차량 서비스 시장에 대한 뉴스는 대부분 긍정적이었다. 이는 시장이 내가 1년 전에 예상한 것보다 더 넓어졌고, 더 빨리 성장하고 있으며, 더 세계화되었다는 것을 의미했다.

   • **도심만이 아니라 전체적으로 훨씬 커진 시장**: 차량 서비스 사업의 인기가 높은 곳은 아직은 도심 지역이지만, 준교외와 교외 지역

으로도 서비스가 확장됐다.

잠재적 투자자를 대상으로 한 프레젠테이션에 의하면 2015년 우버가 수령한 총 승차요금은 108억 4,000만 달러였다. 물론 비공식적인 금액이고 다소 부풀려진 면도 있다. 하지만 이 수치로 인해 우버의 매출이 20~25퍼센트 정도 높게 추정된다고 가정해도 2014년에 비해 400퍼센트나 증가한 것은 사실이다.

- **새 고객 유치**: 차량 서비스 시장이 성장하는 한 가지 이유는 택시나 리무진 서비스를 이용하지 않았던 고객들을 끌어들였기 때문이다. 예를 들어 우버가 탄생한 도시인 샌프란시스코에서 차량 공유 시장의 규모는 택시와 차량 서비스 시장의 3배에 달하는 것으로 추정되었다.

- **제공 서비스의 다양화**: 차량 공유 시장의 규모가 급성장한 또 다른 이유는 여러 대안 서비스를 제공하면서 선택의 폭이 확장되고, 비용이 줄고(카풀 서비스), 유연성이 높아진 데 있다.

- **글로벌화**: 차량 공유 서비스에 대한 가장 원대한 스토리가 탄생한 지역은 아시아였다. 차량 공유 시장은 아시아에서 특히 급성장하고 있으며, 그중에서도 중국과 인도의 성장이 괄목할 만하다. 이는 당연한 결과이다. 이들 국가들은 차량 공유 시장이 성장하는 데 필요한 대규모 도심 인구, 상대적으로 적은 차량 소유자 그리고 미흡한 대중교통 체계라는 세 가지 기회가 맞물려 있기 때문이다.

차량 서비스 시장에 악재로 작용하는 뉴스로는 택시 기사들의 파업, 감독기관의 금지 조치, 영업 제한 등을 꼽을 수 있다. 그러나 이런 나쁜 뉴스에도 좋은 뉴스가 탄생할 만한 씨앗이 담겨 있다. 현상 유지를 원하는 사람들은 차량 공유 시장이 기존 택시 시장을 잠식하지 않는 한 스타트업 탄생을 적극적으로 막으려 하지는 않을 것이기 때문이다. 차량 공유 서비스를 막으려는 택시 회사, 감독기관, 정치가들의 시도는 패색이 짙어졌고, 시장은 그런 패색을 반영하는 분위기였다. 뉴욕시 택시 회사들의 총매출은 2013년부터 2015년 동안 뚝 떨어졌고, 정식 택시 면허인 메달리온의 가치(대략 총 50억 달러)도 동일 기간 동안 거의 40퍼센트나 줄어들었다.

2014년 6월의 가치평가에서 나는 우버가 다른 분야로 사업을 확대할 가능성이 있다고 언급했다. 2014년 6월부터 2015년 9월까지 있었던 희소식은 우버가 약속을 지켜서 홍콩과 뉴욕에서 물류 서비스를 개시하고, 로스앤젤리스에서는 식품배달 서비스를 시작했다는 것이다. 나쁜 소식은 그 진행도가 느리다는 것이다. 일부 이유는 차량 공유 서비스보다는 작은 사업이라는 것에 있었고, 또 일부 이유는 차량 서비스보다는 경쟁이 효율적이라는 데 있었다. 그러나 이들의 새 사업은 가능성만 있던 수준에서 타당성 수준으로 옮겨갔고, 전체 시장도 넓어졌다.

결론: 우버의 전체 시장은 내가 2014년 6월에 구상했던 도심 차량 서비스 시장보다는 크다. 그리고 우버는 새로운 고객을 끌어들이고 새 시장에서 사업을 확장할 것이다(주요 초점은 아시아가 될 것이다). 어쩌

면 또 다른 새로운 사업으로 확장할지도 모른다.

2. **네트워킹 우위와 경쟁우위:** 이 부분에 대한 뉴스는 복합적이다. 희소식이라면 시장 진입비용이 높아졌다는 사실이다. 예를 들어 차량 공유 서비스 회사들은 운전자들과 계약을 성사하기 위해 총 수령 요금의 배분비율을 높여주는 등 당근을 제공하는 전술을 취하고 있다. 미국에서는 우버와 리프트가 최대 사업자가 되었고, 전년도에 경쟁하던 회사들은 시장에서 사라졌거나 두 회사와 경쟁하기 버거워졌다. 미국 밖에서 들리는 희소식은 우버는 세계 시장에 적절히 녹아들었고, 리프트는 당분간 미국 시장에만 초점을 유지하기로 결정했다는 점이다. 나쁜 소식은 세계 시장에서의 경쟁이 치열해졌다는 것이다. 특히 아시아 시장에서의 경쟁이 심한데, 우버는 이미 현지 시장을 지배하고 있는 그 나라 차량 공유 서비스 회사들과 치열하게 경쟁해야 한다. 인도의 올라Ola, 중국의 디디콰이디(滴滴快的), 동남아의 그랩택시GrabTaxi가 대표적인 현지 기업이다.

현지 차량 공유 서비스 회사들이 시장을 지배하게 된 데에는 이 회사들이 선발주자로서 현지 시장을 더 잘 이해하고 있다는 것에 원인이 있다. 또한 현지 사업자들에 대한 시장의 편애(현지 투자자들, 감독기관, 정책 등)도 원인이 될 수 있다. 심지어 이들 경쟁사들이 함께 모여 '반(反)우버' 네트워크를 형성할지도 모른다는 말도 들렸는데, 디디콰이디와 리프트가 공식 파트너십을 맺으면서 그 소문은 사실이 되었다. 현지 차량 공유 회사들은 가치가 매우 높게 평가되었기 때문에 자본 접근이 용이했다. 이로 인해 우버는 사업 초기에 누렸던 상당한 현금 우위를 많이 누리지 못하게 되었다.

경쟁이 치열해지면서 압박이 심해지는 영역 중 하나는 바로 요금의 배분 문제이다. 원래는 운전자가 80퍼센트, 차량 공유 서비스 회사에 20퍼센트가 배분되었다. 그러나 리프트는 미국 여러 도시에서 운전자들에게 주당 40시간 이상을 운행할 경우 요금 전부를 가져갈 수 있는 기회를 제공하고 있다. 서로 제 살 깎아 먹기가 될 것이 뻔하기 때문에 두 회사는 80/20의 배분 규칙에 대놓고 이의를 제기하는 것은 삼가고 있다. 하지만 배분 규칙의 변경은 시간문제이다.

3. **비용 구조**: 이 분야에서는 대부분 나쁜 소식만 들려왔다. 일부 비용 문제는 차량 공유 서비스 회사의 내부에서부터 비롯되었다. 기업들이 운전자를 경쟁사로부터 빼내기 위해 제시하는 선지급금이 점점 높아지면서 전체 비용에서 이 금액이 차지하는 비중이 치솟고 있었기 때문이다. 그렇기는 해도 비용 압박의 대부분은 외부에서 비롯되었다.

- **계약직 직원으로서의 운전자**: 2015년 초여름에 캘리포니아노동청은 우버의 운전자들은 독립적 하도급업자가 아니라 회사의 직원이라는 결정을 내렸다. 우버 운전자들도 집단소송을 제소할 수 있다는 법원 판결이 내려지면서 노동청의 결정에 힘이 실렸다. 사법부의 이런 판결로 싸움은 지속될 가능성이 커 보였다. 어쨌

거나 이런 싸움이 끝나고 나면 차량 공유 서비스 회사의 운전자들은 정직원까지는 아니어도 최소한 계약직으로 인정받아 복리 혜택의 일부를 누릴 자격을 얻게 될 것이다(그러면 차량 공유 서비스 회사의 비용은 더 높아질 것이다).

- **보험의 사각지대**: 초기에 차량 공유 서비스 회사들은 운전자들이 기존에 가진 보험에 약정을 추가하는 식으로 보험 계약의 허점을 이용했다. 감독기관과 입법기관 그리고 보험 회사들이 이런 허점을 메우려 노력하고 있기 때문에, 차량 공유 서비스 회사의 운전자들은 조만간 더 비싼 보험에 가입해야 할 수 있다. 그리고 회사들은 그 비용의 일부를 부담해야 할 것이다.
- **제국과 싸우기 위해서는 많은 돈이 든다**: 세계 여러 도시에서 현상 유지를 원하는 집단(택시 시장과 관련 감독기관)의 반격이 만만치 않다. 로비와 법정 수수료에 드는 비용이 늘어나고, 새로운 소송이 진행되면서 그들과 싸우는 데 많은 비용이 들고 있다.

차량 공유 서비스 회사 내부에서 유출된 문건은 비용이 매출액을 훨씬 초과하고 있다는 증거를 보여주었다. 어떤 문건은 우버가 지난 2년 동안 적자를 내고 있었으며, 도시별 공헌이익(매출액에서 변동비를 제한 후의 금액)은 도시마다 큰 차이를 보이긴 했지만, 전체적으로는 모두 낮은 편(가장 높은 도시는 스톡홀름과 요하네스버그로 11.1퍼센트, 낮은 도시는 시애틀로 3.5퍼센트)이라는 사실을 보여주었다.

결론: 차량 공유 서비스 회사를 운영하는 데에는 비용이 많이 든다.

일부 비용은 사업 규모가 커지면서 줄겠지만, 영업이익률은 1년 전에 내가 예측한 것보다도 더 낮아질 가능성이 크다.

4. **자본집약과 위험**: 내가 처음 우버의 가치평가를 하면서 가정한 사업 모델에 따르면, 우버는 서비스 차량을 소유하지 않고 사무실이나 기반시설에도 거의 투자할 필요가 없기 때문에 최소 한도의 자본만 필요했다. 다시 말해 자본 1달러가 추가로 5달러의 매출을 창출하기 때문에 매출액 대비 자본비율이 높았다. 2015년 9월에도 기본 사업 모델은 변하지 않았지만, 차량 공유 서비스 회사들은 저자본 집약적 사업 모델은 그만큼 경쟁이 치열해질 수밖에 없다는 단점이 있음을 깨닫게 되었다. 따라서 우버와 리프트가 운전자와 계약할 때 지급하는 높은 선지급금은 두 회사가 선택한 사업 모델이 불러온 결과라고 볼 수 있다. 이 사업 모델에서 운전자들은 하도급 업체가 아니라 프리에이전트이기 때문이다.

2015년 9월까지만 해도 차량 공유 서비스 회사들이 기반시설에 대한 투자를 늘린다거나 직접 차량을 소유하는 등 사업 모델의 역학을 바꾸는 데 관심이 있다는 징후는 전혀 나타나지 않았다. 그러나 우버가 카네기멜론대학의 로봇공학 교수들을 영입하고 있다는 보도는 조만간 변화가 다가올 것임을 암시한다.

결론: 차량 공유 서비스 회사들은 당분간은 저자본집약적 사업 모델을 유지할 것이다. 하지만 경쟁우위를 얻으려고 노력하는 과정에서 지금보다는 사업 모델의 자본집약도가 높아지고, 지속 가능한 성장

을 위해서도 더 많은 투자가 필요할 것이다.

5. **경영 문화**: 가치평가에 직접 귀속되지는 않지만, 신생기업에 투자할 때는 그 기업 경영진의 문화를 살펴봐야 한다. 우버 경영진에 대한 보도와 그들이 보도에 대응하는 방식은 사람에 따라 그 회사를 보는 관점에 영향을 미칠 수 있다. 만약 우버에 호의적인 사람이라면 이 회사 경영진이 자신 있게 새로운 시장을 공략하고, 적극적으로 자기 사업을 보호하며, 창의적으로 반격한다고 생각할 수 있다. 반대로 우버에 호의적이지 않은 사람에게는 똑같은 행동도 거만함으로 비춰질 수 있고, 현상 유지에 도전하는 태도는 규칙 준수를 거부하고 있다는 신호로 보일 수 있으며, 반격이 너무 지나치다고 생각할 수 있다.

결론: 우버가 미래에는 공격적 대응을 줄일 것이라고 믿을 만한 근거가 전혀 없다. 사업 규모가 커지면서 이런 공격적 대응이 득이 될지, 해가 될지는 두고 봐야 할 문제이다.

한마디로 요약하면 2014년 6월부터 2015년 9월까지 아주 많은 것이 바뀌었다. 이 기간 동안 차량 공유 시장에 진짜 변화가 생겼기 때문이기도 하고, 시장에 대해 내가 몰랐던 부분을 채워넣었기 때문이기도 하다. 〈표 11.1〉은 2014년 6월의 가치평가와 2015년 9월의 추정을 비교해서 보여준다.

〈표 11.2〉는 내가 2015년 9월에 우버의 가치평가를 진행하고 234억

표 11.1 뉴스 보도로 인한 투입변수의 변화: 우버

투입변수	2014년 6월	2015년 9월	변화 이유
전체 시장	1,000억 달러: 도심 차량 서비스	2,300억 달러: 물류	처음 나의 예상보다 시장이 넓어지고, 커지고, 글로벌화되었다. 우버의 배달과 이사 시장 진출은 현재 타당성이 있으며 심지어 개연성까지 가지고 있다.
시장 성장	시장 규모가 34.00% 성장; CAGR*은 6.00%	시장 규모가 두 배가 됨; CAGR은 10.39%	제공 서비스가 다양해지면서 차량 공유 시장으로 새로운 고객이 유입되고 있다.
시장점유율	10.00% (지역 네트워킹)	25.00% (약한 글로벌 네트워킹)	진입비용이 높아지면서 경쟁은 줄어들었다. 하지만 남아 있는 경쟁사들은 자본접근성이 높으며, 아시아의 경쟁사들은 자국 시장으로서의 우위도 가지고 있다.
수익배분	20.00% (현재 상태 유지)	15.00%	경쟁 심화로 차량 서비스 회사들이 가져가는 배분이 줄어들 것이다.
영업이익률	40.00% (저비용 모델)	25.00% (계약직 직원 모델)	운전자들이 계약직 직원이 되면서 보험료와 감독기관 비용이 늘어날 것이다.
자본비용	12.00%(미국 기업들 중 백분위 9)	10.00%(미국 기업들 중 백분위 75)	사업 모델이 자리를 잡고 상당한 매출을 올릴 것이다.
부도 확률	10.00%	0.00%	충분한 현금 보유로 생존 위협을 방어할 수 있다.

* CAGR=연평균성장률

표 11.2 우버: 글로벌 물류회사

스토리
물류 회사로서 우버는 새로운 사용자를 끌어들인 덕분에 시장 규모는 두 배가 된다. 약한 글로벌 네트워킹 효과를 누리기는 하지만, 대신에 수익배분이 줄어들고(85/15), 비용은 높아지며(운전자의 계약직화), 자본집중도는 낮아진다.

가정				
	기준 연도	1~5년	6~10년	10년 후	스토리와의 연계
전체 시장	2,300억 달러 연간	매년 10.39% 성장		2.25% 성장	물류+새로운 사용자
총 시장점유율	4.71%	4.71%→25.00%		25.00%	약한 글로벌 네트워킹
수익 배분	20.00%	20.00% → 15.00%		15.00%	낮아진 수익 배분
세전 영업이익률	-23.06%	-23.06%→25.00%		25.00%	준강형 경쟁 포지션
재투자	NA	매출액 대비 자본비율은 5.00		재투자율 =9.00%	저자본집약적 사업 모델
자본비용	NA	10.00%	10.00→8.00%	8.00%	미국 기업 중 백분위 75
부도 위험	부도(자기자본가치가 0이 될) 가능성 없음				보유 현금+ 자본 접근

현금흐름(단위: 백만 달러)

연도	전체 시장	시장점유율	매출액	EBIT(1-t)[†]	재투자	FCFF[††]
1	$253,897	6.74%	$3,338	$(420)	$234	$(654)
2	$280,277	8.77%	$4,670	$(427)	$267	$(694)
3	$309,398	10.80%	$6,181	$(358)	$302	$(660)
4	$341,544	12.83%	$7,886	$(200)	$341	$(541)
5	$377,031	14.86%	$9,802	$62	$383	$(322)
6	$416,204	16.89%	$11,947	$442	$429	$13
7	$459,448	18.91%	$14,338	$956	$478	$478
8	$507,184	20.94%	$16,995	$1,621	$531	$1,090
9	$559,881	22.97%	$19,935	$2,455	$588	$1,868
10	$618,052	25.00%	$23,177	$3,477	$648	$2,828
최종 연도	$631,959	25.00%	$23,698	$3,555	$320	$3,234

가치(단위: 백만 달러)

최종가치	$56,258	
최종가치의 현재가치	$22,914	
앞으로 10년간 현금흐름의 현재가치	$515	
영업자산의 가치 =	$23,429	
부도 확률	0%	
부도 시 가치	-$	
영업자산 조정가치	$23,429	가치평가 시점에서 벤처캐피털리스트들이 매긴 우버 가격은 약 510억 달러였다.

† EBIT(1-t)=(매출액×영업이익률)(1-세율)
†† FCFF=기업 잉여현금흐름

달러의 가치를 추정하게 된 과정을 요약한다. 첫 5년 동안의 마이너스 현금흐름(즉 '캐시 번')이 가치를 줄이기는 했지만, 이후부터는 현금흐름 상황이 역전되면서 최종가치는 처음의 가치 하락을 보상할 정도로 높게 나왔다.

하지만 2014년 6월, 우버의 가치평가에서는 벤처캐피털리스트들의 평가액인 170억 달러보다 훨씬 낮은 60억 달러의 가치가 추정되었다. 내가 틀렸다. 나는 좁은 시야를 수정한 후 2014년 6월 이후에 발생한 변화를 대입해서 2015년 9월에 새롭게 가치평가를 진행했고, 결과는 234억 2,900만 달러가 나왔다(〈표 11.2〉 참고). 2014년 6월보다는 2015년 9월의 우버 추정가치가 훨씬 올라가기는 했지만, 투자자들의 가격 결정에는 훨씬 못 미쳤다. 2014년 6월 170억 달러로 매겨졌던 가격이 2015년 9월에는 510억 달러로 껑충 뛰어올랐기 때문이다. 움직이는 목표물을 맞히기는 이렇게나 힘들다!

내러티브 조정(미세한 수정)

모든 또는 대부분의 뉴스 보도가 내러티브 고장이나 변화를 일으킨다면 가치평가는 언제나 들쑥날쑥할 것이고, 투자의 위험과 혼란도 가중될 것이다. 이런 상황은 시장위기 때 흔히 발생한다. 이런 이유에서 2008년 마지막 분기 같은 상황이 오면 투자자들은 매우 극심한 절망에 빠지게 된다. 다행히도 이런 상황은 일상적이 아니라 예외적인 것이다. 새로운 정보가 안정된 시장에 속한 성숙 기업들의 내러티브와 가치에 미치는 영향은 매우 제한적이다. 이번에도 우리는 내러티브의 기본 틀을 사용해서 스토리의 작은 조정을 기간별로 정리할 수 있다. 구체적으로 말해서 기업이 기존 사업 모델 안에서만 움직인다면, 뉴스 보도가 시장 전체에 어떤 영향을 미치는지 추적할 수 있다. 그러므로 기업에 대한 보도가 나오면 필요에 따라 그 회사의 시장점유율, 이익률, 위험의 특성을 세부적으로 조정해야 한다.

안정적인 사업 모델을 가진 성숙 기업에 주로 투자하는 투자자에게는 내러티브 조정이 알맞으며, 이때의 내재가치는 가치가 보편적이라는 가치 신봉자들의 믿음처럼 완만한 변화를 따른다. 이런 안정성이 투자자에게는 득이 될까, 아니면 해가 될까? 처음 보기에는 안정적인 스토리와 가치를 유지하는 것은 축복으로 생각될 수 있다. 하지만 적어도 투자자 관점에서는 한 가지 이면이 존재한다. 이런 기업들의 주가에는 스토리 라인의 안정성이 반영돼 있고, 주가가 가치에서 크게 벗어나는 일도 거의 없다. 이런 기업은 가치와 가격의 차이가 크지 않다.

투자자들은 가치와 가격의 차이에서 돈을 벌기 때문에, 내러티브 고장과 변화에 노출된 신생기업이나 불안정한 기업보다는 안정적 기업에 투자할수록 투자자의 실수가 줄어들고, 혹시 실수를 한다고 해도 큰 실수는 나오지 않는 편이다. 이런 이유에서 나는 가치평가를 할 때 이른바 '어두운 면'을 분석하는 데 시간과 자원을 많이 쏟는 편이다. 이런 어두운 면은 미래의 내러티브 전개와 관련해서 상당한 불확실성을 내포하고 있기 때문이다. 이런 태도는 익숙하고 편안한 기업들에 주로 집중해야 한다는 전통적 가치투자 조언에는 어긋난다. 그러나 이런 접근법을 취하면 투자자는 장점이 아닌 부분까지도 알 수 있게 된다.

케이스 스터디 11.3_ 애플: 작은 연대기(2015년 2월)

과거 40년 동안 나는 애플의 가치를 여러 번 평가했지만, 연속적으로 가치평가를 시작한 것은 2011년 애플이 세계 최대 시가총액을 가진 회사가 된 이후부터였다. 나는 처음 가치평가를 한 후 3개월에 한 번씩 새롭게 알게 된 사실을 반영해 애플을 재평가하고 그 결과를 주가와 비교했다. 〈그림 11.2〉는 2011년부터 2015년 2월까지 내가 추정한 애플의 가치와 주가의 움직임을 시간순으로 보여준다.

그림 11.2 애플의 주가와 가치(2011~2015년)

이 기간 동안 주가는 45달러에서 120달러 이상으로 움직였지만 나의 추정가치는 이것보다는 훨씬 좁은 범위에서 움직였다. 이유는 이 기간 동안 내가 애플의 스토리라인을 대부분 바꾸지 않았기 때문이다. 2011년에 가치평가를 시작했을 때 나의 애플 내러티브는 이 회사가 성숙 기업으로서 성장 잠재력이 제한돼 있고(매출 성장률은 5퍼센트 미만), 수익성은 지속되지만 핵심 사업(특히 스마트폰에서)의 경쟁이 심화되면서 이익률 하락 압박이 가해질 것이라고 말했다. 나는 애플이 또 다른 혁신 상품을 출시해 과거 10년의 전성기를 이끈 삼총사(아이팟, 아이폰, 아이패드)의 전례를 따를 확률은 지극히 낮다고 가정했다. 이런 가정을 세운 데에는 시가총액이 너무 커졌다는 것도 한 몫을 했고, 최근 몇 년 동안 혁신의 마법이 고갈되었다고 생각한 것도 한 몫을 했다.

〈표 11.3〉에 나온 애플의 실적 보고와 뉴스 보도 내용을 살펴보면 내가 기본 스토리를 크게 바꾸지 않은 이유를 짐작할 수 있다. 이 기간 동안 대부분 애플이 보고한 매출액과 순이익은 추정치에 필적하거나 심지어는 조금 더 높기까지 했지만, 시장의 반응은 시큰둥했다. 실적 보고 후 주가가 하락한 거래일의 수는 9일 중 6일이나 되었고, 9주 중 7주나 되었다.

분기 편차를 통제한 후의 매출은 제자리이거나 아주 약간만 성장했으며, 영업이익률은 조금 하락세였다는 점도 주목해야 한다. 애플의 실적 보고에서 중요하게 봐야 할 다른 부분은 아이폰과 아이패드의 매출액이며, 〈표 11.4〉는 애플의 분기 보고서에 적힌 단위 판매량과

표 11.3 매출액, 영업이익, 주가 반응

(단위 : 백만 달러)

보고일	매출액			영업이익·영업이익률		주가 반응	
	실제	추정치	어닝서프라이즈 비율	영업이익	영업이익률	보고 후 1일	보고 후 1주
2012. 7. 24.	$35,020	$37,250	-5.99%	$11,573	33.05%	-4.32%	-11.12%
2012. 10. 23.	$35,966	$35,816	0.42%	$10,944	30.43%	-0.91%	-3.10%
2013. 1. 30.	$54,512	$54,868	-0.65%	$17,210	31.57%	-12.35%	-3.89%
2013. 5. 1.	$43,603	$42,298	3.09%	$12,558	28.80%	-0.16%	0.50%
2013. 7. 24.	$35,323	$35,093	0.66%	$9,201	26.05%	5.14%	-2.65%
2013. 10. 30.	$37,472	$36,839	1.72%	$10,030	26.77%	-2.49%	-1.85%
2014. 1. 29.	$57,594	$57,476	0.21%	$17,463	30.32%	-7.99%	-0.83%
2014. 4. 23.	$45,646	$43,531	4.86%	$13,593	29.78%	8.20%	4.17%
2014. 7. 23.	$37,432	$37,929	-1.31%	$10,282	27.47%	2.61%	-1.41%

전년도와 같은 분기의 성장률을 비교한 것을 볼 수 있다. 마지막 두 열에서는 스마트폰과 태블릿 분야에서 애플이 확보한 글로벌 시장점유율을 분기별로 보여준다. 시장이 애플의 아이폰과 아이패드 판매량에 눈을 고정하는 것이 이해되지 않을 수 있지만 거기에는 두 가지 합당한 이유가 있었다.

첫째, 여기에는 애플의 성장이 대부분 스마트폰과 태블릿 매출에서 비롯되었으며, 단위 판매량의 증가와 시장점유율의 변화는 미래의 매출 성장을 가늠하게 하는 대리 지표가 되었다. 둘째, 애플의 순이익은 스마트폰과 태블릿 사업의 인상적인 이익률 덕분에 안정적으로 지속되었다. 그러므로 애플이 두 시장에서 얼마나 선전하고 있는지 관찰하는 것이 이 회사의 이익률(그리고 순이익)이 미래에도 지속 가

표 11.4 애플의 스마트폰과 모바일 기기 판매량

(단위 : 백만 달러)

보고일	아이폰(단위: 백만 대)		아이패드(단위: 백만 대)		글로벌 시장점유율	
	단위 판매량	전년 대비 성장률	단위 판매량	전년 대비 성장률	스마트폰 점유율	태블릿 점유율
2012. 7. 24.	26.0	28.1%	17.0	83.8%	16.6%	60.3%
2012. 10. 23.	26.9	57.3%	14.0	26.1%	14.4%	40.2%
2013. 1. 30.	47.8	29.2%	22.9	48.7%	20.9%	38.2%
2013. 5. 1.	37.4	6.6%	19.5	65.3%	17.1%	40.2%
2013. 7. 24.	31.2	20.0%	14.6	-14.1%	13.2%	33.1%
2013. 10. 30.	33.8	25.7%	14.1	0.7%	12.9%	29.8%
2014. 1. 29.	51.0	6.7%	26.0	13.5%	17.6%	33.2%
2014. 4. 23.	43.7	16.8%	16.4	-15.9%	15.2%	32.5%
2014. 7. 23.	35.2	12.8%	13.3	-8.9%	NA	NA

능한지를 알아보는 척도가 되었다. 분기마다 애플이 또 다른 파괴 상품을 준비 중이라는 소문이 돌았다. 하지만 아이카iCar나 아이티브이iTV에 대한 약속은 번번이 지켜지지 않았다. 그리고 애플이 모자에서 토끼 한 마리를 또 꺼내는 마술을 부릴 것이라는 투자자들의 기대도 시들해졌다.

2014년 중반부터 2015년 2월까지 증시가 애플에 대해 보인 반응에는 이런 안정적 기간이 반영돼 있었다. 비록 애플로서는 일시적인 현상일 수 있지만, 이 기간 동안 투자자들의 기대는 줄어들었고 이제 애플은 있는 그대로 평가받게 되었다. 즉 세계에서 가장 가치 있는 프랜차이즈인 아이폰이라는 상품을 가지고 매우 뛰어난 수익성을 누리는 회사라는 평가를 받은 것이다. 애플은 스마트폰 시장에서는 안정적인 포지션을 구축했다고 보이지만, 태블릿 시장은 점점 줄어들고 있다. 또한 퍼스널컴퓨터 사업은 부차적 사업으로 인식되고 있다. 투자자들과 분석가들은 애플의 이익률이 아주 조금씩 감소하고 있기는 하지만 아이폰이라는 강력한 머니머신을 갖추고 있는 성숙 기업으로 보고 있다.

이것이 가치평가를 진행하는 내가 사용한 내러티브이고, 그렇기 때문에 내가 산정한 애플의 내재가치에도 거의 변화가 없었다. 주식분할을 감안한다고 해도 새 실적 보고서에 나온 내용을 추정치에 반영해서 2015년에 내가 평가한 주당 가치는 96.55달러였다. 2014년 4월의 96.43달러에서 거의 변하지 않았다.

결론

반대되는 상황에 맞닥뜨려도 자신의 내러티브를 계속 고집하면서 바꾸고 싶지 않은 마음이 드는 것은 당연하다. 자만에 휩싸여 옛 스토리와 계속 밀월 관계를 유지하기보다는 사건이 발생했을 때 내러티브를 크건 작건 간에 어떻게 바꿀지를 고민해봐야 한다. 이번 장에서 나는 내러티브 변경을 고장, 변화, 조정으로 분류한 다음 그 결과가 가치에 미치는 영향을 살펴봤다. 내러티브 고장은 어떤 단계에서는 많은 것을 약속

했던 스토리가 더 이상 쓸모없어져서 중단되는 것을 의미한다. 내러티브 변화는 기업에 대해 만들었던 스토리를 크게 수정하는 것을 의미하는데, 스토리의 수정이 크면 추정가치의 변화도 커질 수 있다. 내러티브 조정은 훨씬 작은 수준에서 수정하는 것이지만, 가치의 감소나 증가가 나타날 수 있다. 자신의 내러티브(그리고 결과로서 추정한 가치)가 잘못되었음을 인정하기는 쉽지 않지만, 하면 할수록 쉬워진다. 혹시 모를 일 아닌가? 언젠가는 오히려 즐거운 마음으로 실수를 인정하게 될지도 모른다! 하지만 나는 아직 그만한 평정심은 갖추지 못했고, 계속 노력하고 있다.

12장

뉴스와 내러티브

앞장에서는 실제 세계가 어떻게 깜짝 사건을 일으켜 내러티브를 바꾸고 가치에 영향을 미치는지에 대해 살펴봤다. 이번 장에서도 같은 내용을 이어간다. 그러기 위해 기업의 뉴스 발표가 내러티브와 가치에 얼마나 영향을 미치는지(또는 미치지 않는지)를 살펴볼 것이다. 일단은 가장 흔하게 접할 수 있고, 많이 보도되는 실적 보고서부터 시작할 것이다. 다음으로는 신규 투자나 자금 조달(차입이나 신주 발행), 그리고 스토리와 가치를 바꾸는 현금상환 계획(배당이나 자사주 매입)처럼 뜸하기는 하지만, 실적 보고보다 더 큰 영향을 미칠 수 있는 보도 내용들로 옮겨갈 것이다.

정보 효과

효율적 시장을 믿지 않는다고 해도 시장이 뉴스에 반응해 움직인다는 전제를 받아들이기는 어렵지 않다. 주가는 새 정보에 반응해 오르기도 하고 내리기도 하므로, 주가 변동의 방향(좋은 쪽이든 나쁜 쪽이든)이나 이동 폭이 일관성 있게 움직이는지에 대해서만 논의하면 된다. 당연한 말이지만 뉴스 보도는 내러티브에도 영향을 미친다. 앞장에서 언급했듯이 뉴스는 어떤 경우에는 내러티브를 180도 바꾸고, 어떤 경우에는 약간만 바꾸고, 어떤 경우에는 갑작스럽게 끝내버린다.

12장에서는 기업들이 분기마다 발표하거나(미국 포함), 반년이나 1년에 한 번씩 발표하는 실적 보고서를 포함해 뉴스 보도가 그들의 내러티브에 어떤 영향을 미치는지에 초점을 맞출 것이다. 그런 다음에는 실적 보고만큼 빈번하지는 않아도 투자결정(특히 인수합병), 자금 조달(부채 증가나 감소), 배당(개시나 유예, 감소나 증가 또는 자사주 매입을 비롯해 광의로 정의된 배당도 포함) 등에 대한 기업 공시가 스토리에 어떤 영향을 미칠 수 있는지 알아볼 것이다. 마지막 부분에서는 기업 지배 구조에 대한 뉴스는 대략적으로 어느 범위까지 포함되는지, 그리고 기업 추문이 기업에 대한 인식을 (그리고 내러티브를) 어떻게 바꿀 수 있는지, 투자자 기반의 변화(특히 행동주의 투자자의 진입이나 퇴장)가 스토리를 바꾸는 이유가 무엇인지에 초점을 맞출 것이다.

12장을 보면 알겠지만 기업을 뉴스의 원천으로 삼는 것은 득이 될 수도 있고, 실이 될 수도 있다. 장점이라면, 기업은 다른 투자자들이 알지 못하는 (내부) 정보에 접근할 수 있다는 것이다. 단점은 기업은 객관적인 원천이 되지 못한다는 사실이다. 특히 위기에 처한 기업일수록 객관성과는 거리가 멀다.

실적 보고와 내러티브

미국 기업들은 해당 분기의 순이익을 보고하는, 이른바 어닝 시즌 earnings season이라는 정례적 과정을 밟는다. 기업에 대한 보도 중에서도 사람들이 가장 많이 기다리고, 많이 분석하는 발표는 실적 보고이다. 매도 전문 주식 리서치 애널리스트는 상당 시간을 할애해 기업 순이익을 추정해 예측하고, 기업의 최고경영진도 기대에 부응하기 위해 이들 못지않게 많은 시간을 보낸다. 실적 보고가 발표되면 보고된 주당순이익을 기대치와 비교하고, 보고된 이익이 기대치보다 높으면 포지티브(긍정적)로 분류되고, 기대치보다 미흡하면 네거티브(부정적)로 분류된다.

실적 보고를 전후해서 많이 벌어지는 일은 가격결정이다. 실적 보고에 대한 가격 반응은 대개 어닝서프라이즈의 성격과 일관되게 이루어진다. 포지티브 서프라이즈는 긍정적 가격 반응을 일으키고, 네거티브 서프라이즈는 부정적 가격 반응을 일으킨다. 그 결과 기업들은 순이익을 '관리'하고 기대치보다 높은 이익을 보고하기 위해 비용과 이익의 회계 처리에 있어서 재량권을 사용하는 사례가 늘고 있다. 또한 몇몇 증거에서도 볼 수 있듯이 순이익을 왜곡하는 방법을 배우면서 실적 보고에 대

그림 12.1 실적 보고와 내러티브

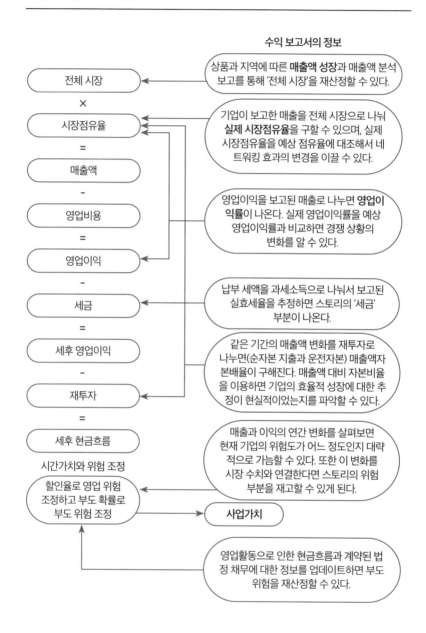

수익 보고서의 정보

전체 시장	상품과 지역에 따른 **매출액 성장**과 매출액 분석 보고를 통해 '전체 시장'을 재산정할 수 있다.
×	
시장점유율	기업이 보고한 매출을 전체 시장으로 나눠 **실제 시장점유율**을 구할 수 있으며, 실제 시장점유율을 예상 점유율에 대조해서 네트워킹 효과의 변경을 이끌 수 있다.
=	
매출액	
-	
영업비용	영업이익을 보고된 매출로 나누면 **영업이 익률**이 나온다. 실제 영업이익률을 예상 영업이익률과 비교하면 경쟁 상황의 변화를 알 수 있다.
=	
영업이익	
-	
세금	납부 세액을 과세소득으로 나눠서 보고된 실효세율을 추정하면 스토리의 '세금' 부분이 나온다.
=	
세후 영업이익	같은 기간의 매출액 변화를 재투자로 나누면(순자본 지출과 운전자본) 매출액자 본배율이 구해진다. 매출액 대비 자본비율 을 이용하면 기업의 효율적 성장에 대한 추정이 현실적이었는지를 파악할 수 있다.
-	
재투자	
=	
세후 현금흐름	매출과 이익의 연간 변화를 살펴보면 현재 기업의 위험도가 어느 정도인지 대략적으로 가능할 수 있다. 또한 이 변화를 시장 수치와 연결한다면 스토리의 위험 부분을 재고할 수 있게 된다.

시간가치와 위험 조정

할인율로 영업 위험 조정하고 부도 확률로 부도 위험 조정

사업가치

영업활동으로 인한 현금흐름과 계약된 법정 채무에 대한 정보를 업데이트하면 부도 위험을 재산정할 수 있다.

한 시장의 반응도 날로 복잡해지고 있다. 이를테면 기업들이 분기 말에 발표하는 주당순이익이 기대치보다 꾸준히 5센트 정도 높으면, 어느 순간부터 시장은 어닝서프라이즈의 기준을 애널리스트들의 기대치보다 5센트 정도 높게 잡기 시작한다.

가격결정 게임보다 가치에 관심이 더 많은 투자자라면 트레이더와는 아주 다른 시각에서 실적 보고를 보게 될 것이다. 가치투자자는 주당순이익 보고가 기대치에 부합하는지 웃도는지에 초점을 맞추는 것이 아니라, 실적 보고서가 기업과 가치에 대한 내러티브에 영향을 미칠 소지가 있는지에 좀 더 주목하게 된다. 〈그림 12.1〉은 실적 보고서에 담긴 정보를 반영해 스토리를 바꾸려 할 때 내러티브의 기본 틀을 어떤 식으로 사용할 수 있는지를 간략하게 보여준다.

짐작하겠지만 실적 보고서를 이런 식으로 평가한다면 가치투자자가 보이는 반응은 어닝서프라이즈에 좀 더 집중하는 트레이더와는 상당히 다르게 나타난다. 보고된 순이익이 예상 주당순이익보다 높으면 가격결정에는 호재가 되지만, 내러티브에는 부정적 영향을 미쳐서 주가가 올라가는 만큼 그 회사의 가치는 떨어질 수 있다. 반대로 실적 보고가 예상 주당순이익에 훨씬 못 미친다면 스토리에는 긍정적 영향을 미치고, 이번 역시 주가와 가치는 다른 방향으로 움직이게 될 수 있다.

케이스 스터디 12.1_ 실적 보고와 내러티브 변화: 페이스북(2014년 8월)

나는 2012년 2월 IPO 직전에 페이스북의 가치를 주당 27달러로 평가했고, 공모가격 38달러는 지나치게 높은 가격이라고 주장했다. 공모 가격에 대한 반응이 시큰둥한 것을 보고 나는 내 주장이 맞는다고 생 각했다. 하지만 이유는 완전히 엉뚱한 데 있었다. 잘못된 IPO의 원 인은 페이스북 주식의 가격이 너무 높게 매겨졌거나 시장이 이 주식 에 낮은 가치를 부여해서가 아니라, 증권인수단의 오만이 가장 큰 이 유였다. 그들은 페이스북 주식이 알아서 잘 팔릴 것이라고 생각했다. 뿐만 아니라 그들의 움직임 자체가 이 회사에 대한 내러티브 설정을 매우 힘들게 만들었다. 지금 생각해보니 조금 보수적이긴 했지만, 나 는 처음에 페이스북의 가치를 평가하면서 이 회사가 온라인 광고 분 야에서 구글만큼 성공적으로 사업을 성장시키면서도 대단히 높은 이 익률을 유지할 것이라고 믿었다. 〈표 12.1〉은 페이스북의 IPO 시점 에 맞춰서 했던 가치평가와 스토리 설정을 보여준다.

2012년 IPO부터 2014년 말까지 페이스북은 아홉 번의 실적 보고를 했 고, 〈표 12.2〉에 볼 수 있듯이 시장의 반응은 크게 변했다.

높은 공모가격에 시장은 처음부터 부정적 반응을 보였고, 주가는 거 의 25퍼센트 떨어졌다. 나는 주가가 20달러 아래로 떨어졌다는 보도 를 접한 후 페이스북을 재평가했다. 그리고 보도 내용에는 처음의 내 러티브를 바꿀 만한 내용이 전혀 없으며 회사의 가치가 저평가돼 있 다고 주장했다. 다행히도 나는 페이스북 주가가 바닥을 때렸다고 확 신했다. 그리고 다음 분기부터 주가는 반등하기 시작하면서 이듬해 에는 두 배 이상으로 뛰어올랐다. 2013년 8월 실적 보고 후 페이스북 에 대한 가치평가를 다시 진행했고, 내러티브를 변경했다. 결과로 나

표 12.1 페이스북, 미래의 구글

스토리

페이스북은 소셜미디어 기업이며, 방대한 사용자 기반을 통해 온라인 광고 시장에서 구글에 못지않은 성공 스토리를 보여줄 것이다. 페이스북의 성장 경로와 수익성은 구글의 초창기와 비슷할 것이다.

가정

	기준 연도	1~5년	6~10년	10년 후	스토리와의 연결
매출액(a)	$3,711	CAGR* =40.00%	40.00% →2.00%	CAGR* = 2.00%	구글과 비슷한 성장
세전 영업이익률(b)	45.68%	45.68% →35.00%		35.00%	경쟁 압박
세율	40.00%	40.00%		40.00%	변함없이 유지
재투자(c)	NA	매출액 대비 자본비율은 1.50		재투자율 =10.00%	산업평균 매출액 자본배율
자본비용(d)		11.07%	11.07%→8.00%	8.00%	온라인 광고 사업의 위험

현금흐름(단위: 백만 달러)

연도	매출액	영업이익률	EBIT(1-t)[†]	재투자	FCFF[††]
1	$5,195	44.61%	$1,391	$990	$401
2	$7,274	43.54%	$1,900	$1,385	$515
3	$10,183	42.47%	$2,595	$1,940	$655
4	$14,256	41.41%	$3,542	$2,715	$826
5	$19,959	40.34%	$4,830	$3,802	$1,029
6	$26,425	39.27%	$6,226	$4,311	$1,915
7	$32,979	28.20%	$7,559	$4,369	$3,190
8	$38,651	37.14%	$8,612	$3,782	$4,830
9	$42,362	36.07%	$9,167	$2,474	$6,694
10	$43,209	35.00%	$9,074	$565	$9,509
최종 연도	$44,073	35.00%	$9,255	$926	$8,330

가치		
최종가치	$138,830	
최종가치의 현재가치	$52,832	
앞으로 10년간 현금흐름의 현재가치	$13,135	
영업자산의 가치 =	$65,967	
-부채	$1,215	
+현금	$1,512	
자기자본의 가치	$66,284	
-옵션 가치	$3,088	
보통주의 가치	$63,175	
주식 수	2,330.90	
추정 주당 가치	$27.07	공모가격은 주당 38달러로 정해졌다.

*CAGR=연평균성장률
†EBIT(1-t)=(매출액×영업이익률)(1-세율)
††FCFF=기업 잉여현금흐름

표 12.2 페이스북 실적 보고(2012~2014년, 단위 : 백만 달러)

보고일	매출액			영업이익 · 영업이익률		주당순이익 (EPS)	주가 반응
	실제	추정	서프라이즈 비율	영업 이익	영업이익률	서프라이즈 비율	보고 후 다음 주
2012. 7. 26.	$1,184	$1,157	2.33%	($743)	-62.75%	54.02%	-25.35%
2012. 10. 23.	$1,262	$1,226	2.94%	$377	29.87%	-137.74%	8.77%
2013. 1. 30.	$1,585	$1,523	4.07%	$523	33.00%	25.00%	-7.01%
2013. 5. 1.	$1,458	$1,440	1.25%	$373	25.58%	16.88%	-1.13%
2013. 7. 24.	$1,813	$1,618	12.05%	$562	31.00%	47.73%	38.82%
2013. 10. 30.	$2,016	$1,910	5.55%	$736	36.51%	36.00%	0.22%
2014. 1. 29.	$2,585	$2,354	9.81%	$1,133	43.83%	1.01%	16.18%
2014. 4. 23	$2,502	$2,356	6.20%	$1,075	42.97%	47.06%	-2.57%
2014. 7. 23	$2,910	$2,809	3.60%	$1,390	47.77%	22.45%	4.75%

온 가치는 주당 38달러였다. 따라서 45달러는 오를 만큼 오른 가격이므로, 이제는 파는 것이 현명한 행동이라는 결론을 내렸다. 이후 여러 분기 동안 페이스북의 실적 보고를 보면 이 회사가 분석가들의 기대치를 맞추는 데 도가 튼 것이 분명했다. 지난 7분기 동안 발표된 매출액과 주당순이익이 기대치를 내내 웃돌았기 때문이었다.

시장은 페이스북의 사용자 수 규모와 증가 그리고 모바일 매출액 성장 여부에도 관심을 기울였다. 〈표 12.3〉은 IPO 시점부터 2014년 8월까지 페이스북의 사용자 수, 분기당 투하자본(부채와 자기자본의 순자산 가치를 더하고 현금을 차감해서 계산), 자본 효율성 척도(매출액자본배율)를 보여준다.

〈표 12.3〉은 해당 기간 동안 페이스북이 어디에서 핵심적인 성공을 거두었는지를 보여준다. 원래부터 거대한 규모였던 사용자 기반의

표 12.3 페이스북의 외양 변화

실적 보고일	적극 사용자	모바일 적극 사용자	모바일 매출 비중	순이익	자본	이전 12개월 동안의 매출액 대비 자본비율
2012. 7. 26.	955	543	NR	($157)	$3,515	1.23
2012. 10. 23.	1,010	604	NR	($59)	$4,252	1.09
2013. 1. 30.	1,060	680	23.00%	$64	$4,120	1.24
2013. 5. 1.	1,100	751	30.00%	$219	$4,272	1.28
2013. 7. 24.	1,150	819	41.00%	($152)	$3,948	1.55
2013. 10. 30.	1,190	874	49.00%	$425	$4,007	1.71
2014. 1. 29.	1,230	945	53.00%	$523	$4,258	1.85
2014. 4. 23.	1,280	1,010	59.00%	$642	$4,299	2.07
2014. 7. 23.	1,320	1,070	62.00%	$791	$4,543	2.20

지속적 증가, 온라인 사용자와 광고 매출의 극적 증가 그리고 자본 효율성 향상(매출액 대비 자본비율의 증가)이 바로 그 핵심이었다. 2014년 8월의 실적 보고에서도 마찬가지로 사용자 수가 계속 늘어났으며, 모바일 광고 매출액이 성장하고 수익성도 향상되었다. 마지막 실적 보고를 보면서 나의 페이스북 내러티브가 잘못되었다는 결론을 내리지 않을 수 없었다. 이유는 두 가지였다.

1. 페이스북의 '모바일 시장에서의 성공'을 보면서 나는 처음에는 성공적인 온라인 기업으로서의 내러티브를 유지하기 위해서는 그만한 성장은 당연하다고 생각했다. 하지만 그것을 감안해도 페이스북의 모바일 시장 성장률은 놀라웠다. 실제로 2014년 8월의 실적 보고만 놓고 보면 페이스북이 온라인 광고 시장의 제왕 자리를 구글로부터 빼앗고, 수익성을 유지하는 것이 전혀 꿈같은 소리는 아니라고 여겨졌다. 다시 말해 (내가 처음에 예상했던 것보다) 온라인 광고 시장의 점유율을 높이고, 매출액 성장률을 올리고, 어쩌면 지속 가능한 영업이익률도 상향하는 쪽으로 '내러티브를 조정'해야 한다는 뜻이었다.

2. '매우 큰 기존 사용자 기반이 무시무시한 속도로 늘어나고 있었다.' 사용자 수는 페이스북이 새 시장에 진출하고, 새 상품과 서비스를 판매하려 할 때 가장 막강하게 휘두를 수 있는 자산이자 플랫폼이다. 2012년부터 2014년까지 페이스북은 사용자 수 증가를 통한 이익 창출을 위해 여러 사업체를 인수하는 데 돈을 아끼지 않을 것이

라는 의지를 강하게 피력했다. 이 전략은 성장에 드는 비용이 막대하다는 단점이 있다. 그러나 페이스북이라는 회사는 사용자 수가 곧 돈이었다. 매출 분석에는 이런 사업 확장이 아직은 반영되지 않았지만, 나는 2014년 8월의 페이스북이 한두 해 전과 많이 달라졌으므로 '내러티브 변화'를 취해도 좋을 만한 위치에 올라섰다고 믿었다.

내가 2014년 8월에 새로 한 페이스북 가치평가에는 이런 수정이 반영되었다. 목표 매출을 높이고(600억 달러가 아니라 1,000억 달러), 지속 가능한 영업이익률도 올려 잡았다(35퍼센트가 아니라 40퍼센트). 영업 자산가치는 IPO 시점의 650억 달러보다 두 배 이상 높은 1,320억 달러로 평가했고, 주당 가치는 거의 70달러에 달했다. 그렇다면 45달러일 때 주식을 판 것을 후회해야 할까? 잠시 그런 마음이 들기는 했다. 그러나 이번 일은 피드백 고리를 계속 열어두고 내 가치평가에 동의하지 않는 사람들의 말에 귀를 기울이는 것이 왜 중요한지 다시 되새기는 계기가 되었다.

그 밖의 기업 관련 보도

실적 보고 외에도 기업들은 좋은 쪽으로건 나쁜 쪽으로건 뉴스를 발표한다. 이런 뉴스 발표는 실적 보고만큼 자주 생기지는 않지만 가치에 훨씬 중요한 영향을 미칠 여지가 크다. 단순하게 말하면 중요한 기업 관련 뉴스는 투자 뉴스(새 자산 추가, 기존 자산 철수 또는 기존 자산 보강 등), 자금 조달(신규 자금 모집이나 기존 자금의 일부 상환), 배당(투자자에게 지불하는 현금 배당의 증감 또는 자사주 매입)이라는 세 종류로 구분할 수 있다.

투자 뉴스

기업의 투자 뉴스는 재무상태표를 중심으로 생각하면 된다. 다시 말해 기업의 투자 뉴스를 재무상태표의 자산 구조를 재편성하는 것이라고 생각하면 된다(〈그림 12.2〉 참고).

이런 관점에서 생각하면 이런 뉴스 발표는 재무상태표에 새 자산이 추가되는 것일 수도 있고(신규 프로젝트나 새로운 인수합병), 기존 투자가 없어지는 것일 수도 있고(사업 중단이나 청산, 투자 철회), 아니면 현재 지속 중인 사업에 대한 투자 정보를 제공하기 때문에 자산가치의 재평가를 이끄는 발표일 수도 있다. 한마디로 말해 기업의 투자 뉴스 발표는 지금의 내러티브를 강화할 수도 있고, 바꿀 수도 있다.

신규 투자나 기존 자산에 대한 투자 철회가 발표되면 이런 조치들이

그림 12.2 투자 뉴스와 내러티브 그리고 가치

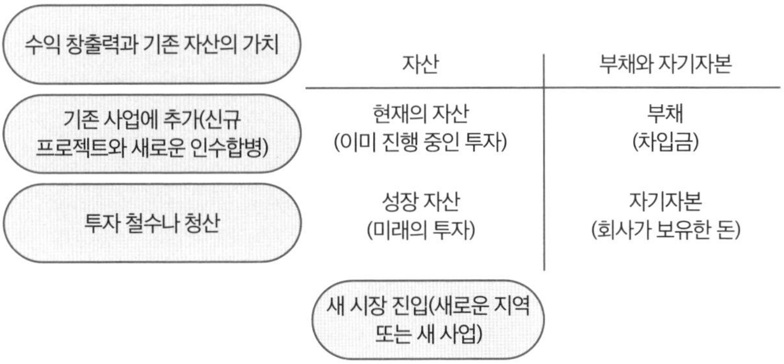

	자산	부채와 자기자본
수익 창출력과 기존 자산의 가치	현재의 자산 (이미 진행 중인 투자)	부채 (차입금)
기존 사업에 추가(신규 프로젝트와 새로운 인수합병)	성장 자산 (미래의 투자)	자기자본 (회사가 보유한 돈)
투자 철수나 청산		
	새 시장 진입(새로운 지역 또는 새 사업)	

기업의 내러티브와 가치에 미칠 영향을 꼼꼼히 따져봐야 한다. 예를 들어 테슬라가 50억 달러를 들여 새 배터리 공장을 짓는다는 발표가 나온 후 나는 이 회사의 중심 스토리를 럭셔리 자동차 회사에서 에너지 사업을 병행하는 회사로 바꾸었다. 마찬가지로 2015년에 GE(제너럴일렉트릭)가 금융 사업부인 GE 캐피털을 매각할 예정이라는 보도가 났을 때에는 가장 큰 축을 차지하는 사업부를 스토리에서 없애야 했다.

인수합병은 두 가지 이유에서 기업의 가장 중대한 투자결정이다. 첫 번째로 인수합병은 (금전적으로) 내부 투자보다 훨씬 규모가 크다. 두 번째로 기업들의 인수합병에는 여러 이유가 있지만, 내러티브는 좋은 쪽으로든 나쁜 쪽으로든 대대적인 변화가 불가피할 수 있다. 예를 들어 인도의 자동차 회사인 타타 모터스Tata Motors가 2009년도에 글로벌 럭셔리 자동차 회사인 재규어 랜드로버를 인수하면서 타타 모터스의 스토리도

그림 12.3 인수합병이 내러티브와 투입변수에 미치는 영향

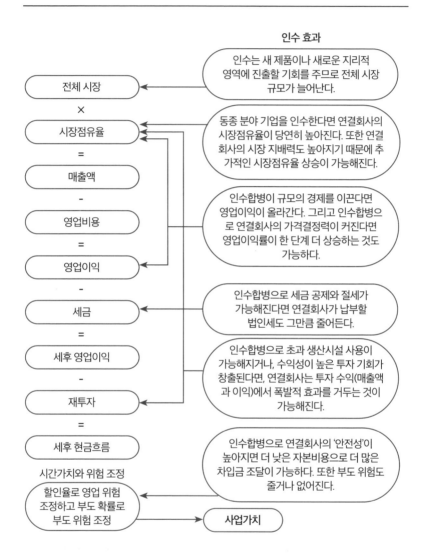

인수 효과

전체 시장
인수는 새 제품이나 새로운 지리적 영역에 진출할 기회를 주므로 전체 시장 규모가 늘어난다.

×

시장점유율
동종 분야 기업을 인수한다면 연결회사의 시장점유율이 당연히 높아진다. 또한 연결회사의 시장 지배력도 높아지기 때문에 추가적인 시장점유율 상승이 가능해진다.

=

매출액

−

영업비용
인수합병이 규모의 경제를 이끈다면 영업이익이 올라간다. 그리고 인수합병으로 연결회사의 가격결정력이 커진다면 영업이익률이 한 단계 더 상승하는 것도 가능하다.

=

영업이익

−

세금
인수합병으로 세금 공제와 절세가 가능해진다면 연결회사가 납부할 법인세도 그만큼 줄어든다.

=

세후 영업이익
인수합병으로 초과 생산시설 사용이 가능해지거나, 수익성이 높은 투자 기회가 창출된다면, 연결회사는 투자 수익(매출액과 이익)에서 폭발적 효과를 거두는 것이 가능해진다.

−

재투자

=

세후 현금흐름
인수합병으로 연결회사의 '안전성'이 높아지면 더 낮은 자본비용으로 더 많은 차입금 조달이 가능하다. 또한 부도 위험도 줄거나 없어진다.

시간가치와 위험 조정

할인율로 영업 위험 조정하고 부도 확률로 부도 위험 조정

사업가치

전면 바뀌었다. 〈그림 12.3〉은 인수합병으로 인해 생겨날 수 있는 여러 변화를 내러티브의 각 부분과 연결해서 설명하고 있다.

〈그림 12.3〉은 주로 긍정적인 변화를 설명하고 있기 때문에 혹시라도 인수합병이 무조건 가치 창출에 도움이 된다는 터무니없는 착각은 하지 말기 바란다. 인수합병을 무턱대고 긍정적으로 바라보지 않도록 조심해야 하는 이유는 주주들 입장에서는 인수 대금을 차감한 후 실제 인수 효과를 생각해야 하기 때문이다. 따라서 장기적으로는 인수가 내러티브 (그리고 가치)에 긍정적 변화를 불러올 가능성이 크다고 하더라도, 만약 인수 대금이 지나치게 높으면 인수기업의 주주들은 오히려 가치가 하락할 수 있다.

케이스 스터디 12.2_ AB 인베브와 사브밀러: 결합 스토리

2015년 9월 15일, 세계 최대의 맥주회사 AB 인베브^{AB InBev}(앤하이저부시 인베브)는 세계 2위의 양조회사 사브밀러^{SABMiller}에 인수 의견을 제시했다고 발표했다. 시장은 처음에 긍정적 반응을 보였고, AB 인베브와 사브밀러의 주가는 동반 상승했다. 〈그림 12.4〉는 이 인수거래의 이유와 결과를 포함해 핵심 내용들을 보여주고 있다.

AB 인베브의 투자자로서 이번 인수가 내러티브에 미칠 영향을 생각해보자. AB 인베브는 공격적인 성장과 비교할 데 없는 효율성, 성숙 시장에서의 비용절감 능력으로 정평이 난 회사였다. 이런 능력은 멕시코 양조 회사인 그루포 모델로^{Grupo Modelo}를 인수해 흑자로 전환한

그림 12.4 AB 인베브와 사브밀러 인수 거래

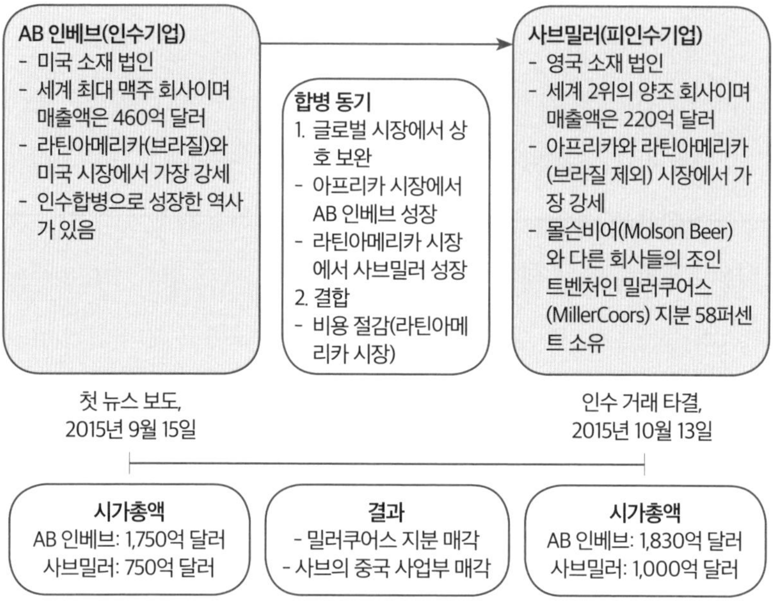

AB 인베브(인수기업)
- 미국 소재 법인
- 세계 최대 맥주 회사이며 매출액은 460억 달러
- 라틴아메리카(브라질)와 미국 시장에서 가장 강세
- 인수합병으로 성장한 역사가 있음

합병 동기
1. 글로벌 시장에서 상호 보완
   - 아프리카 시장에서 AB 인베브 성장
   - 라틴아메리카 시장에서 사브밀러 성장
2. 결합
   - 비용 절감(라틴아메리카 시장)

사브밀러(피인수기업)
- 영국 소재 법인
- 세계 2위의 양조 회사이며 매출액은 220억 달러
- 아프리카와 라틴아메리카(브라질 제외) 시장에서 가장 강세
- 몰슨비어(Molson Beer)와 다른 회사들의 조인트벤처인 밀러쿠어스(MillerCoors) 지분 58퍼센트 소유

첫 뉴스 보도,
2015년 9월 15일

인수 거래 타결,
2015년 10월 13일

시가총액
AB 인베브: 1,750억 달러
사브밀러: 750억 달러

결과
- 밀러쿠어스 지분 매각
- 사브의 중국 사업부 매각

시가총액
AB 인베브: 1,830억 달러
사브밀러: 1,000억 달러

것에서도 잘 드러났다. 그리고 AB 인베브의 최대 주주는 자본 배분 능력이 뛰어나기로 소문난 브라질 소재 사모펀드인 3G였다. 이번 사브밀러 거래는 그전 인수와는 규모 면에서 비교도 안 될 정도로 컸다. 그러나 AB 인베브의 비용절감과 효율성 패턴에는 딱 들어맞는 것이었다.

〈표 12.4〉는 AB 인베브의 효율성 모델이 사브밀러에 적용되어 인수 회사의 가치가 어떻게 달라졌고, 어떤 시너지 가치가 생겼는지를 요약한다.

나는 AB 인베브가 사브밀러에서도 비용절감을 훌륭하게 이룰 수 있을 것이라는 가정에 따라 연결회사의 영업이익률을 28.27퍼센트에서 30퍼센트로 상향했다(매년 약 13억 달러의 비용 절감). 그 결과 회사가 신규 투자를 통해 벌 수 있는 세후 자본수익률도 11.68퍼센트에서 12퍼센트로 올라갔다. 높아진 재투자율(43.58퍼센트에서 50퍼센트로 상승)로 인해 이 연결회사가 시장에서 투자 기회를 발견할 가능성도 높아지면서 기대 성장률은 5.09퍼센트에서 6퍼센트로 늘어났다. 단순히 백분율로만 보면 상승폭은 크지 않다. 하지만 이번 거래는 세계 1위

표 12.4 AB 인베브와 사브밀러 거래의 시너지 가치

(단위 : 백만 달러)

	AB 인베브	사브밀러	연결회사 (시너지 미포함)	연결회사 (시너지 포함)	영향
자기자본비용	8.93%	9.37%	9.12%	9.12%	
세후 부채비용	2.10%	2.24%	2.10%	2.10%	
자본비용	7.33%	8.03%	7.51%	7.51%	기대되는 변화 없음
영업이익률	32.28%	19.97%	28.27%	(30.00%)	비용절감과 규모의 경제
세후 자본수익률	12.10%	12.64%	11.68%	(12.00%)	비용절감으로 자본수익률도 향상
재투자율	50.99%	33.29%	43.58%	(50.00%)	연결된 시장에서 더 공격적인 재투자
기대성장률	6.17%	4.21%	5.09%	(6.00%)	높아진 재투자에 따른 성장률 상승
고성장 시 FCFF의 현재가치	$28,733	$9,806	$38,539	$39,151	
최종가치	$260,982	$58,736	$319,717	$340,175	
영업자산의 가치	$211,953	$50,065	$262,018	$276,610	시너지 가치= $14,591.76

의 양조 회사가 세계 2위의 양조 회사를 인수하는 것이기 때문에 시장점유율이나 성장률이 극적으로 달라질 것을 기대하기는 힘들다는 사실을 잊지 말아야 한다. 나는 이번 거래에서 생길 시너지 가치는 약 146억 달러이며, 그 효과가 곧바로 나타날 것이라고 가정했다.

눈여겨봐야 할 부분은 AB 인베브가 사브밀러 인수 대금으로 거의 300억 달러에 이르는 프리미엄을 지급했다는 사실이다. 앞에서도 언급했듯이 인수 대금으로 얼마를 지불하느냐에 따라서 가치 창조가 될 수도 있고, 가치 파괴가 될 수도 있다. 내가 평가한 시너지 가치가 어느 정도 맞는다면 이번 인수 거래가 AB 인베브 주주에게 창출하는 가치는 약 146억 달러이다. 하지만 사브밀러에 300억 달러의 프리미엄을 지불했으므로 주주가치는 감소한다(대략 154억 달러). 이번 인수가 정말로 가치를 파괴하고 있다면 AB 인베브 내러티브에서 중요한 기둥이 되는 부분도 악영향을 받는다. 다시 말해 3G의 뛰어나기로 소문난 자본 배분 평판도 흠이 가게 된다.

자본 조달 관련 뉴스

기업이 새롭게 차입금을 조달하거나 부채를 상환할 계획이라는 뉴스가 발표되면 내러티브의 직접적 · 간접적인 변경을 준비해야 한다.

첫째, 기업이 차입금을 늘리기로 결정했다면 투자자 입장에서 내러티브는 좋은 쪽으로도 나쁜 쪽으로도 모두 바뀌게 된다(〈그림 12.5〉 참고). 좋은 쪽으로의 변화라면 부채에 유리한 세법을 이용해 줄어든 세액만큼 사업가치도 늘릴 수 있다는 것이다. 나쁜 쪽으로의 변화라면 채무불이행(부도) 위험이 늘어날 수 있다. 뿐만 아니라 기업이 재무적 곤란을 겪고 있다는 인식이 생기고, 소비자들이 제품 구매를 유보할 경우 영업 실적도 저조해질 수 있다는 것이다. 결국 기업의 부채 증가는 스토리 전체에 영향을 미쳐 성장 잠재력이 변하거나 세제 혜택이 늘어난다거나 또는 투자 위험이 변하는 식의 결과를 가져온다. 이런 효과를 더하고 빼면 가치가 늘어나는지 줄어드는지를 알 수 있다.

부채를 줄이겠다는 결정도 내러티브에 영향을 준다. 이자비용이 줄면

그림 12.5 자본 조달과 가치

자산	부채 및 자기자본	**자본 중 타인자본 증가**
기존 자산 (이미 진행 중인 투자)	부채 (차입)	• 플러스: 부채의 세금 혜택이 늘어나며, 미래 순이익의 안정성을 자신한다는 신호 • 마이너스: 재무적 곤경비용(distress cost)이 늘어나고 미래 성장이 낮아질 수 있다는 신호
성장 자산 (미래 투자)	주식 (회사가 보유한 돈)	

자본 중 타인자본 감소
• 플러스: 재무적 곤경비용과 재무악화 가능성 감소
• 마이너스: 세금 혜택이 줄어들고 미래 순이익의 안정성에 대한 자신감이 낮다는 신호

서 세제 혜택 효과도 감소한다. 그러면 일부 투자자들은 이것을 경영진이 미래 순이익과 현금흐름 창출을 자신하지 못하고 있다는 신호로 받아들일 수 있다. 어쩌면 부채 감소 결정은 회사가 위험이 낮은 쪽으로 사업을 추진하는 행동을 취하기 전에 하는 예비 조치일 수도 있다.

케이스 스터디 12.3_ 애플의 채권 발행 결정

2013년 4월 애플은 회사 역사상 처음으로 채권을 발행해 시장에서 170억 달러를 조달할 계획이라고 발표했다. 발표 당시 애플의 시가총액은 5,000억 달러가 넘었지만, 여기에 비해 채권 발행액은 소규모였기 때문에 회사의 가치에도 별로 영향을 미치지 못했다. 그러나 채권 시장에서 자본을 조달한다는 결정은 회사의 내러티브를 바꿔 가치에 영향을 미칠 수 있다.

애플의 역사와 문화로 봤을 때 이 회사 경영진이 차입금을 조달하지 않음을 기본 전제로 스토리를 짠 투자자에게 이번 보도는 희소식이다. 애플이 세제 혜택 효과를 잘 포착할 수만 있다면 말이다. 반대로 애플이 끊임없이 신제품을 쏟아내던 지난 10년처럼 다시 고성장의 길을 걸을 것이라고 확신하는 투자자들에게는 나쁜 소식이다. 채권 발행은 경영진이 투자자들의 이런 낙관론을 공유하지 않을 것임을 암시하기 때문이었다. 당연한 말이지만 애플의 채권 발행 뉴스에 금융 시장에는 별다른 소란이 일지 않았고, 주가도 거의 변동이 없었다.

배당, 자사주 매입, 현금 잔액

투자자들은 수익을 창출하기 위해 기업에 투자하고, 주주가 배당이나 자사주 매입으로 돌려받는 현금은 투자에서 거두는 수확의 일부가 된다. 따라서 기업이 주주에게 돌려주는 현금의 액수나 상환 방법을 바꾼다고 발표하면 가치평가의 전제가 되는 스토리도 바꿔야 할 필요가 있다(〈그림 12.6〉 참고).

기업이 과거보다 현금 상환을 늘리기로 결정한다면 처음에 어떤 틀로 기업 스토리를 짰느냐에 따라 내러티브는 좋은 쪽이나, 나쁜 쪽으로 바뀔 수 있다. 처음에 스토리를 짜면서 회사를 투자 기회가 아주 높은 고성장 사업으로 봤다면, 회사의 배당 개시나 증액 발표는 스토리의 성장 잠

그림 12.6 배당결정과 가치

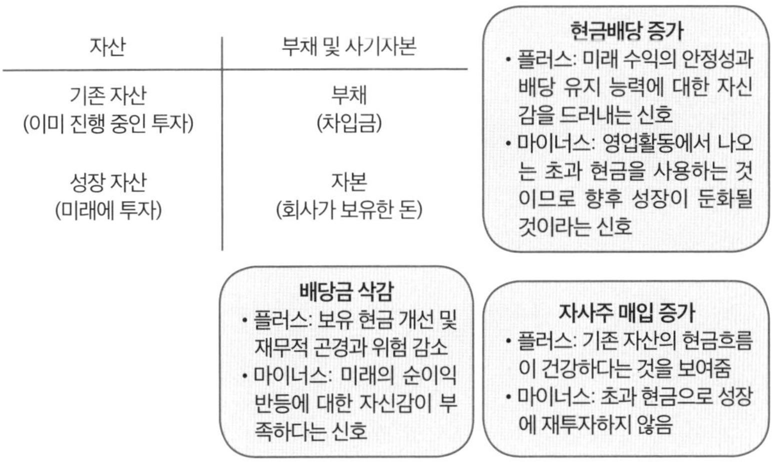

자산	부채 및 사기자본
기존 자산 (이미 진행 중인 투자)	부채 (차입금)
성장 자산 (미래에 투자)	자본 (회사가 보유한 돈)

현금배당 증가
- 플러스: 미래 수익의 안정성과 배당 유지 능력에 대한 자신감을 드러내는 신호
- 마이너스: 영업활동에서 나오는 초과 현금을 사용하는 것이므로 향후 성장이 둔화될 것이라는 신호

배당금 삭감
- 플러스: 보유 현금 개선 및 재무적 곤경과 위험 감소
- 마이너스: 미래의 순이익 반등에 대한 자신감이 부족하다는 신호

자사주 매입 증가
- 플러스: 기존 자산의 현금흐름이 건강하다는 것을 보여줌
- 마이너스: 초과 현금으로 성장에 재투자하지 않음

재력(그리고 가치)에 부정적 영향을 미칠 수 있다. 반면에 회사가 성숙 사업에 속해 있고, 투자 기회가 거의 없으며, 현재 경영진이 불필요하게 현금을 쌓아두고 있거나, (투자를 잘못해) 현금을 낭비하고 있을 때 현금 상환액을 늘린다는 발표는 경영진이 제정신을 차렸다는 신호일 수 있다. 따라서 내러티브(그리고 가치)도 긍정적으로 바뀐다.

기업이 투자자에게 현금을 돌려주는 방법은 두 가지가 있는데, 하나는 배당이고 다른 하나는 자사주 매입이다. 기업이 종래 사용하던 현금 상환 방법을 바꾸기로 했다면 그런 행동 변화 역시 스토리와 가치에 영향을 줄 수 있다. 항상 배당으로만 현금을 돌려주던 기업이 자사주 매입을 시작한다면, 이 회사가 미래의 성장 능력을 예전보다는 자신하지 못하고 있다는 뜻으로 받아들여야 한다. 배당과 비교했을 때 자사주 매입의 가장 큰 한 가지 장점은 투자자가 훨씬 유연하게 현금 상환 액수와 시기를 조절할 수 있다는 점이다. 반대로 자사주 매입으로만 현금 상환을 하던 기업이 배당을 하기로 결정했다면, 이것은 회사 경영진이 이익의 변동성이 줄어들었다고 판단하고 있음을 의미한다.

케이스 스터디 12.4_ 스토리의 느린 변화: IBM의 10년에 걸친 자사주 매입

20세기의 상당 기간 동안 IBM은 메인 프레임 컴퓨터 시장을 주도하며 두 자릿수 성장을 이어가는 가장 위대한 성장 기업 중 하나였다. 1980년대 퍼스널컴퓨터 시장의 성장은 승승장구하던 IBM에 찬물을 끼얹었고, 1980년대 후반 IBM의 명성은 내리막길을 걸었다. IBM의 부활을 말할 때면 루 거스너^{Lou Gerstner}가 1990년대에 이 회사를 비즈니스 서비스 회사로 재개발했고, 기술 호황이 일면서 다시 성장의 길로 들어섰다는 주제가 자주 거론된다. 그러나 2000년대 초 기술 거품이 터지면서 IBM은 시장점유율을 높이기 위해 다시 치열한 싸움을 벌여야 했다.

IBM의 내러티브는 스펙트럼의 영역이 넓은 편이지만 이 회사는 지난 10년 동안 꾸준하게 순이익 대부분을 배당과 자사주 매입으로 되돌려주는 정책을 취했다. 〈표 12.5〉는 IBM의 순이익과 현금 상환액 그리고 유통 주식 수를 요약해서 보여준다.

같은 기간 동안 현금으로 상환된 총액은 순이익의 128.43퍼센트나 되었으며, 이 중에서도 자사주 매입이 큰 부분을 차지하고 있다. IBM의 순이익은 늘어났지만 매출액은 줄었으며, 유통 주식 수는 급격히 줄어들었다는 것을 알 수 있다.

IBM의 현금 상환이 지나치게 높다고 비난하는 사람들이 많기는 하지만, 대안 스토리는 이 회사의 행동에 부합한다. 사업이 쇠락하고 투자 기회가 작은 상황에서 IBM은 사업을 줄일 의도로 매년 조금씩 청산하는 전략을 선택했다는 스토리다. 다시 성장 기업이 되기를 기대하면서 IBM에 투자했다면 현실적인 근거는 없으며, 그런 스토리는 이 회사가 지금까지 보인 행동에도 일치하지 않는다는 사실을 유념해야 한다. IBM이 스토리에 맞게 (재투자를 통한 고성장) 행동하지 않는다고 비난하기 전에, 스토리를 회사의 행동에 맞게 변경하는 것이 더 옳지 않을까? 다시 말해 IBM은 현재 더 작아지고 군살을 줄이

표 12.5 IBM의 영업 실적과 주식 수의 역사(단위: 백만 달러)

연도	매출액	순이익	배당	자사주 매입	현금 상환	현금 상환 · 순이익	유통 주식 수
2005	$91,134	$7,934	$1,250	$8,972	$10,222	128.84%	1,600.6
2006	$91,423	$9,492	$1,683	$9,769	$11,452	120.65%	1,530.8
2007	$98,785	$10,418	$2,147	$22,951	$25,098	240.91%	1,433.9
2008	$103,630	$12,334	$2,585	$14,352	$16,937	137.32%	1,369.4
2009	$95,758	$13,425	$2,860	$10,481	$13,341	99.37%	1,327.2
2010	$99,870	$14,833	$3,177	$19,149	$22,326	150.52%	1,268.8
2011	$106,916	$15,855	$3,473	$17,499	$20,972	132.27%	1,197.0
2012	$102,874	$16,604	$3,773	$13,535	$17,308	104.24%	1,142.5
2013	$98,368	$16,483	$4,058	$14,933	$18,991	115.22%	1,094.5
2014	$92,793	$12,022	$4,265	$14,388	$18,653	155.16%	1,004.3
2015 (최근 12개월)	$83,795	$14,210	$4,725	$4,409	$9,134	64.28%	984.0
총계	$1,065,346	$143,610	$33,996	$150,438	$184,434	128.43%	

면서 수익성이 높은 사업으로 변신을 도모하고 있다. 그러므로 이 회사에 대한 스토리도 당연히 저성장이나 또는 갈수록 마이너스 성장을 하는 스토리로 바꿔야 한다.

기업 지배 구조 관련 보도

기업의 최고경영진은 내러티브를 설정하고 유지하고 바꾸는 데 결정적 역할을 하며, 경영진에 대한 뉴스는 좋은 것이건 나쁜 것이건 내러티브와 가치에 영향을 미칠 수밖에 없다. 이번 장에서는 일단 기업의 부당행위와 추문에 대한 보도가 사업가치에 얼마나 큰 영향을 미칠 수 있는지를 알아볼 것이다. 그런 다음 핵심 투자자나 투자자 집단의 등장이나 퇴장이 어떤 식으로 내러티브(그리고 가치)를 재평가하게 만드는 요인이 되는지를 점검할 것이다.

기업 추문과 부당행위

기업이나 경영진의 부당행위, 중요 정보에 대한 공시 소홀, 경영진의 무능력 등 안 좋은 뉴스가 보도되는 경우가 가끔 일어난다. 이런 사건들은 여러 면에서 악영향을 미칠 수 있다.

첫째, 부당행위로 비난을 받은 경영진이 사태를 수습하느라 정신이 없어서 업무를 제대로 보지 못해 중요한 투자와 영업결정이 뒤로 늦춰질 수 있다. 둘째, 부당행위가 불법으로 최종 판결이 나면 벌금과 과태료를 물어야 할 수 있다. 셋째, 분노한 소비자와 주주, 공급업체가 피해보상 소송을 제소한다면 기업은 법정 싸움까지 벌여야 할 수 있다.

이러한 모든 사태로 인해 상당한 비용과 가치 하락이 빚어질 수 있다.

이런 부당행위로 인해 내러티브까지 변경해야 한다면 가치 손상은 훨씬 오랫동안 이어질 수 있다. 이렇게 말하는 데에는 몇 가지 이유가 있다.

첫째, 추문으로 인해 기업 평판에 금이 가 회복할 수 없는 상태인데, 만약 내러티브가 회사의 평판을 기본 전제로 삼고 있다면 스토리도 회복할 수 없는 피해를 입게 된다. 예를 들어 2015년 독일 자동차의 효율성과 신뢰성을 자랑으로 삼아오던 폭스바겐이 미국 시장에서 판매하는 디젤 자동차의 배기가스 저감 장치를 의도적으로 조작하고 속였다는 뉴스가 보도되었다. 결국 이 회사에 대한 스토리가 대대적으로 바뀌었고, 가치평가도 치명적인 손상을 입었다. 둘째, 사업 모델의 주축이 되는 요소나 그것들을 실행하는 사업 관행에 의문이 제기되었고, 이 의문이 사실로 판명난다면 사업 모델은 더 이상 지속되지 못한다. 셋째, 대규모 기업 추문으로 경영진이 대폭 물갈이될 수 있으며, 새로운 경영진이 영입되면 회사를 바라보던 시각도 달라져야 한다.

케이스 스터디 12.5_ 위험에 노출된 밸리언트의 제약 사업 모델

선행 케이스 스터디 5.1: 제약업의 R&D와 수익성의 상관관계(2015년 11월)

나는 5장에서 제약 회사들을 평가하면서 지금까지 R&D를 중심으로 구축된 전통적 사업 모델이 악화되었다고 주장했다. 제약 회사들은 지난 10년 동안 높은 이익률을 구가했다고 주장할 것이다. 하지만 실상은 R&D에서 거두는 보상이 꾸준히 줄고 있다. 다시 말해 연구 파이프라인에서 나오는 매출 성장이 거의 없거나 전무한 실정이다. 낮아진 매출액과 순이익 배수에서도 드러나듯이, 투자자들도 이런 현실에 반응해 제약 회사들의 가격결정 배수를 조금씩 낮추고 있다.

캐나다의 제약 회사이며, 2009년만 해도 아무도 알아주지 않았지만 2015년에는 동종 업종에서 최상위로 인정받게 된 밸리언트Valeant를 평가할 때에도 이런 제약 산업의 역사를 감안해야 한다. 〈그림 12.7〉은 2009년부터 2015년까지 밸리언트의 매출액과 영업이익률이 얼마나 기하급수적으로 성장했는지를 보여준다.

그렇다면 경쟁사들이 모두 지지부진한 섹터에서 밸리언트만 이렇게 눈부신 성장을 기록한 이유는 무엇일까? 〈표 12.6〉에서 보듯이 이 회사는 다른 제약 회사와는 상당히 다른 노선을 취했다. 일반적인 제약 회사보다 R&D 투자를 줄이는 대신 인수합병 투자를 늘렸다. 그리고 단순히 인수하는 데 그치지 않고 매출 성장률과 영업이익률 그리고 주당순이익을 높이는 데 인수 전략을 적극 활용했다. 이런 요인들이 합쳐져 밸리언트는 가치투자자들의 총애를 받는 종목이 되었고, 시가총액은 1,000억 달러를 넘어섰다. 그러다 2015년 9월에 밸리언트의 사업 모델은 두 가지 측면에서 공격을 받았다.

1. 인수합병을 통해 밸리언트가 획득한 약품들의 가격이 인상되면서 정치가, 의료보건 전문가 그리고 보험 회사들이 관심과 분노의 눈

그림 12.7 밸리언트의 영업실적 역사

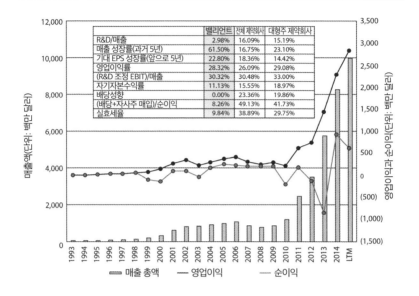

	밸리언트	전체 제약회사	대형주 제약회사
R&D/매출	2.98%	16.09%	15.19%
매출 성장률(과거 5년)	61.50%	16.75%	23.10%
기대 EPS 성장률(앞으로 5년)	22.80%	18.36%	14.42%
영업이익률	28.32%	26.09%	29.08%
(R&D 조정 EBIT)/매출	30.32%	30.48%	33.00%
자기자본수익률	11.13%	15.55%	18.97%
배당성향	0.00%	23.36%	19.86%
(배당+자사주 매입)/순이익	8.26%	49.13%	41.73%
실효세율	9.84%	38.89%	29.75%

매출 총액 —— 영업이익 —— 순이익

표 12.6 밸리언트와 제약 섹터

	밸리언트	제약 섹터 전체	대형 제약회사
R&D/매출	2.98%	16.09%	15.19%
매출 성장률(과거 5년)	61.50%	16.75%	23.10%
기대 EPS 성장률(앞으로 5년)	22.80%	18.36%	14.42%
영업이익률	28.32%	26.09%	29.08%
(R&D 조정 EBIT)/매출	30.32%	30.48%	33.00%
자기자본수익률(ROE)	11.13%	15.55%	18.97%
배당성향	0.00%	23.36%	19.86%
(배당+자사주 매입)/순이익	8.26%	49.13%	41.73%
실효세율	9.84%	38.89%	29.75%

길을 동시에 보냈다.

2. 밸리언트와 온라인 약국인 필리도어Philidor의 관계가 도마에 올랐

다. 일각에서는 밸리언트가 높은 약품가격을 환자와 보험 회사, 정부에 떠넘기기 위해 필리도어를 악용하고 있다는 주장도 제기되었다.

밸리언트는 자신들의 무고를 주장했지만 실패했고, 어쩔 수 없이 필리도어에 대한 지원을 중단했다. 그러나 평판은 이미 손상될 대로 손상된 상태였다.

이번 위기로 밸리언트가 집중 조명되면서 이 회사가 과거에 성공적으로 누려온 내러티브 두 가지도 위험에 처했다. R&D가 아니라 인수합병으로 성장을 꾀한다는 전략과 기존 약품가격을 높여 순이익률을 높인다는 전략이었다. 밸리언트의 재무제표를 있는 그대로 평가한 분석가들은 재무제표에 드러난 인수합병의 폐단에 대해 의문의 강도를 높이는 바람에 똑같은 노선을 그대로 걷는 것이 더더욱 힘들어졌다. 가격 인상도 밸리언트만 취한 정책은 아니었지만, 이번 위기로 미운털이 박히면서 적어도 당분간은 가격을 높이는 것이 어려워졌다. 추문에 휩싸인 후 다음 몇 주 동안 회사의 가치는 70퍼센트가 떨어졌다. 이런 가치 하락에는 밸리언트가 제약 산업의 전통 방식에 따라 R&D 투자를 늘리고, 가격 인상에도 조심스런 태도를 취해야 하기 때문에 영업 실적과 제품가격도 섹터 전체와 비슷해질 것이라는 시장의 견해가 반영돼 있다고 볼 수 있다.

___

투자자 요소

주주는 상장기업의 오너이므로 투자자 입장에서 기업에 대한 내러티브를 구축해야 한다. 하지만 대다수 투자자는 그러지 않는다. 한 가지 이유는 대규모 상장기업의 주주는 수천 명에 달해서 소유 지분이 그만큼 쪼개져 있고, 투자자 대부분이 소수의 주식만 가지고 있기 때문에 개개인의 영향력이 지극히 낮다는 데 있다. 심지어 소유 지분이 높은 기관 투자자들도 대부분은 패시브 투자자(소극적 투자자)이기 때문에 회사의 사업 모델에 찬성하지 않더라도 이의를 제기하는 데에는 거의 또는 전혀 관심이 없다. 그러나 두 부류의 투자자들이 개입한 순간, 사업 모델(그리고 비즈니스 스토리)이 바뀔 수 있다. 또한 이들이 회사 요직에 앉는다면 내러티브에 변화가 일어날 수 있다.

- 행동주의 투자자activist investor는 장기전을 펼칠 자본도, 의지도 충분하다. 그들은 투자를 잘못하고 있거나, 잘못된 사업에 지나치게 열중하는 성숙 기업들을 목표로 삼는다. 그들은 회사가 투자를 줄이고, 차입을 늘리고, 주주에게 상환하는 현금을 늘려야 한다고 주장한다. 다시 말해 그들은 현상 유지를 원하는 경영진에게 대항 내러티브를 제시한다. 행동주의 투자자로 유명한 칼 아이칸Carl Icahn이나 넬슨 펠츠Nelson Peltz가 한 상장기업의 대주주로 등상한다면, 지금까지 그 회사에 대해 설정했던 스토리를 바꾸고 더 나아가서는 가치까지도 재평가해야 한다는 신호이다.

- 전략적 투자자strategic investor는 한 기업에 투자해서 추가로 다른 이익도 도모하려는 투자자를 의미한다. 전략적 투자자는 대개는 부수 효과를 노리는 다른 기업들이다. 자금 사정이 넉넉하고 다른 게임 무대에서 활약하던 전략적 투자자가 등장했다면, 그 회사에 대해 세운 내러티브도 변할 가능성이 커진다. 제너럴모터스가 차량 공유 서비스 회사인 리프트에 5억 달러를 투자했다는 뉴스를 예로 들 수 있다. 리프트의 스토리에서 위험 부분이 바뀌었으며(리프트의 부도 가능성이 낮아졌다.), 사업 모델까지도 바뀔 가능성 커졌다(리프트가 순수한 차량 공유 사업에서 자율주행이나 전기자동차 사업으로 진출할 가능성이 높아졌기 때문이다).

결론

기업 스토리는 불멸의 고전이 아니다. 기업 스토리는 언제, 어느 순간에도 바뀔 수 있는 내러티브이다. 또한 실적 보고와 재무제표만이 아니라 투자 발표, 자금조달, 배당 정책 등 여러 뉴스에 쉽게 영향을 받는다. 이런 뉴스 발표로 인해 기업의 내러티브와 가치에 얼마나 영향을 미칠지는 발표 내용에 따라 달라지며, 긍정적인 방향일지 부정적인 방향일지도 그때그때 달라진다. 뉴스 발표에 시장이 보이는 반응은 가치평가보다는 가격결정 게임에 더 가깝다. 그리고 짐작한 것처럼 어떤 뉴스에는 주가가 크게 오르거나 내리지만 가치는 별로 영향을 받지 않는다. 반면에 어떤 뉴스에는 주가는 잠잠하지만 가치는 크게 변할 수 있다. 기업의 내러티브에서 최고경영진도 중요한 역할을 하고 있다면, 그들에 대한 뉴스는 주가와 가치에 큰 영향을 미칠 수 있다.

13장

크게 가라! 거시 스토리

지금까지는 개별 기업에 초점을 맞추고 기업 스토리에서 가치평가를 끌어내는 방법을 설명했다. 하지만 어떤 경우에는 경제나 금리, 원자재에 대한 스토리가 개별 기업의 가치평가를 이끄는 주요 동인이 되기도 한다. 13장에서는 이런 거시 스토리에 초점을 맞춰서 여러 변수별로 스토리를 나눌 것이다. 모든 기업에 영향을 미치는 금리와 인플레이션에 관련된 스토리를 살펴보고, 다음으로 특정 기업에 큰 영향을 미치는 정치와 원자재 가격 변동 상황과 관련한 스토리를 살펴볼 것이다. 그리고 마지막으로 라이프스타일 트렌드를 적극 활용하는 스토리를 살펴볼 것이다.

거시 스토리와 미시 스토리

미시 스토리의 출발점은 기업이다. 시장과 경쟁 상황을 감안해 스토리를 구축하지만, 어쨌거나 가장 중요한 초점은 기업이다. 대다수 기업에는 이런 관점이 적절하겠지만, 통제가 거의 또는 전혀 불가능한 거시경제 변수가 투자 실적을 좌우하는 사업에서는 이런 관점이 쓸모가 없다. 대표적인 예가 원자재 시장의 성숙 기업들이다. 이런 회사들은 원자재 가격 변동이 미래의 순이익을 결정하며, 기업이 발휘할 수 있는 영향력은 크지 않다. 또한 경제 흐름에 미래의 수익성과 현금흐름이 좌우되는 순환 기업도 마찬가지이다. 마지막으로, 위험이 큰 신흥시장에서 활동하는 기업의 스토리 라인은 이사회와 경영진의 활동보다는 그 나라의 정치와 경제 상황에 맞물릴 수밖에 없다.

솔직히 인정하자면 나로서는 미시 스토리보다는 거시 스토리를 전개하는 것이 썩 내키지 않는다. 그 이유는 다음 두 가지이다.

첫째, 내가 느끼는 통제감이 작기 때문이다. 거시경제 변수를 좌우하는 힘은 복잡하고 세계적이며, 세계의 한 부분에서 작은 변화가 일어났을 때 거시변수가 어떻게 반응할지에 대해 종잡기가 힘들다. 둘째, 나의 거시경제 예측 능력은 아직도 많이 부족하다. 결국 나는 거시경제 예측을 반영해서 스토리를 짤 때는 우연에 많이 기댈 수밖에 없다. 하지만 미심쩍은 부분도 한두 가지가 아니다.

내가 거시경제 모델을 불편하게 여긴다고 해서 다른 모든 분석가도 그런 것은 아니다. 어떤 분석가들은 적극적으로 거시경제 모델을 구축하는데, 거시경제를 맞게 예측했을 때 얻는 보상은 비교할 수 없을 정도로 크기 때문이다. 유가나 금리의 방향을 정확하게 맞힌다면 아무런 피해 없이 순식간에 높은 수익을 낼 수 있다. 최근 몇 년 동안 라이프스타일 추이를 예상해서 기업들에 투자하는 새로운 풍조의 거시경제 투자 방식이 늘어나고 있다. 소셜미디어 호황이 올 것을 미리 예상해서 남들보다 먼저 시장에 뛰어들었다면, 얼마나 큰 부를 창출할 수 있었을지 짐작해 보자. 그러면 라이프스타일 추이를 적절히 예상했을 때 얻을 막대한 보상을 상상하기는 어렵지 않다. 만약 우버와 에어비앤비Airbnb 같은 기업에 흘러들어오는 자본의 일부가 어떤 기업에 특정해 스토리를 세운 사람들이 아니라, '공유' 시장의 폭발적 성장을 예견해서 내러티브를 세운 투자자들에게서 나온 것이라고 해도 전혀 놀라운 사실은 아니다.

거시경제 내러티브를 세우는 단계

거시경제 내러티브를 세우는 과정은 앞장에서 설명한 특정 기업의 내러티브를 세우는 과정과 어떤 부분은 일치하고, 어떤 부분은 일치하지 않는다. 우선은 해당 거시변수(원자재, 경기 순환, 국가 등)를 식별하여 이해하고, 그다음으로 가치평가를 진행 중인 기업이 거시경제 변수에 얼마나 영향을 받을지를 계산한다. 마지막으로 가치평가가 거시변수 예측에 어느 정도나 좌우될 것 같은지, 그리고 거시변수를 투입변수에 어떻게 연결해야 하는지를 판단해야 한다.

거시변수 평가

해당 기업의 미래를 좌우하는 것이 거시변수라면, 이런 변수들이 무엇인지부터 알아내야 한다. 석유 회사의 거시변수는 당연히 석유이지만, 광업 회사에서는 채굴량이 중요한 변수가 된다. 예를 들어 이번 장 뒷부분에서 평가할 브라질 광업 회사인 발레Vale의 주요 원자재는 철광석이다. 철광석은 발레 매출에서 거의 4분의 3을 차지하며, 최근 10년 동안 철광석 가격은 중국 경제의 성장에 따라 오르락내리락했다.

순환 기업의 경우에는 경제 상황이 가장 중요한 거시변수이다. 하지만 그럴 때에도 단순히 국내 경제만 봐야 하는지, 아니면 더 광범위한 경제(예를 들어 라틴아메리카 전체)나 세계 경제 전체를 봐야 하는지 잘 판단해야 한다. 주목해서 봐야 할 거시변수를 정한 다음에는 이 변수에 대한 역사적 데이터를 수집해 장기적 움직임을 관찰하고, 가능하다면 변수를 움직이는 요인이 무엇인지도 알아봐야 한다. 역사적 데이터는 변수의 통상적인 구성 요소를 가늠할 때는 물론이고, 회사에 위험이 닥칠지 여부를 파악할 때에도 많은 도움이 된다.

미시변수 평가

거시경제를 반영한 스토리텔링을 구축하기 위한 두 번째 단계에서는 다시 해당 기업에 초점을 맞춰야 한다. 기업의 위험 노출 정도를 계산하면서 거시변수의 움직임이 회사의 영업실적에 얼마나 영향을 미칠지 판단해야 한다. 처음에는 간단한 일이라고 생각할 수 있다. 예를 들어 석유 회사는 유가가 오를수록 순이익이 오를 것이 분명하다고 생각한다. 그러나 석유 회사의 구조와 영업방식에 따라 유가에 노출되는 정도도 달라지기 때문에 변수의 영향도를 판단하기는 생각만큼 쉽지 않다. 따라서 고비용 비축유가 많은 석유 회사는 저비용 비축유가 많은 석유 회사보다는 유가 변동에 노출될 가능성이 크다. 그 이유는 고비용 비축유가 많은 회사는 유가가 떨어질수록 손해가 커지고, 유가가 올라갈수록 이득이 커지기 때문이다. 일반적으로는 고정비가 높은 석유 회사의 순이익은 변동비가 상대적으로 높은 석유 회사보다 유가 변화에 훨씬 민감하게 반응하는 편이다. 마지막으로 선도시장과 선물시장을 통해 미래에 인도할 석유의 가격을 고정시킴으로써 금융 기법으로 위험을 회피하는 석유 회사는 그렇지 않은 회사보다는 적어도 가까운 시일에는 유가 변화에 영향을 적게 받을 수 있다.

거시변수와 미시변수 합치기

세 번째 단계로, 거시변수 예측과 기업 고유 특징을 평가한 것을 한데 묶어 복합 스토리를 만들어야 한다. 이 단계에서는 거시 중립적 가치평가를 행할 것인지, 아니면 자신이 예측한 거시변수 변화를 반영해 가치평가를 할 것인지를 결정해야 한다. 다시 석유 회사를 예로 들면, 지금의 유가를 토대로 기업의 가치평가를 할 것인지(현물가격과 선물가격 반영), 아니면 자신이 예측한 미래 유가를 토대로 가치평가를 할 것인지 결정해야 한다.

거시 중립적인 가치평가를 하기로 결정한다면, 마지막으로 재무제표가 작성된 시기와 현재 사이에 발생한 거시변수의 변화에 맞게 재무제표를 조정하는 작업부터 진행해야 한다. 2015년 3월에 석유 회사의 가치평가를 한다고 가정해보자. 가장 최근에 작성된 재무제표가 2014년 기말이라면, 이 재무제표의 매출액과 순이익은 평균 유가가 배럴당 70달러일 때 계상된 것이다. 그리고 2015년 3월 유가는 배럴당 50달러 미만이라는 사실을 유념해야 한다. 이렇게 재무제표를 변수에 맞게 정리하면 이 석유 회사에 대한 미래 예측에는 시장과 다른 자신의 견해나 전문가의 견해가 반영되지 않는다.

유가 예측을 반영해 가치평가를 하기로 결정했을 때에도 일단은 거시 중립적으로 가치평가를 진행한 다음에 자신이 예상한 거시변수 변화를 이용해 해당 기업을 재평가해야 한다. 번거롭게 두 번이나 가치평가를 하는 이유는 자신과 청중 모두가 가치평가의 결론을 납득하는 근거를 마련하기 위해서다.

두 번의 가치평가를 따로 진행하면 그 회사에 대한 자신의 특정 견해가 얼마나 반영되었는지 그리고 거시변수 예측은 얼마나 반영되었는지가 확실하게 드러난다. 어떤 투자자가 거시 중립적 시나리오로 평가한 BHP 빌리튼BHP Billiton의 1주당 가치는 14달러, 원자재 가격 변동을 예상해 평가한 1주당 가치는 18달러 그리고 현재 주가는 15달러라고 가정해보자. 이 투자자는 자신도 이 종목을 매수하고 있고, 다른 사람들에게도 매수를 추천하고 있다면 이것은 그가 전적으로 자신의 거시변수 예측에 따라 움직이고 있다는 뜻이다. 만약 이 투자자가 추천한 대로 매수했더니 꾸준히 좋은 실적을 거두었다면 그 투자자의 거시경제 예측 능력이 뛰어나다는 증거이다. 그렇다면 이 투자자는 더 쉽게 수익을 내는 방법을 고려해보는 것도 좋다(예를 들어 해당 거시변수 종목과 관련된 선물을 매매하는 등). 반대로 겨우 본전이거나 손실을 내고 있다면 그 투자자에게도, 그의 충고를 따른 사람들에게도 그의 거시변수 예측이 시간 낭비(그리고 돈 낭비)에 불과하다는 것을 알리는 경고 신호이다.

케이스 스터디 13.1_ 엑슨모빌 평가(2009년 3월)

나는 2009년 3월에 세계 최대 석유 회사인 엑슨모빌을 평가하면서 이 회사가 성숙 단계의 석유 회사라는 것을 기본 내러티브로 설정했다. 2009년 3월의 유가는 지난 몇 년 사이 크게 떨어졌지만, 앞으로도 그럴지는 짐작할 수 없었다. 엑슨모빌이 보고한 2008년의 세전 영업이익은 600억 달러를 넘었지만, 이것은 평균 유가가 1배럴에 86.55달러인 시기에 나온 이익이었다. 2009년 3월의 유가는 그때보다 훨씬 낮은 1배럴당 45달러였고, 내가 보기에 앞으로의 영업이익은 유가 하락으로 인해 낮아질 것으로 판단되었다.

유가가 45달러일 때 엑슨모빌의 영업이익을 추정하기 위해서 나는 〈케이스 스터디 5.2〉에 나온 회귀분석을 이용했다. 평균 유가와 엑슨모빌의 영업이익을 대비해 회귀분석을 진행했고, 1985년부터 2008년까지의 데이터를 이용했더니 다음과 같은 결과가 나왔다.

$$\text{영업이익} = -63억\ 9,500만\ 달러 + 9억\ 1,132만\ 달러 \times (\text{평균 유가})$$

$$R^2 = 90.2\%$$

45달러의 유가를 이 회귀분석에 대입해서 나온 엑슨모빌의 기대 영업이익 추정치는 346억 1,400만 달러였다. 그리고 이것을 토대로 엑슨모빌 가치평가를 시행했다(〈그림 13.1〉 참고).

나의 스토리라인에 따르면 엑슨모빌은 성숙 사업 단계의 석유 회사이며, 순이익은 유가 변동을 그대로 따라간다. 엑슨모빌의 경쟁우위는 상당히 높으며, 보수적인 재무정책(과도한 차입금을 지양)을 유지하

그림 13.1 유가 중립적 엑슨모빌 가치평가(2009년 3월)

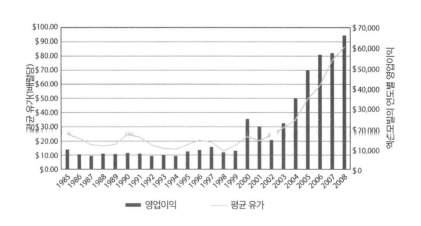

는 한 자본수익률은 평균을 상회할 것이다.

이런 스토리라인을 바탕으로 나는 2퍼센트의 영구 성장률을 가정했고, 유가를 조정해서 구한 영업이익 346억 1,400만 달러를 이용해 기준 연도의 이익과 자본수익률(거의 21퍼센트)을 계산했다. 자본비용 8.18퍼센트(성숙 사업에 해당하는 석유 회사라는 사실을 반영)로 평가한 엑슨모빌의 영업자산의 가치는 3,204억 7,200만 달러이다.

영업자산의 가치는 다음과 같이 구했다.

$$\text{영업자산의 가치} = \frac{346억 1,400달러(1.02)(1-.38) \times \left(1 - \dfrac{2\%}{21\%}\right)}{(0.0818-0.02)} = \$3,204억 7,200만 달러$$

영업자산의 가치 3,204억 7,200만 달러에 평가 시점에서 엑슨모빌이 보유한 현금(320억 700만 달러)을 더하고 부채(94억 달러)를 뺀 결과 자기자본가치는 3,430억 7,900만 달러이고 주당 가치는 69.43달러이다. 당시 엑슨모빌의 주가는 64.83달러였으므로 조금 저평가돼 있다고 볼 수 있다. 그러나 이번 가치평가는 유가 45달러를 정규화normalized 가격으로 가정했다는 점을 유념해야 한다. 〈그림 13.2〉는 정규화 유가를 산입했을 때의 엑슨모빌 가치를 그래프로 나타낸다.

유가가 움직이면 엑슨모빌의 영업이익과 자본수익률도 연동한다. 나

그림 13.2 엑슨모빌의 정규화 유가와 주당 가치

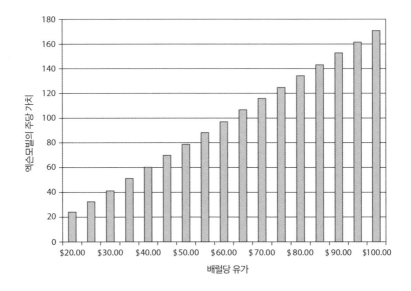

는 투하자본은 불변이라고 가정하고 자본수익률을 추정 영업이익으로 다시 계산했다. 정규화 유가가 42.52달러라면 주당 가치는 현재 주가와 같은 64.83달러가 나온다. 다시 말해, 유가가 42.52달러보다 위에서 굳어질 것이라고 믿는 투자자가 보기에 2009년 3월의 엑슨모빌은 다소 저평가돼 있는 셈이다.

주당 가치는 유가에 크게 의존하므로, 유가 변동을 감안해 가치평가에 산입하는 것이 훨씬 입체적인 방법이 있다. 이때 사용이 된 좋은 분석 도구는 시뮬레이션이며, 다음 단계에 따라 진행한다.

그림 13.3 유가 분포

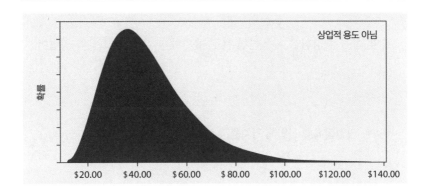

상업적 용도 아님

$20.00 $40.00 $60.00 $80.00 $100.00 $120.00 $140.00

1단계_ 유가의 확률분포를 결정한다: 나는 인플레이션을 조정한 역사적 유가 데이터를 사용해 분포를 정의하고 매개변수를 추정했다. 〈그림 13.3〉은 이러한 분포도를 요약해서 보여준다.

유가는 낮을 때에는 배럴당 8달러까지 떨어졌고, 높을 때는 120달러 이상으로 올랐다. 나는 현재 유가인 45달러를 분포의 중앙값으로 사용했지만, 더 낮거나 더 높은 가격을 분포의 중앙값으로 집어넣을 수도 있다.[1]

2단계_ 영업실적을 원자재 가격에 연결한다: 영업이익을 원자재 가격에 연결하기 위해 엑슨모빌의 역사적 데이터를 이용해 회귀분석을 진행했다.

영업이익 = -63억 9,500만 달러+9억 1,132만 달러×(평균 유가)

위의 회귀 방정식을 사용하면 특정 유가에 따른 엑슨모빌의 영업이익이 도출된다.

3단계_ 영업실적을 산입해 가치를 추정한다: 영업이익이 달라지면 엑슨모빌의 가치도 다음 두 가지가 달라졌다.

첫째, 다른 요소들이 똑같은 상태에서 영업이익이 변하면 기본 잉여현금흐름과 가치가 달라졌다. 둘째, 투하자본이 고정돼 있다고 가정했을 때 영업이익이 달라지면 자본수익률을 다시 계산해야 했다. 영업이익이 변하면 자본수익률도 변하기 때문에 엑슨모빌은 재투자율을 바꿔야만 2퍼센트의 성장률을 안정적으로 유지할 수 있다. 자본비용과 성장률이 변화한다고 가정할 수는 있지만, 일단 두 수치는 고정시키는 것이 계산하는 데 더 편했다.

4단계_ 가치의 분포도를 만든다: 나는 유가 변동을 가정해 1만 개의 시뮬레이션을 돌렸고, 시뮬레이션 하나하나마다 엑슨모빌의 가치와 주당 자기자본가치를 평가하게 했다. 〈그림 13.4〉는 그 결과를 요약해서 보여준다.

시뮬레이션으로 구해진 주당 가치의 평균값은 69.59달러, 최솟값은 2.25달러, 최댓값은 324.42달러였다. 그러나 주당 가치가 현재 주가

그림 13.4 유가 시뮬레이션 결과에 따른 엑슨모빌의 주당 가치

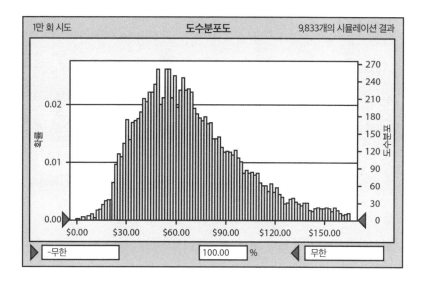

인 64.83달러보다 아래로 떨어질 가능성은 50퍼센트보다 훨씬 컸다.
가치의 분포도가 기댓값보다 약간만 높은 회사에 투자하는 것이 옳
은지를 결정해야 하는 투자자 입장에서 볼 때 이번 시뮬레이션으로
판단의 근거가 될 정보를 아주 많이 확보할 수 있었다. 나는 엑슨모빌
주식을 사지 않기로 했다. 조금 저평가된 듯 보이기는 했지만 분포도
상으로는 나를 잡아끄는 매력이 거의 없었기 때문이다.

큰 스토리

기업 스토리의 중심축으로 삼을 수 있는 거시변수는 많지만, 가장 많이 사용되는 세 가지는 원자재, 경기순환, 국가이다. 첫 번째 변수(원자재)는 원자재 중심의 기업 스토리를 만들 때 포함하면 된다. 이때는 원자재 가격이 중심 변수이며, 원자재 가격 변화에 기업이 보일 것으로 예상되는 반응이 가치를 결정한다. 두 번째 변수(경기순환)에서 가치평가의 요지는 기업이며, 영업실적을 이끄는 주요 동인은 해당 경제 전반의 튼튼함이나 부실이다. 그러므로 이때에는 먼저 경제 전반에 대한 스토리부터 만든 후 거기에 해당 기업의 스토리를 집어넣어야 한다. 또 이 기업에 대한 전망을 경제 상태에 연관시켜야 한다. 세 번째 변수(국가)에서 기업가치를 이끄는 동인은 법인이 소재해 있거나, 주로 영업활동을 하고 있는 국가이다. 따라서 그 나라를 관찰한 결과가 기업에 대한 견해보다 가치평가에 훨씬 중요한 영향을 미친다.

거시변수의 주기

거시변수에는 주기가 있으며, 어떤 변수의 주기는 다른 변수의 주기보다 길다. 원자재의 경우는 이런 순환주기가 수십 년 이어질 수 있으며, 주기가 다름으로 인해 다음 국면을 예측하기가 훨씬 어려워진다. 〈그림 13.5〉는 1946년부터 2016년까지의 유가 변동을 명목달러와 (인플

그림 13.5 유가 순환(1946~2016년)

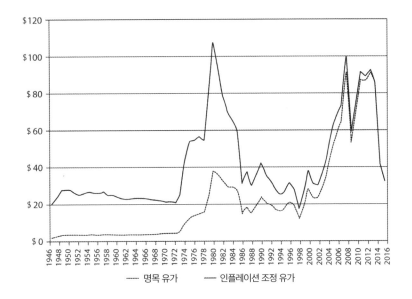

--- 명목 유가　　── 인플레이션 조정 유가

레이션 조정한) 고정달러로 보여준다.

　원자재 가격의 순환주기가 긴 이유는 매장지를 탐사하는 시기와 생산을 결정하는 시기에 차이가 있기 때문이다. 예를 들어 한 석유 회사가 유가가 여전히 세 자릿수로 높았던 2012년이나 2013년에 매장지를 매입하고 탐사를 시작하기로 결정했어도, 본격적인 석유 생산은 2014년이나 2015년이 돼야 시작될 것이다. 그때는 이미 유가가 많이 떨어진 상황이다. 결국 원자재 회사가 새로 설정한 유가에 맞게 영업활동을 조정하기까지는 어느 정도 시일이 걸릴 수밖에 없다. 이런 이유로 유가는 오랫동안 같은 방향으로 움직이게 된다.

경기순환은 원자재 가격의 순환보다는 주기가 짧다는 것이 대체적인 의견이지만, 문제는 이런 의견 대부분이 20세기에 이뤄진 미국 경제 연구에서 나온 결론이라는 사실이다. 20세기의 연구들은 원자재 가격에 비해 경기순환은 그나마 예측하기가 더 쉽다는 결론을 내린다. 그러나 연구 결과 자체가 왜곡되었을 가능성도 있다. 그 이유는 20세기 후반 미국 경제는 제2차 세계대전 이후 이어진 수십 년의 번영기와 미국의 세계 경제 지배로 인해 안정성과 예측 가능성이 유달리 높았기 때문이다. 지난 세기 동안 각 나라 중앙은행들의 경기순환 관리 능력이 높아지기는 했지만, 세계화로 인해 경기순환이 다시 매우 과격해지고 예측하기 힘들어질 가능성도 크다.

국가 위험이라는 변수에서는 모든 국가가 글로벌 표준에 수렴할 것이라는 낙관론이 있다. 하지만 그러기까지는 시간이 오래 걸리고, 표준에서 이탈해 낙오하는 나라들도 상당수일 것이다. 심지어 정상 상태로 나아가던 신흥시장 경제들이 장애물에 부딪혀 그동안의 발전이 허사가 되기도 할 것이다. 2014년과 2015년에 고성장을 기록하던 신흥시장(브릭 BRIC 국가인 브라질, 러시아, 인도, 중국)들은 저마다의 이유로 위기를 겪었다. 한 나라의 투자자들이 얼마나 위험을 인지하고 있는지 알아보는 척도로는 장기적인 국가 신용부도스왑credit default swap, CDS이 있다. 〈그림 13.6〉은 데이터 수집이 가능한 기간 동안 브릭 국가들의 신용부도스왑 스프레드를 나타낸다.

그림 13.6 브릭 국가들의 신용부도스왑 스프레드

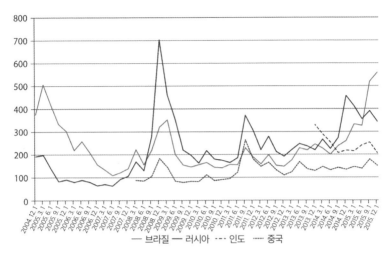

— 브라질 — 러시아 ···· 인도 ···· 중국

인도의 신용부도스왑은 2013년 이후에, 중국의 신용부도스왑은 2008년 이후에 한 번만 거래되었다.

예측 가능성

내가 경험하기로 주로 거시경제 예측을 기반으로 하는 투자 전략만큼 실적이 나쁜 전략도 찾기 어렵다. 원자재부터 말하자면, 지난 50년 동안 가격이 반전할 것이라고(즉 떨어지고 있던 원자재 가격이 갑자기 방향을 바꿔 오른다거나, 오르고 있던 원자재 가격이 내리막길을 걸을 것이라고) 분석가들이 이구동성으로 말한 원자재는 단 하나도 찾아내기가 힘들다. 경기순환에 대한 기록도 별로 나을 것이 없다. 실제로 경제를 금리, 인플레이션, 경제 성장률로 쪼개서 관찰하면 해당 분야 전문가들의 예측은 순수한 역사적 데이터에 근거한 예측과 거의 다르지 않다. 국가 위험은 군중심리에 많이 좌우된다. 현재 과도기에 있으면서 몇 년 동안 성장과 안정기를 겪고 나면 선진시장에 진입할 것이라고 여겨졌던 신흥시장 국가들이 어느 순간 조정을 거쳐서 다시 신흥시장으로 격하되는 경우도 심심치 않게 볼 수 있다.

이런 초라한 실적에도 불구하고 개인투자자나 기관투자자도 거시경제를 전망해 투자하는 것을 멈추지 않는다. 아마도 예측이 맞을 경우 막대한 수익이 나는 데다, 올해의 거시경제 예측 우승자로 선정된 사람들은 새로운 시장의 구루로 인정받기 때문일 것이다. 2015년만 봐도 일부 분석가들과 포트폴리오 매니저들은 유가의 지속적 하락을 예측한 덕분에 시장을 가뿐히 이겼다. 지나치게 냉소적인 태도일지 몰라도 내가 보기에 그들의 성공은 오래가지 못할 것이다. 또한 거시경제 예측 능력을 자만하다 큰코다치는 날이 올 것이다.

전략

거시경제 스토리를 다룰 때 사용할 수 있는 광범위한 전략은 다음 네 가지가 있다.

I. **순환 예측**. 순환의 방향만이 아니라 매우 성기적인 관점에서 순환을 전부 예측하려는 접근법이다. 예를 들어 앞으로 3년 동안은 유가 하락이 예상되고, 이후 5년 동안은 유가가 오르고, 그 후 10년

동안은 거의 변동이 없다가 다시 내려가기 시작할 것이라고 예측할 수도 있다. 또는 국가 경제가 앞으로 2년 동안은 강세를 보이고, 3년째에는 침체에 시달리다가 4년째에는 회복기에 들어설 것이라고 예측할 수도 있다.

2. **가격 수준 예측**: 시장의 방향을 예측하려는 접근법으로, 간략하게 말하면 두 가지 세부 전략 중 하나를 취할 수 있다. 첫째, 모멘텀을 따르는 전략이다. 다시 말해 지금까지의 가격 움직임의 방향이 앞으로도 계속될 것이라고 가정하는 전략이다. 2016년 초에 유가 예측을 시도한다고 가정해보자. 모멘텀 전략에 따르면, 유가가 지난 2년 동안 무서울 정도로 떨어졌으므로 이 흐름이 앞으로도 이어져 유가가 계속 하락할 것이라는 예측이 나온다. 둘째, 역발상 전략으로 가격이 같은 방향으로 계속 움직이기보다는 반전할 가능성이 더 높다고 보는 전략이다. 만약 2016년 초에 역발상 전략에 따라 유가를 예측했다면, 2년 동안의 유가 하락이 끝나고 상승 국면에 접어든다는 예상이 나왔을 것이다.

3. **정규화**: 이 접근법은 순환이나 수준을 예측하는 것이 아니라, 해당 원자재의 역사적 가격 기록이나 펀더멘털을 토대(원자재의 수요와 공급)로 '정규화(데이터를 일정한 규칙에 따라 변형하여 이용하기 쉽게 만드는 일)'한 가격을 추정하는 전략이다. 사실 이 전략은 은연중에 관점 예측 의미를 내포하고 있다. 정규화 가격이 현재가격보다 높으려면 가격 상승이 필수이고, 정규화 가격이 현재가격보다 낮으려면 가격 하락이 필수이기 때문이다.

4. **가격 수용자**: 가격 수용자^{price taker}(시장지배력을 갖추지 못해 가격결정력이 없는 시장 참여자) 전략을 취한다는 것은 순환이나 정규화 가격에 대한 예측이 능력 밖이라는 것을 인정한다는 뜻이다. 그렇기 때문에 가격 수용자는 현재 상태에서 기업을 평가하되 그 가치가 언제라도 변할 수 있다는 사실을 잘 알고 있다.

어느 전략을 택하고 싶은가? 사람마다 강점이 모두 다르기 때문에 어떤 전략이 정답이라고는 말하기 어렵다. 그렇긴 해도 나는 다음 세 가지 충고는 꼭 하고 싶다.

1. **어떤 전략을 취했는지 명확히 밝혀라**: 위의 네 전략 중 하나를 선택하기로 결정했다면 중간 평가 과정에서 전략을 바꾸지 않도록 조심해야 한다. 또한 어떤 전략에 따라 기업 스토리를 설정하고 가치를 평가했는지 분명히 말해야 한다.

2. **선택한 전략에 맞게 정보를 수집하고 분석하라**: 어떤 전략을 선택했는지에 따라 어느 분야에 시간과 자원을 쏟아야 하는지도 달라진다. 만약 정규화 전략을 선택했다면 정규화 가격을 결정하기 위해 과거의 데이터를 관찰하는 동시에, 이런 정규화 가격을 움직이게 할 만한 요소에는 무엇이 있는지도 고민해야 한다.

3. **결과를 평가할 때 스스로에게 솔직하라**: 원자재, 경기순환, 국가를 바라보는 시각은 이런 요소들에 노출된 기업의 가치평가를 추정한 결과에도 영향을 미친다. 실제 사건이 일어나면 회사의 가치를

제대로 평가했는지 뿐만 아니라, 자신의 거시변수 전략이 얼마나 엄밀히 진행되었는지도 드러나게 된다. 만약 원자재 가격 변화를 예측해 원자재 회사에 대한 가치평가를 진행했는데, 가격 예측이 동전 던지기 확률과 마찬가지로 반은 맞고 반은 틀리다면 전략의 변경을 진지하게 고민해야 한다.

케이스 스터디 13.2_ 발레, 3C 기업(2014년 11월)

발레는 브라질에 본사를 둔 기업으로 세계 최대의 광업회사 중 하나이며 주요 광물은 철광석이다. 1942년에 창업 당시 브라질 정부가 지분을 전부 가진 국영기업이었지만 1997년에 민영화했다. 2004년부터 2014년까지 브라질의 국가 위험도가 낮아지면서 발레는 사업을 확대해 브라질 밖에서도 매장지를 탐사하고 조업활동을 시작했다. 시가총액과 영업실적(매출액과 영업이익)에도 이런 사업 확대가 고스란히 반영되었다. 2014년 초에 발레는 세계 최대의 철광석 회사가 되었으며, 시가총액과 매출액 모두 세계 5위 안에 드는 광업회사가 되었다.

장기적인 성장 추세선에도 불구하고 발레는 2014년 한 해 동안 매우 힘든 시기를 보내야 했다. 철광석 가격이 떨어진 데다, 2014년 10월로 예정된 대통령 선거로 인해 국가 위험도도 올라갔기 때문이었다. 〈그림 13.7〉은 두 요소가 미친 영향을 보여준다.

〈그림 13.8〉은 2014년 5월부터 2014년 11월까지 발레의 주가 변동을 또 다른 거대 광업회사인 BHP 빌리튼과 대조해서 보여준다. 원자재

가격 하락이 두 회사 모두에 악영향을 미친 것은 맞지만, 〈그림 13.8〉에도 나타나듯이 유독 발레의 주가 하락폭이 BHP의 주가 하락폭보다 2배나 컸다는 것을 알 수 있다.

발레의 주가 하락에는 펀더멘털과 관련된 이유도 몇 가지 있기는 했지만, 가장 크게 작용한 원인은 두려움이었다. 다시 말해 발레의 원자재와 국가 위험도에 대한 노출과 기업 지배구조와 환율 위험 요인에 대한 시장의 상당한 우려가 큰 주가 하락을 불러왔다.

그림 13.7 발레의 원자재 가격과 국가 위험도

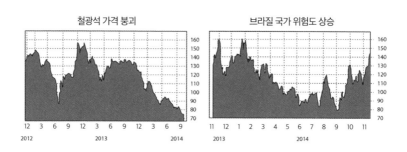

그림 13.8 발레의 주가 붕괴(2014년 6~11월)

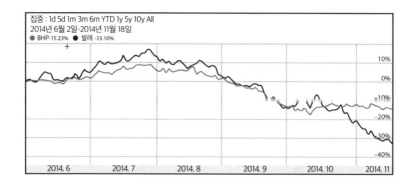

원자재 가격을 특정해서 보면, 10년 동안의 높은 철광석 가격은 발레의 가치평가에서 주된 요소이자 이 회사의 성공을 이끈 주요 요인이었다. 그리고 2011년의 고점을 포함해 이 기간 동안 철광석 가격을 끌어올린 것은 중국 경제의 높은 성장이었다(〈그림 13.9〉 참고).

이러한 역사는 철광석의 정규화 가격을 판단하기가 힘든 이유가 무엇인지를 잘 알려준다. 최근 몇 년으로 역사적 시각을 좁히면 2014년 11월의 철광석 가격(미터톤당 약 75달러)은 바닥이었다. 그러나 더 장기적인 관점으로 시각을 넓히면(20~25년) 이 가격은 결코 바닥이 아니다.

내러티브에서는 발레가 원자재 업종의 성숙 기업이고, 순이익에는 현재의 철광석 가격(75달러/미터톤)이 반영돼 있다고 가정했다. 미래의 철광석 가격을 예측할 수 없다는 가정하에 나는 발레의 가치를 미

그림 13.9 철광석 가격(월간 미터톤당 미 달러화, 1995~2001년)

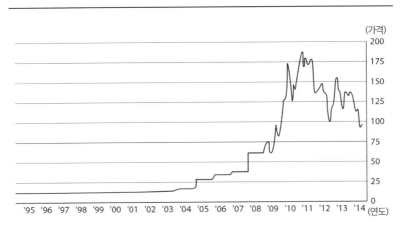

달러화로 평가했고, 연간 2퍼센트의 영구 성장률을 보이는 성숙 단계
의 원자재 회사라고 가정했다. 자본비용을 추정할 때에는 10년 만기
미국 국채를 무위험 이자율로 가정했으며, 발레의 매장지가 있는 국
가들(이 중 60퍼센트가 브라질에 있다.)의 전체 주식 위험 프리미엄에 대
한 가중평균을 반영해 이 회사의 주식 위험 프리미엄으로 8.25퍼센트
를 적용했다. 가치평가를 요약한 과정은 〈표 13.1〉에 정리돼 있다.

나는 원자재 가격 하락이 미치는 영향을 산입하고, 기준 연도의 영업
이익에 대해서는 통화가치 하락을 감안하고, 평가할 때에도 지난 12
개월 동안의 감소한 이익으로 평가를 했다. 기업 지배구조가 미치는
영향은 이 회사의 투자와 자금조달 결정에 내포돼 있다. 재투자와 투

표 13.1 발레: 어둠의 손짓

스토리
발레는 철광석과 광업회사이며 성숙 기업이다. 현재 순이익은 거시경제 요인(원자재 가격 하락과 국가 위험도 상승)으로 침체된 상태이다. 하지만 철광석 가격과 국가 위험이 안정되면서 이익도 지난 12개월 수준에서 안정적으로 유지될 것이다.

역사(단위: 백만 달러)

연도	영업이익	실효세율	부채의 순자산가치 (장부가치)	자기자본의 순자산가치	현금	투하자본	투하자본 수익률
2010	$23,033	18.67%	$23,613	$59,766	$11,040	$72,339	25.90%
2011	$30,206	18.54%	$27,668	$70,076	$9,913	$87,831	28.01%
2012	$13,346	18.96%	$23,116	$78,721	$3,538	$98,299	11.00%
2013	$17,596	15.00%	$30,196	$75,974	$5,818	$100,352	14.90%
2014(최근 12개월)	$12,475	20.00%	$29,198	$64,393	$5,277	$88,314	11.30%
평균	$19,331	18.23%					18.22%

자본비용(미 달러화 기준)

사업	무차입베타	가치 비중	부채/자기자본	차입베타	지역	총 비율	주식 위험 프리미엄
금속과 광업	0.86	16.65%	66.59%	1.2380	브라질	68%	8.50%
철광석	0.83	76.20%	66.59%	1.1948	브라질 외 지역	32%	6.45%
비료	0.99	5.39%	66.59%	1.4251	발레		7.84%
물류	0.75	1.76%	66.59%	1.0796			
발레 영업활동	0.84	100%	66.59%	1.2092			

		자기자본비용 =	11.98%
세전 부채비용 (타인자본비용)	6.50%	세후 부채비용 =	4.29%
세율 =	34.00%	부채 자본비용 =	39.97%
		자본비용	8.91%

가치평가(최근 12개월의 영업이익과 자본수익률 사용, 단위: 백만 달러)

성숙 기업으로서의 지위를 유지한다고 할 때 가정되는 항구적 기대 성장률은 2%이며, 자본수익률은 지난 12개월 기록으로 비추어 11.30%일 것이다. 그 결과로 나온 재투자율과 가치평가는 다음과 같다.
재투자율=2%/11.30%=17.7%, 영업자산의 가치=$12,475(1-0.20)(1-0.177)/(0.0891-0.02)=$121,313

영업자산의 가치 =	$121,313	
+현금	$7,873	
-부채	$29,253	
자기자본가치	$99,933	
주식 수	5,150.00	
주당 가치	$19.40	2013년 11월 20일의 거래가는 8.53달러였다.

하자본수익률로는 투자 정책을 평가했고, 부채의 자본비용에는 자본 조달 정책이 반영돼 있다고 볼 수 있다. 마지막으로 국가 위험도는 주식 위험 프리미엄에 반영돼 있으며(철광석 매장지의 지리적 분포에 따라

가중평균을 낸 위험 프리미엄을 이용했다.), 채무불이행 스프레드는 부채 비용에 포함돼 있다. 이런 가정을 전부 조합해서 도출한 주당 가치는 19.40달러로 2014년 11월 18일의 주가인 8.53달러보다 한참이나 높았다. 나는 내 스토리와 가치평가를 믿고 발레의 주식을 매수했다. 조금 뒤에 자세히 나오겠지만, 후회가 막심한 결정이었다!

거시변수 투자의 함정

미시변수가 아니라 거시변수를 중심으로 가치평가를 한다면 투자자는 세 가지 결과를 염두에 두어야 한다. 첫째, 기록에서도 볼 수 있듯이 거시변수들의 상승과 하강 주기는 심하면 수십 년이나 이어질 정도로 길다. 둘째, 거시변수들은 상호연결돼 있고, 여러 요인의 영향을 받기 때문에 미시변수에 비해 펀더멘털을 이용해 예측하기가 어렵다. 따라서 생산원가와 석유 수요를 가지고 유가를 예측하는 것은 크게 도움이 되지 않는다. 셋째, 과거 미제였던 부분에서 구조적 변화가 일어나 과거와의 단절이 발생할 수 있다. 예를 들어 지난 10년 동안 셰일석유 생산량이 폭발적으로 증가하면서 원유 시장에 공급 충격이 발생했고, 이것은 2014년 유가 급락의 큰 원인이 되었다. 또한 중국의 경제력이 상승하고 유례가 없을 정도로 기반시설 투자에 박차를 가하면서 지난 10년 동안 세계 원자재 시장들에서 가격이 너나없이 올라갔다.

자신이 원자재, 경제 또는 국가 위험도의 주기를 예측하는 능력이 비상하거나 적어도 정규화 가격을 추정하는 능력만이라도 탁월하다고 가정해보자. 거시경제 관점을 개별 기업의 가치평가에 적용하려면 어떤 과정을 거쳐야 하는지는 이미 설명했다. 하지만 "왜 그래야 하는가?"라는 질문을 스스로에게 던질 필요가 있다. 솔직히 거시경제 예측 능력이 뛰어나다면 훨씬 쉽고 직접적으로 돈을 벌 수 있는 방법이 있기 때문이다. 선물 시장이나 선도 시장, 옵션 시장을 이용하면 얼마든지 큰돈을 벌 수 있지 않겠는가. 그래서 우리는 두 가지 이유에서 기업 스토리를 거시 부분과 미시 부분으로 나눠야 한다.

1. 스토리의 거시와 미시 부분을 구분하면 서사자는 두 부분이 각각의 스토리에서 차지하는 비중이 어느 정도인지 분명히 알 수 있다. 또한 거시 부분의 실적과 미시 부분의 실적을 따로 파악할 수 있다. 만약 석유회사 코노코필립스Conoco Phillips의 주식을 샀는데 주가가 떨어졌다고 가정해보자. 스토리의 미시와 거시 부분을 구분하고 있었다면, 손해를 본 이유가 스토리의 유가 예상이 잘못되었기 때문인지, 아니면 기업 스토리 자체에 문제가 있었기 때문인지를 파악할 수 있다.

2. 내러티브를 거시와 미시 부분으로 분해하는 것은 서사자 자신만이 아니라 스토리를 참조하려는 다른 사람에게도 대단히 중요하다. 첫째, 두 부분이 구분돼 있으면 다른 사람이 이 스토리와 가치

평가를 이해하는 데 큰 도움이 된다. 둘째, 다른 사람이 이 스토리를 얼마나 믿어도 되는지를 판단하는 데 도움이 된다. 만약 스토리텔러가 보인 그간의 유가 예측 능력이 형편없고, 그의 코노코필립스 스토리에서 가장 중심이 되는 바탕이 유가 예측이라면, 나로서는 그가 마지막에 도출한 가치평가 결과도 의심의 눈길로 바라볼 수밖에 없다.

케이스 스터디 13.3_ 발레의 대폭락(2015년 9월)

〈케이스 스터디 13.2〉에도 나오듯 나는 발레가 많이 저평가돼 있다고 판단해서 주당 8.53달러에 매수했다. 나는 2015년 4월에 발레의 주식이 6.15달러로 떨어졌을 때 스토리를 다시 살펴보고 재평가했다. 가치가 떨어지기는 했지만 현재가격에서는 여전히 저평가된 가격이라고 판단했다. 2015년 4월부터 9월까지 발레의 거시변수 여건은 좋은 것이 하나도 없었다. 철광석 가격은 중국 경제의 혼란이 일부 원인이 되어 여전히 느리게 하향하고 있었다. 브라질의 정치적 위험도가 줄지 않으면서 이 나라의 경제 성장과 부채 상환 능력에 대한 우려도 점점 커졌다. 브라질의 국가 신용부도스왑 가격도 상승에 가속도가 붙으면서 2015년 9월에는 국가 신용부도스왑 스프레드가 4.50퍼센트를 넘어섰다(한 해 전만 해도 2.50퍼센트였다). 언제나 한 발 늦는 신용평가사들도 결국에는 정신을 차리고 브라질의 국가 신용등급을 하향 조정했다. 무디스는 Baa2에서 Baa3로, S&P는 BBB에서 BB+로 등급을 하향했는데, 외환과 지역통화 모두에서 이뤄진 강등이었다. 두 신용 평가사의 등급 조정은 단순히 신용등급의 변화에 불과했다. 하지만 결국 따지고 보면 브라질이 투자적격등급에서 강등당했다는 의미를 담고 있었다. 마침내 발레는 영업이익을 새로 발표했고, 아무리 눈을 씻고 봐도 순이익은 보이지 않았다. 영업이익은 29억 달러로 떨어졌는데, 이전 추정치보다 50퍼센트 이상 낮은 수치였다.

내가 2014년 11월과 2015년 5월에 추정했던 것보다도 철광석 가격이 순이익에 미치는 영향이 훨씬 크다는 사실이 부인할 수 없을 정도로 명백히 드러났다. 나는 투입변수들을 수정하고 국가 신용부도스왑 스프레드를 국가 채무불이행 스프레드 척도로 사용했다(신용등급은 유동적인 데다 브라질에 대한 최근 평가를 반영하지 못한다고 생각했기 때문이다). 이렇게 해서 2015년 9월에 새로 구한 발레의 주당 가치는 〈표 13.2〉에서처럼 4.29달러가 나왔다.

1년도 지나지 않았는데 앞서 두 번의 가치평가와는 크게 다른 금액이 나왔다. 깜짝 놀란 나는 이런 가치 변화를 이끈 동인이 무엇인지 알아보려고 노력했다(〈그림 13.10〉 참고).

2014년 11월부터 2015년 4월 사이 가치 하락의 가장 큰 이유는 이익 재산정이었다(가치 하락의 원인 중 81퍼센트를 차지했다). 그러나 2015년 4월과 2015년 9월의 가치평가를 다른 관점에서 살펴봤더니 주범은 국가 위험도 증가로 가치 손실이 거의 61퍼센트를 차지하고 있었다.

나는 주가가 가치보다 낮은 종목에만 투자한다는 투자 철학을 준수했음에도 불구하고 발레의 투자에서는 아무 수익도 얻지 못했다. 나

표 13.2 발레: 후회의 스토리

스토리

발레는 성숙 기업이며 철광석과 광업회사이다. 국가 위험도가 올라가고 원자재 가격이 떨어지면서 이 회사의 순이익은 내려갔으며, 정규화 이익은 최근 몇 년간의 이익을 훨씬 밑돌 것으로 보인다.

역사(단위: 백만 달러)

연도	영업이익($)	실효세율	부채의 순자산가치 (장부가치)	자기자본의 순자산가치	현금	투하자본	투하자본 수익률
2010	$24,531	18.70%	$27,694	$70,773	$9,942	$88,525	22.53%
2011	$29,109	18.90%	$25,151	$78,320	$3,960	$99,511	23.72%
2012	$14,036	18.96%	$32,978	$75,130	$6,330	$101,778	11.18%
2013	$16,185	15.00%	$32,509	$64,682	$5,472	$91,719	15.00%
2014	$6,538	20.00%	$32,469	$56,526	$4,264	$84,731	6.17%
이전 12개월	$2,927	20.00%	$32,884	$49,754	$3,426	$79,211	2.96%
평균	$18,080	18.59%					15.72%

자본비용(미 달러화 기준)

사업	무차입베타	가치 비중	부채/자기자본	차입베타	지역	총비율	주식 위험 프리미엄
금속과 광업	0.86	16.65%	126.36%	1.5772	브라질	68%	13.000%
철광석	0.83	76.20%	126.36%	1.5222	브라질 외 지역	32%	7.69%
비료	0.99	5.39%	126.36%	1.8156	발레		11.30%
물류	0.75	1.76%	126.36%	1.3755			
발레 영업활동	0.84	100%	126.36%	1.5405			

		자기자본비용 =	19.54%
세전 부채비용	9.63%	세후 부채비용 =	6.36%
세율 =	34.00%	부채 자본비율 =	55.82%
		자본비용	12.18%

가치평가(정규화 이익은 5년 평균보다 60퍼센트 낮을 것이라고 가정, 단위: 백만 달러)

정규화 영업이익	$7.232
기대성장률 =	2.00%
자본수익률 =	12.18%
재투자율 =	16.42%

$$\text{영업자산의 가치} = \frac{7,232\,(1.02)(1-0.20)(1-0.1642)}{(0.1218-0.02)}$$
$$= \$48,451$$

영업자산의 가치 =	$48,451
+현금	$3,427
+자기자본가치	$4,199
−부채	$32,884
−소수지분	$1,068
자기자본가치	$22,125
주식 수	5153.40
주당 가치	$4.29

2015년 4월 15일의 거래가는 5.05달러였다.

그림 13.10 가치 붕괴의 원인 분석

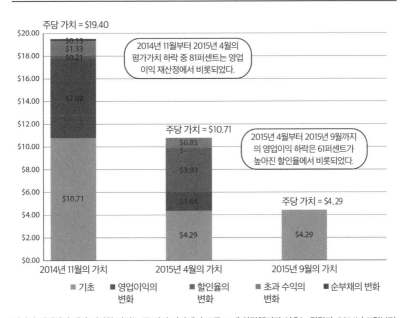

간단히 정리하면 내가 평가한 가치는 두 번의 기간에서 모두 크게 하락했지만 이유는 달랐다. 2014년 11월부터 2015년 4월까지의 가치 변동은 철광석 가격 하락에 따른 영업이익 재산정이 원인이었다. 2015년 4월부터 2015년 9월의 가치 하락에서는 브라질의 국가 위험도 상승이 가장 큰 원인을 차지했다.

는 이 종목을 팔았지만 결코 쉽지 않은 결정이었고, 마음속 편향과도 힘들게 싸워야 했다. 특히 두 가지 충동에 사로잡히려는 마음이 굴뚝같았다.

1. **변명하고 싶은 충동**: 처음에는 본능적으로 남 탓을 하고 손실을 입은 것에 대한 변명거리를 찾고 싶었다. 만약 브라질 정부가 좀 더 합리적으로 처신했다면, 중국 경제가 침체에 허덕이지 않았다면, 발레의 이익이 철광석 가격에 덜 민감했다면 아마도 내 투자 논제는 틀리지 않았을 것이다. 그러나 이런 식의 변명을 찾아봤자 아무 소용이 없으며, 이번 투자 실패로 얻은 교훈마저도 쓸모없는 것으로 만들 뿐이다.

2. **입맛에 맞는 방법을 선택하려는 충동**: 발레의 가치평가를 진행하는 내내 나는 처음의 투자 논제를 지지해주고 매수 유지를 옳은 결정으로 보이게 하는 투입변수를 선택하고 싶은 충동과 맞서 싸워야 했다. 만약 내가 처음 두 번의 평가에서처럼 브라질의 부도 스프레드를 재는 척도로 국가 신용등급을 사용했다면, 세 번째 가치평가에서 발레의 주당 가치는 4.29달러가 아니라 6.65달러가 나왔을 것이다. 그리고 어쩌면 이런 선택을 정당화하기 위해 신용부도스왑 시장은 원래가 과민반응하기로 악명이 높으며, 정규화 값(신용등급 위주의 접근이나 시간에 신용부도스왑 스프레드 평균 추이)을 사용하는 것이 추정에 더 도움이 된다고 주장했을지도 모른다.

오랫동안 편향과 씨름한 끝에, 나는 발레의 주식을 계속 보유하는 것을 정당화하기 위한 명목으로 거시경제 환경을 가정하려 했다는 사실을 알게 되었다. 다시 말해 철광석 가격 하락이 멈출 것이고, 시장이 브라질의 위험에 과민반응하고 있으며, 조만간 시장이 알아서 조정 작용을 할 것이라고 가정했다. 여기서 한 가지 덧붙이고 싶다. 발레의 주가는 2달러까지 떨어졌고, 그 시점에서 나는 다시 이 주식을 매수했다. 어쩌면 조금 더 마음고생을 한 후에 교훈을 되새기는 것이 마땅하겠지만, 어쨌거나 발레의 주식은 다시 5.03달러까지 올랐다.

승리보다는 패배에서 배울 것이 더 많다는 말도 있지만, 이런 충고를 입에 담는 사람들은 한 번도 패배하지 않았거나 충고와는 다르게 행동하는 사람들일 것이다. 내 실수를 교훈으로 삼는 것은 뼈아픈 경험이지만, 발레의 가치평가를 보면서 나는 몇 가지를 되새겨볼 수 있었다.

1. **암시적 정규화의 위험**: 나는 이익이 과거 5년이나 10년 평균 수준으로 회복하거나 철광석 가격이 반등할 것이라고 가정하는 식의 명시적 정규화를 피하려고 주의를 기울였다. 하지만 그러면서 지난 12개월의 순이익 추정에 같은 기간 철광석 가격을 반영하는 식으로 나도 모르게 암시적 정규화를 계산에 집어넣었다. 발레의 경우 이전의 계약 가격이나 회계 방만 등으로 인해 철광석 가격이 이익에 영향을 주기까지는 시차가 존재한다. 국가 신용등급에 근거한

채무불이행 스프레드를 사용한 것도 역시 안정성을 오판하게 할수 있다. 특히 브라질 현지에서 벌어진 사건에 시장이 예상보다도 훨씬 부정적 반응을 보일 경우에는 그런 오판의 정도가 더더욱 심해진다.

2. **정치적 위험의 고착**: 정치적 문제는 정치적 해법으로 풀어야 한다. 하지만 정치에서는 합리적 해결책 마련이 쉽지 않은 데다 해결 속도도 빠르지 않다. 실제로 발레를 통해 나는 정치적 위험이 중요한 요인인 상황에서 정치가들에게 해결을 일임한다면 문제가 한없이 늘어지거나 더 심각해질 수 있다는 교훈을 얻었다.

3. **부채의 영향**: 높은 부채비율은 발레의 여러 문제를 더욱 크게 증폭시켰다. 과거 10년의 높은 성장과 막대한 배당 성향(발레는 의결권이 없는 우선주 주주들에게도 배당을 지급해야 했다.) 때문에 발레의 부채는 엄청나게 늘어난 상태였다. 발레에 당장 채무불이행 위험이 닥친 것은 아니었지만 부채 상환 여력을 나타내는 이자보상배율(영업이익을 이자비용으로 나눈 수치)은 2013년 10.39에서 2015년 4.18로 크게 줄어들었다.

내가 이러한 사실들을 2015년 9월이 아니라 2014년 11월에 알았다면 발레의 주식을 사는 일은 당연히 없었을 것이다. 그러나 다 부질없는 소리일 뿐이다.

결론

거시변수를 중심으로 삼는 스토리텔링은 미시변수에 근거해 스토리를 설정하는 것보다 훨씬 어렵다. 그러나 경기순환 기업이나 원자재 회사 또는 위험도가 높은 신흥시장에 속한 기업의 가치평가를 할 때에는 다른 선택의 여지가 없다. 거시변수 예측 능력이 뛰어난 투자자일지라도 해당 기업에 대한 가치평가부터 진행한 후 그다음에 예측 결과를 반영해 재평가해야 한다. 그렇게 하면 기업분석이 가치평가에 기여한 부분은 어느 정도이고, 시장 예측이 기여한 부분이 어느 정도인지 파악하는 데 도움이 된다.

14장

기업의 라이프사이클

　스토리와 숫자의 연결이 이 책의 주제이지만 둘 사이의 균형은 기업이 스타트업에서 성장 기업으로, 성숙 기업에서 쇠락 기업으로 라이프사이클 단계를 밟으면서 변할 수 있다. 이번 14장에서는 우선 기업 라이프사이클의 개념을 기업의 진화와 변천 단계별로 정의해서 소개할 것이다. 그다음으로는 기업의 노화에 따라 내러티브와 숫자의 관계가 어떻게 바뀌는지를 관찰할 것이다.

　라이프사이클 초기에는 내러티브가 숫자를 이끈다면, 후기에는 숫자가 내러티브를 이끈다. 마지막 부분에서는 라이프사이클이 투자자에게 어떤 의미를 지니는지를 설명할 것이다. 성공적 투자에 필요한 요건은 라이프사이클 단계마다 달라지기 때문에 여기에 맞는 가치평가와 가격 결정 척도를 적용해야 한다.

사업의 노화

　모든 사업은 늦고 빠름의 차이가 있을 뿐, 태어나 (가끔은) 성장하고, 성숙해진 후 결국 죽음을 맞이하는 것은 똑같다. 기업 라이프사이클은 사업의 이런 자연스런 전개 과정을 의미한다. 제일 먼저 라이프사이클의 각 단계를 설명하고, 다음으로는 단계에 따라 스토리텔링과 넘버크런칭이 어떻게 변해야 하는지를 살펴볼 것이다.

라이프사이클

　기업 라이프사이클의 출발점은 사업 아이디어다. 이런 아이디어 창안 자체는 최초가 아닐 수도 있고, 심지어 비실용적일 수도 있다. 하지만 어쨌거나 충족되지 않은 시장 니즈를 만족시키기 위해 고안된다. 대다수 아이디어는 걸음마조차 떼지 못하고 사장되지만, 몇 개는 실제로 제품이나 서비스로 실현되어 사업의 첫 걸음을 내디딘다. 이런 제품과 아이디어는 시장의 시험을 이겨내야 하며, 잘 이겨내면 매출을 창출한다. 그리고 성공적인 기업들은 높은 매출을 거두고 성장한다.

　전환기를 무사히 넘기면 성공적인 사업들은 규모를 늘리면서 성장을 유지할 수 있다. 그리고 성장에서 거눈 이익으로는 경생사들을 물리칠 방어막도 갖출 수 있다. 규모와 수익성을 모두 잡은 성숙 사업은 방어 태세에 들어가 이익을 유지하기 위한 진입장벽(해자)을 구축한다. 그러다

그림 14.1 **기업의 라이프사이클**

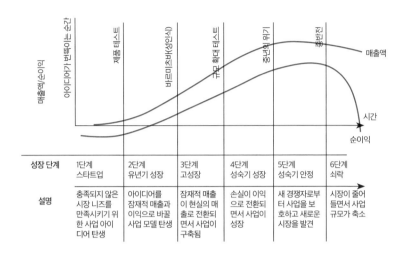

성장 단계	1단계 스타트업	2단계 유년기 성장	3단계 고성장	4단계 성숙기 성장	5단계 성숙기 안정	6단계 쇠락
설명	충족되지 않은 시장 니즈를 만족시키기 위 한 사업 아이 디어 탄생	아이디어를 잠재적 매출과 이익으로 바꿀 사업 모델 탄생	잠재적 매출 이 현실의 매 출로 전환되 면서 사업이 구축됨	손실이 이익 으로 전환되 면서 사업이 성장	새 경쟁자로부 터 사업을 보 호하고 새로운 시장을 발견	시장이 줄어 들면서 사업 규모가 축소

언젠가는 진입장벽이 낮아지고 무용지물이 되면 사업은 쇠락의 길을 걷기 시작한다. 〈그림 14.1〉은 기업 라이프사이클의 단계들을 한눈에 볼 수 있다.

사업이 다음 단계로 이동할 때마다 성공을 재는 척도가 달라진다는 사실을 유념해야 한다. 투자자와 경영자의 초점도 단계마다 달라지는데, 각 단계마다 해결해야 할 도전이 다르고 필요한 능력도 다르기 때문이다. 라이프사이클 초기의 단계 전환기에서는 대다수 기업이 실패하기 때문에 시험대에 오르는 것은 회사의 생존 능력이다. 다시 말해 아이디어를 제품/서비스로 바꾸고, 그런 제품/서비스를 지속 가능한 사업으로 바꿀 수 있느냐가 관건이다. 라이프사이클 후기 단계에서는 현실 판단 능력이 시험대에 오른다. 이때에는 기업들이 다음 단계로 넘어가면서

(성장 기업에서 성숙 기업으로, 성숙 기업에서 쇠락 기업으로) 일부는 새로운 현실을 받아들이고 적응한다. 반면에 일부는 현실을 부정하고, 억지로 노화를 막으려 하다가 기업과 투자자 모두에게 상당한 피해를 입힌다. 단계마다 필요한 능력이 다르기는 해도 몇 가지 보편적 주제가 라이프사이클 전체를 관통하는데, 나는 이것을 넓게 세 가지로 구분했다.

첫째, 경영자건 투자자건 대부분은 불확실성을 싫어하며, 사업의 노화는 질환이 아니라 자연적 현상이라는 것이다. 둘째, 이 책 전체에서 계속해서 언급하듯이 우리는 가치평가를 스프레드시트, 모델, 데이터의 관점에서만 생각하지만 가치평가에서는 스토리텔링도 숫자 못지않게 중요하다는 사실이다. 셋째, 우리는 '가격'과 '가치'를 혼용해서 사용하지만, 이 두 가지는 엄연히 다른 과정에 따라 진행된다. 그리고 사용하는 도구와 척도도 확연하게 다르다는 사실이다.

라이프사이클을 결정하는 요소들

모든 기업은 라이프사이클을 밟지만, 각 단계의 기한과 모양은 기업마다 다를 수 있다. 기업마다 성장 속도에 차이가 나서 어떤 스타트업은 성공적 사업으로 변신하는 데 몇 년이 걸리지만, 어떤 스타트업은 수십 년이 걸린다. 또 어떤 기업은 성숙 기업의 자리를 오랫동안 유지하고, 어떤 기업은 순식간에 세간의 관심에서 시들해진다. 나는 기업마다 라이프사이클의 모양이 다른 이유는 다음 세 가지 요인에 있다고 본다.

1. **시장 진입**: 어떤 사업은 규제나 인허가 요건이 까다롭거나 자본을 많이 투자해야 하기 때문에 진입장벽이 매우 높은 편이다. 반면에 어떤 사업은 감독기관의 인허가나 많은 자본을 투자할 필요가 없어서 진입이 굉장히 쉽다.

2. **규모 확대**: 시장에 진입한 후에 쉽게 규모를 확대할 수 있는지 여부는 사업마다 크게 다르다. 사업 확대에 상당한 시간과 자본 투자가 필요한 업종이 있는 반면에 아닌 업종도 있다.

3. **소비자 관성/애착**: 어떤 시장은 소비자들이 고민 없이 새 제품으로 훨씬 쉽게 옮겨간다. 이유는 기존 제품에 별다른 애착이 없기 때문이거나(경제적으로든 감성적으로든), 아니면 신제품으로 옮겨가는 데 드는 비용이 크지 않기 때문이다.

다른 조건이 동일하다는 가정하에 시장 진입이 쉽고, 저비용으로 규모 확장이 가능하고, 소비자 관성이 낮다면 성장 단계로 진입하는 속도가 훨씬 빨라진다. 하지만 여기에는 장점만 있는 것이 아니라 단점도 많은데, 이런 사업에서는 성숙 기업으로서의 수혜를 누리기 힘들기 때문이다. 똑같은 요인으로 인해 새 경쟁사들이 쉽게 진입하여 시장을 뒤흔든다면 쇠락 기업으로 가는 길에도 가속도가 붙게 된다. 〈그림 14.2〉는 이런 과정을 보여준다.

라이프사이클을 이런 식으로 보는 관점은 각 섹터와 업종별로 라이프사이클에 어떤 차이가 있는지를 검토하는 데 도움이 된다. 지난 30년 동안 무섭게 성장해 시장을 장악한 테크놀로지 회사들을 예로 들어보자.

그림 14.2 기업 라이프사이클: 동인과 결정 요인

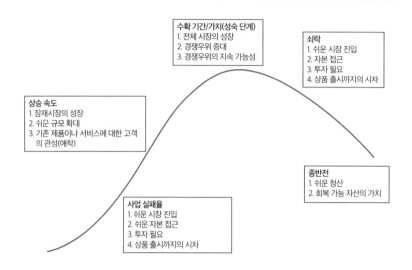

테크놀로지 산업은 진입장벽이 낮고, 규모의 확대가 쉬우며, 소비자들도 대체로 신제품이나 혁신에 대해 모험하는 것을 꺼리지 않는다. 그러므로 테크 기업들은 다른 업종의 기업들보다 빨리 성장했다. 하지만 몇 가지 예외만 있을 뿐 〈그림 14.3〉처럼 금방 노화의 길로 접어들었다. 최근 몇 년 사이에 많은 테크 기업(대표적으로는 야후, 블랙베리, 델)이 고성장 길에서 벗어나 쇠락의 길로 접어들었다.

지금까지는 기업 라이프사이클의 기초를 대략적으로 설명했다. 다음 부분에서는 기업 노화에 따라 가치평가의 중점을 스토리에서 숫자로 옮기려면 어떻게 해야 하는지를 볼 것이다. 또한 비즈니스에 대한 스토리텔링을 할 때 현재의 라이프사이클 단계를 반드시 이해해야 하는 이유도 살펴볼 것이다.

그림 14.3 테크 기업과 비테크 기업의 라이프사이클 비교

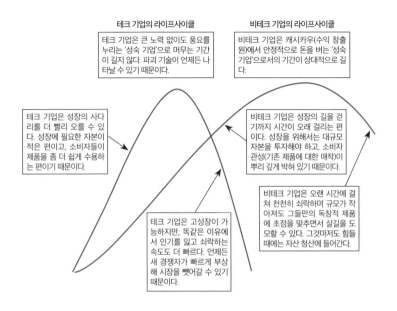

테크 기업의 라이프사이클

테크 기업은 큰 노력 없이도 풍요를 누리는 '성숙 기업'으로 머무는 기간이 길지 않다. 파괴 기술이 언제든 나타날 수 있기 때문이다.

비테크 기업의 라이프사이클

비테크 기업은 캐시카우(수익 창출원)에서 안정적으로 돈을 버는 '성숙 기업'으로서의 기간이 상대적으로 길다.

테크 기업은 성장의 사다리를 더 빨리 오를 수 있다. 성장에 필요한 자본이 적은 편이고, 소비자들이 제품을 좀 더 쉽게 수용하는 편이기 때문이다.

비테크 기업은 성장의 길을 걷기까지 시간이 오래 걸리는 편이다. 성장을 위해서는 대규모 자본을 투자해야 하고, 소비자 관성(기존 제품에 대한 애착)이 뿌리 깊게 박혀 있기 때문이다.

비테크 기업은 오랜 시간에 걸쳐 천천히 쇠락하며 규모가 작아져도 그들만의 독창적 제품에 초점을 맞추면서 살길을 도모할 수 있다. 그것마저도 힘들 때에는 자산 청산에 들어간다.

테크 기업은 고성장이 가능하지만, 똑같은 이유에서 인기를 잃고 쇠락하는 속도도 더 빠르다. 언제든 새 경쟁자가 빠르게 부상해 시장을 뺏어갈 수 있기 때문이다.

기업 라이프사이클 단계에 따른 내러티브와 숫자

모든 가치평가는 내러티브와 숫자가 결합해서 탄생하지만, 지금이 라이프사이클의 어느 단계인지에 따라 내러티브와 숫자의 중요도는 달라진다. 초기 단계의 기업은 역사적 숫자가 거의 없고, 아직 사업 모델의 변수가 많기 때문에 가치를 견인하는 동인은 거의 전적으로 내러티브이다. 기업의 사업 모델이 가시적 형태를 띠고, 결과를 보이기 시작할수록 숫자가 가치평가에서 차지하는 역할이 커진다. 하지만 그래도 아직은 내러티브가 더 중요하다. 성숙 단계에 들어서면 내러티브는 뒤로 물러

나고 숫자가 전면에 나서기 시작한다.

라이프사이클 각 단계에 필요한 내러티브 동인

라이프사이클 단계가 진행되면서 매력적인 내러티브를 이루는 요소들도 바뀐다. 스타트업 단계에서 투자자를 이끄는 것은 큰 시장으로 이어질 수 있는 원대한 내러티브expansive narrative이며, 큰 스토리를 말하는 기업들이 높은 가치를 보상으로 얻는다. 기업이 아이디어를 제품과 서비스로 전환하는 단계에서 가장 중요한 질문은 타당성 여부에 대한 것이다. 그리고 현실에서의 시장과 자원 제약으로 인해 내러티브의 범위가 좁혀지거나 아예 와해되는 것도 바로 이 단계에서다.

제품이나 서비스를 출시하고 나면 내러티브는 '비용과 수익성'에 초점을 맞추고 시장에서 경쟁자들과 싸워야 한다. 수익성 시험을 무사히 통과했다면 다음으로는 기업이 얼마든지 커질 수 있다는 확장성scalability을 강조해야 한다. 이 단계에서 기업은 생산과 경영, 재무 능력의 한계를 시험받게 된다. 모든 시험을 다 통과하고 수익을 내는 성숙 기업에 올라선다면 내러티브의 중점은 '진입장벽'과 '경쟁우위'로 옮겨가야 한다. 이 두 가지를 가졌는지에 따라 성숙 기업으로서 시장에서 이익과 현금흐름을 누릴 수 있는지가 판가름 나기 때문이다.

쇠락 단계의 스토리는 이제 마지막을 향해 달려간다. 이 단계의 기업은 규모를 줄이고 시장에서 사라지려는 준비를 한다. 그리고 한편으로는

그림 14.4 내러티브 동인에 따른 기업의 라이프사이클

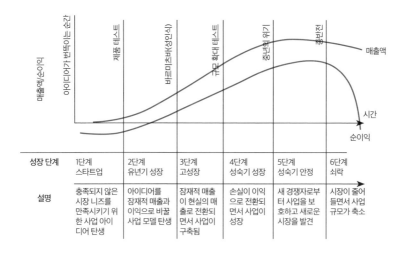

성장 단계	1단계 스타트업	2단계 유년기 성장	3단계 고성장	4단계 성숙기 성장	5단계 성숙기 안정	6단계 쇠락
설명	충족되지 않은 시장 니즈를 만족시키기 위한 사업 아이디어 탄생	아이디어를 잠재적 매출과 이익으로 바꿀 사업 모델 탄생	잠재적 매출이 현실의 매출로 전환되면서 사업이 구축됨	손실이 이익으로 전환되면서 사업이 성장	새 경쟁자로부터 사업을 보호하고 새로운 시장을 발견	시장이 줄어들면서 사업 규모가 축소

계속 수익을 창출하고 투자자들에게도 탈출구를 마련해줘야 한다. 〈그림 14.4〉는 라이프사이클 단계에 맞는 내러티브 동인을 정리한 것이다.

서사자(창업자이건 최고경영자이건 주식 분석 애널리스트이건)가 라이프사이클의 현재 단계에 맞지 않는 기업 스토리를 말하려 한다면 더 이상 볼 필요도 없다. 예를 들어 쇠락 기업에 원대한 성장 스토리를 갖다 붙인다거나, 신생 스타트업에 지속 가능성을 말하는 것은 말도 되지 않는다.

제약과 스토리 유형

기업 노화에 따라 내러티브의 제약이 어떻게 늘어나는지 설명하기에 가장 좋은 방법은 저술 중인 저자가 사망한 후 책의 완료를 요청받은 작가의 입장에서 생각하는 것이다. 라이프사이클 초기 단계의 기업은 이제 막 집필에 들어간 책과 비슷하다. 이 단계에서는 스토리의 형태가 잡히지 않았기 때문에 작가는 마음대로 등장인물을 창조하고 이야기를 끌어나갈 수 있다. 라이프사이클 후기 단계의 기업은 등장인물을 함부로 바꾸거나 새로운 이야기를 도입하기 힘든 완성 직전의 책과 비슷하다.

그렇기 때문에 비즈니스 스토리의 유형은 기업이 라이프사이클의 어느 단계인지에 따라 크게 달라진다. 초기 단계 기업은 큰 시장 스토리를 말하고, 거인들이 지배하는 시장에 뛰어들어 그들을 무찌르는 젊은 스타트업의 파괴 스토리를 말해야 한다. 기업의 사업 모델이 어느 정도 완숙해지면 달성 가능한 실적 수준에 맞춰서 스토리의 원대함도 줄어들어야 한다. 매출 성장이 더디고 이익이 나기까지 힘든 고비를 많이 겪어야 한다면 방대한 성장과 높은 순이익률을 말하는 스토리는 지속 가능성이 크게 떨어질 수밖에 없다. 성숙 단계에 접어든 기업의 스토리는 현재 상태(그리고 이익)를 유지하거나, 아니면 재발명과 새로운 성장 가능성 발견(인수나 새로운 시장 진입)을 말해야 한다. 쇠락 단계에서는 과거의 영광에 대한 향수를 풍기는 것은 상관없지만, 기업이 처한 상황을 현실적으로 바라보는 태도를 잊어서도 안 된다.

초기 단계일수록 내러티브를 보는 시각에 큰 차이가 날 수 있는데, 같은 기업에 대해서도 관찰자마다 자기 나름의 방식으로 그 회사의 미래를 생각하기 때문이다. 반대로 기업이 나이가 들수록 과거의 역사는 투자자가 생각할 수 있는 잠재적 내러티브를 제한하기 시작한다. 예를 들어 우버를 주시하는 투자자들은 우버의 사업 유형이 무엇이고, 이 회사가 누릴 네트워킹 효과는 무엇이고, 위험 노출도는 어느 정도인지 등 모든 부분에 대해 의견이 갈린다. 그로 인해 가치투자자들이 이 회사에 보이는 애착의 정도에도 큰 차이가 있다. 이와 대조적으로 코카콜라나 JC페니를 주시하는 투자자들은 스토리 대부분에 의견이 일치하며, 갈리는 부분이 있더라도 그 차이는 아주 작다.

케이스 스터디 14.1_ 신생기업의 가치평가: 고프로(2014년 10월)

스포츠 활동(달리기, 수영, 하이킹 등)을 자신이 직접 촬영할 수 있는 액션 카메라 회사인 고프로GoPro가 2014년 6월 26일에 상장했다. 그로 인해 공모 당일에 주가는 24달러에서 31.44달러로 30퍼센트나 뛰어올랐다. 주가는 연일 올라 10월 7일에는 94달러가 되었지만, 결국 떨어지기 시작해 가치평가를 한 2014년 10월 15일에는 70달러로 주저앉았다. 고프로 주식이 천정부지로 치솟는 동안 수많은 쇼트셀러(또는 공매도자)short-seller는 주가 하락이 뻔한 수순이라고 자신 있게 말했다. 하지만 그들 중 상당수는 주가 급등에 녹다운 당했다.

내가 가치평가를 시작한 시점에 이 회사는 세 종류의 카메라(히어로, 히어로 3, 히어로 4), 여러 가지 액세서리 그리고 녹화한 파일을 재생 가능한 비디오 파일로 바꿔주는 두 가지 무료 소프트웨어(고프로 앱과 고프로 스튜디오)를 생산하고 있었다. 고프로는 언제라도 제품을 맞이할 준비가 돼 있는 시장을 찾아낸 덕분에 2013년에는 9억 8,600만 달러의 매출액을 달성했고, 12개월이 지난 2014년 6월 말에는 매출액이 10억 3,300만 달러로 늘어났다. 대규모 R&D 투자에도 불구하고(지난 12개월 동안 1억 800만 달러) 고프로는 같은 기간 동안 7,000만 달러의 영업이익을 내며 여전한 수익성을 과시했다. R&D가 효과를 보면서 세전 영업이익률은 13.43퍼센트로 늘어났다. 신생기업치고는 매우 높은 실적이었다. 〈그림 14.5〉는 가치평가에 산입된 기간 동안의 매출액과 판매량의 변화를 보여준다.

고프로를 평가하면서 나는 이 회사의 사업이 무엇이고, 시장 잠재력은 어느 정도이며, 시급히 해결해야 할 경쟁 문제는 무엇인지 판단하느라 애를 먹었다. 라이프사이클 초기 단계의 기업들을 평가할 때 흔히 겪는 문제들이었다. 고프로는 명목상 카메라 회사이다. 그러나 나는 내러티브에서 액션 카메라를 '스마트폰 시장의 하위 시장'이라고 정의했고, 고프로의 고객들을 '신체활동을 즐기는 적극적인 소셜미디어 사용자(운동광과 공유광)들'이라고 정의했다. 내가 추정한 2013년 액션 카메라 시장 규모는 310억 달러였으며, 5퍼센트 성장률을 가정할 경우 2023년의 잠재적 시장 규모는 510억 달러로 추정했다. 〈그림 14.6〉은 이런 숫자가 나오기까지 행해진 일련의 가정들이다.

고프로는 시장 선발주자였다. 따라서 고프로의 기대 시장점유율을 추정하기 전에 먼저 스타트업, 기존 카메라 회사, 몇몇 스마트폰 회사 등과 경쟁이 시작될 것이라는 가정부터 세울 필요가 있었다. 시장이 성장하고 경쟁이 늘어나기 시작했을 때 지배적 시장점유율을 유지하기 위해서는 고프로만의 잠재적인 네트워킹 우위가 있어야 했

그림 14.5 고프로의 역사

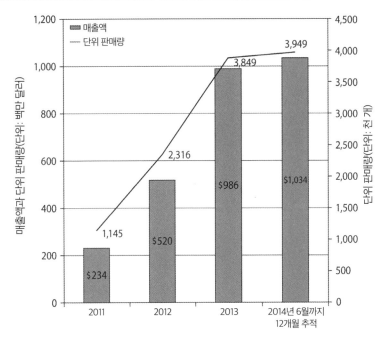

그림 14.6 고프로 카메라 잠재시장 추정

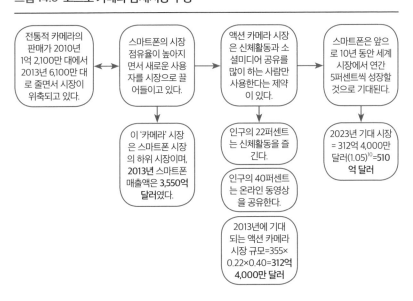

다. 하지만 나한테는 그런 우위가 눈에 보이지 않았다. 그래서 나는 고프로의 시장점유율을 20퍼센트로 가정했다(따라서 고프로의 2023년 매출액은 510억 달러의 20퍼센트인 약 100억 달러로 추정했다). 이 수치는 카메라 시장의 1위 기업인 니콘의 2013년 시장점유율과 비슷했다. 이익률 측면에서 고프로는 시장 선발주자로서 비싼 가격을 매길 수 있는 우위가 있으므로 나는 미래의 세전 영업이익률은 12.5퍼센트 정도일 것이라고 가정했다. 최근 12개월의 실적으로 공시한 이익률인 13.43퍼센트보다는 낮지만 기업의 라이프사이클에 따른 추세선을 반영해서 가정했다(〈표 14.1〉 참고).

추산된 세전 영업이익률(12.5퍼센트)은 카메라 회사들이 보고한 6~7.5퍼센트의 영업이익률보다는 크게 높고, 스마트폰 회사들의 영업이익률인 10~15퍼센트와 비슷하다. 따라서 나는 고프로가 경쟁을 감안해도 프리미엄 가격이 정해질 자격이 충분하다고 가정했다. 그리고 재투자율을 추정하기 위해 이 회사가 앞으로 1~10년 동안 매출액 2달러 중 1달러를 재투자해야 한다고 가정했다. 그러면 고프로의 투하자본수익률은 현재 수준에서 10년 뒤에는 약 16퍼센트로 바뀐다.

고프로는 사용자가 직접 동영상을 만들어 소셜미디어에 올리는 것에 초점을 맞췄지만, 2014년 10월 현재 이 회사의 매출은 전적으로 카메라와 액세서리 판매에서 나왔다. 고프로가 엑스박스Xbox, 핀터레스트Pinterest와 제휴를 맺는 데 관심을 쏟았다는 것은 이 회사가 고객 동영상이라는 콘텐츠로 매출을 창출하는 미디어 회사로서의 가능성을

표 14.1 고프로: 기업 수명에 따른 이익률 추이

	2011년	2012년	2013년	직전 12개월 (2014년 6월까지)
총이익률	52.35%	43.75%	36.70%	40.13%
EBITDA 이익률	18.74%	12.73%	12.60%	9.82%
조정 EBITDA 이익률	22.59%	14.50%	13.71%	14.14%
R&D 조정 영업이익률	20.24%	16.70%	15.98%	13.43%
영업이익률	16.57%	10.31%	10.01%	6.75%
순이익률	10.50%	6.21%	6.15%	3.27%

엿봤다는 뜻이기도 했다. 그러나 2014년 10월까지 이런 가능성은 아직은 가능성일 뿐, 타당성과 개연성을 얻지는 못하고 있었다. 그래서 나는 고프로의 동영상이 직접적인 매출 창출로는 이어지기보다는 카메라 판매에 도움이 될 것이라고 가정했다. 고프로의 자본비용 추정에 있어서는 부채와 자기자본의 현재 배합(부채 2.2퍼센트, 자기자본 97.8퍼센트)을 출발점으로 가정했다. 평가 당시의 자본비용은 8.36퍼센트였고, 10년 뒤에는 8퍼센트로 줄어들 것이라는 계산이 나왔다.

시장과 시장점유율 가정에 따른 매출 성장률, 영업이익률, 매출액자본배율, 자본비용 등 여러 제반 투입변수들을 추정한 후 나는 고프로의 가치를 하나의 값이 아니라 분포도로 구했다. 〈그림 14.7〉은 내 가정과 그에 따른 가치평가 결과를 보여준다.

〈그림 14.7〉의 분포도에서도 볼 수 있듯이 시뮬레이션 전체에서의 기댓값은 주당 32달러로 주식의 시장가격인 70달러보다 훨씬 낮지만, 개중에는 시장가격보다 높게 나온 가치도 있다. 이런 내재가치평가

그림 14.7 고프로 가치평가 시뮬레이션(2014년 10월)

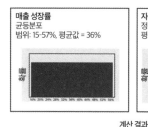

매출 성장률
균등분포
범위: 15-57%, 평균값 = 36%

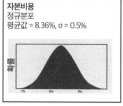

자본비용
정규분포
평균값 = 8.36%, σ = 0.5%

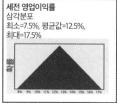

세전 영업이익률
삼각분포
최소=7.5%, 평균값=12.5%,
최대=17.5%

계산 결과
추정가치/시장점유율

백분위	예측 가치
0%	$8.63
10%	$15.58
20%	$18.56
30%	$21.84
40%	$25.75
50%	$30.53
60%	$36.33
70%	$43.31
80%	$52.50
90%	$65.39
100%	$123.27

통계량	예측 가치
시도 횟수	100,000
기본 사례	$31.73
평균값	$36.02
중앙값	$30.53

를 따른다면 고프로 주식을 70달러에 사는 것을 정당화하기는 힘들지만, 아주 불가능하지도 않다. 고프로의 가치가 70달러까지 오르려면 새로운 사용자(운동광이자 공유광)를 시장에 유입시켜야 하며, 혁신적 기능으로 네트워킹 효과를 만들어서 경쟁도 막아내야 한다. 비좁은 비탈길이나 다름없다. 타당성이 없지는 않지만, 나에게 하여금 고프로 주식을 사야 한다고 마음먹게 할 정도로 확률 검증을 통과하지는 못했다.

케이스 스터디 14.2_ 쇠락 기업의 가치평가: JC 페니(2016년 1월)

JC 페니는 미국 소매 시장에서 1902년까지 역사가 거슬러 올라갈 정도로 오래된 장수 기업이다. 와이오밍 주를 시작으로 이 회사는 로키산맥 인근 주들에서 성장하다가 1914년에 뉴욕으로 본사를 옮겼다. 첫 백화점 매장은 1961년에 개장했으며, 카탈로그를 통한 판매는 1963년에 시작했다. 1993년 시어스Sears가 카탈로그 판매를 중단한 뒤 JC 페니가 미국 최대 카탈로그 소매 회사가 되었다.

아마존을 선두로 한 온라인 소매 시장의 성장으로 인해 시장을 빼앗기고, 소비자들의 기호가 변하면서 2016년 1월의 JC 페니는 결코 좋다고 할 수 없는 시기를 보내고 있었다. 〈그림 14.8〉은 JC 페니의 2000~2015년까지 매출액과 영업이익률 변화를 보여준다. 이 기간 동안 JC 페니의 매출은 50퍼센트가 넘게 떨어졌으며, 2012년부터 2015년까지는 영업손실이 보고되었다.

이런 역사와 경쟁 환경을 감안해서 나는 JC 페니의 내러티브를 '지속적으로 쇠락'하는 사업으로 설정했으며, 이익이 나지 않는 매장들을 계속 철수할 것이므로 매출도 매년 3퍼센트씩 떨어질 것이라고 가정했다. 나는 이 회사가 소매 섹터에서 나름 살길을 찾아냈다고 보았기 때문에 스토리는 약간 해피엔딩으로 끝을 맺는다. 비록 규모를 확 줄인 사업자로서 존속하겠지만 영업이익률도 개선돼 앞으로 10년에 걸쳐 미국 소매 섹터의 중앙값인 6.25퍼센트를 향해 나아갈 것이라고 보았다. 부채 부담이 높았기 때문에 10년을 버티지 못할 가능성이 상

그림 14.8 JC 페니 매출액과 영업이익률

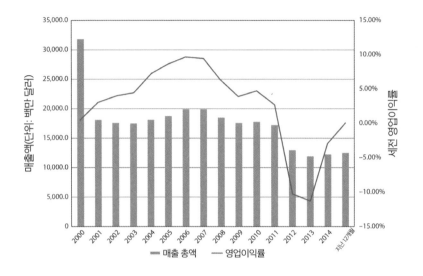

당히 높았다. 하지만 만약 부도가 난다고 해도 작지만 안정적인 성장 기업으로서 살아남을 수 있을 것이다. JC 페니의 내러티브와 투입변수 그리고 가치평가 결과는 〈표 14.2〉에 요약돼 있다.

나는 JC 페니의 앞으로 10년 매출은 현재 매출보다 약 15퍼센트 정도 낮을 것이라고 예상했으며, 영업자산의 가치는 대략 43억 6,000만 달러로 추정했다. 현재의 부실한 재정 상태와 스토리가 비극으로 끝날 가능성이 높다는 것을 감안했기 때문에 영업자산의 가치는 부채보다 훨씬 낮게 나왔다.

표 14.2 JC 페니 케이스 스터디

	기준 연도	1	2	3	4	5	6	7	8	9	10
매출 성장률 a		-3.00%	-3.00%	-3.00%	-3.00%	-3.00%	-2.00%	-1.00%	0.00%	1.00%	2.00%
매출액	$12,522	$12,146	$11,782	$11,428	$11,086	$10,753	$10,538	$10,433	$10,433	$10,537	$10,478
EBIT(영업이익률)b	1.32%	1.82%	2.31%	2.80%	3.29%	3.79%	4.28%	4.77%	5.26%	5.76%	6.25%
EBIT(영업이익)	$166	$221	$272	$320	$365	$407	$451	$498	$549	$607	$672
세율	35.00%	35.00%	35.00%	35.00%	35.00%	35.00%	36.00%	37.00%	38.00%	39.00%	40.00%
EBIT(1-t)	$108	$143	$177	$208	$237	$265	$289	$314	$341	$370	$403
-재투자c	$108	$(188)	$(182)	$(177)	$(171)	$(166)	$(108)	$(53)	$-	$52	$105
FCFF		$331	$359	$385	$409	$431	$396	$366	$341	$318	$298
자본비용d		9.00%	9.00%	9.00%	9.00%	9.00%	8.80%	8.60%	8.40%	8.20%	8.00%
FCFF의 현재가치		$304	$302	$297	$290	$280	$237	$201	$173	$149	$129
최종가치	$5,710										
최종가치의 현재가치	$2,479										
앞으로 10년간 현금흐름의 현재가치	$2,362										
현재가치 합계	$4,841										
부도 확률 e	20.00%										
기업 부도 시 매각 대금 =	$2,421										
영업자산의 가치 =	$4,357										

a. 시나리오: 앞으로 5년 동안 연간 3%씩 매출이 하락할 것으로 기대됨
b. 영업이익률은 점차로 늘어나 미국 소매 섹터의 중앙값에 근접(6.25%)
c. 매장이 폐쇄됨에 따라 부동산 처리대금으로 들어오는 현금
d. 부채비율이 높기 때문에 자본비용도 9%로 높은 수준
e. 높은 부채비율과 이익 저조로 인해 기업 생존로 위협받다. 채권 등급에 따라 산정한 부도 확률은 20%이며, 청산 시 순자산가치의 50%를 회수할 수 있다.

케이스 스터디 14.3_ 내러티브의 차이: 우버(2014년 12월)

9장에서는 2014년 6월에 한 우버의 가치평가를 보여줬다. 내러티브에 따르면 이 회사는 지역 네트워킹 효과를 누리는 도심 차량 서비스 회사였으며, 내가 추정한 가치는 60억 달러였다. 이것은 우버에 대해 설정할 수 있는 여러 스토리텔링 중 두 가지에 불과하다. 내러티브가 신생 기업의 가치평가를 어떻게 끌어내고, 내러티브의 차이에 따라 가치평가 결과가 얼마나 달라지는지 이해하기 위해 나는 우버의 내러티브 과정을 단계별로 나누었다. 그리고 다음 각 단계마다 투자자들에게 어떤 선택지가 있는지를 관찰했다.

1. **사업과 잠재시장**: 우버의 사업을 무엇으로 보는지에 따라 이 회사의 성장 한계가 달라진다. 즉 시장을 넓게 정의할수록 잠재 성장도 커진다(그리고 추정가치도 높아진다.). 우버가 속한 시장을 무엇으로 보고, 거기에 따른 시장 규모가 어느 정도인지는 〈표 14.3〉에 정리돼 있다.

2. **전체 시장에 주는 영향**: 9장과 10장에서 본 우버의 가치평가에서 나는 이 회사가 새 사용자를 차량 서비스 시장으로 끌어들여 서서히 시장 규모를 키울 가능성이 높다고 언급했다. 〈표 14.4〉는 이런 성장 효과로 일어날 네 가지 가능성에 대해 설명했다.

3. **네트워킹 효과**: 나는 우버의 가치를 평가하면서 이 회사가 지역 네트워킹 효과를 통해 전체 시장의 10퍼센트를 점유할 수 있을 것이

표 14.3 우버의 사업과 잠재시장

우버의 사업	시장 규모(단위: 백만 달러)	비고
A1. 도심 차량 서비스	$100,000	택시, 리무진 대여, 차량 서비스(도심)
A2. 모든 차량 서비스	$150,000	+렌트카+비도심 차량 서비스
A3. 물류	$205,000	+이사+해당 지역 배달
A4. 이동 서비스	$285,000	+대량 수송+차량 공유

표 14.4 우버가 전체 시장에 미치는 영향

우버가 전체 시장에 미치는 영향	연간 성장률	앞으로 10년간 미칠 영향
B1. 없음	3.00%	시장 규모에 변화 없음
B2. 시장 규모 25% 증가	5.32%	앞으로 10년 동안 시장 규모가 25% 증가
B3. 시장 규모 50% 증가	7.26%	앞으로 10년 동안 시장 규모가 50% 증가
B4. 시장 규모 2배로 확대	10.39%	앞으로 10년 동안 시장 규모가 2배로 확대

라고 가정했다. 하지만 10장의 대안 내러티브에서는 글로벌 네트워킹 효과도 언급했는데, 이렇게만 된다면 시장점유율이 훨씬 높아질 것이다. 〈표 14.5〉는 투자자가 얻을 수 있는 선택지를 보여준다.

4. **경쟁우위**: 우버가 사업을 구축하는 과정에서 경쟁우위를 만든다면 20퍼센트의 수익배분 구조를 유지하고, 높은 영업이익률을 유지하는 데 도움이 될 것이다. 경쟁우위가 없으면 매출이 올라도 이익률은 빈약해질 것이다. 〈표 14.6〉은 우버의 경쟁우위에 따른 투자자의 선택지를 보여준다.

5. **자본집약**: 처음 우버의 가치평가는 이 회사가 현재의 사업 모델(차량을 소유하지 않으며 운전자를 고용하지 않음)로 성장을 유지할 수 있

표 14.5 우버의 네트워킹 효과

우버의 사업이 누릴 네트워킹 효과	시장점유율	네트워킹 효과에 대한 비고
C1. 네트워킹 효과 없음	5%	모든 시장에서 치열한 경쟁
C2. 약한 지역 네트워킹 효과	10%	2~3개 시장을 지배
C3. 강한 지역 네트워킹 효과	15%	다수의 지역 시장 지배
C4. 약한 글로벌 네트워킹 효과	25%	새로운 시장에서 약한 파급 효과
C5. 강한 글로벌 네트워킹 효과	40%	새로운 시장에서 강한 파급 효과

표 14.6 우버의 경쟁우위

우버의 경쟁우위	수익배분	경쟁우위의 효과에 대한 비고
D1. 없음	5%	시장진입에 제한 없음＋가격결정력 없음
D2. 약함	10%	시장진입에 제한 없음＋가격결정력 약간 있음
D3. 준강형	15%	시장진입에 제한 없음＋가격결정력
D4. 강하고 지속 가능함	20%	시장진입에 제한 있음＋가격결정력

다고 가정했다. 그러나 나중에 가서 투자(차량, 기술, 기반시설 투자)가 더 필요한 사업 모델을 선택할 가능성도 얼마든 있다. 〈표 14.7〉은 가능한 사업 모델 몇 가지를 보여준다.

전체 시장 규모, 선택한 시장의 성장률, 우버의 시장점유율 그리고 수익배분에는 여러 선택지가 있고, 선택에 따라 가치평가 결과도 달라진다. 모든 가정을 다 조합해서 가치평가 추정치를 보여주는 것은 불가능하지만 〈표 14.8〉은 그중 몇 가지를 선택해 조합한 결과를 요약하고 있다.

표 14.7 우버의 자본투자 모델

우버의 자본투자 모델	매출액 대비 자본 비율	사업 모델에 대한 비고
E1. 기존 사업 모델 유지	5.00	차량이나 기반시설에 투자하지 않음
E2. 약간의 투자	3.50	차량이나 기반시설에 약간 투자
E3. 높은 투자	1.50	자율주행 차량이나 기술에 대한 대규모 투자

표 14.8 우버: 내러티브와 가치평가(2014년 12월)

전체 시장	성장 효과	네트워킹 효과	경쟁우위	우버 가치 (단위: 백만 달러)
A4. 이동 서비스	B4. 시장 규모 2배로 확대	C5. 강한 글로벌 네트워킹 효과	D4. 강하고 지속 가능함	$90,457
A3. 물류	B4. 시장 규모 2배로 확대	C5. 강한 글로벌 네트워킹 효과	D4. 강하고 지속 가능함	$65,158
A4. 이동 서비스	B3. 시장 규모 50% 증가	C3. 강한 지역 네트워킹 효과	D3. 준강형	$52,346
A2. 모든 차량 서비스	B4. 시장 규모 2배로 확대	C5. 강한 글로벌 네트워킹 효과	D4. 강하고 지속 가능함	$47,764
A1. 도심 차량 서비스	B4. 시장 규모 2배로 확대	C5. 강한 글로벌 네트워킹 효과	D4. 강하고 지속 가능함	$31,952
A3. 물류	B3. 시장 규모 50% 증가	C3. 강한 지역 네트워킹 효과	D3. 준강형	$14,321
A1. 도심 차량 서비스	B3. 시장 규모 50% 증가	C3. 강한 지역 네트워킹 효과	D3. 준강형	$7,127
A2. 모든 차량 서비스	B3. 시장 규모 50% 증가	C3. 강한 지역 네트워킹 효과	D3. 준강형	$4,764
A4. 이동 서비스	B1. 없음	C1. 네트워킹 효과 없음	D1. 없음	$1,888
A3. 물류	B1. 없음	C1. 네트워킹 효과 없음	D1. 없음	$1,417
A2. 모든 차량 서비스	B1. 없음	C1. 네트워킹 효과 없음	D1. 없음	$1,094
A1. 도심 차량 서비스	B1. 없음	C1. 네트워킹 효과 없음	D1. 없음	$799

〈케이스 스터디 14.3〉에서 보듯이 우버의 가치평가 결과(7억 9,900만 달러에서 904억 5,700만 달러에 이르기까지)는 매우 광범위하기 때문에 현재 괜찮다고 평해지는 가치평가 모델이 사용자의 입맛에 따라 악용될지도 모른다는 최악의 두려움을 느낄 수도 있다. 하지만 나는 그렇게 생각하지 않는다. 대신 앞의 표를 보고 다음 네 가지 교훈을 얻었다.

1. **원대한 내러티브가 원대한 가치를 낳는다:** 내가 알기로 어떤 사람들은 현금흐름할인법 모델에 내재된 보수적 성격이 잠재력이 큰 신생 기업의 가치평가에는 들어맞지 않는다고 생각한다. 〈표 14.8〉에서 보듯이 거대한 시장, 지배적 시장점유율, 높은 이익률이라는 원대한 내러티브를 설정하면 현금흐름할인법 모델에서도 부합하는 결과가 나온다. 또한 같은 회사에 대해서도 추정 가치가 크게 차이가 난다면 투입변수가 다르기 때문이 아니라, 내러티브 설정에서부터 차이가 나기 때문이다.

2. **모든 내러티브는 평등하지 않다:** 나는 가치평가 결과가 높게 나오는 내러티브도 제시하고 낮게 나오는 내러티브도 제시하는 등 여러 가지를 제시했다. 하지만 모든 내러티브가 평등한 것은 아니다. 투자자 입장에서 미래를 내다보면 어떤 내러티브는 타당성이 더 크기 때문에 성공 가능성도 더 크다는 것이 드러난다.

3. **내러티브는 변형이 필요하다:** 우리는 지금 아는 사실에 근거해 우버 내러티브를 세운다. 현실이 펼쳐지는 순간 우리는 내러티브를 사

실에 대조해야 하며, 사실에 맞게 내러티브를 조정하거나 변화시키거나 심지어는 바꾸기도 해야 한다. 이 부분은 11장에서 자세히 설명했다.

4. **내러티브가 중요하다:** 신생 기업에 대한 투자 성공을 좌우하는 관건은 투입변수의 추정이 아니라 올바른 내러티브 설정이다. 일부 성공적인 벤처캐피털리스트들이 신생 기업의 수치에 놀라울 정도로 무심하게 구는 이유도 여기에 있다. 어쨌거나 투자자가 강력한 내러티브를 가진 스타트업을 발굴하고 그런 내러티브를 실현할 수 있는 창업가나 기업가를 찾아내는 능력을 가지고 있다면, EBITDA(법인세, 감가상각비, 무형자산상각비 차감 전 이익)와 잉여 현금흐름의 차이를 구분한다거나 자본비용을 계산할 줄 안다는 것은 별로 중요하지 않게 된다.

기업의 라이프사이클과 투자자

기업 라이프사이클, 내러티브, 수치들의 상호작용은 여러 투자 철학의 차이를 이해해 자신에게 맞는 투자 철학을 성공적으로 밟기 위한 기본 틀을 제공한다.

투자자에게 필요한 기술

앞부분에서 주장했듯이 벤처캐피털리스트들은 기업 라이프사이클 초기에 주로 투자하기 때문에 넘버크런칭 능력보다는 창업자들이 말하는 스토리를 평가하는 능력에 따라 투자의 성패가 결정된다. 반대로 구세대 가치투자자들은 성숙 기업에 관심을 두기 때문에 비록 내러티브 능력이 약하거나 제한적일지라도(그들은 주로 진입장벽과 경쟁우위 판단에 중점을 둔다.) 넘버크런칭으로 투자결정을 내려 수익을 내는 편이다.

만약 스토리텔링이나 넘버크런칭 능력에만 의존하는 것이 아니라 보상이 가장 클 만한 곳을 찾아 투자결정을 내리려 한다면, 불확실성과 잘못을 다루는 자신의 능력이 얼마나 되는지를 판단해야 한다. 기대와 다른 실적에 쉽사리 중도 포기를 하거나 균형을 잃는다면 내러티브와 가치가 바뀔 가능성이 큰 신생 기업에는 눈을 돌리지 말아야 한다. 반면에 가치가 변화할 수 있다는 것을 투자 매력으로 느낀다면 성숙 기업에서 투자 기회를 찾기 힘들 것이다.

투자자의 도구

신생 기업에서 성숙 기업으로 투자 초점이 바뀌면 투자 여부를 검토하는 데 사용할 도구도 바꿔야 한다. 가치가 투자결정의 기준이라면, 다시 말해 주가가 추정가치보다 낮을 때에만 주식을 매수하는 투자자라면 가치평가 모델에는 똑같은 펀더멘털을 적용하되, 라이프사이클 단계에 따라 모델 구축 방법은 달라져야 한다. 신생 기업의 가치평가 모델은 내가 한 우버의 가치평가처럼 전체 시장에서 시작해 아래로 내려가야 한다. 하지만 내러티브를 가치로 전환하기 위해서는 가치평가 유연성이 아주 커야 한다. 성숙 기업에서는 역사적 데이터를 기반으로 가치평가 모델을 구축할 수 있으며, 기본 내러티브에 극적인 변화가 없는 한 어느 정도 합리적인 가치 추정에 도달할 수 있다. 대규모 스프레드시트 모델은 이런 작업을 효과적으로 수행하도록 한다. 이런 이유 때문에 스프레드시트를 이용한 가치평가는 안정적으로 영업활동을 하는 기업의 가치를 합리적으로 추정하는 데 도움이 된다. 하지만 신생 기업이나 단계 전환 중인 사업에서는 큰 도움이 되지 못한다.

가치가 아니라 가격결정을 기반으로 투자하는 편이라면 상대평가를 해야 한다. 다시 말해 해당 기업의 주가가 경쟁사들의 주가보다 싼 편인지 비싼 편인지를 판단해야 한다. 이럴 경우 대개는 공통변수인 가격결정 승수를 선택해서 주가가 높은지 낮은지를 확인해야 한다. 기업 라이프사이클 초기 단계에는 영업실적을 보여주는 구체적인 데이터가 거의 없다. 그럴 경우에는 매출과 이익으로 연결될 가능성이 큰 사용자 수, 다운로드 수, 구독자 수 등을 공통변수로 선택할 수 있다. 라이프사이클의 후기 단계로 나아갈수록 영업실적을 나타내는 척도를 가지고 가치를 측정해야 한다. 수익성이 더 높아질 소지가 큰 성장 기업에는 매출액을, 성숙 기업에는 순이익을 척도로 사용하고, 쇠락 기업에서는 순자산가치(청산가치를 대변)를 척도로 사용하면 된다. 〈그림 14.9〉는 기업 라이프사

그림 14.9 라이프사이클 단계 이동에 따른 투자자의 숙제

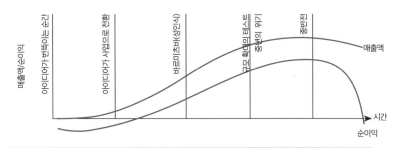

성장 단계	1단계 스타트업	2단계 유년기 성장	3단계 고성장	4, 5단계 성숙기와 안정기	6단계 쇠락
핵심 질문	제품이나 서비스 시장이 존재하는가? 짐작되는 시장 규모는 어느 정도인가? 생존할 수 있는가?	사람들이 제품이나 서비스를 사용할 것인가? 그들은 제품이나 서비스를 얼마나 마음에 들어 하는가?	제품이나 서비스를 유료로 사용할 사람들이 있는가? 규모 확대가 가능한가?	제품이나 서비스로 이익을 낼 수 있는가? 경쟁이 심해져도 수익성을 유지할 수 있는가?	자산을 매각해도 남는 것이 있는가? 투자자를 위한 현금흐름 상환 계획은 무엇인가?
가격결정 척도와 기준	시장 규모, 보유 현금, 자본 접근성	사용자 수, 사용자 집중 (EV/사용자)	사용자 몰입과 모델 매출액(EV/매출액)	순이익 수준과 성장 (PER, EV/EBIT)	현금흐름, 배당 성향, 부채상환비율 (PBV, EV/EBITDA)
내러티브 vs. 숫자	전부 또는 대부분의 내러티브	내러티브가 숫자보다 중요	내러티브와 숫자의 혼합	숫자가 내러티브보다 중요	전부 또는 거의 숫자
가치 요인	전체 시장 규모, 시장점유율, 목표 이익률	매출 성장(그리고 매출 동인)	매출 성장과 재투자	영업이익률과 자본 수익률	배당 및 현금 상환, 부채비율
위험 요소	거시적 착각, 해당 시장 규모에 비해 기업들이 전체적으로 고평가	엉뚱한 매출 동인을 중시하는 탓에 가치에 혼선	성장에 대한 착각, 성장비용을 고려하지 못함	파괴되는 현실 부인, 지속 가능 이익을 위협하는 요소를 파악하지 못함	청산가치의 누수, 자산 청산 시에 받을 수 있는 금액을 비현실적으로 가정함

전환　　　　잠재력에서 제품으로　　제품에서 매출액으로　매출액에서 이익으로　이익에서 현금흐름으로

이클 단계에 따라 투자자에게 필요한 기술과 도구를 정리하고 있다. 또한 이 그림은 성장투자자와 가치투자자가 왜 다른지 그리고 벤처캐피털리스트와 상장주식에 투자하는 투자자의 관점에 왜 차이가 나는지를 보여준다. 투자자들은 자신에게 알맞다고 생각하는 척도와 도구를 사용하기 때문에 다른 분야 투자자의 판단은 거의 이해하기가 힘들다. 구세대 가치투자자들은 성장주 투자자들을 보면서 "주당순이익의 1,000배에 거

래되는 주식을 도대체 왜 사는가?"라고 묻는다. 반면에 성장주 투자자들은 매출 하락이 거의 기정사실인 기업의 주식을 왜 사는지 그 이유를 모르겠다고 말한다.

결론

나는 이번 장 첫머리에 스타트업 단계에서 성숙 기업에서 쇠락으로 이르는 기업 라이프사이클 단계를 설명하였다. 그리고 라이프사이클 단계가 진행될수록 가치평가에서 내러티브와 숫자의 균형이 어떻게 달라지는지도 설명했다. 초기 단계에서 가치평가를 이끄는 것은 스토리지만, 같은 기업에 대해서도 투자자마다 스토리라인과 가치평가 결과에는 큰 차이가 생길 수 있다. 기업이 나이가 들면서 가치평가에서 숫자가 차지하는 역할이 늘어난다. 어떤 경우에는 역사적 데이터를 근거로 순수하게 숫자만 가지고도 기업의 가치를 평가할 수 있다.

이런 내 주장에 공감한다면 다음으로는 자신의 기술과 심리 수준에 맞춰서 투자 철학을 정하고 초점을 맞춰야 한다. 기업에 대한 스토리를 말하는 것이 취향에 맞고, 스토리를 가치에 연결하는 데 능숙하고, 결과가 잘못되어도 담담하게 받아들일 수 있는 투자자라면 신생 기업에 투자하거나 상장된 성장 기업에 투자하는 것이 맞다. 숫자 분석이 구미에 맞고 엄격한 투자 규칙을 따르는 것이 좋은 사람은 성숙 기업에 투자하는 것이 적합하다. 투자자마다 자신에게 맞는 길이 있다!

15장

경영자의 숙제

이 책은 주로 투자자 관점에서 스토리텔링과 넘버크런칭 기술과 도구를 묶어 설명하고 있지만, 경영자들과 창업자들에게도 전하고 싶은 말이 몇 가지 있다. 먼저 나는 14장에 나온 기업 라이프사이클로 되돌아가 투자자가 아니라 경영자, 오너, 창업자의 관점에서 내러티브와 숫자의 관계를 살펴볼 것이다. 투자자와 마찬가지로 신생 기업, 성장 기업, 성숙 기업, 쇠락 기업 단계에서 성공적인 경영자가 되는 데 필요한 기술과 도구도 다르다.

스타트업을 성공적으로 일군 상당수의 창업자가 막상 성장한 기업에 필요한 CEO로는 변신하지 못하는 이유도, 안정적인 기업의 CEO들이 스타트업에서는 실력을 제대로 발휘하지 못하는 이유도 여기에 있다. 또한 기업의 최고경영진은 라이프사이클 각 단계에 맞는 명확하고 매력적이며 신뢰할 수 있는 스토리를 말해야 하는 것은 물론이고, 단계별 스토리에 부합하는 행동을 취하는 것이 왜 중요한지도 설명할 것이다.

경영자의 시각에서 본 라이프사이클

앞장의 기업 라이프사이클 구조에서는 스타트업에서 성장 기업으로, 그리고 성숙 기업이 되고 마침내 쇠락을 향해 나아가면서 내러티브와 숫자의 균형이 어떻게 달라지는지를 설명했다. 당연한 말이지만 라이프사이클의 어떤 단계에 속하는지에 따라 경영자가 풀어야 하는 도전도 달라질 수밖에 없다.

경영자에게 필요한 능력

기업이 나이가 들면 경영자와 창업자가 라이프사이클 단계에 맞게 내러티브와 숫자를 배합하기 위해 해결해야 하는 과제도 달라진다. 초기 단계의 창업자는 설득력을 갖춘 스토리텔러가 되어야 한다. 실적도, 심지어 제품마저 없을지라도 창업자는 사업의 현실성과 잠재력을 투자자에게 납득시킬 수 있어야 한다. 아이디어를 사업으로 전환하는 단계라면, 기업가는 자신에게 약속을 지키고 진전할 수 있는 사업 구축 능력이 있다는 것을 입증해야 한다. 성장을 시작한 회사의 경영자는 스토리를 뒷받침할 만한 결과를 달성할 수 있는지에 대한 시험을 거쳐야 한다.

성숙 기업의 경영자들은 내러티브의 기본 틀이 현재의 영업실적에 어긋나지 않도록 해야 한다. 기업의 매출 성장이 지지부진한데 성장 스토리를 말한다면 투자자들의 신뢰를 얻지 못할 것이기 때문이다. 마지막으로 성숙 기업의 경영자는 현실을 부인하지 하지 않는 능력이 있는지에 대한 시험을 받게 된다. 그들은 지금 회사가 쇠락 중에 있다는 사실을 인정하고 거기에 맞게 대응해야 한다. 〈그림 15.1〉은 이런 경영자의 태도 변화를 설명하고 있다.

초기 단계의 기업에서는 적절한 사람이 회사를 이끄는지가 사업의 성패를 가르는 관건이다. 반대로 성숙 기업으로 나아갈수록 최고경영자가 어떤 유형인지가 중요하지 않게 되는 순간이 온다. 특히 나름의 업무 공

그림 15.1 기업의 라이프사이클과 경영상 도전

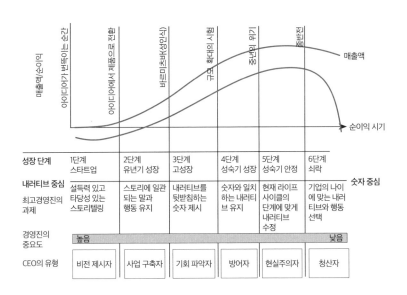

성장 단계	1단계 스타트업	2단계 유년기 성장	3단계 고성장	4단계 성숙기 성장	5단계 성숙기 안정	6단계 쇠락	숫자 중심
내러티브 중심 최고경영진의 과제	설득력 있고 타당성 있는 스토리텔링	스토리에 일관 되는 말과 행동 유지	내러티브를 뒷받침하는 숫자 제시	숫자와 일치 하는 내러티 브 유지	현재 라이프 사이클의 단계에 맞게 내러티브 수정	기업의 나이 에 맞는 내러 티브와 행동 선택	
경영진의 중요도	높음					낮음	
CEO의 유형	비전 제시자	사업 구축자	기회 파악자	방어자	현실주의자	청산자	

식이 세워져 있고, 사업도 안정돼 있는 기업이라면 더더욱 그렇다. 예를 들어 엑슨모빌의 가치는 최고경영진이 달라져도 크게 변하지 않을 가능성이 크다. 그렇기 때문에 엑슨모빌의 투자자는 이 회사의 CEO가 어떤 사람인지 모르거나 신경 쓰지 않아도 상관이 없다. 반대로 고프로나 우버의 경영진이 어떤 사람들인지도 모르고, 그들의 경영 방식과 철학을 잘 알지 못하면서 투자하는 것은 바보짓이나 다름없다.

기업의 라이프사이클 단계가 진행되면서 경영자의 도전이 달라진다는 개념에 수긍이 간다면 각 단계마다 CEO가 갖춰야 할 자질에 차이가 있다는 것도 당연하게 받아들일 수 있다. 라이프사이클 초기 단계의 기업이라면, 매력적인 스토리를 통해 사업 아이디어에 잠재력이 존재한다는 것을 투자자들에게 설득시키는 데 가장 적합한 경영자는 '비전을 가진 CEO'이다.

아이디어를 제품으로 바꾸는 단계라면 비전이 여전히 중요하지만 '사업을 구축할 수 있는 능력'을 비전으로 보완해야 한다. 사업이 자리를 잡고, 규모 확대를 도모하는 단계에서는 '기회를 잡을 줄 아는 CEO'가 필요하다. 이런 CEO가 있어야 회사는 새로운 시장과 사업을 찾아내 효율적으로 성장할 수 있다. 사업이 성공을 거두고 안정기에 접어든 다음에 CEO가 배워야 하는 것은 '방어 동작'이다. 성공을 보고 경쟁사들이 몰려들어 제품과 서비스를 모방하거나 심지어 더 좋은 것을 내놓을 수 있기 때문이다.

사업이 성숙기에 접어들었다면 CEO는 비용에 상관없이 성장만 도모하다가는 가치 파괴가 일어날 수 있다는 사실을 인정하고, '현실주의자'

로서 성장과 비용을 저울질해야 한다. 쇠락기에 이르면 CEO는 회사 규모를 줄이거나 남들이 기꺼이 비싼 값을 치르려 할 때 자산을 '청산'하는 것이 최상의 선택일 수도 있음을 받아들여야 한다. 그렇지 않으면 자산을 청산하기도 전에 효용성이 끝나버릴지도 모른다.

내러티브와 숫자: 라이프사이클 전체를 아우르는 교훈

경영진이 부딪히는 도전은 라이프사이클 단계마다 다르다. 하지만 성공적인 기업들과 리더들을 보면 단계에 상관없이 몇 가지 교훈을 얻을 수 있다.

1. **스토리를 통제하라**: 경영에서는 실적을 내거나 분석가의 기대치를 충족하는 것도 중요하다. 하지만 투자자로 하여금 회사의 역사와 경영자가 세운 미래 계획을 이해하도록 도와주는 비즈니스 스토리텔링도 못지않게 중요하다. 최고경영진이 믿을 수 있는 기업 스토리를 만들지 못한다면 투자자와 분석가는 진공 상태에 빠져 자신들이 직접 스토리를 만들어내게 된다. 그러면 기업으로서는 직접 참가를 선택하지도 않았는데, 억지로 게임에 참여해야 하는 사태가 벌어질 수도 있다.

2. **스토리의 일관성을 유지하라**: 경영자들은 스토리의 일관성을 유지하는지에 따라 능력을 판단받기도 한다. 스토리에 조금도 변화를

주어서는 안 된다는 뜻이 아니다. 대부분은 스토리를 바꾸지 말아야 한다. 하지만 혹여 바꿔야 할 필요가 있다면 왜 그리고 어떻게 바꾸는지 적절히 설명해야 한다. 아무런 설명도 없이 지금 당장 고객과 투자자가 가장 사랑할 만한 것을 골라 수시로 스토리를 바꾼다면, 스토리는 신뢰성을 잃고 언제든 다른 스토리에 밀려 자리를 잃게 될지도 모른다.

3. **스토리에 맞게 행동하라**: 경영자가 어디에 투자할지, 투자 자금은 어떻게 모을지 그리고 투자자에게 현금을 얼마나 상환할지를 결정할 때마다 투자자는 경영자의 행동이 지금까지의 비즈니스 스토리에 들어맞는지 주목한다. 경영자가 글로벌 사업자를 기본 내러티브로 내세웠지만 해외 시장에 투자하지 않고 투자 기회도 물색하지 않는다면, 투자자들은 이 경영자가 말하는 스토리를 더는 믿지 않을 것이다.

4. **스토리를 뒷받침하는 결과를 달성하라**: CEO가 원대한 스토리를 말하고, 스토리의 일관성을 유지하고, 거기에 맞게 행동할지라도 결과가 따라주지 않는다면 투자자들은 이 CEO의 능력이 부족하다고 생각할 것이다. 실적 수치로 말하는 스토리가 경영자가 말하는 스토리와 계속해서 다르다면, 투자자들은 스토리가 아니라 숫자를 볼 것이다. 따라서 CEO가 고성장 스토리를 투자자들에게 피력하지만 매출은 제자리걸음이라면 이 CEO는 스토리를 바꿔야 한다. 그렇지 않으면 아무도 그의 스토리를 들으려 하지 않을 것이다.

이것 역시 기업이 지금 라이프사이클의 어느 단계에 와 있는지와 관련이 있다. 초기 단계 사업의 경영자는 새로운 세상을 약속하는 원대한 내러티브를 피력할 것인지, 작고 조심스러운 내러티브에 안주할 것인지를 결정해야 한다. 장단점은 단순하다. 작고 조심스러운 내러티브보다는 원대한 내러티브가 훨씬 재미있고, 투자자의 관심도 더 많이 받고, 가치평가나 가격결정에서도 더 높은 점수를 받는다. 그러나 원대한 내러티브를 현실로 만들려면 자원이 더 많이 필요하고, 실망스러운 결과를 낳을 가능성도 훨씬 크다.

케이스 스터디 15.1_ 일관된 내러티브: 아마존의 교훈

훌륭한 내러티브를 만들 줄 아는 CEO, 내러티브의 일관성을 유지하고 내러티브에 맞는 실적 창출이라는 측면에서 볼 때 아마존보다 높은 점수를 받을 수 있는 기업은 없을 것이다. 나는 아마존이 창업한 후부터 이 회사를 계속해서 유심히 관찰했다. 그 기간 동안 제프 베조스의 아마존 스토리는 두려워하지 않고 새로운 사업을 추구하고, 이익을 희생하는 대신에 전적으로 매출 성장을 추구하는 혁신 기업으로서의 일관성을 유지했다.[1] 아마존은 소매 사업으로 시작했지만 이후 엔터테인먼트, 기술, 클라우드 컴퓨팅 분야로 사업을 확대했다. 그동안 아마존은 단기 이익을 좇는 대신에 매출 성장을 추구하며, 미래의 이익 창출을 위한 새로운 길을 개척하겠다는 약속을 철저히 실행에 옮겼다. 내가 앞에서 아마존을 '꿈의 구장'으로 묘사한 것도 이런 이유에서였다.

시장은 매출을 이익으로 전환하지 못하는 회사들을 오랫동안 참고 기다려주지 않지만, 아마존에 대해서만은 예외이다. 창사 이후 거의 20년이 흐른 2015년에도 이익률은 좀처럼 오를 기미를 보이지 않았다. 하지만 투자자들은 그런 단점쯤은 기꺼이 용납하겠다는 태도였다. 제프 베조스는 투자자들에게 자신의 아마존 스토리를 설득시키는 데 성공했다. 뿐만 아니라 적어도 그의 회사에 대해서만큼은 시장이 이익률이 아니라 매출 성장을 성공의 척도로 삼도록 바꾸는 데 성공했다.

아무리 제프 베조스일지라도 언젠가는 막대한 매출에 걸맞은 탄탄한 이익 창출 수단을 찾아내 나머지 절반의 약속을 실현하라는 압박을 받을 것이다. 그렇긴 해도 시장은 다른 기업보다는 아마존에 대해 훨씬 후한 인내심을 보이고 있다. 그만큼 시장이 이 회사의 CEO를 믿고 있기 때문이다.

케이스 스터디 15.2_ 큰 내러티브와 작은 내러티브: 리프트와 우버 (2015년 9월)

11장에서 나는 2015년 9월의 우버를 평가했다. 이 회사가 다른 국가와 새로운 분야로 사업을 확대하려는 원대한 포부를 반영해 가치평가 결과는 230억 달러가 넘게 나왔다. 리프트는 미국 시장에서 우버의 주요 경쟁사이기는 하지만, 차량 공유 서비스 시장 싸움에서는 우버가 가뿐하게 승리했다는 것이 전체적인 의견이었다. 〈표 15.1〉은 2015년 9월 두 회사의 대비를 일목요연하게 정리해서 보여준다. 〈표 15.1〉의 요점은 세 가지이다.

첫째, 우버는 글로벌 시장으로의 사업 확대를 추진하고 있지만, 지역 차량 공유 서비스 회사들과 제휴를 맺는 데는 관심이 없었다. 2015년 9월의 리프트는 당분간은 미국 내 시장에 주력할 의도라는 것을 분명히 밝혔으며, 다른 시장의 대규모 차량 공유 서비스 사업자들과 제휴 관계를 추진할 생각이 있음을 밝혔다. 미국 내 시장만 봐도 우버가 영

표 15.1 리프트 VS. 우버(2015년 9월)

	우버	리프트
진출한 미국 도시의 수	150	65
진출한 해외 도시의 수	>300	65
진출한 국가의 수	60	1
2014년 승차 수(단위: 백만)	140	NA
2015년 승차 수(단위: 백만) (추정)	NA	90
2016년 승차 수(단위: 백만) (추정)	NA	250
2014년 총 수령 요금(단위: 백만 달러) (추정)	$2,000	$500
2015년 총 수령 요금(단위: 백만 달러) (추정)	$10,840	$1,200
2016년 총 수령 요금(단위: 백만 달러) (추정)	$26,000	$2,700
2015년 추정 성장률	442%	140%
2016년 추정 성장률	140%	125%
2014년 영업손실(단위: 백만 달러)	-$470	-$50

업활동을 하는 도시는 리프트의 두 배였다. 둘째, 두 회사 모두 고성장하고 있었지만 우버의 성장 속도가 훨씬 빨랐다. 셋째, 두 회사 모두 2015년 9월 시점에서는 상당한 적자를 내고 있었는데, 매출 성장률을 높이는 데 주력했기 때문이었다.

차량 공유 서비스 사업에 있어서만큼은 두 회사의 사업 모델은 많이 비슷했다. 두 기업 모두 회사 명의로 차량을 소유하지 않았고, 운전자들은 독립적인 계약자였다. 80/20 수익배분 규칙에 따라 운전자가 80퍼센트를 가져가고 회사가 20퍼센트를 가져가는 것도 같았다. 그러나 이것은 표면적 계약 조항일 뿐 물밑에서는 치열한 경쟁이 벌어지고 있었다. 두 회사 모두 운전자가 차량 공유를 위한 운행을 시작하는 것에 인센티브를 제공했으며(일종의 계약 보너스), 다른 회사와 계약을 파기하고 오는 운전자에게는 더 높은 인센티브를 주었다. 또한 처음 승차하거나 경쟁사에서 옮겨오는 승객들에게는 할인이나 무료 승차 같은 다양한 보상을 제공했다. 가끔은 경쟁에서 이기기 위해 도를 넘는다는 비난을 받은 것은 두 회사 모두 같았다. 하지만 우버의 가차 없는 사업 확장에 대한 시도가 더 많이 알려져 있었기 때문에 비난의 화살도 더 많이 받았다.

두 회사의 영업활동에는 큰 차이가 또 있다. 우버는 배달과 이사 시장에서도 수익을 공유하는 사업 모델을 확장하려고 시도하였다. 반면에 리프트는 2015년 9월까지는 여전히 차량 공유 서비스 사업에만 집중했다. 또한 리프트는 같은 차량 공유 서비스 시장에서도 우버에 비해서는 새로운 도시나 새로운 종류의 차량 서비스 시장에 진출하려

표 15.2 우버 VS. 리프트: 내러티브 차이

	리프트	우버
잠재시장	미국 중심의 차량 공유 서비스 회사	글로벌 물류 회사
성장 효과	앞으로 10년 동안 미국 차량 공유 서비스 시장에서 2배로 성장	앞으로 10년 동안 세계 물류 시장에서 2배로 성장
시장점유율	약한 미국 내 네트워킹 효과	약한 글로벌 네트워킹 효과
경쟁우위	준강형 경쟁우위	준강형 경쟁우위
비용 특징	운전자가 계약제 직원	운전자가 계약제 직원
자본집약	저자본집약	저자본 집약이지만 자본 집약도가 더 높은 모델로 옮겨갈 가능성 있음
경영 문화	차량 공유 서비스 사업에서는 공격적이며, 언론과 감독기관에 대해서는 온건한 태도	모든 관계자(경쟁사, 감독기관, 미디어)에게 공격적

는 포부가 훨씬 작은 편이었다. 〈표 15.2〉는 2015년 9월 우버와 리프트의 내러티브 차이를 설명한다.

간단히 말해 내가 설정한 리프트 내러티브는 우버 내러티브보다는 차량 공유 서비스와 미국 시장에 주로 초점을 맞춘 좁은 내러티브였다. 이런 이유로 2015년 9월에 리프트의 가치와 가격결정은 우버보다 낮게 매겨졌지만, 게임이 펼쳐질수록 범위가 좁은 내러티브가 더 유리하게 작용할 수 있다. 나는 리프트의 가치평가를 우버의 가치평가와 비교해서 수정할 때에는 전체 시장을 위주로 삼았지만, 다른 투입 변수들을 몇 가지 수정했다.

1. 더 작은 전체 시장 규모: 나는 리프트에 대해서는 우버처럼 글로벌

시장 전체를 대상으로 삼는 대신에 미국 시장에만 국한해서 초점을 맞추었다. 따라서 리프트의 전체 시장 규모는 크게 줄어들었다. 또한 나는 리프트가 차량 공유 서비스 시장에만 초점을 맞추기로 했으므로 사업 범위도 차량 공유 서비스 시장에만 한정된다고 가정했다. 가정을 몇 가지 수정했지만 리프트의 2025년 잠재시장 규모는 약 1,500억 달러로 여전히 높게 나왔다.

2. **미국 내 네트워킹 효과:** 나는 미국 시장에서는 진입비용이 높아져 새로운 경쟁자의 진입이 제한될 것이라고 가정했다. 따라서 리프트가 미국에서 상당한 네트워킹 효과를 누린다면 25퍼센트의 시장점유율도 가능할 것이다.

3. **운전자의 계약직화:** 운전자들이 계약직 직원으로 전환되고, 경쟁으로 인해 차량 공유 서비스 회사가 가져가는 수익배분이 줄어들 수 있다는 것은 2015년 9월의 우버 가치평가에서도 이미 말했던 가정이다. 그 결과 영업이익률은 낮아지고(25퍼센트대로 안정적 유지), 수익배분도 줄어들 것이다(15퍼센트).

4. **리프트는 우버보다 위험이 크다:** 나는 리프트의 규모가 작고, 현금 보유액이 낮으므로 우버보다 위험이 크다고 가정했다. 또한 자본비용은 미국 기업의 백분위 90에 해당하는 12퍼센트로 가정했으며, 부도 가능성은 10퍼센트로 잡았다.

이런 가정에 따라 내가 리프트의 가치를 도출한 과정은 〈표 15.3〉에 정리돼 있다. 내가 평가한 2015년 9월 리프트의 가치는 31억 달러로,

표 15.3 리프트

스토리
리프트는 미국 중심으로 사업을 하는 차량 공유 서비스 회사다. 미국 전역에서 약한 네트워킹 효과를 누리고 있지만, 수익배분은 85/15로 바뀔 것이다. 그리고 운전자의 계약직 전환으로 비용은 높아질 것이고 자본 집약도는 낮을 것이다.

가정

	기준 연도	1~5년	6~10년	10년 후	스토리와의 연결
전체 시장	550억 달러	매년 10.39% 성장		2.25% 성장	미국 차량 서비스 +새로운 이용자
시장점유율	2.18%	2.18% > 25.00%		25.00%	약한 글로벌 네트워킹
수익 배분	20.00%	20% → 15.00%		15.00%	낮은 매출 비중
세전 운용 마진	-66.67%	-66.67% → 25.00%		25.00%	준강형 경쟁우위
재투자	NA	매출액 대비 자본비율은 5.00		재투자율 =9.00%	저자본집약 모델
자본비용	NA	12.00%	12.00% → 8.00%	8.00%	미국 기업의 백분위 90
부도 위험	부도 가능성은 10%(자기자본가치는 0)				우버의 위협

현금흐름(단위: 백만 달러)

년	전체 시장	시장점유율	매출액	EBIT(1-t)	재투자	FCFF
1	$60,715	4.46%	$650	$(258)	$70	$(328)
2	$67,023	6.75%	$1,040	$(342)	$78	$(420)
3	$73,986	9.03%	$1,469	$(385)	$86	$(472)
4	$81,674	11.31%	$1,940	$(384)	$94	$(478)
5	$90,159	13.59%	$2,451	$(332)	$102	$(434)
6	$99,527	15.87%	$3,002	$(224)	$110	$(334)
7	$109,867	18.16%	$3,590	$(57)	$118	$(174)
8	$121,283	20.44%	$4,214	$174	$125	$50
9	$133,885	22.72%	$4,967	$470	$131	$339
10	$147,795	25.00%	$5,542	$831	$135	$696
최종 연도	$151,120	25.00%	$5,667	$850	$320	$774

가치		
최종가치	$13,453	
최종가치의 현재가치	$4,828	
앞으로 10년 뒤 현금흐름의 현재가치	($1,362)	
영업자산의 가치 =	$3,466	
부도 확률	10%	
부도 시 가치	-$	
영업자산의 위험 조정가치	$3,120	가치평가 시점에서 벤처캐피털리스트들이 매긴 리프트의 가격은 약 25억 달러였다.

같은 시기 우버 가치(234억 달러)의 7분의 1 정도에 불과했다.

내러티브가 투입변수와 가치를 이끈다면 우버와 리프트가 가장 크게 대비되는 부분은 바로 내러티브였다. 우버는 다양한 시장과 여러 나라에서 성공 가능성을 가진 차량 공유 서비스 회사로 표현할 수 있는 큰 내러티브를 가지고 있다. 이런 큰 내러티브를 설정하게 된 결정적 이유는 CEO인 트래비스 캘러닉이 내러티브에 맞게 일관된 행동을 보였다는 데 있다. 반면에 리프트는 작고 초점이 집중된 내러티브를 의도적으로 선택했다고 봐야 한다. 이 회사는 차량 공유 서비스 회사로서의 스토리에 맞게 행동했으며, 미국 시장에서만 사업을 하는 등 내러티브의 범위를 더욱 좁혔다.

투자들에게 실현 가능성과 달성 능력을 납득시킬 수만 있다면 큰 내러티브는 가치를 더 높게 평가받는다는 장점이 있다. 내가 우버의 가치를 234억 달러로 추정했던 것이 그 예이다. 또한 가격을 결정해야 하는데, 구체적 척도가 거의 없는 상황에서는 투자자 납득의 중요성은 훨씬 높아진다. 차량 공유 서비스 시장에서 가장 큰 두 회사인 우버와 디디콰이디가 2015년 말에 가장 높은 가격에 결정된 이유도 여기에 있다. 큰 내러티브에는 대가가 따르지만 그런 대가도 기업들의 '큰 스토리' 추구를 막지 못한다.

우버의 큰 내러티브에는 일장일단이 있다. 식품 배달 서비스인 우버이츠UberEats, 차량 내 편의점인 우버카고UberCargo, 배달 회사인 우버러시UberRush에 대한 투자는 우버가 고객 주문 회사라는 내러티브를 뒷받침하는 데 부족함이 없다. 그러나 또 한편으로는 이렇게 다른 사업에 투자하는 것은 우버의 심장이자 영혼인 차량 공유 서비스 시장이 가열될 때 회사의 초점을 흐트러뜨릴 여지가 충분한 것도 사실이다. 우버의 매출이 기하급수적으로 성장하고 있다는 것에는 의심의 여지가 없지만, 그만한 고속 성장을 이어가기 위해서는 높은 지출이 뒤따라야 한다. 그리고 언젠가는 우버는 하늘 높이 치솟은 투자자들의 기대치를 충족하지 못하는 시기가 분명히 올 것이다.

아마도 이런 사태를 피하기 위해 리프트가 내러티브의 범위를 좁혀서 하나의 사업(차량 공유 서비스)과 하나의 시장(미국 시장)에만 초점을 맞추고 있는 것일지도 모른다. 리프트는 큰 내러티브를 선보이는 기업들이 저지르는 초점 분산과 비용, 실망감의 위험을 피하고 있다. 하지만 그만큼 대가도 치르고 있다. 리프트는 모든 주목과 관심을 우버에게 빼앗기고 있으며, 가치와 가격에서도 우버보다 낮은 평가를 받고 있다. 실제로 리프트는 가장 강세인 차량 공유 서비스 시장에서 마저 높은 가치와 자본 접근력을 무기로 삼은 우버에게 바짝 추격당하고 있다.

투자자 입장에서 보자면 큰 내러티브와 작은 내러티브는 그 자체로는 좋을 것도 나쁠 것도 없으며, 내러티브만 가지고는 그 회사가 좋은 투자처인지 아닌지도 알 수 없다. 2015년 9월만 놓고 보면 큰 내러티브를 가진 우버의 가치는 리프트보다 높게 평가되었고(234억 달러), 가격은 훨씬 높았다(510억 달러). 작은 내러티브로 설정된 리프트는 가치 평가 결과가 우버보다 낮았고(31억 달러), 가격은 이것보다도 낮았다(25억 달러). 내가 보기에 가격으로 따진다면 리프트가 우버보다 더 좋은 투자처이다.

단계 전환의 위기

좋은 CEO가 갖춰야 할 능력이 라이프사이클 단계마다 다르다면, 다음 단계로 넘어갈 때 기업도 최고경영진도 여러 위험을 만날 수밖에 없다. 일단 나는 쉬운 단계 전환부터 설명할 것이다. 회사의 라이프사이클 자체가 길거나, 아니면 다재다능한 CEO가 있기 때문이건 간에 어떤 회사는 아무 고비 없이 순탄하게 다음 단계로 넘어간다. 그다음으로 단계가 전환될 때 CEO들이 흔하게 부딪히는 문제들을 설명한다. 어떤 CEO들은 한 단계에서는 매우 유능하다가 다음 단계에서는 전혀 적절하지 못한 행동을 보이기도 한다.

쉬운 단계 전환

라이프사이클 단계마다 경영자들에게 필요한 자질과 능력이 다르다면 고비 없이 다음 단계로 전환하는 것이 가능하기는 할까? 가능성은 지극히 낮지만 다음 세 가지 상황이라면 가능할 수 있다.

1. 회사의 변화에 맞춰 '경영 방식을 바꿀 수 있는 다재다능한 CEO'가 있는 운 좋은 회사라면 순탄한 단계 전환이 가능하다. 토머스 왓슨은 1914년부터 1956년까지 IBM의 CEO를 지냈다. 그는 IBM을 기술 시장의 거인으로 성장시키는 데 앞장섰으며, 회사의 필요에 따라 자신의 경영 방식을 바꿨다. 더 최근의 예로는 1975년부터 2000년까지 마이크로소프트의 CEO를 지낸 빌 게이츠가 있다. 그는 기술 스타트업의 창업자로서 그리고 세계 최대 기업의 경영자로서도 손색이 없는 능력을 발휘했다. 페이스북을 판단하기에는 아직 이른 감이 있지만, 마크 저커버그도 스타트업에서 고성장으로 단계를 전환한 이 회사를 훌륭하게 이끌고 있는 것으로 보인다.
2. 기업의 라이프사이클이 길어서 시간 흐름이 느려지면 CEO는 회사

와 같이 나이를 먹을 수 있기 때문에 단계 전환이 더 쉬워진다. 중요한 단계 전환이 일어날 즈음에는 CEO도 자신의 발전을 고민할 것이다. 헨리 포드는 1906년부터 1945년까지 포드 자동차의 CEO를 지내면서 작고 언제 무너질지 모르는 신생 기업을 세계 2위의 자동차 회사로 성장시켰다. 그러나 자동차 회사 특유의 긴 라이프 사이클 덕분에 포드 자동차는 단계 전환을 수월하게 넘겼고, 1950년대에는 성숙 기업 단계의 자동차 회사에 적합한 모습으로 발전할 수 있었다.

3. '복수 사업을 하는 가족회사'라면 다른 가족(보통은 다음 세대)이 능력에 딱 맞는 사업을 책임지는 등 단계 전환의 문제는 전적으로 가족 내에서 해결된다. 물론 그러기 위해서는 이 가족이 제대로 된 능력을 가지고 있어야 하며, 가장이 수십 년 전의 방식을 고집하지 말아야 한다. 그리고 능력이 되지 않는 젊은 세대에게 사업체를 맡겨서는 안 된다는 전제가 따른다.

적절하지 않은 CEO

쉬운 단계 전환이 이상적이지만 그보다는 마찰이 빚어지는 일이 더 흔한데, 기업의 요구 조건 변화에 CEO가 잘 적응하지 못하기 때문이다. 조직의 최상위에 있는 사람들이 자신의 손에 쥔 것을 놓지 않으려는 욕심이 클수록 단계 전환은 서로 물고 물리는 싸움으로 변질된다.

그리고 심하면 승자도 없이 끝날 수 있다. 사업과 CEO가 맞지 않을 때의 몇 가지 사례는 다음과 같다.

1. **비전 제시에는 성공하지만 사업 구축에는 실패**: 노암 와서먼Noam Wasserman이 1990년대와 2000년대 초반의 스타트업 212개를 연구한 결과에 따르면, 창업하고 3년이 지난 벤처 기업의 CEO 자리를 유지하는 창업자는 절반에 불과했다. 그리고 상장할 때까지 CEO 자리에 있는 창업자는 25퍼센트도 되지 않았다.[2] 창업자의 80퍼센트는 자의가 아니라 강요에 의해 CEO 자리에서 물러나야 했다. 다른 사람이 회사를 경영하면 잠재적 가치가 더 올라갈 것이라고 생각한 투자자(벤처캐피털리스트)들이 창업자에게 퇴진 압박을 한 경우가 대부분이었다. 유명 벤처캐피털리스트 회사인 클라이너 퍼킨스Kleiner Perkins의 주장에 따르면, 투자자들이 창업자를 몰아내고 '전문' 경영자(비전이 없는)를 그 자리에 앉히는 데 지나치게 연연하는 것이 오히려 스타트업의 성공을 지연시킨다. 이 회사는 1,000개 이상의 자본 조달 거래를 관찰한 결과 창업자가 CEO 자리에 앉은 신생 기업들이 그렇지 않은 신생 기업들보다 자본 조달과 가치 창출을 더 성공적으로 수행했다고 말한다.[3]

2. **사업 구축에는 성공하지만 규모 확대에는 실패**: 제품과 서비스의 상업화 성공이라는 첫 단계를 무사히 통과한 사업체가 규모를 확대해야 할 때 두 번째 전환이 발생한다. 갑자기 등장해서 눈부시게 성장하다가 어느 날 흔적도 없이 사라진 기업들은 셀 수 없이 많

다. 이런 결과가 빚어진 데에는 경영자들이 규모 확대를 첫 단계의 답습 정도로 쉽게 생각했다는 것에도 일부 이유가 있다. 신발 회사인 크록스Crocs는 새로운 형태의 간호화로 세상을 사로잡았고, 2006~2007년 동안 매출액이 무려 3배로 뛰었다. 그러나 7년 뒤 매출 감소와 영업 적자에 허덕이기 시작한 크록스는 결국 영업 간소화를 위한 구조조정안을 발표했고, 더 작은 회사가 되었다.

3. **규모 확대에는 성공하지만 방어에는 실패**: 이런 CEO들은 사업을 성장시키는 재주는 뛰어나지만 영역을 방어하는 능력은 별로 없다. 성장 기업이 흔히 부딪히는 문제이기도 하며, 특히 성장으로 고수익을 내다가 이제는 현상 유지가 중요해지는 시기가 왔을 때 이런 일이 더 많이 생긴다. 마이크 라자리디스Mike Lazaridis는 공동 CEO인 짐 발실리Jim Balsillie와 함께 리서치 인 모션Reseach in Motion(현 BlackBerry Limited)의 블랙베리를 세계에서 가장 혁신적이고 가치 있는 기술 기업 중 하나로 성장시켰다. 하지만 스마트폰 사업을 방어하지 못하고 결국 아이폰과 안드로이드의 공격에 밀려났다. 두 CEO는 2012년에 물러났지만 블랙베리는 이미 걷잡을 수 없는 피해를 입은 후였다.

4. **방어에는 성공하지만 청산에는 실패**: 사람이건 기업이건 잘 늙기는 힘들다. 아마도 모든 전환 중에서도 이 단계로의 전환이 가장 힘들 것이며, 고수익의 역사를 지닌 성숙 기업의 CEO는 성장이 아니라 축소를 목표로 삼아야 하는 단계에 이르면 여기에 맞게 변하기가 힘들다. 1942년 윈스턴 처칠이 "내가 왕의 수상이 된 것은 대

영제국을 청산하기 위해서가 아니다."라고 주장했던 것처럼, 제국의 건설자들은 제국 해체에는 절대 어울리지 않는 사람들이다. 세계 역사를 돌아봐도 그 두 가지를 다 잘하는 사람은 없었다. 위대한 처칠도 예외는 아니었다. 실제로도 식민제국의 붕괴를 관장한 사람은 1945년 선거에서 처칠에게 압승을 거둔 클레멘트 애틀리Clement Attlee 노동당 당수였다.

기업 지배구조와 투자자 행동주의

기업의 라이프사이클 전환기에는 경영진의 능력이 시험대에 오르고, CEO의 부적합함이 드러나기도 한다. 하지만 이와 동시에 원하는 방식대로 기업을 바꾸려는 의도를 가진 행동주의 투자자가 개입할 여건이 마련되기도 한다. 앞에서도 언급했지만 신생 기업에서 행동주의 투자는 경영진에게 변화를 촉구하는 벤처캐피털리스트에게서 비롯된다. 반면에 후기 단계로 넘어갈수록 변화를 불러오는 가장 중요한 촉매제는 사모자본과 행동주의 투자자들이다.

이런 사실은 투자자가 기업 지배 구조의 중요성을 어떻게 생각해야 하는지에 대해 몇 가지 관점을 제시한다. 기업이 성공을 거두고 있을 때 투자자들은 현재 경영 상태가 훌륭하므로, 기업 지배 구조를 바꿀 필요가 거의 없다고 주장한다. 결과적으로 그들은 의결권이 다른 주식이나 꼭두각시나 다름없는 무능한 이사회 그리고 불투명한 기업 구조를 섣불리 받아들인다. 그러고는 투자자들은 경영진이 정말로 책임을 져야 하고 제약이 많아지는 단계 전환기에 이르러서야 자신들의 순수했던 태도를 후회한다.

최악의 선례를 보인 회사는 구글일 것이다. 구글이 지난 10년 동안 성장과 수익성이라는 두 마리 토끼를 훌륭하게 잡았다는 사실에 이견을 말할 사람은 거의 없을 것이다. 하지만 이 회사의 운영과 체계는 매우 독재적이었다. 공동 창업자인 세르게이 브린Sergey Brin과 래리 페이지Larry Page는 의결권에 차등을 둔 두 클래스로 주식 공모를 했다. 그들의 행동은 미국이 수십 년간 유지해온, 공모 주식의 의결권은 동등해야 한다는 전통을 무너뜨렸다. 투자자들이 이런 공모를 열렬히 환영하고 구글의 성공이 계속되면서, 다음 세대 테크 기업들도 구글의 선례를 발판 삼아 의결권 등급이 다른 주식들로 공모했다. 그 결과 마크 저커버그가 가진 페이스북 지분은 20퍼센트도 되지 않지만, 의결권은 50퍼센트가 넘는다. 아마도 구글과 페이스북 주주들이 의결권을 보호하지 못해서 대가를 치러야 하는 사태는 생기지 않을 것이다. 또한 브린/페이지 팀과 저커버그는 기업의 단계 전환기를 잘 넘길 것이다. 하지만 라이프사이클의 어느 단계에 이르면 두 회사에서도 투자자와 경영자의 이해관계가 엇갈리기 시작하는 시기가 분명히 올 것이다. 투자자들은 그때가 되어서야 자신들의 부족한 힘을 후회하게 될 것이다.

케이스 스터디 15.3_ 늙어가는 기업의 경영 문제: 야후와 머리사 메이어

1990년대 스타트업으로 시작해 몇 년 만에 큰 시가총액을 가진 기업으로 올라선 야후는 닷컴 붐의 상징 같은 회사였다. 검색엔진 구축을 중심으로 하는 야후의 핵심 사업은 온라인 혁명 초기에는 검색 시장을 지배했지만, 구글의 부상으로 회사의 미래가 암울해졌다. 국면 전환을 위해 여러 번 물갈이한 끝에 2012년 야후의 신임 CEO가 된 사람은 구글의 핵심 경영진으로 활약한 경력이 있는 머리사 메이어^{Marissa Mayer}였다.

그림 15.2 야후의 영업실적 역사

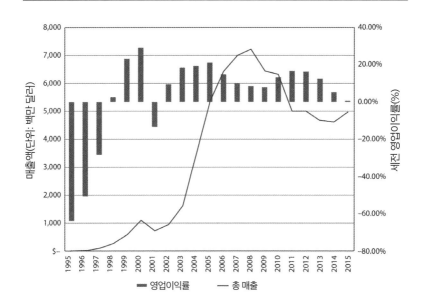

머리사 메이어가 CEO가 되었을 때 야후의 화려한 나날은 과거가 된
지 오래였다. 〈그림 15.2〉에서는 젊은 스타트업 시절부터 2012년에
이르기까지 야후의 역사적 수치를 한눈에 볼 수 있다.

야후는 검색엔진 싸움에서 구글에 완패했을 뿐 아니라, 회사의 미래
가 어디에 있는지 짐작도 하지 못하는 상태에서 미래를 찾아야 하는
임무까지 띠게 되었다.

야후는 2012년 이전에 대단히 성공적인 두 가지 투자를 했는데, 재미
있게도 두 투자 모두 자사 사업이 아니라 다른 회사에 행한 투자였다.
하나는 미국 본사가 휘청거리는 동안에도 끄떡없이 번성한 야후 재
팬에 대한 투자였다. 두 번째는 2005년 비상장회사인 알리바바에 했
던 도박이나 다름없는 투자였다. 앞장에서 나는 알리바바가 중국 스
토리의 대표적 상징이라고 주장했으며, IPO 직전 가치평가 추정액은
거의 1,610억 달러였다. 나는 2014년 9월에 알리바바의 IPO가 이뤄지
던 시점에 야후의 가치를 세 부분으로 나눠서 평가했다(야후의 영업실

그림 15.3 야후의 내재가치: 부분의 총합(단위: 백만 달러)

야후! U.S. 자기자본의 100%	+야후! 재팬 자기자본의 35%	+알리바바 자기자본의 17%	+알리바바 수취 대금=	최종 결과
영업자산=$3,560	영업자산= $16,789	영업자산 = $137,390	IPO 매각 수취 대금 124.57×$68(1주 가격) = $8,471	자기자본가치 = $46,188 주당 가치 = $46.44
+현금 = $4,311	+현금 = $4,683	+현금 = $34,417	양도세 $3,263	
-부채 = $1,497	-부채 = $0	-부채 = $10,068	-미처리 사항	
=모기업 자기자본 =$6,375	자기자본 = $21,472 가치의 35% = $7,515	자기자본 = $161,739 가치의 17% = $27,490	-야후 옵션 = $400	

적, 야후 재팬, 알리바바). 〈그림 15.3〉은 야후의 내재가치를 세 부분으로 나눈 결과이다. 내가 2014년 9월에 추정한 야후의 자기자본가치는 총 462억 달러지만, 이 중에서 야후만의 영업자산이 차지하는 비중은 10퍼센트(약 36억 달러)도 되지 않는다는 사실에 주목해야 한다.

메이어가 턴어라운드 기업 회생시켜야 할 중책을 떠맡게 된 회사는 핵심 사업에서 완패했다는 문제만 있는 것이 아니었다. 야후의 가치 대부분이 다른 두 회사의 지분에서 나오지만 메이어가 이 회사들을 전혀 통제하지 못한다는 것도 문제였다. 구글에서 보인 능력과 젊고 매력적인 여성이라는 사실은 그녀가 야후의 구원 투수로 지명된 결정적 이유였다. 그녀를 강하게 추천한 사람들이 정의하는 성공을 잣대로 삼는다면, 메이어가 야후를 성공적으로 변신시킬 확률은 출발부터 아주 낮았다. 이유는 다음 두 가지이다.

1. 기업의 턴어라운드는 원래 어려운 데다, 경영자가 통제할 수 있는 부분이 일부에 불과하다면 국면 전환은 더더욱 힘들어진다. 실제로도 머리사 메이어가 야후에 어떻게 했는지보다 마윈이 알리바바에 어떻게 했는지가 야후의 가치에 더 많은 영향을 미쳤다.
2. 14장에서 주장했다시피 테크 기업들의 라이프사이클은 짧다. 테크 기업은 비테크 기업보다 더 빨리 성장하고 더 빨리 늙는다. 21세의 테크 기업인 야후는 중년보다 더 나이를 먹은 노인이다. 노쇠한 테크 기업이 다시 젊어질 방법을 찾아낼 가능성은 거의 없다. 물론

무조건 그렇다는 것은 아니다. 노쇠한 테크 기업들이 회춘의 방법을 찾아내는 경우도 있다. 1992년 IBM의 부활과 스티브 잡스의 복귀 이후 애플이 새롭게 출발한 것이 그 증거이다. 이런 기적적인 위업을 달성한 데에는 루 거스너와 스티브 잡스의 공도 대단히 크지만, 내가 보기에는 여러 복합적 요인들의 작용(그리고 대부분은 거스너와 잡스가 통제하지 못하는 요인들이었다.)이 두 회사가 기적을 일으키는 데 중요하게 작용했다. 루 거스너의 성공적인 IBM 회생은 1990년대의 기술 붐이 큰 도움이 되었다. 스티브 잡스의 경우에는 비전을 가졌지만 더는 물러설 곳이 없는 CEO에 대한 환상이 현실을 지배한 것이 크게 도움이 되었다.

기업의 턴어라운드를 순수하게 CEO의 업적으로만 돌린다면 야후의 신임 CEO인 머리사 메이어에게도 이 회사를 회생시킬 힘이 충분하다고 믿고 싶었을 것이다. 그러나 그녀가 실패했을 때 사람들은 크게 낙담했다. 나는 다른 사람들과 달리 메이어에게 크게 실망하지 않았다. 나는 그녀가 야후에서 해낼 수 있는 결과에 대해 처음부터 기대치를 아주 낮게 잡았기 때문이다.

2015년 12월 야후의 이사회가 인터넷 사업부를 매각하고 야후 재팬과 알리바바에 출자한 회사로서만 존재할지 여부를 고민하면서 그동안의 문제들이 표면으로 불거지기 시작했다. 이사회가 결정을 미루자 행동주의 투자자 회사인 스타보드 밸류Starboard Value는 회사의 청산 계획을 마련하라고 강하게 압박을 가했다. 어떤 면에서는 야후도 머리사 메이어도 기업 라이프사이클에 발목을 잡힌 셈이었다.

결론

훌륭한 CEO가 갖추어야 할 자질은 무엇인가? 그 답은 기업이 현재 라이프사이클의 어느 단계에 있는지에 따라 달라진다. 초기 단계의 회사에는 비전을 가지고, 매력적인 스토리를 근사하게 포장해서 전달하는 능력이 뛰어난 CEO가 필요하다. 성장 단계의 회사에서는 CEO가 사업 구축 능력이 있는지를 살펴봐야 하며, 성숙 기업에서는 관리 능력이 뛰어난 CEO가 필요하다. 마지막으로 쇠락 기업에 필요한 경영자는 현실주의자로서 사업 규모를 줄일 줄 아는 과단성을 갖추고 있어야 한다. 라이프사이클 단계마다 경영자에게 필요한 능력은 달라진다. 따라서 기업이 라이프사이클의 한 단계를 끝내고 다음 단계로 전환할 때 기존 경영진이 필요한 능력을 갖추지 못해 갈등을 빚는다면 교체될 가능성도 커질 수밖에 없다.

16장

마무리하며

책의 제일 앞머리에서 나는 숫자가 없는 스토리는 동화에 불과하고, 스토리가 받쳐주지 않는 숫자는 금융 모델을 연습하는 것에 불과하다고 주장했다. 나로서는 지금까지의 내용들이 스토리텔러와 넘버크런처 사이에 있는 골을 조금이라도 메웠기를, 두 집단 모두에게 상대편에게 다가갈 다리를 연결하는 방법을 알려주었기를 희망할 뿐이다. 그리고 매번 성공했다고는 말하기 힘들지만 투자자와 경영자, 기업가 그리고 관심을 가지고 지켜보는 사람들에게도 내 생각이 제대로 전달되었기를 희망한다.

스토리텔러와 넘버크런처

처음에 고백했다시피 뼛속까지 넘버크런처인 나에게 스토리텔링은 대단히 힘든 일이었다. 적어도 처음에는 그랬다. 하지만 이제는 나와 같은 넘버크런처인 사람에게 기쁘게 말할 수 있다. 스토리텔링은 생각보다 어렵지 않으며 재미있기까지 하다. 지금의 나는 뉴스 보도에서부터 기내 면세 잡지에 이르기까지 모든 것을 완전히 새로운 시각에서 본다. 아주 작게 드러난 사실에도 기업 스토리가 얼마나 빠르게 바뀔 수 있는지를 알게 되었기 때문이다.

스토리텔러인 독자 여러분에게는 어떤 부분은 페이지를 넘기는 것조차 고역일 수 있을 것이다. 그 점은 깊이 사과한다. 나는 누구라도 기업의 가치를 평가할 수 있다고 믿지만, 가치평가를 위해서는 필요한 회계와 수학 지식의 기본은 갖추고 있어야 한다고 생각한다.

나의 편견이라고 생각해도 어쩔 수 없다. 그러나 여러분이 8장, 9장, 10장에 나오는 스토리를 투입변수로 연결하는 단계를 아주 조금이라도 이해할 수 있게 되었다면 그걸로 내 임무는 달성된 셈이다. 여러분이 은행 직원이나 분석가 앞에서도 가치평가 주제를 당당하게 꺼내고 자기주장을 확실하게 펼칠 수 있다는 자신감이 생겼다면 나로서는 더 이상 바랄 것이 없다.

마지막으로 나는 미래에는 스토리텔러와 넘버크런처가 상호작용하는 토론의 장이 더 많이 생기기를 희망한다. 양쪽 모두 자신들만이 알아들을 수 있는 말을 사용하고, 자신들만이 옳다는 믿음을 고수한다. 그러나 다르게 생각하는 사람들의 말에 유심히 귀를 기울일 때 우리는 아주 많은 교훈을 얻을 수 있다.

투자자들에게 전하는 말

투자자로서 주식 시장에서 승리할 종목을 찾는 데 도움이 될 마법의 총알이나 공식을 기대하면서 이 책을 읽었다면 아마도 크게 실망했을 것이다. 솔직히 말해 시장의 승리 종목을 찾아준다고 주장하는 엄격한 규칙들은 일부 성숙 기업에는 효과가 있을지 몰라도 대부분의 시장에서는 효과가 없다는 것이 내 생각이다. 투자의 미래는 투자자의 생각이 얼마나 유연한지 그리고 한 시장에서 다른 시장으로 어렵지 않게 옮겨갈 능력이 있는지에 따라 크게 달라진다.

내가 처음으로 읽은 가치평가 책은 가치투자자들의 성경이라고도 불리는 벤저민 그레이엄의 《증권분석》이었다. 일부 가치투자자들과 다르게 나는 이 책에서 취하고 싶은 부분만 취하고 나머지는 되새기지 않았다. 이 책은 저술될 당시의 시대 상황과 독자들을 반영하고 있기 때문이다. 그레이엄의 종목 선정방식과 공식은 내게 큰 도움이 되지 않았다. 하지만 타인의 생각이나 투자의 감정이 아니라 자신이 평가한 기업의 가치로 투자를 결정해야 한다는 그의 투자 철학은 귀중한 교훈이 되었다. 내가 그레이엄의 가치평가 방식을 성장 기업이나 스타트업에 적용한다면 매번 무언가가 미흡하다고 느낄 것이다. 하지만 그의 투자 철학을 잊지 않는다면 좋은 투자처가 될 만한 신생 기업을 찾아낼 가능성을 언제라도 발견할 수 있다.

나는 많은 부분에서 가치와 가격의 차이를 언급했지만, 어느 쪽을 선택하는지는 스스로의 결정에 달렸다. 그리고 여러분도 나도 때가 되면 둘 중 어느 하나를 선택해야 한다. 나는 가치를 신봉한다. 나는 주가는 결국에는 가치를 향해 움직인다고 믿으며, 내 투자에도 그런 믿음이 반영돼 있다. 나는 가격이 가치보다 낮다고 판단되면 신생 기업이든 전통적 기업이든 가리지 않고 매수한다. 그러면서도 나는 내 믿음이 시장의 시험을 받을 것이며, 가치를 신봉한다고 보상이 보장되지 않는다는 사실도 잘 알고 있다.

마지막으로 이 책에 나온 모든 스토리에는 미래에 대한 불확실성이 담겨 있으며, 내가 앞으로 하게 될 모든 스토리에도 여전히 불확실성이 포함될 것이다. 스토리텔링을 꺼리지 않게 되면서 나는 한 가지 부수적 효과를 얻었다. 불확실성을 조금 더 편안한 마음으로 대하게 되었으며, 다른 의견에 대해서도 예전보다는 거부감이 덜 들게 되었다는 점이다. 나는 똑같은 회사에 대해서도 나의 스토리와 다른 투자자의 스토리가 다를 수 있다는 사실을 인정하게 되었다. 스토리텔링 덕분에 나는 내가 틀릴 수 있음을 더 침착하게 받아들이게 되었다. 특히 나의 2013년과 2014년 발레의 투자처럼 스토리에 거시경제 요소가 많이 포함돼 있을수록 나는 더 순순히 결과를 받아들일 수 있었다.

기업가, 기업 오너, 경영자에게 전하는 말

회사 창업자나 오너에게 이 책을 통해 하고 싶은 말은 단순히 스토리텔링에 대한 것만이 아니다. 내 말을 오해하지 않기 바란다! 투자자와 직원, 고객을 끌어들일 때는 물론이고 성공적인 사업을 지속하기 위해서라도 신뢰할 수 있는 비즈니스 스토리는 대단히 중요하다. 7장에서 나는 스토리가 가능성, 타당성, 개연성의 시험을 거쳐야 한다고 말했다. 또한 스토리는 현실 검증을 거쳐야 하며, 필요하면 현실 여건을 반영하여 스토리를 수정해야 한다고도 말했다. 어떤 스토리도 영원하지 않으며, 어떤 가치평가도 항구적이지 않다!

나는 또한 15장에서 창업자가 하늘로 훨훨 날아오르는 원대한 스토리와 제약을 많이 둔 작은 스토리를 추구하는 것에도 일장일단이 있다고 말했다. 투자자와 자본을 모아야 하는 창업자 입장에서는 원대한 스토리를 만들고 싶은 마음이 굴뚝같겠지만, 자원을 마련해야 할 필요가 있으며 실망스런 결과가 나온다면 크게 곤란해질 수도 있다. 그러므로 오랫동안 살아남을 현실적인 사업을 구축하고 싶다면 먼저 지나치게 원대하지 않고, 현실성이 있는 스토리라인을 고르는 것이 옳을 수 있다.

마지막으로 기업의 CEO는 투자자나 증권 리서치 분석가 또는 기자들이 원하는 대로가 아니라 경영자 자신이 적절하다고 생각하는 내러티브를 설정해야 한다. 그리고 내러티브가 기업의 현재 라이프사이클 단계에 부합하고 실적까지 뒷받침된다면 많은 사람의 지지를 얻을 수 있을 것이다. 보통은 라이프사이클의 다음 단계로 넘어갈 때 경영자 개인에게 가장 큰 위험이 닥친다. 단계 전환에 적응하지 못하는 경영자는 많은 도전을 받고, 심지어는 자리를 잃게 될 수도 있다.

결론

나는 아주 즐거운 마음으로 이 책을 썼다. 그 즐거움이 몇 군데에서라도 드러났기를 바란다. 독자 여러분도 즐겁게 읽었다면 내 마음은 흡족할 것이다. 하지만 만약 여러분이 가장 큰 투자가 될 만한 기업을 유심히 관찰해서 준비 작업으로 스토리를 만들고, 그 스토리를 숫자와 가치로 전환하는 작업까지 한다면 더할 나위 없이 기쁠 것이다.

주

1. 두 부족 이야기

1. 마이클 루이스Michael Lewis, 《머니볼: 불공정한 게임을 승리로 이끄는 기술 Moneyball: The Art of Winning an Unfair Game》 (New York: Norton, 2004). 국내 출간명 《머니볼》.

2. 스토리를 말해봐

1. 폴 잭Paul Zak, "Why Your Brain Loves Good Storytelling," 〈Harvard Business Review〉, October 28, 2014.
2. 그레그 스티븐스, 로렌 실버트, 유리 해슨Greg Stephens, Lauren Silbert, and Uri Hasson, "Speaker-Listener Neuro Coupling Underlies Successful Communication," 〈Proceedings of the National Academy of Scientists USA〉 107, no. 32(2010): 14425 - 14430.
3. 피터 쿠퍼Peter Guber, 《성공하는 사람은 스토리로 말한다Tell to Win》 (New York: Crown Business, 2011). 국내 출간명 《성공하는 사람은 스토리로 말한다》.
4. Melanie Green and Tim Brock, 《Persuasion: Psychological Insights and Perspectives》, 2nd ed. (Thousand Oaks, Calif.: Sage, 2005).
5. 아서 C. 그래서, 머레이 싱어, 톰 트라바쇼Arthur C. Graesser, Murray Singer, and Tom Trabasso, "Constructing Inferences During Narrative Text Comprehension," 〈Psychological Review〉 101 (1994): 371 - 395.
6. D. M. 와그너, A.F. 워드D. M. Wegner and A. F. Ward, "The Internet Has

Become the External Hard Drive for Our Memories," 〈Scientific American〉 309, no. 6(2013), 58-61.

7. 존 휴스John Huth, "Losing Our Way in the World," 〈New York Times〉, July 20, 2013.

8. 대니얼 카너먼Daniel Kahnemann, 《생각에 관한 생각Thinking, Fast and Slow》 (New York: Farrar, Straus and Giroux, 2011). 국내 출간명《생각에 관한 생각》.

9. 타일러 코웬Tyler Cowen, "Be Suspicious of Stories," TEDxMidAtlantic, 16:32, November 2009, www.ted.com/talks/tyler_cowen_be_suspicious_of_stories.

10. 조나단 갓셸Jonathan Gotschall, "Why Storytelling Is the Ultimate Weapon," Fast Company, 2012. http://www.fastcocreate.com/1680581/why-storytelling-is-the-ultimate-weapon.

11. J. 쇼, S. 포터J. Shaw and S. Porter, "Constructing Rich False Memories of Committing Crime," 〈Psychological Science〉 26(March 2015): 291-301.

12. 엘리자베스 F. 로푸터스, 재클린 E. 픽크렐Elizabeth F. Loftus and Jacqueline E. Pickrell, "The Formation of False Memories," 〈Psychiatric Annals〉 25, no. 12(December 1995): 720-725.

13. 찰스 맥케이Charles Mackay, 《대중의 미망과 광기Extraordinary Delusions and the Madness of Crowds》(reprint edition; CreateSpace October 22, 2013). 국내 출간명《대중의 희망과 광기》.

14. 존 캐리루우John Carreyrou, "Hot Startup Theranos Has Struggled with Its Blood-Test Technology," 〈Wall Street Journal〉, October 16, 2015, www.wsj.com/articles/theranos-has-struggled-with-blood-tests-1444881901.

15. 케이틀린 로퍼Caitlin Roper, "This Woman Invented a Way to Run 30 Lab Tests on Only One Drop of Blood," 〈Wired〉, February 18, 2014, www.wired.com/2014/02/elizabeth-holmes-theranos.

3. 스토리텔링의 요소

1. 아리스토텔레스의 《시학Poetics》은 극이론에 대해서 현존하는 가장 오래된 책이며, 기원전 약 300년에 만들어진 문헌이다.
2. 프라이타크는 자신의 극 구조 이론을 《Die Technik des Dramas》에서 설명했다(Leipzig: S. Herzel, 1863). 이 구조의 또 다른 이름은 "프라이타크의 피라미드(Freytag's pyramid)"이다.
3. 조지프 캠벨Joseph Campbell, 《천의 얼굴을 가진 영웅The Hero with a Thousand Faces》(Novato, Calif.: New World Library, 1949). 국내 출간명 《천의 얼굴을 가진 영웅》.
4. 영웅 이야기의 처음 버전은 총 17단계로 이뤄져 있다. 디즈니 스튜디오의 크리스토퍼 보글러(Christopher Vogler)는 이 구조를 핵심만 담아서 12단계 구조로 단순화했다.
5. C. 부케C. Booker, 《7가지 기본 플롯: 우리가 이야기를 하는 이유The Seven Basic Plots: Why We Tell Stories》(London: Bloomsbury Academic, 2006).

4. 숫자의 힘

1. 마이클 루이스Michael Lewis, 《머니볼: 불공정한 게임을 승리로 이끄는 기술 Moneyball: The Art of Winning an Unfair Game》(New York: Norton, 2004).
2. 앞의 책, xiv.
3. 나는 신뢰도가 95퍼센트의 결과가 나왔다고 생각되는 구간을 얻기 위해 두 개의 표준오차를 사용한다. 67퍼센트의 신뢰도 구간에서는 어느 쪽으로든 2.30퍼센트씩 오차가 생길 수 있다. 다시 말해 주식 위험 프리미엄의 추정 값은 3.88퍼센트가 될 수도 있고 8.48퍼센트가 될 수도 있다.

5. 넘버크런칭 도구

1. 나심 탈레브Nassim Taleb는 자신의 책과 논문, 웹사이트(fooledbyrandomness. com) 등 여러 글에서 금융 모델의 정규분포 사용과 남용을 신랄하게 비판한다.

6. 내러티브 구축

1. 세르지오 마르치오네의 발표는 www.autonews.com/Assets/pdf/presentations/SM_Fire_investor_presentation.pdf에서 확인할 수 있다.

2. 애스워스 다모다란^{Aswath Damodaran}, 《The Dark Side of Valuation》(Upper Saddle River, N.J.: Prentice Hall/FT Press, 2009).

7. 내러티브의 시험 가동

1. 벤저민 그레이엄^{Benjamin Graham}, 데이비드 도드^{David L. Dodd}, 《증권분석Security Analysis》, 6판 (New York: McGraw-Hill, 2009). 국내 출간명 《증권분석》.

10. 내러티브의 개선과 변경: 피드백 고리

1. 빌 걸리^{Bill Gurley}, "How to Miss By a Mile: An Alternative Look at Uber's Potential Market Size," 〈Above the Crowd〉(blog), July 11, 2014, http://abovethecrowd.com/2014/07/11/how-to-miss-by-a-mile-an-alternative-look-at-ubers-potential-market-size.

2. 대니얼 카너먼^{Daniel Kahneman}, 《생각에 관한 생각Thinking, Fast and Slow》 (New York: Farrar, Straus and Giroux, 2011). 국내 출간명 《생각에 관한 생각》.

13. 크게 가라! 거시 스토리

1. 나는 인플레이션이 조정된 유가의 30년 역사적 데이터를 사용해 경험적 분포를 맞들었다. 그런 다음 가장 적합해 보이는 통계 분포와 역사적 데이터에 가장 가까운 숫자를 만들어내는 매개변수 값을 선택했다.

15. 경영자의 숙제

1. 베조스가 1997년 아마존 주주들에게 보내는 편지는 SEC 웹사이트에서 읽을 수 있다. www.sec.gov/Archives/edgar/data/1018724/000119312513151

836/ d511111dex991.htm. 거의 20년이 지난 지금도 아마존의 핵심 스토리는 별로 변하지 않았다.

2. 노암 와세르만Noam Wasserman, "The Founder's Dilemma," 〈Harvard Business Review〉 86, no. 2 (February 2008): 102 - 109.

3. 클라이너 퍼킨스Kleiner Perkins에서는 1994~2014년 동안 IPO를 했거나 인수된 신생 기업 895곳을 관찰하고, 조사 시점에서 창업자들이 CEO를 계속 맡고 있는지에 따라 회사들을 분류했다.

색인